Über den Verfasser

Michael Opielka, Jahrgang 1956, Studium der Rechtswissenschaften, Erziehungswissenschaften, Philosophie und Ethnologie in Tübingen (Dipl.-Päd., 1983), Zürich und Bonn. Promotion in Soziologie (Dr. rer. soc., 1996) an der Humboldt-Universität zu Berlin. Seit 2000 Professor für Sozialpolitik an der Fachhochschule Jena. Visiting Scholar University of California at Berkeley (1990/91 Department of Sociology, 2004/05 School of Social Welfare). Seit 1997 Lehrbeauftragter am Seminar für Soziologie der Universität Bonn. Zuvor u. a. Rektor der Alanus Hochschule für Kunst und Gesellschaft in Alfter (1997–2000), Abteilungsleiter am Staatsinstitut für Familienforschung an der Universität Bamberg (1995/96), in der Leitung der Karl Kübel Stiftung für Kind und Familie in Darmstadt (1994), im Institut für sozialwissenschaftliche Analysen und Beratung in Köln (1992/93), am Institut für Soziologie der Universität Düsseldorf (1991/92) sowie parlamentarischer Berater für Sozialpolitik der Bundestagsfraktion der Grünen (1983–1987). Seit 1987 zudem Geschäftsführer des Instituts für Sozialökologie in Königswinter. Arbeitsschwerpunkte: Sozialpolitik, soziologische Theorie, Kultur- und Religionssoziologie, Sozialpädagogik, Familienforschung, Psychoanalyse.

Wichtigste Veröffentlichungen: (Hg.) Die ökosoziale Frage, Frankfurt 1985. (Hg. mit Georg Vobruba) Das garantierte Grundeinkommen. Entwicklung und Perspektiven einer Forderung, Frankfurt 1986. (Hg. mit Ilona Ostner) Umbau des Sozialstaats, Essen 1987. (Hg. mit Margherita Zander) Freiheit von Armut. Das grüne Modell einer bedarfsorientierten Grundsicherung in der Diskussion, Essen 1988. (Mit Joachim Braun) Selbsthilfeförderung durch Selbsthilfekontaktstellen, Band 14 der Schriftenreihe des BMFuS, Stuttgart u. a. 1992. (Mit Gisela Jakob und Thomas Olk) Engagement durch Bildung – Bildung durch Engagement, Würzburg 1996. (Hg. mit Andreas Netzler) Neubewertung der Familienarbeit in der Sozialpolitik, Opladen 1998. (Mit Christian Leipert) Erziehungsgehalt 2000. Ein Weg zur Aufwertung der Erziehungsarbeit, Bonn/Freiburg 1998. (Hg.) Grundrente in Deutschland. Sozialpolitische Analysen, Wiesbaden 2004. Gemeinschaft in Gesellschaft. Soziologie nach Hegel und Parsons, Wiesbaden 2004. (Hg.) Bildungsreform als Sozialreform, Münster u. a. 2004.

Michael Opielka

SOZIALPOLITIK

Grundlagen und vergleichende
Perspektiven

rowohlts enzyklopädie
im Rowohlt Taschenbuch Verlag

rowohlts enzyklopädie
Herausgegeben von Burghard König

Originalausgabe
Veröffentlicht im Rowohlt Taschenbuch Verlag,
Reinbek bei Hamburg, Dezember 2004
Copyright © 2004 by Rowohlt Verlag GmbH,
Reinbek bei Hamburg
Umschlaggestaltung any.way, Walter Hellmann
Satz Minion PostScript PageOne
Gesamtherstellung Clausen & Bosse, Leck
Printed in Germany
ISBN 3 499 55662 6

Inhalt

Einleitung: gerechtes Glück   7

1   THEORIE DER SOZIALPOLITIK   23
1.1 Sozialpolitische Systeme in Deutschland   25
1.2 Die Theorie der Wohlfahrtsregime   33
1.3 Differenzen sozialpolitischer Entwicklung   37
1.4 Wohlfahrtsregime und soziale Gerechtigkeit   48

2   ARBEIT, ARMUT UND AKTIVIERUNG   59
2.1 Der Wandel der Arbeit – Empirie und ihre Deutung   60
2.2 Produktivitätsentwicklung und überflüssige Arbeit   69
2.3 Armut und Arbeit   74
2.4 Zum Diskurs vom «aktivierenden Staat»   86
2.5 Aktivierung der Bürger oder aktive Bürger?   93

3   FAMILIENPOLITIK UND FAMILIENPRODUKTIVITÄT   99
3.1 Familiensolidarität als Handlungswert   101
3.2 Familienpolitik in Europa   108
3.3 Familienlaboratorium Deutschland   116
3.4 Familienpolitik und der Wert der Familienarbeit   132

4   ZUKUNFT DER ALTERSSICHERUNG   139
4.1 Alterssicherung im internationalen Vergleich   142
4.2 Alterssicherung in Deutschland   144

4.3 Idee und Geschichte der Grundrente   148
4.4 Jenseits der Renten   165

5   GESUNDHEITSSICHERUNG   169
5.1 Kosten und Nutzen des Gesundheitswesens   170
5.2 Professionalität und Qualität   177
5.3 Ethik und Rationierung   184
5.4 Finanzierung und Verteilung   187
5.5 Bürgerversicherung: Schweiz, Österreich und Deutschland?   192

6   BILDUNGSPOLITIK ALS SOZIALPOLITIK   201
6.1 Bildungserfolg und soziale Ungleichheit   203
6.2 Bildungsfinanzierung als sozialpolitisches Problem   212

7   GLOBALISIERUNG UND SOZIALPOLITIK   221
7.1 Ebenen der Globalisierung   222
7.2 Globalisierung als Problem für den Sozialstaat?   226
7.3 Aspekte der globalen sozialpolitischen Agenda   236

8   SOZIALPOLITISCHE REFORMEN   247
8.1 Bürgerversicherung in Deutschland: Allgemeine Krankenversicherung (AKV)   248
8.2 Die Idee einer «Grundeinkommensversicherung»   253
8.3 Grundeinkommen und Wohlfahrtsregime   281

9   SOZIALPOLITISCHE KULTUR   287
9.1 Religiöse Grundlagen der Sozialpolitik   289
9.2 Sozialpolitik als öffentliches Gut   291

Literatur   299
Abbildungsverzeichnis   329
Index   331

EINLEITUNG: GERECHTES GLÜCK

> «Es gibt genug in der Welt für die Bedürfnisse aller,
> aber es kann nicht genug für die Habgier aller geben.»
> *Mahatma Gandhi*

Durch Sozialpolitik werden Kapitalismus und Demokratie versöhnt. Das war die Hoffnung des Reichskanzlers Fürst Otto von Bismarck, als er in den 80er Jahren des 19. Jahrhunderts die Grundsteine des deutschen Sozialstaats setzte.[1] Dass der nationalliberale Bismarck der Demokratie nicht traute, belegt das «Sozialistengesetz», mit dem er zuvor (1878) die Sozialdemokratie in den Untergrund verbannte. Von Anfang an galt so die Sozialpolitik als ambivalent. Für die einen kam sie den Arbeitern und Armen zu sehr entgegen, indem sie Existenzchancen neben dem kapitalistischen (Arbeits-)Markt sicherte. Die anderen sahen in ihr nur ein Instrument der Herrschenden, das vom eigentlichen Ziel einer sozialistischen oder kommunistischen Revolution ablenkt.

Am Anfang des 21. Jahrhunderts scheint diese Kontroverse überwunden. Sozialismus und Kommunismus gelten nur wenigen als Alternative zum Kapitalismus. Der Sozialstaat wiederum hat den Kapitalismus zumindest gezähmt: Mehr als 40 Prozent der Bürger in Deutschland

---

[1] Bismarcks Haltung zur Demokratie und zu den Parteien war differenzierter als oft angenommen (Gall 2003). Immerhin gehörte er schon als 32-Jähriger (seit 1847) dem Preußischen Landtag an. Er dachte jedoch im Jahrhundert der Nationalstaatsbildung vor allem in außenpolitischen Kategorien. Die Innenpolitik, einschließlich der Sozialpolitik, und damit die Demokratie sah er pragmatisch und konservativ.

leben wohl überwiegend von sozialstaatlich verteilten Einkommen.[2] Annähernd ein Drittel des deutschen Bruttoinlandsprodukts wird durch den Sozialstaat verwaltet, in anderen entwickelten Industriegesellschaften teils mehr. Kein moderner Staat kann auf Sozialpolitik verzichten.

Das hat mehrere Gründe. Auf den ersten Blick erzwingt der durch die kapitalistische Marktvergesellschaftung herbeigeführte soziale Wandel die Sozialpolitik. Wo jene Erfolg hat, werden traditionelle Familienverbände und damit gemeinschaftliche Formen des Risikoschutzes bei Armut, Krankheit und Alter aufgelöst. Der Sozialhistoriker Karl Polanyi bezeichnete diesen Prozess als «Great Transformation». Der Soziologe Ferdinand Tönnies beobachtete die Entwicklung von «Gemeinschaft» zur «Gesellschaft». Eine modernisierungstheoretische Deutung unterschätzt jedoch leicht einen weiteren, im Kern kulturellen Wandel. Modernisierung bedeutet mehr als neue funktionale Zwänge. Mit der Auflösung traditioneller Gemeinschaften wurde die feudalistische Ordnung auch deshalb gestürzt, weil eine «bürgerliche Gesellschaft» (Hegel) entstand, die die Selbstbestimmung der Bürger einforderte, die Demokratie. Der Kapitalismus drohte zu einer neuen Form des Feudalismus zu werden, zu einer Oligarchie der Reichen. Der Arbeitsmarkt ließ den von ihren Subsistenzmitteln enteigneten Bauern und Handwerkern kaum Freiheit. Dagegen kämpften soziale Bewegungen, Gewerkschaften, Sozialisten, Feministinnen und bürgerliche Demokraten. Die Sozialpolitik

---

2 Leider liegen entsprechend aufbereitete Daten bislang nicht vor (Kaltenborn 2003), so dass wir auf Schätzungen angewiesen sind. Nach Angaben des Statistischen Bundesamtes (2004, S. 127) entfielen im Jahr 2001 26 Prozent aller Bruttohaushaltseinkommen (im Schnitt 3352 Euro) auf öffentliche Transferzahlungen, in den östlichen Bundesländern sogar 34,8 Prozent. Da der größte Teil der Transferzahlungen aufgrund von Freibeträgen den Haushalten netto gezahlt wird, erscheint es aussagekräftiger, den Transferanteil auf die ausgabefähigen (Netto-)Einkommen (im Schnitt 2709 Euro) zu kalkulieren. Er beträgt 31 Prozent im Bundesdurchschnitt und 42 Prozent in den neuen Ländern. Transfereinkommen besitzen bei den Haushalten in den unteren Einkommensgruppen eine größere Bedeutung. Da auf diese Gruppen wiederum ein geringerer Anteil des gesamten Volkseinkommens entfällt, erscheint die Annahme berechtigt, dass der Anteil der Haushalte, deren Einkommen überwiegend, also zu mehr als 50 Prozent aus Transfereinkommen besteht, höher ist als der Transferanteil von 31 Prozent an den Nettoeinkommen aller Haushalte und eher 40 Prozent und mehr beträgt.

wurde zu einem ihrer zentralen Kampfplätze. Das ist sie bis heute geblieben.

Neben den sozialen Wandel und die Demokratie trat aber noch eine dritte Kraft, die für die Sozialpolitik wichtig wurde: die Wissenschaft und die durch sie entwickelte Technologie. Am deutlichsten wird dies im Gesundheits- und im Bildungswesen. Beide Bereiche sind im modernen Sozialstaat zentral und teuer. Ihre dramatische Expansion lässt sich mit sozialem Wandel allein nicht erklären, eher noch mit der Demokratie, die für alle Bürger Zugang zu Gesundheit und Bildung einklagt. Jene Expansion ist vor allem Folge der Ausdifferenzierung des Hilfe- und Bildungssystems vor allem vom Familien- und Religionssystem und seiner Professionalisierung. Damit entstanden neue, gesellschaftliche Gemeinschaftsformen etwa in Form von Berufsverbänden. Sie verbinden sich teils mit wirtschaftlichen Interessen (gerade im Gesundheitswesen), doch sie entdecken auch stets neue Bedarfe und Chancen. Die Institutionen des Sozialstaats entwickelten eine Eigendynamik.

Sozialpolitik beinhaltet aber noch mehr als funktionale Notwendigkeiten, demokratische Rechte und wissenschaftliche Professionalität. In ihr fokussieren sich zentrale Probleme moderner Ethik. Der amerikanische Soziologe Talcott Parsons sprach vom «säkularen Humanismus» (1978, S. 241f.), Elmar Rieger und Stephan Leibfried (2004) entdeckten gar eine «sozialpolitische Theologie». Zwar ersetzte der Sozialstaat die klassischen Religionen allenfalls in seiner kommunistischen Variante mit ihrer diesseitigen Eschatologie und auch dort nur mit begrenztem Erfolg. Doch die Forderung nach sozialer Gerechtigkeit und nach Menschenrechten – mit der Deklaration der Menschenrechte durch die Vereinten Nationen (1948) – hat einen religiösen Kern. Der Soziologe Emile Durkheim machte in der Moderne einen «Kult des Individuums» aus, der in der christlichen Tradition am deutlichsten artikuliert wurde und nun weltweit Geltung beansprucht. Nächstenliebe, Barmherzigkeit und Gerechtigkeit mögen manchen als abstrakte Werte erscheinen. Sie sind dennoch höchst wirksam, weil sie das Glück jedes Einzelnen in einer zunehmend unüberschaubaren, komplexen Welt für möglich halten. Die Sozialpolitik kann Glück natürlich nicht garantieren. Aber sie kann seine Möglichkeit behaupten.

Sozialpolitik dient der Vermehrung des Glücks aller. Für Thomas Jefferson, den Autor der amerikanischen Unabhängigkeitserklärung vom 4. Juli 1776, stellte das Glücksstreben («pursuit of happiness») neben Leben und Freiheit eines der drei unveräußerbaren, von Gott gegebenen Rechte dar. Jefferson bezog sich auf die Grundrechtsliste des liberalen Philosophen John Locke («life, liberty, property»), doch er ersetzte das Eigentumsrecht durch das Recht, nach Glück zu streben. Eigentum schien ihm kein Ziel an sich. Unter Glück verstand Jefferson ein komplexes Set an Tugenden wie Selbstbeherrschung und Pflichterfüllung, vor allem das Glück einer Gemeinschaft, die der Selbstbestimmung jedes Einzelnen Raum geben muss. Jefferson stand auch als Freimaurer in einer langen geistigen Tradition von Glück als sittlicher und gerechter Lebensform, des «eudämonistischen Glücks». Sie findet sich in Platons «Politeia», wo die gerechte Seele das Modell für den gerechten Staat abgibt, oder in der «Nikomachischen Ethik» seines Schülers Aristoteles, in der Glück der Name des Guten ist, das durch menschliches Handeln erstrebt wird (Pieper 2001, S. 179ff.). Jene freimaurerische (und protestantische) Grundlinie des amerikanischen Sozialdenkens scheint im «neoliberalen» Dogma des puren Eigennutzes kaum auffindbar. Gegen diese Widersprüche im westlichen Denken setzen manche auf östliche Impulse, beispielsweise beim Dalai-Lama: «Wahres Glück entsteht nicht aus der beschränkten Sorge um das eigene Wohlbefinden oder dasjenige derer, denen man sich nahe fühlt, sondern aus der Entwicklung von Liebe und Mitempfinden für alle fühlenden Wesen» (2004, S. 112f.).

Sozialpolitik als Glückspolitik? Eine solche Interpretation scheint gegen den Zeitgeist gerichtet. Solidarität und Gerechtigkeit als Maßstab sozialen und politischen Handelns? Der Einwand gegen «Idealismus» lautet nicht erst seit den 1990er Jahren, der Epoche des globalen Siegs des westlichen Kapitalismusmodells, zumindest: «nicht finanzierbar». Doch ein zugleich grundlegender wie vergleichender Blick auf die Sozialpolitik wird den Nachweis führen, dass die Idee eines «gerechten Glücks» tief in die Struktur moderner Gesellschaften eingeschrieben ist. Die Suche nach der «guten Gesellschaft» (Bellah u. a. 1991; Alexander 2000; Allmendinger 2001) leitet das sozialwissenschaftliche Nachdenken.

Der Begriff «Sozialpolitik» bezeichnet zugleich eine wissenschaftliche Disziplin wie ein Politikfeld («policy»). Beides kann enger oder weiter verstanden werden: wissenschaftlich eng, wenn beispielsweise «Sozialpolitik» als Teil der Volkswirtschaftslehre gefasst wird. Ein weites Verständnis wird «Sozialpolitik» als eine eigenständige «Interdisziplin» oder «Transdisziplin» konzipieren, die ökonomische, juristische, politikwissenschaftliche, sozialpädagogische und sozialphilosophische Elemente kombiniert und in der Regel stärker soziologisch orientiert ist. Im politischen Raum orientiert sich ein enges Sozialpolitik-Verständnis an einer kompensativen Logik: Die Sozialpolitik soll Verwerfungen der kapitalistischen Industriegesellschaft ausgleichen. Ein weites Konzept von Sozialpolitik ist eher präventiv und ganzheitlich angelegt: Sozialpolitik gilt hier als gestaltende Gesellschaftspolitik, die sich am Leitbild sozialer Gerechtigkeit orientiert. In diesem Buch wird eine weite wissenschaftliche wie Politikfeldkonzeption von Sozialpolitik verfolgt.

Ergeben sich aus der weiten Anlage selbst – direkt oder indirekt – normative Prämissen? Wissenschaft kann nicht wertfrei betrieben werden, vor allem nicht die Wissenschaft der Sozialpolitik, worauf Max Weber (1988) schon früh hinwies. Das spricht dafür, die jeweiligen Prämissen offen zu legen, was hiermit in Form von drei sozialpolitischen Präferenzen des Autors geschehen soll:

- Sozialpolitik soll *Verhältnisse gegenseitiger Anerkennung* herbeiführen und unterstützen. Dabei gelten zugleich Verschiedenheit, Vielfalt und Pluralismus als Grundlage einer individualistischen Sozialordnung, wie ein Grundstock an Gleichheit der Menschen erforderlich ist, der über Rechtsgleichheit hinausgeht.
- Der künftige Schwerpunkt der Sozialpolitik liegt deshalb in der Sicherung der Menschenrechte durch die Garantie eines *Grundeinkommens* sowie der *öffentlichen Güter*, die durch primäre marktliche und gemeinschaftliche Systeme nicht für alle Bürger ausreichend und gleichermaßen bereitgestellt werden.
- Die Demokratisierung der Sozialpolitik erfordert die *Einführung von Plebisziten* für die legitimative Verankerung universalistischer, auf die Teilhabe aller Bürger zielender sozialer Garantien.

Ob es sich hier um wissenschaftliche oder politische Problemstellungen handelt, hängt von anthropologischen und sozialtheoretischen Grundannahmen ab: Hält man die Menschen für gleich oder für ungleich? Denkt man die Gesellschaft nur als eine Ansammlung von Individuen (allenfalls noch von Familien), oder sieht man (im republikanischen

Sinn) eine politische «Natur» des Menschen? Schließlich ist auch die demokratietheoretische Frage nach der richtigen Herrschaftsform von jenen Grundannahmen abhängig: Können sich die Menschen in hoch komplexen Gesellschaften selbst regieren, oder müssen sie alle wesentlichen Entscheidungen zwingend an repräsentative Organe delegieren?

Diese drei Präferenzen sind nicht die einzigen Annahmen, die die folgenden Analysen leiten. Sie erscheinen dem Autor aber besonders wichtig. Die Idee der «Anerkennung» entstammt dem Hegel'schen Denken, insbesondere seiner Diskussion des Verhältnisses von Herr und Knecht, einer elementaren Beziehung der Ungleichheit (Honneth 1992). Das Ziel der Überwindung oder zumindest Beschränkung sozialer Ungleichheit ist vermutlich die wichtigste Triebkraft für die moderne Sozialpolitik. Die Abschaffung der Sklaverei und des Feudalismus, der Kampf gegen die Ausbeutung der Lohnarbeiter im Kapitalismus und die Gleichstellung von Frauen und Männern markieren die historischen Stationen jenes sozialpolitischen Ringens um Anerkennung. Thomas H. Marshall (1992) hat dessen Geschichte als Dreischritt von bürgerlichen Rechten (18. Jahrhundert), demokratischen Rechten (19. Jahrhundert) und sozialen Rechten (20. Jahrhundert) beschrieben. Dennoch bleibt die Idee der Anerkennung umstritten. Darin spiegelt sich eine alte sozialphilosophische Kontroverse. Gegen Hegels Idee wandte bereits Kant ein, dass anstelle einer positiven Beschreibung des Guten (als Gerechten) eine prozedurale Beschreibung gerechter Verfahren, also einer Verfassung genügen müsse, die auch ein «Volk von Teufeln» regieren könne. In der modernen sozialphilosophischen Diskussion hat vor allem John Rawls mit seiner «Theorie der Gerechtigkeit» (1979) an Kant angeschlossen und damit eine Kontroverse zwischen – stark vereinfacht – (Hegel'schen) «Kommunitaristen» und (Kant'schen) «Liberalen» entfacht (Fraser/ Honneth 2003; Opielka 2004). In diesem Buch wird eher für die Hegel'sche (und kommunitaristische) Seite argumentiert.

Die zweite Präferenz – ein universelles Grundeinkommen und ausreichende öffentliche Güter – zielt auf die institutionelle Praxis sozialpolitischer Anerkennung. Bereits die Kombination von Grundeinkommen und öffentlichen Gütern wird diejenigen irritieren, die dieses Buch in die klassische Links-rechts-Dichotomie einordnen wollen. Es geht über sie hinaus. Die Beschreibung vorhandener und auch neuartiger

Einleitung: gerechtes Glück

Reformvorschläge gehört dazu, damit die theoretischen Reflexionen anschaulich werden. Als Leitfaden dient die Theorie des «Welfare Regime», die von Gøsta Esping-Andersen (1990) in die moderne Sozialpolitikforschung eingeführt wurde. Esping-Andersen unterschied das sozialdemokratische/sozialistische, das liberale und das konservative Wohlfahrtsregime. Diese drei analytischen Regimetypen strapazieren jeweils einen sozialen Steuerungsmodus besonders: den Staat, den Markt bzw. die Gemeinschaft. Im Folgenden wird diese Typologie um einen vierten, gleichfalls analytischen Regimetyp ergänzt, das «garantistische» Wohlfahrtsregime, das die legitimative, ethische Idee der Menschenrechte besonders hervorhebt.

Die dritte Präferenz – eine plebiszitäre Legitimation der Sozialpolitik – kehrt zurück in die Frühzeit der modernen Demokratie in der Folge der Französischen Revolution und der amerikanischen Unabhängigkeitserklärung. Einigen Sozialpolitikforschern erscheint Thomas Paine der Begründer einer radikal menschenrechtlich begründeten Idee des Wohlfahrtsstaats, er gilt als einer der frühen «Väter» der Idee eines Grundeinkommens (Parijs 1999; Pierson/Castles 2000). Der Engländer Paine, einer der wortgewaltigsten Advokaten der Menschenrechte im Vorfeld der amerikanischen Unabhängigkeit – sein 1791/92 erschienenes Buch «Rights of Man» (Paine 1999) war einer der ersten Welt-Bestseller –, kehrte später nach Europa zurück, schloss sich in Frankreich der Revolution an, wurde in die Nationalversammlung gewählt, saß unter Robespierre fast ein Jahr im Gefängnis und entging knapp der Guillotine; Thomas Jefferson, der gerade zum US-Präsidenten gewählt worden war, lud ihn wieder in die USA ein (Keane 1998; Paine/Jefferson 1988). Paine steht für ein Vertrauen in die Demokratie, das die Abgründe des Menschen kennt und doch auf seine höheren Fähigkeiten setzt. Eine Sozialpolitik, die auf die Demokratie vertraut, kann nicht allein auf repräsentativen und korporativen, also rein organisationsbezogenen Institutionalisierungsmustern basieren. Dieser Fährte, und generell dem Zusammenhang von Demokratie und Wohlfahrtsstaatlichkeit (Gutmann 1988), wird im Folgenden Aufmerksamkeit gewidmet. Sie steht für eine Tiefendimension der Moderne, ihres Individualismus, die zugleich Wissenschaft und Politik permanent herausfordert.

Das Buch ist zugleich als Einführungslektüre in die wissenschaftliche

Sozialpolitik für Studenten sozialwissenschaftlicher Fächer wie für ein allgemeines, intellektuell anspruchsvolles Publikum konzipiert. Angesichts der praktisch nicht mehr zu überblickenden Literatur zur Sozialpolitikforschung besteht ein Bedarf an einführenden Texten. Zugleich wird sich, trotz bestem Bemühen auch hier, Objektivität allenfalls versuchen lassen. Die Positionierung dieses Buches soll deshalb – über die vorgenannten normativen Präferenzen hinaus – in zwei Richtungen erfolgen, zum einen innerhalb der Landschaft aktueller[3] Einführungs- und Lehrtexte, zum anderen in Bezug auf die analytischen Intentionen.

Bei Lehrbüchern im angloamerikanischen Raum dominiert der jeweilige nationale Blick (z. B. Alcock 2003), erst neuerdings wird er vorsichtig erweitert (Pierson/Castles 2000; Baldock u. a. 2003). Auf dem deutschen Buchmarkt ragen zwei Titel hervor: Das schon klassische «Lehrbuch der Sozialpolitik» (Lampert/Althammer 2004) erfreut sich trotz seiner Ausrichtung auf die Lehre von Volkswirten einer berechtigten Beliebtheit auch außerhalb dieser Disziplin. Politisch weniger zurückhaltend tritt der zweite junge Klassiker «Sozialpolitik und soziale Lage in Deutschland» (Bäcker u. a. 2000)[4] an, der auf einen eher gewerkschaftlichen Normenkontext zurückgreift. Als politikwissenschaftlicher Beitrag ist vor allem das Lehrbuch «Sozialpolitik in Deutschland» (Schmidt 1998) empfehlenswert, aber auch das als «Lehrtext» antretende Buch «Wohlfahrtsstaaten im Vergleich» (Schmid 2002).

Während die Erstauflagen der genannten ökonomischen und politikwissenschaftlichen Titel teils auf die 1970er Jahre zurückgehen, ist die soziologisch-sozialpolitische Einführungsliteratur jüngeren Datums. Das hat damit zu tun, dass die Soziologie zwar am Beginn ihrer Geschichte – beispielsweise bei Max Weber und Ferdinand Tönnies – eng mit der Sozialpolitik verbunden war, diese Verbindung aber nachließ und in Deutschland erst in den 1980er Jahren wieder aufgenommen wurde. Didaktisch aufbereitete soziologische Lehrwerke zur Sozialpolitik sind so-

---

3 Mit dieser Beschränkung werden sozialpolitiktheoretisch einflussreiche, aber seit längerem vergriffene Titel nicht in den Überblick einbezogen (z. B. Widmaier 1976, Hartwich 1978).

4 Dieser Titel wird durch eine empfehlenswerte Homepage aktualisiert: www.sozialpolitik-aktuell.de.

mit selten (allenfalls Allmendinger / Ludwig-Mayerhofer 2000). Empfehlenswerte Einführungstexte finden sich beim Doyen der soziologischen Sozialpolitik in Deutschland, bei Franz-Xaver Kaufmann, vor allem «Herausforderungen des Sozialstaats» (1997). In «Variationen des Wohlfahrtsstaates» (2003a) vergleicht er den deutschen Sozialstaat in Fallstudien mit der Sozialpolitik der USA, der Sowjetunion, Großbritanniens, Schwedens und Frankreichs. In einem weiteren Band skizziert Kaufmann die Geschichte vor allem des deutschen Sozialstaats als «Sozialpolitisches Denken» (2003). Schließlich liegen auch seine wichtigsten Aufsätze zur Sozialpolitik gesammelt vor (2002).

Sonstige Lehrbücher der Sozialpolitik sind entweder recht schmal angelegt (Witterstätter 2000; Bellermann 2001), diffus (Frevel / Dietz 2004) oder politisch wenig selbstreflexiv (Butterwegge 2001). Herausgebertitel, die weniger Lehrbuch als theoretisches Kompendium zu sein beanspruchen (Leibfried / Wagschaal 2000; Lessenich 2003b), verlangen häufig den Preis, dass politische wie disziplinäre Widersprüche zwischen Autoren dem Leser zur Auflösung überlassen werden. Erwähnenswert ist das Schweizer «Wörterbuch der Sozialpolitik» (Carigiet u. a. 2003)[5], das die Sozialpolitik der Eidgenossenschaft umfassend repräsentiert und in Deutschland oder Österreich noch kein vergleichbares Pendant kennt.

Über die genannten Titel hinaus wird im Folgenden auf eine – nicht vollständige – Reihe einschlägiger sozialpolitischer Literatur eingegangen, ohne dass eine Metaanalyse der Sozialpolitik als Disziplin beabsichtigt wird. Zu deren Möglichkeiten und Grenzen hat Kaufmann (2003a, S. 16ff.) das Wesentliche gesagt. Hinsichtlich der empirischen Seite der Sozialpolitik liegt mit dem regelmäßig aktualisierten «Datenreport» (Statistisches Bundesamt 2004) eine soziologisch aufbereitete Übersicht über Sozialindikatoren, aber auch über wichtige Outputs der deutschen Sozialpolitik vor.[6]

Die im Untertitel dieses Buchs angekündigten «vergleichenden Perspektiven» folgen einem seit den 1980er Jahren die Sozialpolitikforschung prägenden methodischen Ansatz. Dem Soziologen sind diese

---

5 Es liegt vollständig im Internet vor: www.svsp.ch.
6 Vollständig und aktualisiert auch im Internet unter: www.destatis.de / datenreport.

Perspektiven seit den Klassikern Émile Durkheim und Max Weber geläufig. Die Soziologisierung der Sozialpolitik reflektierte mithin die seitdem unübersehbare Europäisierung und Globalisierung der bislang nationalstaatlichen Politikgestaltung. Der sozialpolitische Vergleich hat am Ende der 1990er Jahre auch die praktische Politik erreicht: In der EU gilt die Methode der «offenen Koordinierung» in der Arbeitsmarkt- und Sozialpolitik, keine Zwangskoordination von oben, sondern eine permanente Orientierung an den Regelungen und Leistungen der je anderen Mitgliedsländer. Zunehmend wird das vergleichende Instrument des «Benchmarking» genutzt, eine Art Systemwettbewerb entlang von sozialpolitischen Indikatoren (z. B. Arbeitslosigkeit, Frauenerwerbsquote, Armutsquote, Gesundheitskosten, Lebenserwartung) (Eichhorst u. a. 2001, 2004).[7]

Die sozialpolitische Entwicklung in Deutschland, dem Vaterland der Sozialpolitik, stand dabei stets im Fokus der internationalen Diskussion. Schon früh hat der deutsche Sozialpolitiktheoretiker Hans Achinger (1979) die Idee vertreten, Sozialpolitik dürfte man nicht auf die Sozialversicherungen und den Arbeitsschutz reduzieren, sie sei vielmehr umfassend als «Gesellschaftspolitik» zu konzipieren. Für eine international vergleichende Perspektive ist dieser Grundgedanke zwar methodisch anspruchsvoll, weil eine Vielzahl von Daten ins Spiel kommt. Andererseits kommen bei einem breiten Sozialpolitikkonzept auch Ansätze in den Blick, die man ansonsten übersieht, beispielsweise die Bildungspolitik, die in vielen Ländern zur Sozialpolitik gerechnet wird, im deutschsprachigen Raum bislang nicht.

Bei einem weiten Verständnis von Sozialpolitik werden ihre komplexen Voraussetzungen wie Folgen deutlich, die den sozialpolitischen Vergleich erschweren. Dabei können vier Ebenen unterschieden werden, die sich auf die vier Subsysteme jeder Gesellschaft beziehen: die Wirtschaft, die Politik, das Gemeinschaftssystem und das Legitimationssystem (Opielka 2004, siehe Abbildung 1).

Die *wirtschaftliche* Ebene der Sozialpolitik soll Sicherheit als Schutz vor den Risiken einer kapitalistisch-marktwirtschaftlichen Form der Ver-

---

7 Dazu der «Reformmonitor» der Bertelsmann-Stiftung: www.reformmonitor.org.

Subsystem	Sozialpolitische Funktion	Sozialpolitische Wertprinzipien
Legitimation	Gerechtigkeit	Humanismus
Gemeinschaft	Gemeinschaftsbildung	Integration
Politik	soziale Gleichheit	Demokratie
Wirtschaft	Risikoschutz	Sicherheit

Abbildung 1: Sozialpolitische Funktionen und Wertprinzipien

gesellschaftung bieten. Historisch geschah dies, indem zunächst der Arbeitsschutz, dann – beginnend bei einzelnen, politisch gut organisierten Gruppen – Sicherungssysteme vor allem um die Lohnarbeit herum organisiert wurden («lohnarbeitszentrierte Sozialpolitik»). In den modernen Wohlfahrtsstaaten hebt der Risikoschutz zunehmend auf den Bürgerstatus ab. Am deutlichsten sieht man dies in der Familienpolitik, die immer mehr zu einer individualisierenden «Familienmitgliederpolitik» wird, sowie an der Einführung allgemeiner Grundsicherungen.

Sicherheit wurde zu einem sozialpolitischen Wertprinzip (Kaufmann 1973), das mit ökonomischen Argumenten sowohl wissenschaftlich wie auch politisch immer wieder infrage gestellt wurde. Der Hauptvorwurf lautet: Der Sozialstaat reguliere zentralistisch und leide zugleich an einem unvermeidlichen Wissensdefizit, deshalb sei ihm, so schon Friedrich von Hayek in den 1950er Jahren, die Marktsteuerung an Effizienz weit überlegen. Seit den 1980er Jahren plädieren «neoliberale» und «neokonservative» Autoren und Politiker (wie Ronald Reagan oder Margaret Thatcher) für einen «Abbau» des Sozialstaats. Dagegen setzen die Befürworter eines «wirtschaftlichen Werts der Sozialpolitik» (Vobruba 1989) seit 1989/90, dem Ende der Systemkonkurrenz zwischen Kapitalismus und Kommunismus, vor allem die «Modernisierungseffekte staatlicher Sozialpolitik» (Huf 1998). Die modernen «behavioral economics» (der Wirtschaftsnobelpreis 2002 wurde an Daniel Kahneman als einem ihrer Pioniere verliehen) bestätigen unterdessen einen Basissatz der Sozialpolitiktheorie: Ein «libertärer Paternalismus» (Thaler/Sunstein 2003) sei angesichts der psychologisch begründeten Neigung der Wirtschaftssubjekte zu riskantem Handeln unter riskanten Bedingungen nötig, das Gemeinwohl dient damit zugleich dem Glück des Einzelnen. Der sozialpolitische Vergleich muss sich deshalb mit der wirtschaftlichen

Ebene beschäftigen, wenn Effizienz und Risikoschutz vor allem benachteiligter Gruppen kein Widerspruch sein sollen.

Die *politische* Ebene der Sozialpolitik zielt auf die Herstellung von Gleichheit, oft verstanden als «Chancengleichheit». Sie entwickelte sich, wie Thomas H. Marshall (1992) in historischer Betrachtung gezeigt hat, nach der im 18. Jahrhundert umkämpften rechtlichen Gleichheit in Form von Rechtsstaatlichkeit über die im 19. Jahrhundert geforderte politische Gleichheit der Demokratie zur sozialen Gleichheit, die das zentrale Thema des 20. Jahrhunderts bildete, dem «sozialdemokratischen Jahrhundert», wie es Ralf Dahrendorf deshalb nannte. Wenn Sozialpolitik auch in Zukunft die Voraussetzung von Demokratie bilden soll, wird der vergleichende Blick auf die Sicherung sozialer Grundrechte gerichtet, auf den Umfang «öffentlicher Güter» und auf die Legitimität sozialpolitischer Interventionen.

Die *gemeinschaftliche* Ebene der Sozialpolitik wurde in den letzten Jahren verstärkt thematisiert. Stichworte dafür sind die Diskussion um das «soziale Kapital» einer Gesellschaft, die Frage nach der «sozialen Integration» und beispielsweise die Diskussion darum, wie die Sozialpolitik, die auch als Kompensation des Schwindens primärer, verwandtschaftlicher Solidarität verstanden wurde, jene gemeinschaftlichen Selbsthilfekräfte selbst wieder stärken kann, etwa durch die Förderung von freiwilligem Engagement und durch eine gezielte Förderung von Familien. Die politisch-philosophische Bewegung des «Kommunitarismus» (Etzioni 1995) trug zur öffentlichen Wahrnehmung der gemeinschaftlichen Ebene moderner Gesellschaften wesentlich bei. Ökonomen bezeichnen diese Ebene auch als «Moralökonomie».

Zur *legitimativen* Ebene der Sozialpolitik gehört die Frage nach den Quellen ihrer Gerechtigkeitsvorstellungen. Hier kommt die Wertekultur einer Gesellschaft in den Blick, die philosophischen und vor allem die religiösen Begründungen für humanistische Wertprinzipien (Opielka 2003d; Rieger/Leibfried 2004).

Die im Untertitel dieses Buches angekündigten «Grundlagen» der Sozialpolitik sind analytischer Art, vor allem die um den vierten, «garantistischen» Regimetyp erweiterte Theorie der Wohlfahrtsregime. Indem die Regimetypen neu mit soziologischen Steuerungstypen rekonstruiert werden, ergibt sich eine selbständige Perspektive auf die vierte Stufe des

Legitimativen und Ethischen, auf die Kulturdimension der Sozialpolitik. Die «vergleichenden Perspektiven» wiederum sind in der ernsteren sozialpolitischen Literatur mittlerweile Standard (Taylor-Gooby u. a. 2004). Da es aber unmöglich ist, die gesamte Breite der sozialpolitischen Felder und ihre systemischen Dimensionen zugleich im europäischen oder gar internationalen Vergleich zu diskutieren, wird die komparative Methode in diesem Buch am jeweiligen Argumentationsinteresse orientiert eingesetzt.

In Kapitel 1 («Theorie der Sozialpolitik») wird im Anschluss an eine systematische Skizze des deutschen Systems der Sozialpolitik der Ansatz des «welfare regimes» dargestellt, die wohl die differenzierteste Form des Wohlfahrtsstaatsvergleichs. Neben den theoretischen Deutungsmöglichkeiten erlaubt dieser Ansatz auch einen, freilich nicht immer eindeutigen, Blick auf die sozialpolitischen Entwicklungspfade. In Kapitel 2 («Arbeit, Armut und Aktivierung») wird das Gestaltungsfeld der Sozialpolitik untersucht, das historisch am Anfang stand: die Regulierung der Arbeitsbeziehungen mit dem Aufkommen der kapitalistischen Marktökonomie und der Kampf gegen die grassierende Armut der in diesem Prozess von ihren Subsistenzmitteln enteigneten Bevölkerungsteile. Zwar kann sich die Komplexität des modernen Wohlfahrtsstaates nicht von seinen ökonomischen Grundlagen lösen, verteilt werden kann nur, was vordem erwirtschaftet wurde. Doch die sozialpolitische Regulierung etablierte selbst einen eigenständigen ökonomischen, politischen, gemeinschaftlichen wie auch legitimativen Rahmen, der eben nicht mehr nur vereinfacht als Funktion des jeweiligen Wirtschaftslebens verstanden werden kann und mit Begriffen wie «Sekundärverteilung» nicht angemessen erfasst wird. Dieses Kapitel konzentriert sich, neben einer knappen Übersicht über einige Kennwerte des Wandels der Arbeit bei der Entwicklung zu einer Dienstleistungs- und Wissensökonomie und einer Diskussion der Theorie und Empirie von Armut, auf die gegenwärtigen Versuche in fast allen westlichen Wohlfahrtsstaaten, soziale Sicherung wieder stärker an die Lohnarbeit anzukoppeln.

Kapitel 3 («Familienpolitik und Familienproduktivität») beginnt mit einem sozialtheoretischen Abriss zur Funktion der Familienpolitik für die Familie, der dann um einen Blick auf die familienpolitische Situation in Europa ergänzt wird. Anschließend zeigt der historisch-immanente

Vergleich die international einzigartige deutsche Entwicklung der Familienpolitik aufgrund mehrmaliger Pfadwechsel (NS-Regime, DDR, 1989ff.). Schließlich wird diskutiert, ob und mit welchen sozialpolitischen Folgen der Wandel der Familien- und Haushaltsentwicklung einen erweiterten gesellschaftlichen Arbeitsbegriff unter Einschluss der Familienarbeit nahe legt. In Kapitel 4 («Zukunft der Alterssicherung») wird der komplexe Zusammenhang von demographischer Entwicklung und Rentenpolitik gleichfalls entlang des deutschen Beispiels rekonstruiert, ohne dabei die internationalen Bezüge aus dem Blick zu verlieren. Dies begründet sich aus der historischen Vorreiterrolle Deutschlands bei der Etablierung einer Sozialversicherung im Alter. Analytisch leitend ist dabei die Spannung zwischen Lebensstandard- und Grundsicherung, insbesondere durch eine Grundrente im Alter. Das Kapitel 5 («Gesundheitssicherung») vergleicht die deutsche Strategie der sozialpolitischen Sicherung des Gesundheitsrisikos mit den Lösungen in den Nachbarstaaten Österreich und Schweiz, aber auch radikal andere Pfade wie der nationale Gesundheitsdienst in Großbritannien werden angesprochen. Kapitel 6 («Bildungspolitik als Sozialpolitik») setzt an der öffentlichen Resonanz der von der OECD in Auftrag gegebenen PISA-Studie an, die im Jahr 2001 dem deutschen Bildungssystem eine im internationalen Vergleich bestürzende Erfolglosigkeit attestiert hat, die sozialen und Bildungsdifferenzen der Herkunftsfamilien auszugleichen. Seitdem wird deutlich, dass der Bildungspolitik ein zentraler Stellenwert für eine Sozialpolitik zukommt, die Chancengleichheit und Teilhaberechte gewährleisten will. Kapitel 7 («Globalisierung und Sozialpolitik») resümiert den Forschungsstand zur Frage, ob durch Europäisierung und Globalisierung die nationalen Wohlfahrtsstaaten überhaupt noch relevante Handlungsräume bilden können. Dies dürfte zumindest so lange der Fall sein, wie zentrale Grundlagen der Sozialpolitik (Legalität, Fiskalität) nationalstaatlich verfasst sind.

In Kapitel 8 («Sozialpolitische Reformen») wird ein klassisches Thema der wissenschaftlichen Sozialpolitik in den Mittelpunkt gerückt, die Reflexion der Ziele und Bedingungen sozialpolitischer Reformen. Es ist insbesondere die Idee eines «garantierten Grundeinkommens», die zunehmend Attraktivität gewinnt, allerdings darunter leidet, dass praktische Vorschläge für ihre Realisierung bislang nur in Konturen sichtbar

Einleitung: gerechtes Glück

sind. Diese Konturen sollen anhand des Vorschlags einer «Grundeinkommensversicherung» geschärft werden. Kapitel 9 («Sozialpolitische Kultur») erweitert die vergleichende Perspektive auf die legitimativen Grundlagen der Sozialpolitik. Es sind vor allem religiöse Letztwertsysteme, die die Vorstellungen sozialpolitischer Gerechtigkeit prägen, wobei unter «Religion» – der modernen Religionssoziologie folgend – mehr verstanden werden muss als klassische metaphysische Religionen. Mit der These, dass Sozialpolitik selbst als ein öffentliches Gut gelten muss, endet das Buch.

Für das Erscheinen dieses Textes und die Geduld trotz mannigfacher Verzögerungen danke ich dem Herausgeber der Reihe *rowohlts enzyklopädie*, Burghard König. Weiterhin bin ich den Kolleginnen und Kollegen zu Dank verpflichtet, die meine sozialpolitischen Arbeiten, die in dieses Buch eingegangen sind, mit hilfreicher Kritik begleitet haben. Besonders erwähnen möchte ich Birgit Pfau-Effinger, Ilona Ostner, Claus Offe, Georg Vobruba, Hans-Uwe Otto, Neil Gilbert, Wim van Oorschot, Eberhard Eichenhofer, Ulrich Otto und Karsten Fuchs. Für Kommentare zu einzelnen Teilen dieses Buches im Manuskriptstadium danke ich zudem Volker H. Schmidt, Katrin Mohr, Christian Aspalter, Erwin Carigiet, Eberhard Göpel, Alf Trojan, Wolf-Dieter Narr, Thomas Sauer, Marianne Wienert, Ellis Huber und Michael Winkler. Dankbar bin ich auch meinen Studenten an der Fachhochschule Jena und an der Universität Bonn, die in Seminaren, Projektgruppen und als wissenschaftliche Hilfskräfte zum Entstehen dieses Buchs beitrugen. Schließlich danke ich meinen Eltern für eine Erfahrung, die mein sozialpolitisches Bewusstsein prägte: dass Fördern zwar mit Fordern, mehr aber noch mit liebevollem Respekt und bedingungsloser Sicherheit zu tun hat. Ihnen sei dieses Buch gewidmet.

Jena / Königswinter, im August 2004

1 THEORIE DER SOZIALPOLITIK

In Deutschland besteht nach wie vor ein hoher «sozialstaatlicher Konsens»: In den alten Ländern bevorzugt eine Mehrheit von 58 Prozent der Bevölkerung ein «sozialdemokratisches» Modell staatlicher Verantwortung für mehr oder weniger ausgeprägte Ergebnisgleichheit und Vollbeschäftigung, in den neuen Ländern plädieren 72 Prozent sogar für ein «sozialistisches» Modell, das noch zusätzliche Staatsinterventionen in die Ökonomie – wie die Kontrolle von Löhnen und Gehältern – umfasst (Roller 2002, S. 15). Die Aussage «Der Staat muss dafür sorgen, dass man auch bei Krankheit, Not, Arbeitslosigkeit und im Alter ein hohes Auskommen hat» wurde im Jahr 2000 in Westdeutschland zu 85 Prozent, in Ostdeutschland zu 93 Prozent bejaht (Statistisches Bundesamt 2004, S. 654). Die Bevölkerung sieht im Sozialstaat eine Vergemeinschaftung von Lebensrisiken, aber auch den Garanten für relative Gleichheit der Lebenschancen aller Bürger.

Gegen diese hohe Zustimmung zum Sozialstaat werden in der wissenschaftlichen und politischen Öffentlichkeit (neo)liberale Deutungen laut, die ihn für fehlerhafte, das Glück der Gesellschaft wie das der Einzelnen behindernde Entwicklungen verantwortlich machen. Sie bleiben wiederum nicht unwidersprochen, die Verteidiger des Sozialstaats bzw. des Wohlfahrtsstaats melden sich gleichfalls zu Wort. Bereits diese Semantik deutet auf einschlägige konzeptionelle Kontroversen. Während in Deutschland der Begriff Sozialstaat gebräuchlich ist, spricht man in der internationalen Diskussion nur vom Wohlfahrtsstaat («welfare state»). Franz-Xaver Kaufmann (2003) hat die deutsche Tradition des «sozialpolitischen Denkens» auf eine spezifische Konstellation des

19. Jahrhunderts zurückgeführt, die ein international vergleichsweise hohes sozialphilosophisches Niveau (von Hegel, Kant, Marx bis zu Weber, Sombart, Tönnies und vielen weiteren) mit einer verspäteten und dadurch fragilen Nationalstaatlichkeit kombinierte. Der Begriff Sozialstaat reflektierte vor allem im restaurativen westdeutschen Klima nach 1945 eine gewisse konservative Zurückhaltung gegenüber den Ansprüchen der Bevölkerung auf Wohlfahrtssteigerung durch staatliche Interventionen, aber auch eine aus der nationalsozialistischen Erfahrung belehrte Skepsis gegenüber Staatsutopien. Zu Recht wird neuerdings der Begriffsverwendung in der Sozialpolitik verstärkt Aufmerksamkeit gewidmet (Lessenich 2003b). Im Folgenden werden die Begriffe Sozialstaat und Wohlfahrtsstaat entsprechend dem internationalen Sprachgebrauch synonym verwendet.

Die Theoriedifferenzen in der Sozialpolitik sind weitreichender als nur semantischer Art. Zumal sich diese Theorien in ihrer Geschichte, vermittelt durch soziale Bewegungen, Parteien, Gewerkschaften, Verbände und Medien, in ein komplexes Institutionengeflecht eingewoben haben. Manche Sozialpolitikforscher bezweifeln, ob es bisher überhaupt eine Theorie der Sozialpolitik gibt (so Kaufmann 2002, 2003). Gegen die Behauptung einer «Theorielosigkeit des Wohlfahrtsstaats» (Lessenich 2003c, S. 9) setzen andere ihre je eigenen Theorievorschläge (Nullmeier 2000). In einem einführenden Buch wie diesem kann beides nicht als angemessen gelten. Hilfreich erscheint, dass in den 1990er Jahren, angeregt vor allem durch die Arbeiten des dänischen Sozialpolitikwissenschaftlers Gøsta Esping-Andersen (1990), in der vergleichenden Sozialpolitikforschung das Konzept des «welfare regime», des Wohlfahrtsregimes, entwickelt wurde. Gemeint ist damit eine empirisch unterfütterte, theoretisch begründete Unterscheidung von Wohlfahrtsstaatstypen, bei Esping-Andersen in sozialdemokratische (sozialistische), liberale und konservative Wohlfahrtsregime. Die Regimetheorie wurde unterdessen vielfach kritisiert. Sie bietet gleichwohl eine vorzügliche metatheoretische Möglichkeit, die Deutungen des Sozialstaats zu überprüfen.

Im Interesse der Lesbarkeit, aber auch aus grundsätzlicheren methodischen Gründen wird in diesem Kapitel eher induktiv vorgegangen, also nicht gleich mit der Theorie der Wohlfahrtsregime begonnen. In einem ersten Schritt soll die Konstruktionslogik des deutschen Sozialstaats skizziert werden, wobei sich eine Kombination komplementärer Sicherungsprinzipien rekonstruieren lässt. Dabei wird sichtbar, dass sich unmittelbar aus der Praxis natürlich keine Theorie ergibt. Erst im zweiten Schritt wird die Wohlfahrtsregimetheorie genauer eingeführt und vor diesem Hintergrund die Logik des deutschen Sozialstaats historisch und systematisch mit derjenigen anderer Sozialstaaten verglichen. Das Kapitel schließt mit Befunden zur so genannten Pfadabhängigkeit der Wohlfahrtsregime, ob nämlich grundlegende Änderungen in den Entwicklungspfaden moderner Wohlfahrtsstaaten überhaupt möglich sind.

1.1 Sozialpolitische Systeme in Deutschland

In der Literatur werden gewöhnlich drei Systemprinzipien des deutschen Sozialstaats unterschieden (Zacher 1985; Lampert/Althammer 2004, S. 234ff.):
1. Das System der *Sozialversicherung* gilt als spezifisch deutsche Errungenschaft, gekennzeichnet durch die lohnbezogene Beitragserhebung, die paritätische Finanzierung durch Arbeitgeber und Arbeitnehmer sowie eine Äquivalenz von Beitrag und Leistung. Es wird auch als «Bismarck'sches» System bezeichnet, da es auf die vom damaligen Reichskanzler Bismarck initiierte «Kaiserliche Botschaft» (1881) zurückgeht, mit der im Anschluss an das «Sozialistengesetz» (1878) die Einbindung der Arbeiterklasse in den (neuen) deutschen Nationalstaat erreicht werden sollte (Hentschel 1983; Ritter 1989; Kaufmann 2003, S. 44ff.).
2. Das auf die Armenpolitik zurückgehende System der *Sozialhilfe* (bzw. *Fürsorge*) ist gekennzeichnet durch die Bedarfsorientierung am soziokulturellen Existenzminimum, die Steuerfinanzierung (in der Regel aus kommunalen Haushalten), die Nachrangigkeit gegenüber sonstigen Vermögen, Einkommen und Unterhaltsansprüchen und – allerdings nur in eng umgrenzten Fällen (z. B. bei Unterhaltsvorschussleistungen) – eine Rückzahlungsverpflichtung. Das Fürsorgeprinzip wird in der internationalen Diskussion oft als «Beveridge»-Typ bezeichnet,

eine bedarfsorientierte staatsbürgerliche Grundversorgung, wie sie in Großbritannien nach 1945 dominierte.
3. Das System der *Versorgung*, ebenfalls steuerfinanziert, traditionell in der Kriegsopfer- und Beamtenversorgung, inzwischen aber ausgedehnt beispielsweise auf Kinder- und Elterngeld, ist gekennzeichnet durch eine konsequente Ergebnisorientierung (Finalprinzip), teilweise mit Elementen des Bedarfsprinzips vermengt.
4. Schließlich ist vor allem aus den Niederlanden, der Schweiz und Österreich das System der *Volksversicherung* oder *Bürgerversicherung* bekannt und mit der Pflegeversicherung zumindest ansatzweise in Deutschland realisiert worden. Es ist gekennzeichnet durch eine universalistische, erwerbsarbeitsunabhängige Orientierung, die an die Einkommenssteuer angelehnte Beitragserhebung und die systematische Integration von Grundeinkommenselementen, vor allem in Form einer Grundrente bzw. von vorleistungsunabhängigen Pauschalzahlungen (z. B. Pflegegeld). Die Diskussion um eine «Bürgerversicherung» bestimmt seit 2003 die sozialpolitische Agenda in Deutschland.

Diese vier Systemtypen der sozialpolitischen Organisation von Risikovorsorge lassen sich unter Vorgriff auf die Diskussion im nächsten Abschnitt mit den von Esping-Andersen untersuchten drei Typen des Wohlfahrtskapitalismus – liberal, sozialdemokratisch bzw. sozialistisch, konservativ – in eine aufschlussreiche Beziehung bringen. In Abbildung 2 werden die sozialpolitischen Systemtypen Sozialhilfe, Sozialversicherung, Versorgung und Bürgerversicherung in Bezug auf ihre Finanzierungsart, ihre spezifischen Leistungsvorteile und ihr intern dominierendes (soziologisches) Steuerungssystem differenziert. Letzteres ist erläuterungsbedürftig: Während die Steuerungssysteme Markt und Staat (mit den formalisierten Medien Geld und Recht) geläufig sind, werden das gemeinschaftliche Steuerungssystem «Moral» (Hegel sprach von der «Sittlichkeit»; die Medien sind – mit Ausnahme der Sprache – weniger formalisiert, z. B. Liebe, Vertrauen) und das im Legitimationssystem der Gesellschaft verankerte Steuerungssystem «Ethik» (zu dessen Medien gehören Werte und ganz allgemein «Sinn») im sozialpolitischen Kontext selten reflektiert (Opielka 2004).

Sozialpolitische Systeme in Deutschland

Sozialpolitisches System	Sozialhilfe (Fürsorge) & Privatversicherung	Sozialversicherung	Versorgung	Bürgerversicherung
Finanzierung	Steuern & Risikoprämien	(lohnbezogene) Beiträge & Steuern	Steuern	Beiträge auf alle Einkommensarten, Sozialsteuer
Dominantes Steuerungssystem	Markt	Staat	Moral (Gemeinschaft)	Ethik
Handlungsfokus	Leistung	politische Organisation	Status	Menschenrechte
Spezifische Leistungen	effiziente Ressourcenverwendung	Arbeitsmarktintegration, Chancengleichheit	Sicherung partikularer Identitäten	universalisierte Solidarität
Wohlfahrtsstaatstypus («welfare regime»)	liberal	sozialdemokratisch	konservativ	garantistisch

Abbildung 2: Vier Typen sozialpolitischer Systeme

Derartige Typologien sind zunächst «Idealtypen» (Max Weber)[1], die vor allem analytischen Ertrag beanspruchen. Die Realität ist stets gemischt. Dies gilt nicht nur für die sozialpolitische Realität in Form von Institutionen und Gesetzen. Es gilt auch für die individuellen und kollektiven Akteure. Nur «Fundamentalisten» konzentrieren sich ausschließlich auf eines der Systeme bzw. Steuerungsprinzipien. Erwähnt werden muss, dass diese Typologie keine Aussagen über Gesellschaftsformationen

---

1 Den Begriff des «Idealtyps» beschrieb Max Weber wie folgt: «Er wird gewonnen durch einseitige Steigerung eines oder einiger Gesichtspunkte und durch Zusammenschluss einer Fülle von diffus und diskret, hier mehr, dort weniger, stellenweise gar nicht, vorhandenen Einzelerscheinungen, die sich jenen einseitig herausgehobenen Gesichtspunkten fügen, zu einem in sich einheitlichen Gedankenbilde. In seiner begrifflichen Reinheit ist dieses Gedankenbild nirgends in der Wirklichkeit empirisch vorfindbar, es ist eine Utopie, und für die historische Arbeit erwächst die Aufgabe, in jedem einzelnen Falle festzustellen, wie nahe oder fern die Wirklichkeit jenem Idealbilde steht» (1988, S. 191).

im Allgemeinen macht, sondern sozialstaatliche Regulierungsformen erfasst, also eine «sekundäre» Vergesellschaftung durch den Sozialstaat impliziert.

Einige der Angaben in Abbildung 2 erscheinen – abgesehen von ihrem weiter unten beleuchteten sozialphilosophischen Hintergrund – leicht nachvollziehbar: so die Betonung des Markts im liberalen Diskurs, der Fokus auf die Leistung (Meritokratie), die Hoffnung, dass mit der Kombination aus Leistungs- und Marktprinzip eine optimale Ressourcenallokation verbunden ist, und schließlich die Folgerung, dass dem Marktprinzip dadurch am reinsten Geltung verschafft wird, indem Risiken durch Privatversicherungen abgedeckt werden und der Sozialstaat sich ausschließlich auf die «wirklich Bedürftigen» konzentriert. Irritieren könnte aber vor dem Hintergrund der Tatsache, dass der deutsche Sozialstaat gemeinhin als «konservativ» bezeichnet wird (Esping-Andersen 1990), die Zuordnung der Sozialversicherungen als «sozialdemokratisch». Die Begründung dafür liegt in ihrem Konstruktionsprinzip. Sozialversicherungen stellen eine «korporatistische» Lösung des Klassenkonflikts dar, in dem (widersprüchliche) Arbeitgeber- und Arbeitnehmerinteressen staatlich vermittelt und reguliert werden (Tarifautonomie, Sozialgesetzgebung). Ihr Fokus ist deshalb vor allem die politische Organisation – bei einem Abflauen oder Erodieren verbandlicher (einschließlich gewerkschaftlicher) Organisation zerbricht mit meist geringem Zeitverzug auch die Grundlage des sozialstaatlichen «Klassenkompromisses».

«Konservativ» wird hier die sozialstaatliche Formation genannt, die sich affirmativ auf gegebene soziale Status bezieht. Der klassische «konservative» Sozialschutz fokussiert auf diejenigen, die dem Staat (bzw. seinen Eliten) besonders am Herzen liegen, die Beamtenschaft und – als historischer «Vorbote des Wohlfahrtsstaates» – die Kriegsopferversorgung (Geyer 1983). Auch hier sind die Grenzen fließend, denn die politische Organisation ist stets für die Durchsetzung derartiger Sicherungsformen hilfreich. Der Unterschied zur Sozialversicherung (als «sozialdemokratischem» Modell) kann jedoch darin gesehen werden, dass jene ihren Gegenstand – die korporative Verhandlungsstruktur (Sozialpartnerschaft, Parität) – durch die Sozialpolitik überhaupt erst konstituiert. Für die Einordnung von Versorgungssystemen als «konservativ» spricht, dass es vor allem konservative Parteien mit ihrer Vorliebe für scheinbar «natürliche» Gemeinschaftsformen wie Familie und Nation waren, die an diesen Formen ansetzende Sicherungen (Kinder- und Erziehungsgeld, Beamten-/Kriegsopferversorgung) etablierten und sich als ihre Verteidiger profilieren.

Die Abgrenzung des sozialdemokratischen und des konservativen Wohlfahrtsregimes macht, wie weiter unten gezeigt wird, auch im internationalen Vergleich Schwierigkeiten. So verfolgten die sozialdemokratischen Regierungen in Skandinavien bis weit in die 1980er Jahre die Strategie steuerfinanzierter, universalistischer Systeme, die hier eher dem Typ «garantistisch» zugeordnet werden. Der Hauptunterschied zwischen sozialdemokratischem und konservativem Modell ist deshalb, wie Esping-Andersen (1990) zu Recht betonte, das Kriterium der «Dekommodifizierung». Im sozialdemokratischen bzw. sozialistischen Regime soll die Unabhängigkeit der Lohnabhängigen von den Arbeitgebern im Rahmen korporatistischer Arrangements gestärkt werden, im konservativen Regime geht es um Statussicherung, um die Reproduktion hierarchischer Ungleichheit. Die Dekommodifizierung ist kein Ziel. Vereinfacht formuliert: Das System Sozialversicherung ist «sozialdemokratischer», wenn es mehr auf Gleichheit orientiert ist, und «konservativer», wenn es nur die auf dem Arbeitsmarkt vorhandenen Ungleichheiten verlängert.

Die sozialpolitischen Systeme haben im Lauf der Zeit eine Reihe von Mischformen gebildet. In Abbildung 3 werden diese Systeme am Beispiel Deutschland zu einigen existierenden bzw. (in kursiver Schrift) in den späteren Kapiteln diskutierten Transferleistungen in Beziehung gesetzt.

Offensichtlich erfüllen alle vier Systeme spezifische Funktionen, deren jeweilige Stärken durch die Vereinfachung auf nur ein System verloren gehen würden. Bemerkenswert ist die vor allem familienpolitisch begründete Ausweitung des Systems Versorgung durch Kindergeld und Elterngeld seit den 1980er Jahren. Die existierende Vielfalt von Systemprinzipien in Deutschland zeigt freilich, dass bereits verschiedene «Pfade» verfolgt werden – die Frage wäre, worauf sich die künftige Sozialpolitik konzentrieren soll. Dabei kommt ein Aspekt in den Blick, der etwas quer liegt zu den System- und Regimetypen, die Frage nämlich, ob Sozialpolitik die «Lebensstandardsicherung» oder eine «Grundsicherung» gewährleistet. Sowohl im sozialdemokratisch-sozialistischen wie

30 Theorie der Sozialpolitik

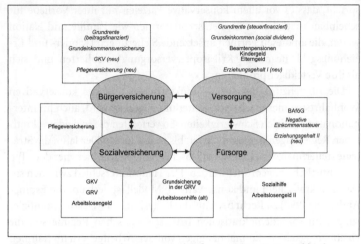

Abbildung 3: Sozialpolitische Systeme und Reformoptionen in Deutschland

im konservativen Wohlfahrtsregime gilt die Lebensstandardsicherung bisher als Ziel, im liberalen Regime nur die Grundsicherung, während das garantistische Regime (wie ansatzweise in der Schweiz oder den Niederlanden) eine Zwischenposition (Grundsicherung plus Zusatzsicherung, aber keine Garantie des Lebensstandards) einnimmt.

Das System Bürgerversicherung ist bislang in Deutschland unterentwickelt. Stattdessen beruht der deutsche Sozialstaat auf der Lohnarbeit, er ist lohnarbeitszentriert (und familienzentriert, wie in Kapitel 3 gezeigt wird). Die damit verbundene hohe Beitragsbelastung auf Erwerbsarbeit erscheint zunehmend als Konstruktionsdefekt in Bezug auf den Arbeitsmarkt, aber auch als ein Mangel an Umverteilung, vor allem, weil Selbständige, Rentiers und Beamte kaum oder nicht in die Finanzierung der sozialen Sicherung einbezogen werden. In Abbildung 4 und 5 wird die Belastung von Durchschnittsverdienern in zwei exemplarischen Haushaltstypen (allein stehend ohne Kind, Ehepaar mit zwei Kindern) mit Steuern und Sozialabgaben im internationalen Vergleich dargestellt.

Beide Abbildungen dokumentieren die im internationalen Vergleich ungewöhnlich stark lohnbezogene Finanzierung des deutschen Sozialstaats. Sie deuten weiter auf zwei in der öffentlichen Diskussion häufig

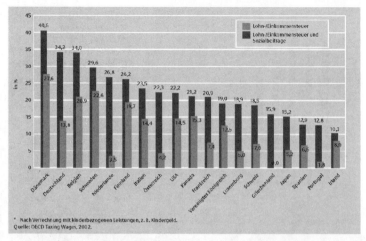

Quelle: OECD Taxing Wages 2002 – BMF 2002, S. 3 – Stand 2001 (nach Verrechnung kinderbezogener Leistungen, z. B. Kindergeld); bei 100 Prozent des Durchschnittseinkommens

Abbildung 4: Belastung eines Alleinstehenden ohne Kinder mit Steuern und Sozialabgaben

übersehene Aspekte: Die Belastungswirkung hängt zum einen sehr stark vom Familienstand ab, wobei die Belastung des Faktors Erwerbsarbeit in Deutschland stets im oberen Bereich vergleichbarer Sozialstaaten liegt; andererseits täuschen derartige Vergleiche – aufgrund ihrer aggregierten, notwendig undifferenzierten Datenstruktur – darüber hinweg, dass sich hinter «Sozialbeitrag» Unterschiedliches verbergen kann. So wird die niederländische Pensionsversicherung in beiden Abbildungen als Sozialbeitrag geführt, obwohl sie alle Bürger einbezieht und insofern eher wie eine Steuer wirkt; umgekehrt tauchen die Schweizer «Kopfpauschalen» der Krankenversicherung nicht auf, obwohl ihre Zahlung obligatorisch ist.

Nachdem die Diskussion um eine Bürgerversicherung (wie auch um die damit zusammenhängenden Vorschläge einer Grundrente bzw. eines garantierten Grundeinkommens) in Deutschland seit den 1980er Jahren fast ausschließlich in Expertenkreisen geführt wurde, trat sie – vielleicht auch als «sozialutopische» Entlastung angesichts eines «Sozialabbaus» – ab dem Jahr 2003 auf die öffentliche Agenda (Engelen-Kefer 2004). Der

32 Theorie der Sozialpolitik

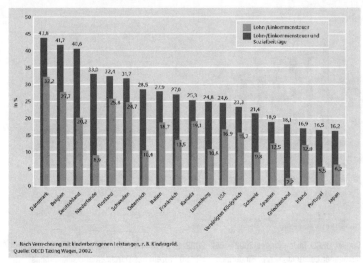

Quelle: OECD Taxing Wages 2002 – BMF 2002, S. 5 – Stand 2001 (nach Verrechnung kinderbezogener Leistungen, z. B. Kindergeld); bei 100 Prozent des Durchschnittseinkommens

Abbildung 5: Belastung eines Ehepaars mit zwei Kindern, Steuern und Sozialabgaben

SPIEGEL (11/2003, S. 80ff.) veröffentlichte unter dem Titel «Abschied von Bismarck» die Ergebnisse einer von ihm beauftragten Studie des Deutschen Instituts für Wirtschaftsforschung (DIW 2002). Mit einem «radikalen Ansatz, wie er in Deutschland noch nie vorgeschlagen wurde», soll der deutsche Sozialstaat fast vollständig vom Prinzip der Beitrags- auf eine Steuerfinanzierung umgestellt werden. Anstelle einer Beitragsbelastung von derzeit durchschnittlich 42 Prozent würden die Lohnnebenkosten auf 5,5 Prozent sinken, aus denen nur noch unmittelbar arbeitsbezogene Leistungen (Arbeitslosengeld, Krankengeld) finanziert würden (die arbeitgeberfinanzierte Unfallversicherung bliebe unverändert). Renten-, Kranken- und Pflegeversicherung sowie die Arbeitsförderung sollen vollständig aus Steuermitteln finanziert werden, wobei für die Kranken- und Pflegeversicherung eine pauschale, einkommensunabhängige «Gesundheitsprämie» mit Zuschüssen für Einkommensschwächere vorgeschlagen wird. Die Rentenversicherung soll ähnlich dem Schweizer System Grund- und Höchstrenten erhalten. Finanziert werden soll das neue System vor allem durch selektive Steuererhöhungen (z. B. Mehrwertsteuer +4 %, Grund- und Erbschaftssteuer +370 %, eine «Sozialprämie» von 9,5 % auf die Einkommenssteuer) mit der Maßgabe, dass keine Einzelsteuer im internationalen Vergleich eine Spitzenposition einnimmt. Die radikale Reduzierung der Lohnnebenkosten würde, so das DIW, zu etwa einer Million neuen Stellen führen.

Eine derart gravierende Systemumstellung ist zwar wenig realistisch, da zu viele Übergangs- und Vertrauensprobleme unlösbar erscheinen. Zudem entspricht der SPIEGEL-Vorschlag nur in Bezug auf das Volumen der neu zu verteilenden Finanzmittel der Idee einer Bürgerversicherung, da die neue Sicherung ausschließlich aus Steuern und Kopfprämien finanziert werden soll. Dennoch erscheinen derart radikale Gedankenexperimente hilfreich, um den Systemtypus Bürgerversicherung zu präzisieren. Präziser wäre es, von einer «Einwohnerversicherung» zu sprechen (Eichenhofer 2003), da nicht nur die Bürger eines Staats, sondern dessen (dauerhafte) Bewohner in die Sicherung einbezogen werden. Im Kontext der von der Bundesregierung im Jahr 2003 eingesetzten «Rürup-Kommission» wurde insbesondere von gewerkschaftsnahen Protagonisten etwa eine «Erwerbstätigenversicherung» gefordert (BMGS 2003). Diese erweitert die Sozialversicherung auf alle Erwerbstätigengruppen. Eine Bürgerversicherung würde demgegenüber auch Nichterwerbstätige einschließen. Indem sie soziale Grundrechte (und Grundpflichten) am Bürgerstatus festmacht, könnte sie einen Beitrag zur Demokratiestärkung leisten. In Kapitel 8 wird diese Diskussion aufgegriffen und mit einem Reformvorschlag verknüpft.

Wenn derart weit reichende Änderungen öffentliche Aufmerksamkeit finden, deutet dies darauf hin, dass die bisherigen Systemprinzipien des deutschen Sozialstaats fragil sind. Dass dies nicht nur ein deutsches Problem scheint, kann ein vergleichender Blick zeigen.

1.2 Die Theorie der Wohlfahrtsregime

In der vergleichenden Sozialpolitikforschung warf die empirische Datenfülle aufgrund einer seit den 1960er Jahren rapide wachsenden Forschung die Frage auf, ob zugleich empirische wie theoretische Gründe für eine Gruppierung der offensichtlich höchst unterschiedlichen Sozialstaaten gefunden werden können. Mit seiner Studie «Three Worlds of Welfare Capitalism» präsentierte Gøsta Esping-Andersen (1990) einen Vorschlag, der seitdem breit rezipiert wurde.[2] Die wesentlichen Elemente seiner Typologie der «welfare regime» werden in Abbildung 6 zusammengefasst.

Die Zuordnung einzelner Länder zu einem Sozialstaatstypus basiert bei Esping-Andersen auf der Verknüpfung von drei zentralen Analysekriterien, die er aus einer historisch-analytischen Aufbereitung ideologischer Ordnungsvorstellungen gewann: (1) durch das Ausmaß der *Dekommodifizierung*, d. h., inwieweit soziale Sicherung unabhängig vom (Arbeits-)Markt erreicht wird (ebd., S. 21f.); (2) das Ausmaß der *Stratifizierung*, d. h., inwieweit soziale Sicherungssysteme die gesellschaftlichen Verhältnisse und Beziehungen strukturieren und schichten; und (3) das Mischungsverhältnis und Akzentuierungen der *Wohlfahrtsproduktion zwischen Staat, Markt und Familie*. Esping-Andersen verstand seine Typologie – ohne dies explizit zu bezeichnen – als «Idealtypen». Die empirische Wirklichkeit repräsentiert Mischformen, die verschiedene Elemente der Idealtypen des Wohlfahrtsregimes enthalten können.

Neben vielfacher Zustimmung erfuhr dieser Vorschlag von mehreren Seiten methodische und inhaltliche Kritik, die sich folgendermaßen zusammenfassen lässt:

- Ein Vorwurf insbesondere aus feministischer Sicht lautet, dass die Geschlechterdimension – trotz der Berücksichtigung der familiären Wohlfahrtsproduktion – weitgehend ausgeblendet wird (Ostner 1998; Pfau-Effinger 2000; Arts/Gelissen 2002). Obwohl Esping-Andersen auf diesen Einwand unterdessen reagiert hat (1998, 2002), bleibt er dann berechtigt, wenn die Leistungen von Familien und Haushalten – und damit noch immer vorrangig von Frauen – nur in Bezug auf die staatliche und marktliche Wohlfahrtsproduktion und nicht in ihrer eigenständigen Qualität bewertet werden.

---

2 Für eine deutsche Kurzfassung ders. 1998, zur Diskussion u. a. Lessenich/Ostner 1998, Kohl 1999, Arts/Gelissen 2002.

Die Theorie der Wohlfahrtsregime 35

Variablen – Indikatoren	Typus des Wohlfahrtsstaats		
	liberal	*konservativ*	*sozialdemokratisch*
Dekommodifizierung: Schutz gegen Marktkräfte und Einkommensausfälle – Einkommensersatzquoten – Anteil individueller Finanzierungsbeiträge (invers)	schwach	mittel (für «Familienernährer»)	stark
Residualismus – Anteil von Fürsorgeleistungen an gesamten Sozialausgaben	stark	stark	schwach
Privatisierung – Anteil privater Ausgaben für Alter bzw. Gesundheit an jeweiligen Gesamtausgaben	hoch	niedrig	niedrig
Korporatismus / Etatismus – Anzahl von nach Berufsgruppen differenzierten Sicherungssystemen – Anteil der Ausgaben für Beamtenversorgung	schwach	stark	schwach
Umverteilungskapazität – Progressionsgrad des Steuersystems – Gleichheit der Leistungen	schwach	schwach	stark
Vollbeschäftigungsgarantie – Ausgaben für aktive Arbeitsmarktpolitik – Arbeitslosenquote, gewichtet mit Erwerbsbeteiligung	schwach	mittel	stark
Rolle von – Familie – Markt – Staat	 marginal zentral marginal	 zentral marginal subsidiär	 marginal marginal zentral
dominante Form wohlfahrtsstaatlicher Solidarität	individualistisch	Verwandtschaft, Korporatismus, Etatismus	universalistisch
Modellbeispiele	USA	Deutschland Italien	Schweden

Quelle: Kohl 1999 (Korrektur hinsichtlich mittlerer Vollbeschäftigungsgarantie im konservativen Wohlfahrtsregime), Esping-Andersen 1999, S. 85

Abbildung 6: Merkmale von Wohlfahrtsregimen (nach Esping-Andersen)

- Damit zusammen hängt die Kritik an einer Vernachlässigung der sozialen Dienstleistungen aufgrund der Konzentration auf die Geldleistungssysteme und den Arbeitsmarkt (Alber 1995). Dies hat mit der vergleichenden Sozialpolitikforschung generell zu tun, die sich zumeist auf die statistisch hoch aggregierten volkswirtschaftlichen Kenngrößen bezieht und die in der Regel dezentral erbrachten sozialen Dienste empirisch schwerer erfassen kann. Erste Versuche, soziale Dienstleistungen in die Regimeforschung einzubeziehen, haben deutlich gemacht, dass sie sich in vielen Fällen dem jeweiligen Idealtypus nicht fügen (Bahle/Pfennig 2001). Ein besonders eindrückliches Beispiel ist die Existenz eines staatlichen Gesundheitssystems («National Health Service») im «liberalen» Wohlfahrtsregime Großbritanniens (Kaufmann 2003, S. 150ff.).
- Zutreffend ist auch die aus politikwissenschaftlicher Sicht vorgebrachte Kritik an einer «Institutionenblindheit» der Regimetheorie. Esping-Andersen favorisiert einen machtressourcen- und klassenkonflikttheoretischen Ansatz, doch weder wird die spezifische Rolle von Parteienkonstellationen (Kersbergen 1995 für christdemokratische Parteien) noch von politischen Institutionen und Gliederungen (z. B. Föderalismus) ausreichend berücksichtigt (Schmidt 1998, 2001).
- Weiter wurde infrage gestellt, ob die Typologie vollständig sei. Einige Autoren reklamieren einen «mediterranen» Sozialpolitiktypus («Latin Rim», so Castles 1995, Ferrera 1998), der gegenüber dem «konservativen» Typus noch stärker auf familiärer Wohlfahrtsproduktion basiert, während die verbandlich-korporatistischen Regelungsformen weniger ausgeprägt seien. Allerdings verdeutlichen die Entwicklungsverläufe zentraler sozialpolitischer Ausgabenquoten in den 1980er und 1990er Jahren, dass sich die «mediterranen» Länder eher dem «konservativen» bzw. kontinentaleuropäischen Typus zuordnen lassen (Taylor-Gooby u. a. 2004). Bei diesen Ländern bestand aufgrund teils langjähriger Diktaturen zunächst ein Nachholpotenzial demokratischer und sozialökonomischer Modernisierung, vor allem in Griechenland und Spanien (Lessenich 1995).
- Fraglich ist, ob die Bezeichnung «sozialdemokratisch» für den Idealtyp des etatistischen Wohlfahrtsstaats zutrifft oder man nicht präziser von einem «sozialistischen» Regimetyp sprechen müsste. Aus pragma-

tischen Gründen wird im Folgenden die Bezeichnung von Esping-Andersen weitgehend beibehalten, weil sie sich durchgesetzt hat und die Bezüge zu anderen Autoren leichter verständlich werden.
- Der allgemeinste Vorwurf lautet schließlich, dass eine solche Typologie bereits voraussetze, was sie zu beweisen trachtet, sie insoweit einem «idealistischen Fehlschluss» unterliege, da sie von Ideen auf die Wirklichkeit ableitet. Gegen diese Kritik, die als Mahnung stets berechtigt bleibt, lässt sich einwenden, dass Wissenschaft stets mit Taxonomien einhergeht. Sollte sich die Wohlfahrtsstaatstypologie also als ungeeignet erweisen, müsste sie durch eine bessere ersetzt bzw. erweitert werden (was in diesem Buch mit der Erweiterung um das «garantistische» Wohlfahrtsregime geschieht).

Die Perspektive des Wohlfahrtsregimes hat, gerade infolge der durch sie ausgelösten, stärker systematischen und analytischen Anforderung an sozialpolitische Forschung, erhebliches Potenzial für eine globale Sicht auf den Wohlfahrtsstaat (z. B. Aspalter 2003). Sie macht nämlich deutlich, dass Sozialpolitik ein zentrales Element aller modernen Gesellschaften wurde, die Frage also nicht lautet, *ob* ein Staat ein Wohlfahrtsstaat ist, sondern *wie*.

1.3 Differenzen sozialpolitischer Entwicklung

Dass Sozialpolitik auf verschiedenen Niveaus wirtschaftlicher Entwicklung möglich ist, zeigt die Zeitreihe in Abbildung 7, die mit Hilfe der verfügbaren europäischen Statistiken in den 1990er Jahren zwar insgesamt eine Stabilisierung der Sozialausgaben auf recht hohem Niveau, bei einzelnen Ländern jedoch teils gegenläufige Entwicklungen ausmacht.

Dabei muss in einer aggregierten Darstellung offen bleiben, ob ein Sinken der Sozialausgaben (wie in Irland) auf eine Absenkung von Sozialleistungen, auf mittlerweile erlangte Vollbeschäftigung oder auf die Verschiebung von bisher dem staatlichen Sektor zugerechnete Ausgaben auf die privaten Haushalte zurückgeht (z. B. durch obligatorische private Krankenversicherungen). Eine Steigerung des Sozialausgabenanteils wiederum kann gleichfalls entsprechend umgekehrt veranlasst worden sein und ihren Grund in nachholender Modernisierung (z. B. Griechen-

38 Theorie der Sozialpolitik

	Ausgaben pro Kopf (KKS[1]) in 2001 EU 15 = 100	Durchschnittliches Wachstum der Pro-Kopf-Ausgaben[2] 1992–2001 (in Prozent)	Anteil der Sozialausgaben am BIP (Sozialquote) (in Prozent)		
			1992	1996	2001
Belgien	108	1,7	27,7	28,6	27,5
Dänemark	122	1,9	30,3	31,4	29,5
Deutschland	114	1,7	27,6	29,9	29,8
Griechenland	62	5,6	21,2	22,9	27,2
Spanien	60	1,7	22,4	21,9	20,1
Frankreich	113	1,7	29,3	31,0	30,0
Irland	60	4,7	20,3	17,8	14,6
Italien	97	1,3	26,2	24,8	25,6
Luxemburg	165	4,1	22,5	24,1	21,2
Niederlande	115	0,9	31,9	30,1	27,6
Österreich	117	1,9	27,8	29,8	28,4
Portugal	57	6,3	18,4	21,2	23,9
Finnland	88	0,6	33,6	31,6	25,8
Schweden	110	0,8	37,1	33,9	31,3
UK	97	3,0	27,9	28,0	27,2
EU 15	100	1,9	27,7	28,4	27,5
Island	78	4,3	18,2	18,8	20,1
Norwegen	128	3,6	28,2	26,0	25,6
Schweiz	119	2,8	23,3	26,9	28,9
Ungarn	35	:	:	:	19,9
Malta	:	:	:	:	18,3
Slowenien	63	:	:	24,7	25,6
Slowakei	31	:	:	19,8	19,1

[1] KKS (Kaufkraftstandard) = künstliche Währung, die nationale Kaufkraftdifferenzen berücksichtigt
[2] Konstante Preise von 1995 / : Daten nicht verfügbar
Quelle: Eurostat 2004

Abbildung 7: Ausgaben für soziale Sicherung in Europa 1992 bis 2001

land) oder – wie in der Schweiz – darin finden, dass etwa direktdemokratische Regierungsformen (Plebiszite, Referenden) in der Regel zu langsameren, dafür zumeist nachhaltigeren Reformlösungen führen (Obinger / Wagschal 2001).

Anstelle einer vollständigen Übersicht über die sozialpolitischen Entwicklungen beispielsweise entlang der Einführung relevanter gesetzlicher Regelungen, die im internationalen Vergleich mit einer Überfülle von Daten umgehen müsste (für Deutschland: Bäcker u. a. 2000, Bd. 1, S. 28f.), werden in Abbildung 8 die Einführungszeitpunkte der fünf wichtigsten Zweige der Sozialpolitik – Alters-, Kranken-, Unfall- und Arbeitslosenversicherung sowie Familienunterstützung – mit Kerngrößen der politischen und wirtschaftlichen Entwicklung in Beziehung gesetzt (Schmidt 1998, S. 180ff.). Damit soll der Frage nachgegangen werden, ob der Wohlfahrtsstaat von der Erreichung eines bestimmten Niveaus wirtschaftlicher oder politischer Entwicklung abhängt.

Manfred G. Schmidt (1998a) macht auf einen Umstand aufmerksam, der – aus seiner Sicht – die Nützlichkeit der Regimetypen überhaupt infrage stellt: dass beispielsweise Deutschland und Österreich zu den Pionierstaaten der Sozialpolitik gehören, obwohl sie wirtschaftlich geringer entwickelt und autoritärer verfasst waren als manche Nachzüglerstaaten. Schmidt wehrt sich gegen eine in der Sozialpolitikforschung lange Zeit dominante Sichtweise, die den Sozialstaat funktionalistisch als Reaktion auf den sozialen Wandel von der Feudalgesellschaft in eine kapitalistische Industriegesellschaft interpretierte (einschließlich Verstädterung, Auflösung traditioneller Gemeinschaften, der Subsistenzproduktion). Denn jene Entwicklung lässt offen, warum die sozialpolitischen Reaktionen von Land zu Land so unterschiedlich ausfielen.

Sozialökonomische Daten allein erklären die Entwicklung nicht. So führte Deutschland die erste Sozialgesetzgebung 1883 bei einem Pro-Kopf-Sozialprodukt von 2237 (international und historisch vergleichbaren) Dollar ein – zwölf Länder erst bei teils weit höherem Stand (z. B. USA), acht weitere wiederum bei niedrigeren Niveaus (z. B. Schweden, Spanien). Eine Erklärung dieser eigentümlichen Entwicklung hat Jens Alber (1982) vorgeschlagen: «Nicht die Reformforderungen der Arbeiterbewegung waren der Motor der frühen sozialpolitischen Entwicklungen in Westeuropa, sondern die Legitimationsnöte der nationalen Eliten, die sich vor allem im Kontext autoritärer politischer Strukturen einstellten. Die frühe Sozialpolitik war eine Sozialpolitik von oben, nicht durch die Arbeiterbewegung, sondern gegen sie realisiert, einigen ihrer sozialen Ansprüche entgegenkommend, um ihren weiter gehen-

40 Theorie der Sozialpolitik

Land	Unfall-versicherung	Kranken-versicherung	Renten-versicherung	Arbeits-losenver-sicherung	Familien-unter-stützung	Rang nach Gründungs-jahr der Sozialpolitik	Demokratie-grad im Jahr der Einführung der ersten Sozial-gesetzgebung	Ökonomische Entwicklung im Jahr des 1. Sozial-gesetzes des Landes	Ökonomische Entwicklung im Jahr des 1. Sozial-gesetzes Deutschlands 1883
Australien	1902	1948	1908	1944	1941	15	10	4095	4794
Belgien	1903	1894	1900	1920	1930	3	7	3395	3078
Deutschland	1884	1883	1889	1927	1954	1	0	2237	2237
Dänemark	1898	1892	1891	1907	1952	2	0	2458	2212
Finnland	1895	1963	1937	1917	1948	17	8	1449	1194
Griechenland	1914	1922	1934	1945	1958	18	10	1621	1000
Großbritannien	1897	1911	1908	1911	1945	5	7	4360	3726
Irland	1897	1911	1911	1911	1944	7	8	2495	2225
Island	1925	1936	1909	1936	1946	16	10	–	–
Italien	1898	1943	1919	1919	1937	13	0	1635	1534
Japan	1911	1927	1941	1947	1971	19	4	1304	818
Kanada	1930	1977	1927	1940	–	23	10	4593	1981
Luxemburg	1902	1901	1911	1921	1947	8	7	–	–
Neuseeland	1908	1938	1898	1930	1926	11	10	4005	3512

Differenzen sozialpolitischer Entwicklung

Land	Unfallversicherung	Krankenversicherung	Rentenversicherung	Arbeitslosenversicherung	Familienunterstützung	Rang nach Gründungsjahr der Sozialpolitik	Demokratiegrad im Jahr der Einführung der ersten Sozialgesetzgebung	Ökonomische Entwicklung im Jahr des 1. Sozialgesetzes des Landes	Ökonomische Entwicklung im Jahr des 1. Sozialgesetzes Deutschlands 1883
Niederlande	1901	1931	1919	1916	1939	12	3	3400	3447
Norwegen	1895	1909	1936	1906	1946	10	3	1472	1444
Österreich	1887	1888	1907	1920	1948	4	0	2420	2223
Portugal	1913	1935	1935	1975	1942	20	8	1354	1227
Schweden	1901	1891	1913	1934	1947	9	1	2106	1937
Schweiz	1918	1911	1946	1982	1952	21	10	4118	2750
Spanien	1900	1942	1919	1919	1938	14	6	2040	1847
USA	1930	1965	1935	1935	1935	22	10	6220	3338
Mittelwert	1905	1924	1917	1929	1944	12	6,09	2834	2323

Quelle: Schmidt 1998, S. 180 – Anmerkungen: Spalten 2 bis 6 = Jahr der Einführung der ersten (nicht notwendigerweise umfassenden) staatlichen Sozialgesetze. Nicht berücksichtigt sind ältere soziale Sicherungssysteme für militärische Berufsstände (Soldaten, Kriegsveteranen). Spalte 7 = Reihung nach dem länderweise berechneten durchschnittlichen Einführungsjahr der Unfall-, Kranken-, Renten-, Arbeitslosenversicherung und der Familienunterstützungsprogramme (Rang 1 = Pionierung der Sozialpolitik, Rang 23 = Nachzügler). Spalte 8 = Demokratieskala von 0 (Minimum) bis 10 (voll entfaltete institutionelle Demokratie im Sinn von Jaggers / Gurr 1996). Spalten 9 bis 10 = International und historisch vergleichbare Messungen des Sozialprodukts pro Kopf in internationalen Dollars (Gheary-Khamis Dollars).

Abbildung 8: Gründungsjahre der Sozialpolitik und Stand der politischen Entwicklung im Vergleich

den politischen Forderungen zu begegnen» (ebd., S. 149f.). Was vor allem für diese eher konservativen Pioniersozialreformen galt, muss für den Fortgang der sozialpolitischen Entwicklung im 20. Jahrhundert relativiert werden, denn die Rolle der Arbeiterbewegung, demokratischer Institutionen und sozialreformerischer akademischer Diskurse spielte eine wachsende Rolle: «In Ländern mit schwacher Arbeiterbewegung, schwachen oder gänzlich fehlenden Linksparteien und starken marktorientierten politischen Strömungen (...) kam die Sozialpolitik erst spät zum Zuge, falls sie überhaupt an Fahrt gewann. Japan und die USA sind Beispiele, abgeschwächt auch Kanada, das jedoch den europäischen Staaten stärker folgte als dem US-amerikanischen Nachbarn» (Schmidt 1998, S. 188).

Am Beginn des 21. Jahrhunderts stellt sich die Frage nach den gesellschaftlichen Funktionen und der Entwicklungsdynamik der nationalen Wohlfahrtsstaaten erneut und aufgrund ihrer zunehmenden weltwirtschaftlichen Einbindung verschärft. Beispielsweise hat die vergleichende Sozialpolitikforschung gezeigt, dass Handelsoffenheit und der Umfang der öffentlichen Sozialausgaben stark korrelieren. Wie Abbildung 9 belegt, sind diese Ausgaben tendenziell in den Ländern höher, die außenwirtschaftlichen Risiken verstärkt ausgesetzt sind. In einigen Untersuchungen wird vermutet, dass diese Länder mit der Form des Wohlfahrtsstaats Vorkehrungen treffen, um die größeren Unwägbarkeiten auffangen zu können und alternative Quellen von Lebenschancen und Einkommensgarantien zu sichern (Rodrik 2000).

Elmar Rieger und Stephan Leibfried (2001) betonen die Schwierigkeit, solche Vermutungen zu belegen: «Das zentrale Problem dieser Untersuchungen besteht natürlich darin, dass sie über die *kausale* Seite dieser Zusammenhänge nichts aussagen können. Deshalb kann mit dem gleichen Zahlenmaterial auch argumentiert werden, die außenwirtschaftliche Offenheit führe zu größerem Wirtschaftswachstum und die höheren Sozialausgaben seien eine Wachstumsdividende, die sich diese Volkswirtschaften verdient hätten und die in Form von großzügigeren Sozialleistungen an die Gesellschaft zurück- bzw. weitergegeben werden» (ebd., S. 128).

Esping-Andersens Welfare-Regime-Theorie wurde in Abgrenzung zu einer rein deskriptiven, vergleichenden Analyse von Sozialausgaben ent-

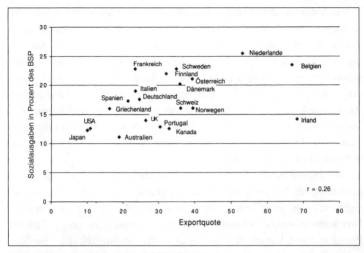

Quelle: OECD – aus: Rieger/Leibfried 2001, S. 127

Abbildung 9: Exportquoten und Sozialausgaben in OECD-Ländern (1990–1997)

wickelt. Schmidt (1998a) kritisierte deren politisch-normative Ausrichtung, denn die von Esping-Andersen als Wohlfahrtsmodell gelobten skandinavischen Staaten schaffen «neue Risiken»: zum einen neue Konfliktformationen, zum anderen «politisch-ökonomische Risiken eines starken Sozialstaates». Das erste Risiko werde von Esping-Andersen zwar noch benannt: «... der Hauptkonflikt im sozialdemokratischen Wohlfahrtsstaat verlaufe voraussichtlich zwischen dem (von weiblichen Arbeitskräften dominierten) öffentlichen Sektor und der (männerdominierten) Privatwirtschaft. Die wichtigsten Konflikte im liberalen Sozialstaatsregime basierten vermutlich auf ethnischen Spaltungen. Im konservativen Wohlfahrtsstaat entstünde wahrscheinlich ein Insider-Outsider-Konflikt, ein Zusammenstoß von Jobbesitzern und Nichterwerbstätigen» (ebd., S. 188). Viel «gefährlicher» sei jedoch bei einer «starken Sozialpolitik» die «Verteuerung des Faktors Arbeit». In einer vergleichenden Analyse der politisch-ökonomischen Entwicklung von 18 OECD-Staaten für den Zeitraum 1980 bis 1993 kommt Schmidt zum Ergebnis, dass Staaten mit liberalem Sozialpolitikregime – vor allem hinsichtlich der Beschäftigungsentwicklung – die «Gewinner» seien und nicht, wie Esping-Andersen (auf der Grundlage von Daten bis Anfang der 1980er Jahre) annahm, die sozialdemokratischen Wohlfahrtsstaaten; die «konservativen» Regime (vor allem Deutschland und die Schweiz) nehmen einen «Mittelplatz» ein (ebd., S. 191 ff.). Wie in Kapitel 2 allerdings gezeigt wird, hat sich in den 1990er Jahren die Entwicklung erneut differenziert, da hier sowohl die liberalen als auch die sozialdemokratisch-skandinavischen Wohlfahrtsstaaten einen hohen Beschäftigungsstand im Dienstleistungssektor erreichten bzw. hielten (Scharpf/Schmidt 2000; Scharpf 2003).

Die argumentative Aporie zwischen eher sozialstaats- und eher marktfreundlichen Deutungsmustern legt nahe, neben den Wohlfahrtsregimen einen erweiterten analytischen Kontext zu berücksichtigen. Dies kann einerseits beinhalten, sich auf institutionelle und politische Bewegungen zu konzentrieren (Rokkan 2000), andererseits die jeweilige kulturelle Seite der sozialpolitischen Entwicklung zu fokussieren (Chamberlayne u. a. 1999; Pfau-Effinger 2004; Rieger/Leibfried 2004; Oorschot/Opielka/Pfau-Effinger 2005). Die regimetheoretische Perspektive führt insoweit zu einer *kulturell-institutionalistischen Analyse*, einer (auch historischen) Berücksichtigung sowohl der kulturell-legitimatorischen wie der politisch-institutionellen Ebene.

So verglichen zwei Ökonomen, Alberto Alesina und Edward L. Glaeser (2004), anhand von makro- und mikroökonomischen Daten (u. a. OECD, Luxembourg Income Study) Armut und Ungleichheit sowie den Kampf gegen die Armut in den USA und Europa. Ökonomische Erklärungen für die gravierenden Differenzen ließen sie «almost empty handed» (ebd., S. 216). Sie fanden aber zwei recht eindeutige Einflussfaktoren: zum einen das Mehrheitswahlrecht in den USA, das anders als das proportionale Wahlrecht in Europa das Aufkommen der Linken und damit von Anwälten politischer Redistribution eher behindert (ähnlich in Großbritannien); zweitens die rassische und ethnische Fraktionalisierung in den USA, die – zusammen mit den politischen Institutionen – eine ideologische Kultur von Einstellungen gegenüber der Armut erleichtert hat. So glauben nach Daten des World Values Survey 71 Prozent der Amerikaner, dass die Armen durch harte Arbeit der Armut entgehen könnten, während nur 40 Prozent der Europäer diese

Einstellung teilen – die soziale Mobilität des unteren Fünftels der sozialen Schichtung ist in den USA aber geringer als in Europa (ebd., S. 4). Eine naturalisierende Sicht auf die Armen delegitimiert soziale Umverteilung.

Das Verhältnis von Bar- und Sachleistungen im europäischen Vergleich variiert erheblich, was sowohl auf institutionelle als auf politisch-kulturelle Differenzen hindeutet, die sich nur in einigen Fällen – beispielsweise bei den hohen Anteilen für Sach-, also Dienstleistungen im Bereich Familie/Kinder sowie Alter in den skandinavischen Ländern – auf die Wohlfahrtsregime-Typologie zurückführen lassen (Alber 1995). Der bedeutendste sozialpolitische Dienstleistungsbereich ist durchgängig das Gesundheitswesen. Einige Länder konzentrieren ihre Ressourcen zudem einseitig auf bestimmte Gruppen. Ein extremes Beispiel dafür ist Italien, wo mit 63,7 Prozent beinahe zwei Drittel der Sozialausgaben für Alters- und Hinterbliebenenrenten verausgabt werden (Eurostat 2002). Zu ähnlichen Ergebnissen gelangt eine Studie über die Angebotsformen und Trägerstrukturen sozialer Dienste im europäischen Vergleich (Bahle/Pfenning 2001). In Abbildung 10 werden die zentralen Indikatoren zum Niveau sozialer Dienstleistungen für Kinder und alte Menschen sowie zum Anteil verschiedener Anbieter für neun europäische Länder zusammengestellt, die unterschiedliche Wohlfahrtsregime repräsentieren: Deutschland, Frankreich, Belgien und die Niederlande als Vertreter des kontinentaleuropäisch-konservativen Regimes, Schweden und Dänemark als Vertreter des skandinavisch-sozialdemokratischen Typs, Großbritannien als Repräsentant des liberalen Modells sowie die «mediterranen» Länder Spanien und Italien.

Auch im Weiteren ist die Regime-Analyse hilfreich. So stechen die skandinavischen Länder aufgrund der hoch entwickelten Dienste für Kinder wie alte Menschen hervor, wobei durchweg öffentliche Anbieter monopolartig dominieren. In Schweden entwickelte sich allerdings seit Anfang der 1990er Jahre eine Tendenz zu einer größeren Anbietervielfalt, wobei der Dienstleistungsbereich überall in einer dynamischen Entwicklung begriffen ist. Gleichfalls eine abgegrenzte Gruppe bilden die südeuropäischen Länder mit gering entwickelten Dienstleistungen für beide Zielgruppen, wobei vorschulische Einrichtungen wiederum

Indikator \ Land	Belgien	Niederlande	Deutschland	Frankreich
Sozialausgaben[a]	27,7	30,1	28,4	29,0
Kinderbetreuung				
Deckungsgrad (0–2)[b]	30	(8)[f]	2[g]	23
Deckungsgrad (3–5)[b]	98	71	78[g]	99
Vorschule[c]	ja	(nein)[h]	nein	ja
Altenhilfe				
Deckungsgrad (stationär)[d]	6,4	8,8	6,8	6,5
Deckungsgrad (ambulant)[d]	4,5	12,0	9,6	6,1
Gesundheitsdienst[e]	nein	nein	nein	nein
Marktanteile[i]				
Kinderbetreuung (0–2)	ÖNF	NFÖ	ÖNF	ÖNF
Kinderbetreuung (3–5)	NÖ	NÖ	NÖF	ÖN
Altenhilfe (stationär)	ÖNF	NÖF	NFÖ	ÖNF
Altenhilfe (ambulant)	ÖNF	NF	NF	NÖF

Indikator \ Land	Schweden	Dänemark	Spanien	Italien	Großbritannien
Sozialausgaben[a]	35,1	33,4	21,9	23,4	26,7
Kinderbetreuung					
Deckungsgrad (0–2)[b]	33	48	2	6	2
Deckungsgrad (3–5)[b]	72	82	84	91	60
Vorschule[c]	nein	nein	ja	ja	(nein)[h]
Altenhilfe					
Deckungsgrad (stationär)[d]	8,7	7,0	2,4	2,4	5,1
Deckungsgrad (ambulant)[d]	11,2	20,3	2,0	1,0	5,5
Gesundheitsdienst[e]	ja	ja	ja	ja	ja
Marktanteile[i]					
Kinderbetreuung (0–2)	ÖNF	ÖNF	NÖF	ÖNF	FÖ
Kinderbetreuung (3–5)	ÖNF	ÖNF	ÖNF	ÖNF	FÖ
Altenhilfe (stationär)	ÖFN	ÖN	NÖF	NÖF	FÖN
Altenhilfe (ambulant)	ÖF	ÖNF	NFÖ	k. A.	ÖFN

[a] in Prozent des Bruttoinlandsprodukts / [b] in Prozent der Altersgruppe / [c] Existenz eines ausgebauten Vorschulsystems / [d] in Prozent der Bevölkerung über 65 / [e] Existenz eines allgemeinen (staatlichen) Gesundheitsdienstes / [f] überwiegend in Kurzzeitbetreuung / [g] alte Bundesländer / [h] auf ältere Kinder beschränktes bzw. wenig ausgebautes System / [i] Rangfolge der Anbieter nach den Marktanteilen: Ö = öffentlich, N = Nonprofit, F = Forprofit, fehlender Buchstabe = kein nennenswertes Angebot / k. A. = keine Angabe
Quelle: Bahle / Pfenning 2001, S. 70; Stand: ca. 1995

Abbildung 10: Indikatoren des sozialen Dienstleistungsangebots in Europa

einen hohen Deckungsgrad aufweisen. Die Anbieterlandschaft ist vielfältig, öffentliche Einrichtungen und Großorganisationen wie Caritas und Rotes Kreuz herrschen vor. Unter den hier betrachteten Ländern dominieren nur in Großbritannien kommerzielle Anbieter, mit Ausnahme der ambulanten Altenhilfe und des staatlichen Gesundheitswesens. Die Dominanz der kommerziellen Anbieter ist Folge einer Reihe von Reformen seit den 1980er Jahren, die als «schleichende Privatisierung» bezeichnet wurde und das in Großbritannien traditionell öffentlich geprägte Angebot sozialer Dienste nachhaltig verändert hat. In den mitteleuropäischen Ländern fällt wiederum eine vergleichsweise starke Rolle von Nonprofit-Organisationen auf. Diese dominieren in den Niederlanden, während in Deutschland der Anteil öffentlicher Anbieter größer ist und zunehmend kommerzielle Anbieter im Bereich der Altenhilfe auftreten (im stationären Sektor ca. 20 Prozent mit steigender Tendenz, seit Einführung der Pflegeversicherung 1996 auch im ambulanten Bereich stark anwachsend). In Belgien und Frankreich dominieren fast überall öffentliche Anbieter, mit Ausnahme der belgischen Vorschulen und der französischen ambulanten Altenhilfe, wo die katholische Kirche (in Belgien) und Nonprofit-Organisationen (in Frankreich) die größten Anteile halten. Die «Wiederentdeckung» des Nonprofit-Sektors in Frankreich ist eng mit der seit 1982 erfolgten Dezentralisierung verknüpft. Man könne in Bezug auf das Dienstleistungsniveau für Kinder, so die Autoren der Studie, «im Fall der konservativen mitteleuropäischen Länder zwei ‹Dienstleistungsregime› (...) unterscheiden: eines, das die Kinderbetreuung generell als öffentliche Aufgabe begreift (Belgien und Frankreich), und eines, das die Aufgabe der Betreuung kleiner Kinder primär der Familie zuweist (Deutschland und die Niederlande)» (ebd., S. 72).

1.4 Wohlfahrtsregime und soziale Gerechtigkeit

Die Wohlfahrtsregime lassen sich nicht nur wie bei Esping-Andersen politikökonomisch rekonstruieren.[3] Ein wesentliches Kennzeichen sind unterschiedliche Konzeptionen sozialer Gerechtigkeit. Diese haben wiederum soziologische Grundlagen. Das älteste abendländische Gerechtigkeitskonzept stammt von Aristoteles. Er unterscheidet die proportionale oder austeilende von der ausgleichenden Gerechtigkeit. Karl Marx steht in dieser Tradition, wenn er in der «Kritik des Gothaer Programms» für möglich hält, dass «in einer höheren Phase der kommunistischen Gesellschaft» gelte: «Jeder nach seinen Fähigkeiten, jedem nach seinen Bedürfnissen.» In der heutigen Diskussion tauchen beide Konzepte als «Leistungsgerechtigkeit» und als «Bedarfsgerechtigkeit» auf. Für die Erste gilt in modernen Gesellschaften das Steuerungssystem Markt als zuständig, für die Zweite das Steuerungssystem Gemeinschaft in Form der Familie oder einer größeren Kommune. Im Sozialstaat tritt ein drittes Konzept dazu, die «Verteilungsgerechtigkeit». Die soziologische Trias von Markt, Staat und Gemeinschaft ist keineswegs nur akademisch. Die politischen Ideologien gruppieren sich um sie: Liberale favorisieren den Markt, Sozialdemokraten (und vor allem Sozialisten) den Staat, Konservative die Gemeinschaft (Familie, Nation, Volk). Nun lässt sich noch ein viertes Konzept sozialer Gerechtigkeit identifizieren: die «Teilhabegerechtigkeit». Ihre Referenz ist das Legitimationssystem der Gesellschaft, darin vor allem Menschenrechte und (universalistische) Religionen; ihr politisches Projekt wäre – um einen Begriff von Claus Offe aufzugreifen – der «Garantismus», der vor allem bei den «Grünen» seine primäre Heimat fand (Opielka 1999, 2003a).

---

3 Manow (2002) kritisierte vor allem Esping-Andersens klassentheoretische Begründung der «konservativen» Wohlfahrtsstaaten, indem er auf die konfessionellen Wurzeln verwies, insbesondere auf die unterschiedlichen Entwicklungslinien protestantischer Einflüsse. Während beispielsweise in Skandinavien eine lutherisch-staatskirchliche Tradition zentralstaatliche Umverteilung eher legitimierte, unterstützte eine calvinistische bzw. freikirchliche Tradition in der Schweiz, den Niederlanden und teils in den angelsächsischen Ländern die Idee individueller, marktvermittelter sozialer Sicherung (zur Bedeutung religiöser Werte für die Entwicklung der Wohlfahrtsstaaten Opielka 2003d, Rieger/Leibfried 2004 und Kapitel 9).

Wohlfahrtsregime und soziale Gerechtigkeit 49

Diese Unterscheidung regulativer Leitideen sozialer Gerechtigkeit hat Ähnlichkeiten mit einem Vorschlag Wolfgang Merkels (2001). Er geht von zwei Kriterien aus, nach denen sich politikphilosophische Gerechtigkeitstheorien sortieren lassen. Das erste Kriterium bezieht sich auf das «Ausgangsaxiom» und erstreckt sich auf ein Kontinuum vom absolut gesetzten Individuum bis zur absolut gesetzten Gemeinschaft. Das zweite Kriterium bezieht sich auf die distributive Konsequenz der Gerechtigkeitstheorien und bewegt sich von «umverteilungsavers» bis «umverteilungssensitiv» (ebd., S. 136ff.). Beide Kriterien lassen sich zu einem Vier-Felder-Schema gruppieren und mit den vier Regimetypen kombinieren (siehe Abbildung 11).

Allerdings behauptet Merkel, im Feld «Gemeinschaft/umverteilungsavers» «lassen sich keine nennenswerten Positionen verorten» (ebd., S. 136), und unterscheidet nur die «libertäre» (am Beispiel Friedrich August von Hayek), die «sozialliberale» (John Rawls) und die «kommunitaristische» Position (Michael Walzer). Doch auch im konservativen Lager existieren differenzierte Ideen sozialer (Bedarfs-)Gerechtigkeit, vor allem in der Familienpolitik. Auch steht infrage, ob man im Feld «Individuum/umverteilungssensitiv» wirklich die «sozialdemokratische» Gerechtigkeitskonzeption findet. Vermutlich wäre – mit Merkel – die Bezeichnung «Sozialliberalismus» adäquater. Ein Argument für die hier getroffene Unterscheidung bietet Merkel selbst: Er plädiert dafür, dass sich das sozialdemokratische Wohlfahrtsstaatskonzept künftig eher auf Rawls' «Differenzprinzip» gründen, insoweit «sozialliberal» werden solle (Merkel 2003). Der Mainstream sozialdemokratischer Politik hat diese Richtung seit Tony Blairs «New Labour» (Penna 2003) und Gerhard Schröders im Jahr 2003 verkündeter «Agenda 2010» eingeschlagen.

Ausgangsaxiom Umverteilung	Individuum	Gemeinschaft
avers	Liberalismus (Leistungsgerechtigkeit)	Konservatismus (Bedarfsgerechtigkeit)
sensitiv	Sozialdemokratie (Verteilungsgerechtigkeit)	Garantismus (Teilhabegerechtigkeit)

Abbildung 11: Regulative Leitideen sozialer Gerechtigkeit im Wohlfahrtsstaat

Die gerechtigkeitstheoretische Rekonstruktion der Wohlfahrtsregime-Typen wirft – bei aller beobachtbaren Konvergenz zwischen den Wohlfahrtsstaaten in Europa – zwei folgenreiche Fragen auf, die abschließend diskutiert werden sollen. Die erste, sozialethische Frage lautet: Welcher Gerechtigkeitstyp kann aus wissenschaftlicher Sicht bevorzugt werden? Die zweite Frage ist für die Diskussion sozialpolitischer Reformvorschläge zentral und betrifft die Entwicklungs*perspektiven*: Kann überhaupt mit einem «Pfadwechsel» zwischen Regimetypen gerechnet werden?

Der noch heute von vielen Liberalen gefeierte Ökonomienobelpreisträger von 1974, Friedrich August von Hayek, propagierte in seiner erstmals 1944 erschienenen Kampfschrift «Der Weg zur Knechtschaft» (2003) eine radikale Absage an den Wohlfahrtsstaat. Er argumentierte, es sei unmöglich, durch politische Entscheidungen «soziale Gerechtigkeit» zu schaffen, da das Wissen um die Präferenzen der Wirtschaftssubjekte nur dezentral vorliege, insoweit auch nur das dezentrale Steuerungssystem des Markts einer demokratischen Ordnung entspreche. Die Annahme eines notorischen «Marktversagens» leitet wiederum die Protagonisten einer Dominanz staatlicher Sozialpolitik. Eine klassisch «konservative» Lösung des Ordnungsproblems bietet die katholische Soziallehre mit dem Subsidiaritätsprinzip, jedenfalls dann, wenn es als Vorrang kleinerer Gemeinschaften – Familie, Verbände – vor staatlicher Intervention interpretiert wird, sowie die «konfuzianische», in den jungen südostasiatischen Sozialstaaten vertretene Option, die auf familiäre Solidarität setzt und auf gesellschaftliche Umverteilung verzichtet (Ka 1999; Aspalter 2001, 2002; Rieger / Leibfried 2003, S. 241ff.; dies. 2004). Schließlich kann auch die Idee der «Teilhabegerechtigkeit» vereinseitigt werden, wenn ausschließlich eine an der Garantie von sozialen Grundrechten orientierte Sozialpolitik gedacht und die Bedeutung von Leistung, Gleichheit oder Bedarf heruntergespielt wird. Alle vier Gerechtigkeitsprinzipien sind analytisch berechtigt. Insoweit beinhalten auch alle Regimetypen eine «Wahrheit». Jede Vereinseitigung trägt in sich den Kern des Fundamentalismus.

Beispiele für Vereinseitigungen lassen sich in der wissenschaftlichen Literatur wie in der Praxis politischer Akteure regelmäßig finden. «Schwächere» Formen eines Gerechtigkeitsfundamentalismus bilden

Wohlfahrtsregime und soziale Gerechtigkeit 51

Mischformen von je zwei der genannten Gerechtigkeitstypen. Ein hier für die frühe Bundesrepublik Deutschland prägendes Denkmuster ist die Idee der «sozialen Marktwirtschaft», die den Gedanken des (auf Hayeks «Freiburger Schule») zurückgehenden Ordo-Liberalismus mit dem Subsidiaritätsprinzip des Sozialkatholizismus verband – gegenüber einer auf Gleichheit setzenden sozialdemokratisch-sozialistischen Tradition jedoch in eine heftige Gegnerschaft verfiel. Derartige Feindstellungen sind historisch vor dem Hintergrund des «Kalten Krieges» erklärbar, eines Systemwettbewerbs zwischen Kapitalismus und Sozialismus, der seit 1989 völlig neu durchdacht werden muss. Ob die Idee der Teilhabegerechtigkeit und damit das Muster eines «garantistischen» Regimes aus diesen durchaus fruchtlosen Grabenkämpfen führen kann? Dies soll in den nächsten Kapiteln anhand konkreter Politikfelder und Reformvorschläge erörtert werden.

Die zweite Frage nach den Entwicklungsoptionen der Wohlfahrtsregime lässt sich zwar nicht für die Zukunft beantworten – Prognosen waren nie eine Stärke sozialwissenschaftlicher Theorie –, gleichwohl im Rückblick auf die bisherigen Pfadverläufe. Mainstream in der vergleichenden Sozialpolitikforschung ist die These der «Pfadabhängigkeit», einer «longue durée» langfristiger Bindung der Politik durch institutionelle Entscheidungen. Esping-Andersen (1990, 1996) verknüpfte seine Theorie des Wohlfahrtsregimes mit einer Art «Neo-Institutionalismus». Demnach bestimmen zu einem früheren Zeitpunkt etablierte Muster der sozialen Sicherung und gleichfalls der Zuschnitt des politischen Entscheidungsprozesses selbst die Optionen der Politiker in erheblichem Umfang. Wenn sie versuchen, auf aktuelle Risikoänderungen in der Bevölkerung zu reagieren – die selbst wiederum beeinflusst werden von verschiedenen sozialen, ökonomischen und demographischen Veränderungen –, dann handeln sie immer im Kontext früherer institutioneller Bindungen. Man darf das aber nicht zu statisch betrachten. Jens Borchert (1998) kritisierte überzeugend den «Pfad-Determinismus» Esping-Andersens und unterschied drei Phasen der Sozialstaatsentwicklung: «Die erste Phase ist jene der *Entstehung* von Wohlfahrtsstaaten vor dem Ersten Weltkrieg, die der Regimekontinuität zwar logisch wie historisch vorgelagert ist, von Esping-Andersen jedoch *ex post* aus den Strukturen der Zeit nach 1945 abgeleitet wird. Eine zweite ‹kritische Ära› ist jene der *Re-*

konstitution nach Weltwirtschaftskrise und Zweitem Weltkrieg, als viele Wohlfahrtsstaaten im Lichte der ökonomischen und gesellschaftlichen Erfahrungen und Veränderungen, aber auch im Zuge einer gewandelten politischen Konstellation einer Überprüfung und vielfältigen Reformen unterzogen wurden. Schließlich ist die gegenwärtige Phase des Umbaus bzw. Abbaus wohlfahrtsstaatlicher Strukturen, also einer *Restrukturierung*, zu untersuchen, die grundsätzlich die Frage nach dem Fortbestand unterschiedlicher Regime wie auch erneut jene nach den Kriterien ihrer Unterscheidung aufwirft» (ebd., S. 151).

In Abbildung 12 wird die Typologie der Wohlfahrtsregime historisch entsprechend diesen drei Phasen neu sortiert. Ohne den Argumentationsgang im Detail nachzuzeichnen, sticht besonders die Kategorie der so genannten Lib-Lab-Pfad-Länder hervor. Sie geht auf eine Studie über die Entstehung früher Wohlfahrtsstaaten zurück (Hicks u. a. 1995), die vor allem die Bedeutung der politischen Mobilisierungsform der Arbeiterschaft («Labour») hervorhob, bevor Arbeiterparteien selbst an die Macht gelangten. Der «Lib-Lab-Pfad» vereint mit Dänemark, Großbritannien, Neuseeland und Schweden nun solche Länder, die durch eine unitarische Demokratie, eine liberale Regierung und eine starke Arbeiterbewegung gekennzeichnet waren und bei Esping-Andersen als völlig gegensätzlich eingestuft werden. Hinzu kommt der «New Deal» der 1930er Jahre in den USA: «Viele Analytiker – unter ihnen auch Esping-Andersen selbst – halten den New Deal für die amerikanische Variante des schwedischen Modells. Das impliziert eben den gescheiterten Versuch, die nachholende Entwicklung mit einem radikalen Pfadwechsel hin zu einem sozialdemokratischen oder sozial-liberalen Modell zu verbinden» (Borchert 1998, S. 158).

Eine Pointe dieser Analyse formuliert Borchert folgendermaßen: «Der paradigmatische Fall des liberalen Regimes ist demnach nicht etwa die Urform des Wohlfahrtsstaates, sondern das Abfallprodukt einer gescheiterten Sozialdemokratisierung, oder doch jedenfalls Sozialliberalisierung» (ebd., S. 159). Das gilt sowohl für den amerikanischen wie für den britischen Wohlfahrtsstaat insbesondere der unmittelbaren Zeit nach dem Zweiten Weltkrieg, wo die Labour-Regierung unter Attlee den noch während des Kriegs entwickelten «Beveridge-Plan» (Beveridge 1943; dazu Kaufmann 2003a, S. 126ff.) implementierte.

Wohlfahrtsregime und soziale Gerechtigkeit 53

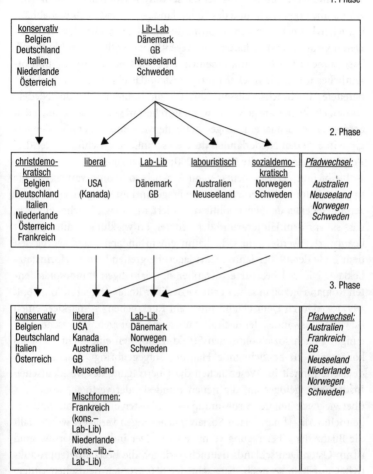

Quelle: Borchert 1998, S. 169 – Anmerkung: Phase 1 = Stand 1930, Phase 2 = Stand 1969, Phase 3 = Stand 1997

Abbildung 12: Entwicklung von Wohlfahrtsregimen: Pfadabhängigkeit und Pfadwechsel in drei Phasen

Während die Entwicklung der konservativen Wohlfahrtsstaaten – mit Ausnahme Frankreichs und der Niederlande – zumindest als pfadabhängig gelten kann, haben sich ansonsten allenthalben Pfadwechsel ereignet. Deren Gründe sind vielfältig, im Wesentlichen politisch und kulturell. Fast immer ist es ein Zusammenwirken politischer Bewegung und öffentlicher wie akademischer Protagonisten, das einen Pfadwechsel vorbereitete (Roebroek/Nelissen 2004 für die Rentenpolitik der Niederlande). Hilfreich wäre gewesen, wenn Borchert in seine Analyse auch den Schweizer Sozialstaat einbezogen hätte, der von einem eher liberalen Regime in eine den Niederlanden durchaus ähnliche Mischform aller drei Regimeformen wechselte (Bonoli 2000; Carigiet 2001).

Bleibt nun der Fall Deutschland wirklich so «konservativ», wie die meisten Autoren ihn verorten? Diese Frage wird im Weiteren entlang der zentralen Felder der Sozialpolitik diskutiert, und es wird nicht wundern, dass sie vor dem Hintergrund der neueren Entwicklungen differenziert beantwortet werden muss. In kaum einem anderen Land wurde seit dem Ende der 1990er Jahre derart lagerübergreifend ein «Reformstau» beklagt. Die viel beachtete Metapher des damaligen Bundespräsidenten Roman Herzog in seiner ersten «Berliner Rede» (Hotel Adlon, 26.4. 1997) – «Durch Deutschland muss ein Ruck gehen» – markiert einen Bewusstseinswandel, der nach weit über einem Jahrzehnt deutscher Vereinigung auch sozialpolitischen Strukturreformen eine nicht mehr als konservativ zu bezeichnende Haltung entgegenbringt. Nachdem die deutsche Einheit im Wesentlichen die Übertragung des westdeutschen Institutionengefüges auf die neuen Bundesländer verfügte, wobei der überwiegende Teil der Strukturanpassungskosten auf die – nur von Arbeitnehmern – finanzierten Sozialversicherungen verlagert wurde, fällt die Bilanz der Übertragung verhalten aus: Der Industrialisierungsgrad ist im Osten Deutschlands deutlich geringer, die Beschäftigtenproduktivität nur halb so hoch. Nur acht der 550 größten deutschen Unternehmen hatten 1999 ihren Hauptsitz in den ostdeutschen Ländern (Eckart/Scherf 2004).

Stephan Lessenich (2003) hat die Entwicklung der 1990er Jahre mit dem dialektischen Deutungsmuster eines «dynamischen Immobilismus» versehen, «das die faktische Koinzidenz von institutioneller Strukturkonstanz *und* Strukturwandel gesellschaftlicher Beziehungen im

Wohlfahrtsregime und soziale Gerechtigkeit 55

deutschen Sozialmodell als Indiz der Möglichkeit einer *pfadabhängigen Pfadabhängigkeit* begreift» (ebd., S. 299f.). «Institutionelle Unternehmer» im akademischen, verbandlichen und politisch-administrativen Raum vermögen das Wissen um die Einbettung in seinen institutionellen Handlungsrahmen «strategisch zum Zwecke der Überwindung von Handlungsgrenzen einzusetzen» (ebd., S. 304).

Die sozialpolitisch bedeutsame Frage lautet freilich: An welchen Interessen und Werten orientieren sich diese Reformmotoren? In einer Demokratie wäre es geboten, die Interessen der Bürger zu berücksichtigen. Greifen wir deshalb die zu Beginn dieses Kapitels erwähnten neueren Einstellungen zum Wohlfahrtsstaat in Deutschland auf und stellen sie in einen vergleichenden Zusammenhang, ohne damit eine vertiefte Auseinandersetzung mit dem komplexen Gebiet der sozialpolitischen Einstellungsforschung zu beabsichtigen. In Abbildung 13 werden repräsentative Umfragedaten des ISSP (International Social Survey Programme) für Deutschland, Schweden und die USA zu zentralen wohlfahrtsstaatlichen Politikfeldern aufgeführt.

Die Einstellungen der Bevölkerung legitimieren in allen drei hier ausgewählten Ländern wohl kaum den in der Studie von Siegel (2002) als «Rückbau und Konsolidierung» bezeichneten Prozess wohlfahrtsstaatlichen Wandels in den 1990er Jahren. Drei Befunde verdienen besonderes Augenmerk: (1) Die Einstellungen der Bevölkerungen korrelieren weitgehend mit den Befunden der Wohlfahrtsregime-Typologie: In Schweden findet sich eine starke (sozialdemokratische) Befürwortung sozialpolitischer Redistribution, in den USA eine größere (liberale) Zurückhaltung, vor allem hinsichtlich der Reduzierung von Einkommensungleichheiten (weit weniger jedoch in Bezug auf soziale Sicherung!), während Deutschland eine mittlere (also konservative?) Position einnimmt – mit einer sozialdemokratisch bis sozialistischen in den neuen Ländern, die auch den dortigen Risikoerfahrungen geschuldet ist. (2) Die Erwartung an sozialpolitische Interventionen unterscheidet sich zwischen den Politikfeldern. Insbesondere Mehrausgaben für Erwerbslose werden zumeist sichtlich weniger befürwortet. In allen Ländern spricht sich aber eine deutliche Mehrheit dafür aus, dass es dem Staat als Pflichtaufgabe zukomme, Erwerbslosen ein angemessenes Auskommen zu garantieren. Dies gilt noch stärker in Bezug auf «Arme». (3) Der wohl

56 Theorie der Sozialpolitik

	I. Ausgaben der Regierung							
	Deutschland				USA			Schweden
Jahr	1985	1990	1996 (W)	1996 (O)	1985	1990	1996	1996
I.1 Renten								
mehr ausgeben	46,4	54,9	44,4	59,6	43,6	48,5	50,8	56,9
gleich viel	49,7	42,7	50,7	38,2	42,4	41,6	39,3	40,7
weniger	3,9	2,3	5,0	2,3	14,0	9,8	10,0	2,5
I.2 Gesundheit								
mehr ausgeben	52,3	73,0	53,8	71,4	58,0	72,2	67,5	76,6
gleich viel	40,5	24,1	39,4	26,4	34,3	24,8	25,8	22,3
weniger	7,2	2,9	6,8	2,3	7,8	3,0	6,7	1,0
I.3 Arbeitslose								
mehr ausgeben	34,7	36,6	28,8	56,1	26,4	27,4	28,3	42,7
gleich viel	52,1	49,8	53,1	38,9	49,1	51,4	50,1	42,4
weniger	13,2	13,5	18,1	5,1	24,5	21,2	21,6	14,9
I.4 Bildung								
mehr ausgeben	40,1	58,9	51,2	59,9	64,4	74,3	77,3	58,8
gleich viel	52,9	34,2	42,0	38,1	31,0	23,2	17,3	38,6
weniger	7,0	7,0	6,8	2,1	4,7	2,5	5,3	2,7

	II. Aufgaben der Regierung					
	Deutschland			USA		Schweden
Jahr	1987	1992 (W)	1992 (O)	1987	1992	1992
II. Reduzierung Einkommensungleichheit						
stimme zu	60,5	65,5	89,2	28,7	38,3	53,0
unentschieden	15,8	14,6	5,0	24,2	19,8	17,9
stimme nicht zu	23,8	19,9	5,7	47,2	42,0	29,1
II.2 Weniger Geld für Arme ausgeben						
stimme zu	5,7	–	–	18,1	–	–
unentschieden	11,3	–	–	22,9	–	–
stimme nicht zu	83,0	–	–	59,0	–	–

Quelle: Siegel 2002, S. 245 – Daten aus ISSP 1985, 1987, 1990, 1992, 1996; bei den Zahlenangaben handelt es sich jeweils um Prozentwerte. Die Daten für Deutschland in den Jahren 1992 und 1996 sind getrennt nach alten (W) und neuen (O) Bundesländern ausgewiesen.

Abbildung 13: Einstellungen zu wohlfahrtsstaatlichen Politikbereichen in Deutschland, Schweden und den USA

wichtigste Befund (Svallfors 1997; Andreß/Heien 2001) ist aber das insgesamt außerordentlich klare Votum der Bürger aller Länder *für* den Wohlfahrtsstaat.

Der Einwand, dass die Bürger schlicht eine «Anspruchsmentalität» entwickelt hätten, der von liberalen und konservativen Sozialstaatskritikern stets vorgebracht wird, greift zu kurz, denn den Bürgern sind die Kosten des Sozialstaats bekannt, und sie sind bereit, sie zu tragen – sofern Privilegien und Ungleichheiten nicht noch durch seine Institutionen verfestigt werden. Moderne Konservative formulieren durchaus elegant: «Die Deutschen setzten ihren Glauben an die wundersame Vermehrung von Wohlstand, Freizeit und Freiheit ohne irgendwie entstehende Kosten jetzt in vergrößertem Maßstab fort. Man könnte es das Rumpelstilzchen-Modell nennen: Irgendwie würde es schon gelingen, aus Dreck Gold zu machen» (Nolte 2004, S. 26). Empirische Belege für eine derartige Bevölkerungskritik finden sich freilich in dieser, von Peter Glotz (2004) zutreffend als «cool und rücksichtslos» bezeichneten und mit «Neugründungspathos» auf einen abbauenden Sozialstaatsumbau zielenden Literatur kaum. Denn Noltes Vision einer «Gebührengesellschaft» (2004, S. 188ff.) mag für Professoren, Beamte im höheren Dienst und viele Selbständige noch auskömmlich sein. Für die Mehrheit ist sie das nicht, und sie weiß das.

Dies bedeutet nicht, dass die Bürger mit konkreten institutionellen Gestaltungen immer zufrieden sind, zumal das Wissen um ihre Funktionsweise angesichts der Systemkomplexität der modernen Sozialpolitik zunehmend zu einem Expertenwissen mutierte. Daraus lassen sich zwei demokratiepolitische Folgerungen ziehen: (1) Die Wohlfahrtsstaaten müssen auch verstehbar sein, ihre Funktionen plausibel und transparent. (2) Die zweite Folgerung richtet sich an die Experten selbst und an die politischen Entscheidungsträger: Die Wahl eines Wohlfahrtsregimes und die Entscheidung über seine Entwicklung bis hin zum Pfadwechsel ist kein rein technokratischer Vorgang, sondern eine komplexe Wertentscheidung. Am besten wäre es, die Bevölkerung selbst zu fragen, durch Plebiszite und Referenden. Dies wird am Ende dieses Buchs vorgeschlagen.

Beantwortet die historische Analyse die Frage nach *künftigen* Entwicklungen der Sozialpolitik? Sie macht zumindest deutlich, dass die Behauptung einer zwingenden Pfadabhängigkeit der Wohlfahrtsregime nicht haltbar ist. Ob und wie Pfadwechsel in der Zukunft gelingen und, vor allem, wer davon profitiert, ist zugleich eine politische Frage wie eine Frage nach dem Kulturniveau der Gesellschaft.

2 ARBEIT, ARMUT UND AKTIVIERUNG

Die Geschichte der Sozialpolitik lässt sich als eine Dialektik von «Verlohnarbeiterung» (Claus Offe) einerseits, von «Dekommodifizierung» (Gøsta Esping-Andersen) andererseits rekonstruieren. Der Wohlfahrtsstaat sorgte in dieser Perspektive für die Durchsetzung einer (kapitalistischen) Lohnarbeitsgesellschaft, wie er sie zugleich zähmte und arbeitsmarktexterne Existenzsicherungspfade organisierte. Die politisch-ökonomische Funktionsbestimmung der Sozialpolitik, die sich sowohl bei (spät)marxistischen wie neoklassischen Autoren findet, greift dennoch zu kurz, wie das Konzept des Welfare-Regimes zeigte. Die historisch-systematische Analyse konnte nachweisen, dass der Sozial- oder Wohlfahrtsstaat seinen primären Ausdruck weniger in einer Regulierung der Arbeitsmärkte und in steuernden, gar planwirtschaftlichen Eingriffen in die Ökonomie besitzt. Im Zentrum der Sozialpolitik standen stets ihre politischen, gemeinschaftlichen und letztlich die legitimativen Funktionen. Es gibt keine Hinweise, dass dies künftig anders sein wird.

Das bedeutet nicht, die Arbeitsmarkteffekte und andere ökonomische Wirkungen der Sozialpolitik gering zu schätzen. Deshalb sollen zunächst vergleichend einige empirische Rahmenbedingungen dargestellt werden, deren sozialpolitische Interpretation nicht so schlicht möglich ist, wie dies immer wieder behauptet wird. In einem zweiten Schritt soll der «Arbeitsmarkt-Optimismus» dekonstruiert werden: Inwieweit gelingt es dem Arbeitsmarkt, die Existenzsicherung der – überwiegend auf Lohnarbeit angewiesenen – Bevölkerung sicherzustellen, also zugleich Armut zu verhindern und für eine Teilhabe an der gesellschaftlichen Wohlfahrt zu sorgen? In einem dritten Schritt schließlich werden die seit den 1990er

Jahren in allen westlichen Wohlfahrtsstaaten beobachtbaren Tendenzen eines «Rückbaus» («welfare retrenchment») durch eine Politik der «Aktivierung» («workfare» statt «welfare») daraufhin untersucht, ob sie eine realistische Perspektive für die Sozialpolitik beinhalten.

Das Ergebnis ist ernüchternd und zugleich ermunternd: Die Möglichkeiten, durch sozialpolitische Maßnahmen unmittelbar auf die Erwerbs*orientierung* der Bürger Einfluss zu nehmen, sie möglicherweise zur Arbeit zu verpflichten, sind in einer rechtsstaatlichen Demokratie gering. Was die Sozialpolitik jedoch vermag, ist, in einem allerdings hoch komplexen Wirkungszusammenhang die Erwerbs*fähigkeiten* der Bürger zu stärken, ihre Würde durch eine Grundeinkommenssicherung zu schützen und insoweit die Funktionstüchtigkeit des Wirtschaftssystems zu unterstützen.

2.1 Der Wandel der Arbeit – Empirie und ihre Deutung

Unter der Überschrift «Arbeitslosigkeit in Deutschland wird überzeichnet» präsentieren Meinhard Miegel und Stefanie Wahl (2002) eine irritierende Argumentation: «Die Arbeitslosigkeit in Deutschland und der Europäischen Union ist hoch, aber keineswegs so dramatisch, wie sie oft dargestellt wird. Von Massenarbeitslosigkeit kann – von Regionen in Ostdeutschland abgesehen – keine Rede sein. Auch die Erwerbsbevölkerung ist keineswegs gleichmäßig von Arbeitslosigkeit bedroht. Vielmehr ist diese auf bestimmte Bevölkerungsgruppen und Regionen konzentriert. Zu Recht befürchten in Westdeutschland nur sechs Prozent und in Ostdeutschland 20 Prozent der Erwerbspersonen, ihren Arbeitsplatz in absehbarer Zeit verlieren zu können. Das sind erheblich weniger als beispielsweise in den USA. Hinzu kommt, dass von denen, die arbeitslos sind, ein erheblicher Anteil entweder gar nicht wieder arbeiten will oder bereits eine neue Stelle in Aussicht hat bzw. innerhalb kurzer Zeit findet. Zur Arbeitslosmeldung trägt häufig die auskömmliche materielle Absicherung bei. Noch immer ist es vielfach attraktiver, arbeitslos zu sein, als eine ungeliebte Tätigkeit aufzunehmen. Die Zahl der Arbeitslosen, die spezifischen arbeitsmarktpolitischen Maßnahmen zugänglich sind, dürfte deshalb derzeit zwischen 1,5 und zwei Millionen liegen. Die Übrigen bedürfen entweder solcher Maßnahmen nicht oder sind eher dem Bereich der Sozialpolitik zuzuordnen» (ebd., S. 97). Diese Interpretation ist zugleich realistisch wie vereinseitigend. Die Beobachtung, dass nur eine Minderheit der Bevölkerung tatsächlich von Arbeitslosigkeit bedroht ist, schlug sich beispielsweise im Scheitern des «Bündnis für Arbeit» nieder, mit dem die Bundesregierung 1998 bis 2001 alle relevanten Arbeitsmarktakteure in Deutschland versammelte und das außer hilfreichen Analysen (z. B. Eichhorst u. a. 2001) wenig erbrachte. Durchaus im Sinne der Deutung von Miegel / Wahl war die durch Skandale um Datenfälschungen der damaligen «Bundesanstalt für Arbeit» sowie wahlpolitisch motivierte Einsetzung der so genannten Hartz-Kommission (BMAS 2002). Deren Vorschläge wurden in den Jahren 2003 und 2004 – unter zunehmender öffentlicher Kritik – durch die von SPD und Grünen gestellte Bundesregierung als «Hartz-I-bis-IV»-Gesetze implementiert. Sie beschränken sich jedoch auf eine Optimierung der Arbeitsverwaltung und eine Kürzung der Leistungsansprüche von Langzeitarbeitslosen, beanspruchen also keine wirkungsvolle Reduzierung der Arbeitslosigkeit selbst. Vereinseitigend ist aber die Argumentation von Miegel / Wahl, der deutsche Sozialstaat trage an der Arbeitslosigkeit Schuld – trotz der Relativierung, es sei nur «häufig» der Fall.

Miegel / Wahl stehen damit nicht allein. Zunehmend wird der Sozialstaat selbst als Verursacher des Arbeitsmarktversagens in Form der Massenarbeitslosigkeit gedeutet. So wurde das Buch des SPIEGEL-Redakteurs Gabor Steingart «Deutschland. Abstieg eines Superstars» (2004) zu einem Bestseller. Steingart kritisiert die «leicht zugänglichen Lohnersatzleistungen» und fordert: «Den Zugang zu diesen Ersatzlöhnen begrenzen und den Faktor Arbeit weitgehend von den Sozialaufschlägen befreien. Der Arbeitsplatz würde wieder ein Ort der Wertschöpfung, keine Außenstelle des Wohlfahrtsstaates» (ebd., S. 269). Ein anderes Beispiel für diesen Argumentationsgang ist die markige «Blaupause» für eine «Soziale Grundsicherung der Zukunft» des Finanzwissenschaftlers Bernd Raffelhüschen (2002): «Für die 2,3 Millionen Grundsicherungsempfänger, die dem Arbeitsmarkt potenziell zur Verfügung stehen, sollten monetäre Leistungen nur als Hilfe zur Selbsthilfe und damit als Hilfe zur Arbeit gewährt werden. (...) Die Personengruppen hingegen, die trotz Arbeits- oder Qualifizierungsgebots nicht zur Selbsthilfe bereit sind, sollten sich mit Sachleistungen in Höhe des physischen Existenzminimums begnügen» (ebd., S. 15). Der Präsident des ifo-Instituts Hans-Werner Sinn (2004) stellt die These auf, dass es «kein Element des deutschen Sozialsystems» gibt, «das in einem solch hohen Maße für die deutsche Massenarbeitslosigkeit verantwortlich gemacht werden kann wie die Sozialhilfe. (…) Ohne die Sozialhilfe würde der Markt für eine wohlstrukturierte Lohnskala sorgen, die das Angebot und die Nachfrage nach Arbeitskräften in allen Segmenten des Arbeitsmarktes einander angleicht. Durch die Sozialhilfe wird diese natürliche Lohnskala von unten her zusammengestaucht» (ebd., S. 166f.).

Was aber heißt zum Beispiel «natürliche» Lohnskala? Dem umfassenden Angriff auf einen Sozialstaat, dem «unnatürliches» Verhalten zugeschrieben wird, kann man sich natürlich polemisch entgegenstellen. Oskar Lafontaine (2004) legt gegen die «Lügner und Täuscher» der «so genannten wirtschaftlichen Eliten» unter dem selbstbewussten Titel «So rette ich Deutschland» ein Zehn-Punkte-Programm vor, das immerhin eine «Volksversicherung schaffen» möchte; Albrecht Müller (2004) kritisiert die «Reformlüge». Ein nüchternes Lehrbuch bestätigt weder die Sozialstaatsabbauer noch seine heroischen Verteidiger: «Die Herleitung der natürlichen Arbeitslosenquote zeigt jedoch, dass sie alles andere als natürlich im eigentlichen Sinne des Wortes ist (…) Eine höhere Arbeitslosenquote wird benötigt, um den Reallohn auf das Niveau zurückzuführen, das die Unternehmen bereit sind zu zahlen» (Blanchard / Illing 2004, S. 194f.). Weder ist der Sozialstaat also an der Arbeitslosigkeit «schuld», noch lässt sich dieses Problem allein durch Staatsintervention lösen.

In den meisten europäischen Sozialstaaten konnte die Prämisse der Vollbeschäftigung bis Ende der 1970er Jahre (in Schweden bis Ende der 1980er Jahre) relativ erfolgreich vertreten und umgesetzt werden. Mit massiven Produktivitätssteigerungen stieß dieses Konzept jedoch an Grenzen. Die Wegrationalisierung einfacher, angelernter Beschäftigungsverhältnisse, die bislang noch in den Genuss des Schutzes eines «Normalarbeitsverhältnisses» kamen (lebenslange, unbefristete Vollzeiterwerbstätigkeit), führt dazu, dass in Deutschland mehr als 40 Prozent der Erwerbslosen über keine Berufsausbildung verfügen, obwohl der Anteil dieser Gruppe an der Gesamtbevölkerung nur bei 16 Prozent liegt (Sinn 2004, S. 174). Ihre Reintegration in den Arbeitsmarkt unter den alten Prämissen scheint wenig wahrscheinlich, da das hergebrachte arbeitsmarktimmanente Redistributionskalkül den Ersatz gering qualifizierten menschlichen Arbeitsvermögens auf betrieblicher Ebene nahe legt. Dass dies mit dem deutschen «Normalarbeitsverhältnis» zu tun hat, belegen die Vergleichsdaten: Mit 15,3 Prozent lag die Erwerbslosigkeit von Personen mit einem Schulabschluss unter der Sekundarstufe in Deutschland (2002) im OECD-Vergleich (nach Tschechien) am höchsten (OECD 2004, S. 306). Hinzu kommt die Langzeitarbeitslosigkeit (über 12 Monate), die diese Gruppe besonders trifft. Sie war in Deutschland (2003) (nach der Slowakei, Italien und Griechenland) mit 50 Prozent aller Arbeitslosen am höchsten (ebd., S. 315).

Wie die in Abbildung 14 zusammengestellten OECD-Daten zeigen, erweisen sich die Arbeitsmärkte der marktwirtschaftlichen Industriegesellschaften auch seit den 1990er Jahren als erstaunlich robust, mit fast durchgängig steigenden Erwerbsquoten, vor allem bei Frauen, selbst wenn das Ziel der «Vollbeschäftigung» fast überall verfehlt wurde. Die Erwerbslosigkeit ist folglich weniger durch einen Arbeitsplatzabbau und eher durch eine verstärkte Arbeitsplatz*nachfrage* verursacht (Kommission 1996; Scharpf/Schmidt 2000). Der Vergleich von Erwerbs-, Erwerbslosen- und Teilzeitquoten sowie die Berücksichtigung der Erwerbstätigkeit Älterer (55–64 Jahre) greift die wichtigsten Kennziffern auf. Eine umfassende Interpretation setzt jedoch eine Vielzahl weiterer Informationen voraus, beispielsweise zur tatsächlichen Jahresarbeitszeit, zum Umfang der Teilzeitarbeit, zur Einbeziehung geringfügiger Beschäftigung, zum je erzielten Einkommen, der Qualifikationsstruktur usf. (Eichhorst u. a. 2004).

Die Tatsache, dass beispielsweise die Niederlande bei Frauen wie auch bei Männern «Teilzeitweltmeister» sind, hat komplexe kulturelle, institutionelle, verbands- und parteipolitische Gründe (Pfau-Effinger 2000; Pioch 2000; Oorschot 2002), deren Verständnis entweder einen weiten Begriff von Ökonomie (und Arbeit) erfordert oder einen multidimensionalen analytischen Rahmen, in dem jene Gründe selbständig neben Marktmechanismen gelten. So gehen hohe Teilzeitquoten zwar fast durchweg mit niedrigen Erwerbslosenquoten einher, in den skandinavischen Ländern, aber auch in den USA, finden sich gleichwohl niedrige Teilzeit- *und* Erwerbslosenquoten.

64 Arbeit, Armut und Aktivierung

	Erwerbsquoten							
	Insgesamt		Männer		Frauen		55–64	
	1990	2003	1990	2003	1990	2003	1990	2003
OECD	69,3	69,8	82,6	80,2	56,4	59,6	50,4	53,4
USA	76,5	75,8	85,6	82,2	67,5	69,7	55,9	62,4
Japan	70,1	72,3	83,0	84,6	57,1	59,9	64,7	65,8
EU 15	**67,1**	**70,3**	**79,6**	**79,2**	**54,5**	**61,3**	**40,9**	**44,9**
Österreich	..	71,6	..	79,4	..	63,9	..	30,8
Belgien	58,7	64,3	71,3	72,6	46,1	55,8	22,2	28,5
Dänemark	82,4	79,4	87,1	84,0	77,6	74,8	57,1	63,1
Deutschland	67,4	71,3	79,0	78,0	55,5	64,5	39,8	43,1
Griechenland	59,1	63,8	76,8	77,0	42,6	51,0	41,5	43,2
Spanien	61,7	68,5	81,3	81,1	42,2	55,7	40,1	43,8
Frankreich	66,0	68,2	75,0	73,8	57,2	62,5	38,1	41,7
Irland	60,1	68,0	77,5	78,3	42,6	57,6	42,1	50,5
Italien	59,5	61,6	75,4	74,8	44,0	48,3	33,4	31,5
Luxemburg	60,1	65,3	77,4	77,9	42,4	53,5	28,4	27,9
Niederlande	66,2	76,4	79,7	84,2	52,4	68,4	30,9	45,9
Portugal	70,9	72,0	82,8	78,5	59,6	65,6	48,0	53,4
Finnland	76,6	74,1	79,6	76,1	73,5	72,1	43,8	54,1
Schweden	84,6	78,9	86,7	80,8	82,5	76,9	70,5	72,5
Großbritannien	77,8	76,6	88,3	83,9	67,3	69,2	53,5	57,5
Schweiz	*79,7*	*81,2*	*91,1*	*88,4*	*68,2*	*73,9*	*63,8*	*67,3*
Polen	..	*64,2*	..	*70,2*	..	*58,4*	..	*32,2*

Um die analytische Fragestellung nach dem Zusammenhang von Arbeitsmarkt und Sozialpolitik – kann der Arbeitsmarkt durch politische Intervention wirksam beeinflusst werden? – befriedigend zu verfolgen, genügen die aggregierten Makrodaten nicht. Der mangelnde Konsens zu dieser Frage in der einschlägigen Literatur dürfte aber weniger empirisch als normativ begründet sein. Die neoklassischen, «neoliberalen» Vertreter einer angebotsorientierten Politik neigen dazu, die Arbeitsmarktpolitik generell als Markthindernis zu deuten (Sinn 2004). Vertreter einer keynesianischen nachfrageorientierten Politik (sowohl auf der linken wie der rechten Seite des politischen Spektrums) halten politische Marktbeeinflussung für notwendig (Arbeitsgruppe 2004; Müller 2004). Die enorme Variation der Arbeitsmarktdaten zwischen den OECD-Staaten

Der Wandel der Arbeit – Empirie und ihre Deutung 65

	Erwerbslosenquoten							Teilzeitquoten	
	Insgesamt		Männer		Frauen		55–64		Männer	Frauen
	1990	2003	1990	2003	1990	2003	1990	2003	2003	2003
OECD	6,0	6,9	5,4	6,9	7,0	7,2	3,8	4,7	7,2	24,8
USA	5,7	6,1	5,7	6,4	5,6	5,7	3,3	4,1	8,0	18,8
Japan	2,2	5,4	2,1	5,7	2,3	5,1	2,7	5,5	14,7	42,2
EU 15	**8,4**	**7,8**	**6,7**	**7,2**	**10,9**	**8,6**	**5,7**	**5,7**	**6,3**	**30,1**
Österreich	..	4,7	..	5,1	..	4,3	..	6,2	3,2	26,1
Belgien	7,3	7,7	4,6	7,5	11,5	8,0	3,6	1,7	5,9	33,4
Dänemark	8,5	5,5	8,0	5,2	9,0	5,8	6,1	3,9	10,5	21,9
Deutschland	4,9	9,4	4,1	9,7	6,0	8,9	7,7	9,7	5,9	36,3
Griechenland	7,2	9,1	4,4	5,9	12,0	13,8	1,6	3,0	2,9	9,9
Spanien	16,1	11,4	11,7	8,2	24,7	16,0	8,0	6,9	2,5	16,5
Frankreich	9,2	9,3	7,0	8,3	12,1	10,4	6,7	5,8	4,7	22,8
Irland	13,3	4,5	13,0	4,9	14,0	3,9	8,4	2,4	8,1	34,7
Italien	11,5	8,7	7,9	6,8	17,7	11,7	2,3	3,8	4,9	23,6
Luxemburg	1,6	2,6	1,2	1,9	2,5	3,6	0,6	0,2	2,3	28,1
Niederlande	7,7	3,6	5,7	3,5	10,9	3,8	3,8	2,2	14,8	59,6
Portugal	4,9	6,8	3,3	5,9	7,0	7,7	2,1	4,3	5,9	14,9
Finnland	3,2	9,1	3,6	9,3	2,7	8,9	2,3	7,7	8,0	15,0
Schweden	1,8	5,8	1,8	6,4	1,8	5,3	1,5	4,8	7,9	20,6
Großbritannien	6,8	4,9	7,1	5,5	6,6	4,1	7,2	3,5	9,6	40,1
Schweiz	*1,8*	*4,2*	*1,2*	*3,7*	*2,6*	*4,5*	*1,1*	*2,5*	*8,1*	*45,8*
Polen	*..*	*20,0*	*..*	*19,3*	*..*	*20,8*	*..*	*11,2*	*7,1*	*16,8*

Quelle: OECD 2004, S. 294ff.; Daten für Personen im Alter von 15 bis 64 Jahren (OECD-Konvention) – Daten für die Altersgruppe 55 bis 64: beide Geschlechter – Deutschland: Daten 1990 nur West; Frankreich/Luxemburg: Daten für 2002

Abbildung 14: Erwerbs-, Erwerbslosen- und Teilzeitquoten im internationalen Vergleich (1990–2003)

korreliert nur schwach mit anderen Kennziffern der wirtschaftlichen Entwicklung (Produktivität, Verschuldung usf.), nur die Korrelation von Beschäftigung und Wirtschaftswachstum gilt unter Ökonomen als eindeutig (Blanchard/Illing 2004, S. 385ff.).

Die gesellschaftliche Einbettung der Arbeitsmärkte macht vereinfachende Patentrezepte zur Lösung der Arbeitsmarktkrise unmöglich, wie weiter unten mit der kritischen Diskussion der seit den 1990er Jahren reüssierenden Politik der «Aktivierung» genauer diskutiert wird. Nachdem nachfrageorientierte, keynesianische Konjunkturpolitiken das Vollbeschäftigungsziel aus einer Reihe von Gründen nicht oder zumindest nicht dauerhaft erreicht haben – ihr Scheitern scheint gleichermaßen der Globalisierung der Finanzmärkte wie immanenten Zielkonflikten geschuldet zu sein –, scheinen nur noch Varianten eher angebotsorientierter Politik übrig zu bleiben, um dem, wie Fritz W. Scharpf (1997, 2003) es nennt, «kontinentalen Dilemma» zu entgehen:[1] Dieses besteht darin, dass trotz recht hoher Ausgaben für den Wohlfahrtsstaat in nahezu allen kontinentaleuropäischen Staaten die Erwerbslosigkeit unabsehbar auf hohem Niveau verharrt.

Scharpf gelangt in seiner Analyse von OECD-Beschäftigungsstatistiken (Stand 1994–1996) zum überraschenden Ergebnis, dass in den Wirtschaftssektoren, die internationalem Wettbewerb ausgesetzt sind, kein negativer Zusammenhang zwischen Sozialausgaben (als Anteil am Bruttosozialprodukt) und Beschäftigung besteht. Deutschland ist hier entgegen der Polemik einer «Standortdebatte» sehr beschäftigungseffizient. In Deutschland sind etwa 38 Prozent der Personen im erwerbsfähigen Alter (15–64 nach OECD-Kriterien) in den internationalem Wettbewerb unterliegenden («exponierten») Sektoren tätig, in Schweden immerhin noch gut 35, in den USA aber nur etwa 30 Prozent. Alle kontinentaleuropäischen Staaten weisen jedoch eine sehr magere Beschäftigungsbilanz in den «geschützten» Wirtschaftssektoren der industriefernernen Dienstleistungen (Handel, Reisebranche, soziale und persönliche Dienstleistungen) auf, in denen der internationale Wettbewerb praktisch keine Rolle spielt. Demgegenüber sind in den USA etwa 41 Prozent der erwerbsfähigen Bevölkerung im lokalen Dienstleistungsbereich tätig, in Schweden mit 39 Prozent annähernd ebenso viele. Deutschland erreicht (mit Österreich, Italien und Frankreich) nur einen Wert von 28 Prozent, also 13 Prozent weniger als die USA, was umgerechnet sechs Millionen Arbeitsplätzen in Deutschland entspricht. Während in den

---

[1] Dagegen wendet Christoph Deutschmann (2003) ein, dass faktisch alle – auch konservative – Regierungen eine keynesianische Politik betreiben, indem sie antizyklisch öffentliche Investitionen durch Defizite finanzieren. Entscheidend ist freilich, wofür die öffentlichen Investitionen verausgabt werden.

USA der überwiegende Teil (28 %) der lokalen Dienstleistungen im privaten Sektor erbracht wird, ist es in Schweden (und Dänemark) der öffentlich finanzierte Sektor (25 %), der Dienstleistungen vorhält. Die USA hatten Anfang der 1990er Jahre mit etwa 15 Prozent Anteil der Sozialausgaben am Bruttosozialprodukt einen extrem geringen Wert, Schweden mit etwa 37 Prozent den höchsten, Deutschland mit etwa 27 Prozent einen mittleren Wert – dennoch lagen die deutschen Beschäftigungswerte im lokalen Dienstleistungsbereich nicht in der Mitte zwischen Schweden und den USA, sondern waren sowohl im privaten wie öffentlichen Sektor gering (auch Deutscher Bundestag 2002, S. 210ff.). Zwar haben sich die Sozialquoten angenähert (siehe Abbildung 7), die Arbeitsmarktdifferenzen blieben aber weitgehend bestehen (Scharpf 2003).

Scharpf erklärt dieses «Dilemma» mit strukturellen Problemen des kontinentaleuropäischen, insbesondere des deutschen Wohlfahrtsstaatsmodells. Der mittlere Weg verhindert zwar die Verwerfungen der amerikanischen Deregulierung des Arbeitsmarkts: eine dramatische Verschärfung der Verarmungsrisiken, Ausschluss und Marginalisierung weiter Bevölkerungsgruppen. Er verhindert auch die hohen Steuerbelastungen des schwedischen Pfads. Damit werden aber zugleich die Kosten der Erwerbsarbeit hoch gehalten, was die Expansion personenbezogener Dienste bremst, während die vorhandenen sozialpolitischen Mittel nicht (wie in Skandinavien) in öffentliche soziale Dienste fließen, sondern als Geldtransfers an Bevölkerungsgruppen mit wenig beschäftigungsrelevantem Ausgabenverhalten (v. a. an Rentner- und Erwerbslosenhaushalte). Scharpf schlägt als Ausweg aus diesem Dilemma eine Palette von subjektbezogenen Einkommenssubventionen vor: vom «Kombilohn» über eine «negative Einkommenssteuer» für alle bis hin zur vollständigen Subvention der Sozialversicherungsbeiträge (insgesamt derzeit ca. 42 % auf die Arbeitnehmereinkommen) für untere Lohngruppen. Ähnlich wie im marktlichen (US-)Pfad würde dadurch das Beschäftigungssystem entlastet. Der Marktcharakter des Arbeitsmarkts würde gestärkt.

Claus Offe (1998) kritisiert allerdings die strategische sozial- und wirtschaftspolitische Option der «Wiederherstellung des Zusammenhangs zwischen produktiver und distributionaler Integration»: Demnach «müssen die Einkommen ‹armer› Arbeitnehmer subventioniert (durch negative Einkommenssteuern) und der Empfang von Wohlfahrts- oder Transferleistungen muss mit Anreizen zur Wahrnehmung einer aktiven Rolle in der Produktion von Gütern und Dienstleistungen und zur Vermeidung von Langzeitarbeitslosigkeit gekoppelt werden. Diese Option zielt so auf den Umbau und die Stärkung der Verbindung von produktiver und distributiver Integration von einer dieser beiden Seiten aus» (ebd., S. 374). Zum Teil wird dieses Argument, so Offe, das «wachsende, manchmal offen zynische Unterstützung erfährt», nicht deshalb vertreten, um eine möglichst große Zahl von Menschen aus Gründen der ökonomischen Produktivität, sozialen Gerechtigkeit oder individuellen Freiheit in den Arbeitsmarkt zu integrieren, sondern schlicht «aus Gründen der sozialen Kontrolle»: «Diesem Argument liegt klar eine pessimistische Sicht der menschlichen Natur zugrunde. Sie geht davon aus, dass Menschen notwendig einer sterilen oder chaotischen Lebensweise verfallen werden, wenn sie nicht unter Aufsicht und im Rahmen formaler vertraglicher Verpflichtungen arbeiten. Eine solche Argumentation bezweifelt noch im Nachhinein den humanisierenden Wert früheren technischen und ökonomischen Fortschritts, der Menschen von zermürbender Arbeit befreit» (ebd.).

Offes Argumentation erscheint nur vordergründig normativ. Tatsächlich versucht sie zu einer arbeitssoziologischen Neudefinition des Verständnisses von «Vollbeschäftigung» als funktionaler Sozialintegration beizutragen: «Die alternative Strategie ist die weitgehende Entkopplung der beiden Aspekte von sozialer Integration. Dies besagt, dass ein Anspruch auf ein (adäquates) Einkommen von aktueller oder früherer Erwerbstätigkeit abgetrennt und stattdessen an die Staatsbürgerrolle gebunden und steuerfinanziert wird. Korrelativ dazu beschränken sich die von den Menschen erwarteten und abverlangten nützlichen Tätigkeiten nicht mehr auf bezahlte Arbeit. Sie umfassen freiwillige Aktivitäten, die in unterschiedlichen Bereichen wie Familie, Nachbarschaft, Vereinigungen des dritten Sektors, Bildungseinrichtungen ebenso wie in Betrieben und Firmen vollzogen werden. ‹Arbeit› transzendiert damit den Bedeutungshorizont, den das Wort seit der Entstehung der Industriegesellschaft abdeckt. Arbeit ist nicht mehr nur eine bezahlte, vertraglich geregelte, gesetzlich regulierte (intrinsisch unangenehme) Tätigkeit in einer

Firma (die vom ‹Haushalt› getrennt ist und diesem gegenübersteht). (...) Die Wahl besteht zwischen der Wiederherstellung von ‹Voll›beschäftigung und der Erzeugung von Tolerierbarkeit für Nichtbeschäftigung, Letzteres durch Beherrschung der Folgen von Nichtbeschäftigung» (ebd., S. 375; auch Berger 1996a; Vobruba 2000).

Offe plädiert für einen *erweiterten Arbeitsbegriff*, in dem Nicht-Erwerbsarbeit nicht automatisch biographisches Scheitern bedeutet, sondern Optionen verschiedener Arbeitsformen eröffnet: Von einer «Neuen Arbeit», die «wir wirklich, wirklich wollen», wie sich Fritjof Bergmann (2004) begeistert, über freiwilliges Engagement (Wuthnow 1994; Heinze/Olk 2001; Opielka 2001), Familienarbeit (Leipert 2001; Leitner u. a. 2004) bis hin zur aktiven Nicht-Arbeit (Lohoff u. a. 2004; www.dieglueklichenarbeitslosen.de). Während die Diskussion zur Frage, ob die Familienarbeit als gesellschaftliche und damit auch sozialpolitisch anzuerkennende Arbeit gelten soll, recht weit gediehen ist (dazu Kapitel 3), erscheint die sozial- und arbeitsmarktpolitische Reflexion des freiwilligen Engagements im internationalen Vergleich ambivalent (Anheier/Toepler 2002). So wird im liberalen und konservativen Wohlfahrtsregime eher der semi-private sowie der bürgerschaftlich-republikanische Aspekt gemeinschaftlichen Engagements betont (Deutscher Bundestag 2002), in sozialdemokratischen und garantistischen Regime-Diskursen (bspw. in internationalen Organisationen; Anheier u. a. 2003) hingegen darüber nachgedacht, ob das zunächst nicht bezahlte Engagement entweder doch an den Arbeitsmarkt angekoppelt werden kann (Stecker 2002) oder durch ein Grundeinkommen quasi pauschal ermöglicht werden soll (Offe 2000; Rifkin 2004).

2.2 Produktivitätsentwicklung und überflüssige Arbeit

Das 20. Jahrhundert konnte als das «Jahrhundert der Arbeit» gelten, genauer der Erwerbs- und noch genauer der Lohnarbeit. Der Sieg der Arbeitsgesellschaft erforderte den Wohlfahrtsstaat. Wo es keinen Wohlfahrtsstaat gibt, wie in vielen Ländern der so genannten Dritten Welt, gibt es auch keine Arbeitsgesellschaft. Die «Verlohnarbeiterung» war der Erfolg des Wohlfahrtsstaats. Aber seit den 1980er Jahren regt sich

Kritik an der Arbeits- und Vollbeschäftigungsutopie. Die meisten Wohlfahrtsstaaten scheitern mehr oder weniger stark an ihr. Die politischen Eliten haben sie aufgegeben (Lantzsch 2003). Beobachter hoffen, dass sich zumindest das Problem der Arbeitslosigkeit mit der demographischen Entwicklung auswächst: Der Mangel an Nachwuchs wird das Arbeitsangebot verknappen und spätestens ab 2010 den Industrieländern einen ausgeglichenen Arbeitsmarkt bescheren. Aber deutet die derzeitige Krise des Arbeitsmarkts – und in seiner Folge auch die Krise jedenfalls der Sozialsysteme, die «lohnarbeitszentriert» am Arbeitsmarkt hängen – nicht auf einen tieferen Wandel? Könnte es nicht sein, dass die romantische Begeisterung des 20. Jahrhunderts, die bis heute ihren Widerhall in Sozialdemokratie und Gewerkschaften findet («Arbeit, Arbeit, Arbeit!»), doch erschöpft ist? Dass an ihre Stelle nun eine neue Romantik treten wird, die Sozialutopie eines garantierten Grundeinkommens, einer bürgerlichen Teilhabe ohne Umweg über den Arbeitsmarkt?

Die feudalistische Ordnung im Übergang zum Kapitalismus basierte auf der Ausbeutung vor allem in den primären (Bergbau, Landwirtschaft) und teils den sekundären (verarbeitenden) Wirtschaftssektoren. Die Durchsetzung der Industrie erforderte den Kapitalismus und erst recht den Schritt zur Dienstleistungsgesellschaft seit den 1960er Jahren. Die Dienstleistungs- und Wissensbasierung der modernen Wirtschaft erscheint vielen Beobachtern als ein Schlüsselproblem der Arbeitsmarktentwicklung (schon Bell 1985). Abbildung 15 zeigt am Beispiel Deutschland die dramatischen Verschiebungen der Erwerbstätigkeit zwischen den Wirtschaftsbereichen seit dem Beginn staatlicher Sozialpolitik in den 1880er Jahren.

Gemessen an den Exportüberschüssen war die deutsche Wirtschaft im Jahr 2003 «Exportweltmeister». Allerdings ist die Produktivität der deutschen Wirtschaft – gemessen als Bruttoinlandsprodukt nach Kaufkraftstandard pro Erwerbstätigen – seit der deutschen Vereinigung 1989/90 im globalen Vergleich rückläufig. Legt man den Durchschnitt der (bis 2004) 15 EU-Mitgliedsstaaten zugrunde, so betrug sie 1990 noch 108,4 Prozent, 2003 jedoch nur noch 95,6 Prozent. Deutlich höher lag sie (2003) in Frankreich (113,3%) und in den USA (121,9%) (Hein u. a. 2004, S. 292f.). Die Exportstärke der deutschen Wirtschaft muss dem-

Produktivitätsentwicklung und überflüssige Arbeit

Wirtschaftsbereich	1882[1]	1925[1]	1950[2]	1970[3]	2002[4]
primärer Sektor	43,4	30,5	22,1	9,1	2,5
sekundärer Sektor	33,7	41,4	44,7	49,4	31,9
tertiärer Sektor	22,8	28,1	33,2	41,5	65,6
davon:					
distributive Dienstleistungen (I)		11,9	15,7	17,9	23,5
Produzentendienstleistungen (II)		2,1	2,5	4,5	8,5
soziale Dienstleistungen (III)		6,0	11,1	15,7	24
personenbezogene Dienstleistungen (IV)		7,7	6,9	6,1	8,9

Quelle: Für Zeile 1–3: Statistisches Bundesamt 2004, S. 102f. – Anmerkungen: 1 = Ergebnisse der Berufszählung im Reichsgebiet – Erwerbspersonen, 2 = Ergebnisse der Berufszählung im früheren Bundesgebiet, 3 = Ergebnisse des Mikrozensus April 1970 im früheren Bundesgebiet, 4 = Ergebnisse des Mikrozensus April 2002 in Deutschland. Für Zeile 4–7: Castells 2001, S. 326f., für 1925–1950 aus Singelmann 1978, für 1970 nach Mikrozensus, Statistisches Bundesamt, jeweils nur für Deutsches Reich bzw. Westdeutschland; für 2002 für Deutschland, nach Europäische Kommission 2004, S. 37. – Anmerkungen: Zu (I) gehören Transport, Kommunikation, Groß- und Einzelhandel, zu (II) v. a. Banken, Versicherungen, Immobilien, juristische Dienstleistungen, zu (III) Gesundheitsdienste, Erziehung/Bildung, Wohlfahrt, religiöse Dienste, gemeinnützige Organisationen, Postdienst, staatliche Verwaltung (einschl. Polizei, Militär), zu (IV) v. a. Hausangestellte, Hotels, Restaurants, Wäscherei, Unterhaltung. – Die Angaben in Stat. Bundesamt 2004 weichen geringfügig von den Angaben für den tertiären Sektor bei Castells und Europäischer Kommission ab. Die Zeilen 4–7 ergeben deshalb nicht die Aggregate in Zeile 3 (tertiärer Sektor).

Abbildung 15: Erwerbstätige nach Wirtschaftsbereichen im Vergleich 1882 bis 2002 (Deutschland)

nach andere Gründe haben. Sie dürften in sektoralen Vorteilen (z. B. Maschinenbau), robusten Handelsbeziehungen und nicht zuletzt im Währungsvorteil des Euro gegenüber dem Dollar zu finden sein. Das spricht dafür, den Blick stärker auf die im engeren Sinn ökonomischen Faktoren zu legen und weniger auf die Arbeitsmarktpolitik.

Die These vom Überflüssigwerden menschlicher Arbeit durch Produktivitätssteigerung müsste zudem vermuten lassen, dass Volkswirtschaften mit höherer Produktivitätsentwicklung eine geringere Beschäftigungsquote aufweisen. Das ist merkwürdigerweise nicht der Fall. So lag die Beschäftigungsquote – das Verhältnis von Erwerbstätigen zur Bevölkerung im Erwerbsalter – in Deutschland in Bezug auf den EU-15-Durchschnitt (2003) bei 98,9 Prozent, in Frankreich bei 98,6 und in den USA bei 102,3 Prozent. Die nationalen Arbeitsmärkte erweisen sich zumindest bislang trotz Produktivitätssteigerung als recht elastisch.

Gegen die optimistische Prognose einer unbegrenzten Adaptionsfähigkeit der Arbeitsmärkte an den technologischen und sozialen Wandel wird eingewendet, dass Wirtschaftswachstum immer mehr ein «jobless growth» werde (Rifkin 2004). Simulationsstudien kommen zu zumindest ambivalenten Befunden (Castells 2001, S. 282ff.). Allein im Bereich der personennahen und – zumindest bislang – rationalisierungsresistenteren Dienstleistungen – im Bildungs-, Gesundheits- und Sozialwesen – war noch ein merkliches Beschäftigungswachstum zu beobachten. Die Realisierung eines weiteren Beschäftigungswachstums im Dienstleistungsbereich ist jedoch an einige sozialpolitisch beeinflussbare Bedingungen geknüpft, wie Gerhard Bosch und Alexandra Wagner (2003) anhand eines Vergleichs der bisherigen Entwicklungsverläufe in Europa analysieren. Hierzu gehören insbesondere eine stärkere Verkürzung der Arbeitszeit im Dienstleistungssektor, um das Arbeitsvolumen auf mehr Beschäftigte zu verteilen; die Erhöhung der Einkommen, um die Nachfrage nach Dienstleistungen zu erhöhen; der Übergang zur Qualitätsproduktion durch Innovation und Kundenorientierung; eine höhere Frauenerwerbsquote und der Ausbau sozialstaatlich finanzierter Dienstleistungen.

Gegen die «Verheißungen» selbst einer in diesem Sinn sozialpolitisch moderierten Dienstleistungsgesellschaft wurden seit den späten 1960er Jahren aus einem eher ökologischen und kulturkritischen Kontext Einwände vorgetragen. Ob Dienstleistungen nämlich zu «sozialer Befreiung» oder eher zu «Sozialherrschaft» führen, erschien Peter Gross (1983) ungewiss. Ivan Illich und viele andere Autoren befürchteten, mit einer umfassenden Professionalisierung aller Lebensvollzüge gehe eine schleichende Enteignung elementarer Bürgerkompetenzen einher. Dass jene Befürchtungen im Zeitalter von Massenarbeitslosigkeit und eines global verschärften Wettbewerbs kaum mehr Beachtung finden, heißt nicht, dass sie unterdessen ausgeräumt werden konnten. Shoshana Zuboff und James Maxmin (2002) beschreiben die Vision einer «Support Economy» als «nächster Stufe des Kapitalismus», die intelligente, komplexe Dienstleistungspakete schnürt und das Alltagsleben einer zahlungskräftigen Mittel- und Oberschicht radikal verändern dürfte.

Vielleicht ist diese Entwicklung unaufhaltsam und nur in Nischen zu umgehen.

Der zweite Einwand gegen einen marktoptimistischen Entwicklungspfad beruht weniger auf den technologischen als auf den bereits erkennbaren sozialen Veränderungen der Erwerbsarbeit. Demnach wird die Erwerbsarbeit für immer mehr «Überflüssige» nicht erreichbar, und wenn, dann nur mit Einkommen, die kein Auskommen sichern. Das vorherrschende Modell der Arbeit in der informationsbasierten Wirtschaft ist die Teilung in «Kernbelegschaft» und «disponible Belegschaft», wobei Letztere je nach Marktlage geheuert oder gefeuert wird. Positiv an dieser Entwicklung zur Flexibilität erscheint vielen Erwerbstätigen, dass sich die Erwerbsarbeit nach ihren Bedürfnissen richten kann. Die in allen Industrieländern teils deutliche Steigerung der Frauenerwerbstätigkeit liegt auch daran. Doch es gibt viele Verlierer dieser Entwicklung. Das von Ökonomen gelobte «Beschäftigungswunder» der USA schließt beispielsweise die ohnehin benachteiligte schwarze Bevölkerung aus: 44 Prozent der schwarzen Männer ohne High-School-Abschluss waren 2002 das ganze Jahr arbeitslos, insgesamt jeder Vierte dieser Gruppe. Dass 10,4 Prozent aller schwarzen Männer im Alter von 25 bis 29 im Gefängnis einsitzen, von allen erwachsenen, arbeitsfähigen, männlichen Amerikanern immerhin 1,8 Prozent, insgesamt 2,16 Mio. Amerikaner (Neue Zürcher Zeitung v. 29. 7. 2003; Herbert 2004), schönt die Arbeitsmarktstatistik, verweist aber auf ein tief greifendes soziales Problem, das womöglich zur «neuen sozialen Frage» des 21. Jahrhunderts wird: die «Exklusion» der «Überflüssigen».

Martin Kronauer (2002) analysierte, dass dieser Prozess der «Exklusion» seine Ursache in den Umbrüchen der Erwerbsarbeit, dem Brüchigwerden sozialstaatlicher «Inklusion» und der Schwächung familiärer Bindungen hat: «Das Draußen der Ausgrenzung liegt nicht im gesellschaftlichen Jenseits, sondern ist aufs engste mit dem Drinnen verschränkt» (ebd., S. 235). Die Forderung der meisten Ökonomen und vieler Sozialpolitiker zielt auf einen «Niedriglohnsektor», womit für die dort Tätigen die Erwerbsarbeit allein zur gesellschaftlichen Teilhabe nicht reicht. Das Ergebnis ist Armut – mit oder ohne Arbeit –, jedenfalls dann, wenn die unterstützenden Einkommenssubventionen nicht «armutsfest» sind.

Der zweite Einwand gegen den Arbeitsmarkt-Optimismus ist also viel kurzfristiger relevant als die – durchaus umstrittene – Annahme, dass Erwerbsarbeit technologisch zunehmend überflüssig wird. Die «Exklusion» von immer mehr Menschen aus dem Arbeitsmarkt und an seinen Rand verknüpft nämlich das ökonomische Problem der Kopplung von (Erwerbs-)Arbeit und Einkommen unmittelbar mit den sozialen Bürgerrechten. Während man im Sozialstaat des 20. Jahrhunderts darauf setzen konnte, dass seine Kernfunktionen um einen immer mehr eingehegten Klassenkompromiss Arbeit/Kapital gruppiert wurden, wobei die Gewerkschaften und die mit ihnen verbundenen Arbeiter-, aber auch die Volksparteien als Anwälte der Arbeitnehmer wirkten, fehlen bei den «Überflüssigen» der «neuen sozialen Frage» mächtige Interessenvertretungen. Das politische Gemeinwesen steht damit vor einer Entscheidung: Entweder es belässt die alte Schlachtordnung, also auch die Verteilungsregel von Arbeit und Einkommen primär über den Arbeitsmarkt, und riskiert die «Exklusion» von immer mehr Bürgern, die ihre fehlenden oder geringen Arbeitseinkommen sozialhilfeähnlich aufgestockt erhalten. Oder die Verteilungsregel wird grundsätzlich modernisiert und faktisch politisiert. Das wäre die Idee eines Grundeinkommens.

2.3 Armut und Arbeit

Die Geschichte der Sozialpolitik begann lange vor der Einführung der «Bismarck'schen» Sozialversicherungen. Gerhard Ritter (1989) zeichnet die wechselvolle Entwicklung von Einrichtungen zur Versorgung der armen Bevölkerung nach, die im Mittelalter zunächst von den Kirchengemeinden und insbesondere den Klöstern unter der Signatur der Barmherzigkeit getragen wurden. Einen Einschnitt bildeten das Aufkommen des Protestantismus sowie das Bevölkerungswachstum und die Verstädterung in der frühen Neuzeit, womit sich die Rolle der Armen zunehmend vom Objekt wohltätigen Handelns zum Problem der Disziplinierung wandelte. Das Elisabethanische «Poor Law» (1601) im England des 17. Jahrhunderts wie das «New Poor Law» (1834), die Einrichtung von «Armenhäusern» und später «Arbeitshäusern», die Verpflichtung der Kommunen zur Versorgung der bei ihnen gebürtigen Armen durch das

Allgemeine preußische Landrecht (1794) wie das «Elberfelder System» (1853) kommunaler, ehrenamtlicher Armenfürsorger im Verlauf des 19. Jahrhunderts bildeten die Stationen einer zunehmend von der Idee der Disziplinierung des «unwürdigen Armen» bestimmten Armutspolitik (Sachße/Tennstedt 1986, S. 30ff.; Geremek 1988; Sachße/Tennstedt 1998).

Diese Idee prägte zumindest kulturell auch im 20. Jahrhundert das Untergeschoss der modernen Wohlfahrtsstaaten. Die Spannung zwischen «Arbeiterpolitik» und «Armenpolitik» war durchgängig ein Problem der Sozialpolitik. Die politische Mobilisierung der Armen – aber auch der Arbeitslosen, Behinderten und anderer aus Sicht von Arbeitsmarkt- und Politikeliten peripherer «Randgruppen» – gelang selten und noch seltener mit Kontinuität. Armut und Randständigkeit sind keine sozialen Status, die mit Ehre und Identitätspotenzial versehen sind. Dennoch gab es immer wieder Proteste, auch unterstützt von Mitgliedern privilegierter Gruppen. So halten die Hochschullehrer Stephan Leibfried und Wolf-Dieter Narr im Vorwort zu einem Klassiker der Armutsbewegungsforschung (Piven/Cloward 1986) ein «Plädoyer für Unruhe, Unordnung und Protest». Wenn seit Ende 2003 immer wieder teils Hunderttausende von Bürgern gegen die «Agenda 2010» der deutschen Bundesregierung auf die Straße gingen, im Sommer 2004 in zahlreichen ostdeutschen Städten Langzeiterwerbslose «Montagsdemonstrationen» (in Erinnerung an die Proteste am Ende der DDR 1989) gegen die «Hartz-IV»-Gesetze veranstalteten, die ihnen seit 2005 nur noch sozialhilfeähnliche Leistungen anbieten, dann können darin Beispiele für eine Mobilisierung der von «Exklusion» Betroffenen oder von ihr Bedrohten gesehen werden, deren sozialpolitische Folgen nicht unterschätzt werden sollten – gerade weil der öffentliche Protest der Benachteiligten so voraussetzungsvoll ist (Munsch 2003).

Im Schutz vor Armut kann man den Gründungsauftrag der Sozialpolitik lesen. Wenn er nicht erfüllt wird, ist die Legitimation des Wohlfahrtsstaats dahin. Im Zuge der Verrechtlichung der Armenpolitik, der Ausweitung der Demokratie und insbesondere der Menschenrechte nach dem Zweiten Weltkrieg wurde die Absicherung des Existenzminimums zu einem eigenständigen Politikbereich. Ein Beispiel dafür war die Einführung des Bundessozialhilfegesetzes (BSHG) in Deutschland (1961), mit dem allen Bürgern die soziokulturelle Teilhabe garantiert wurde. Diese Teilhabegarantie setzte freilich im Sinne des aus der katholischen Sozialehre entlehnten Subsidiaritätsprinzips die Selbsthilfe des Bedürftigen voraus, den Rückgriff auf eigenes Vermögen, auf Unterhaltsansprüche im erweiterten Familiensystem sowie den Einsatz der eigenen Arbeitskraft.

Mit der Verrechtlichung der Armenpolitik wurde es notwendig, auch die Messung der Armut zu rationalisieren. Hierfür wurden in der internationalen Diskussion drei Armutskonzepte gebräuchlich (siehe Abbildung 16): (1) Das Konzept der «absoluten Armut» als physisches Existenzminimum des Überlebens. Die absolute Armut gilt in den entwickelten Wohlfahrtsstaaten als überwunden, ist jedoch in weiten Teilen der «Dritten» und «Vierten» Welt virulent. (2) Die Konzeption «relativer Armut», die sich am durchschnittlichen Lebensstandard der Bevölkerung orientiert. Aus Gründen der Vereinfachung wird sie in der Regel als «Einkommensarmut» operationalisiert, wobei als Armutsschwelle 40, 50 oder 60 Prozent des gewichteten Pro-Kopf-Einkommens gelten. (3) Als drittes Konzept, gleichfalls den relativen Armutskonzepten zuzurechnen, gilt der «Lebenslagenansatz», der Einkommensarmut als einen von mehreren Indikatoren neben Bildung, Gesundheit oder Wohnen heranzieht und zusätzlich die subjektive Wahrnehmung berücksichtigt.

In der empirischen vergleichenden Armutsforschung wird üblicherweise – trotz der damit verbundenen Verkürzungen – das Konzept der (relativen) Einkommensarmut eingesetzt. Nachdem in Deutschland seitens der Bundesregierungen lange bestritten wurde, dass Armut überhaupt existiert – die Sozialhilfe nach dem BSHG habe sie wirkungsvoll verhindert –, legten in den 1990er Jahren vor allem Wohlfahrtsverbände und Armutsforscher mehrere Armutsberichte vor (z. B. Hanesch u. a. 2000). Erst 2001 wurde seitens der (rot-grünen) Bundesregierung ein «Armuts- und Reichtumsbericht» lanciert (BMAS 2001), der sich auf das Problem der Einkommensarmut beschränkte. Er wird fortgeschrieben.

In europäisch vergleichender Perspektive liegt ein amtlicher Armutsbericht nicht vor, wenngleich unter der Signatur «soziale Inklusion» Armut zunehmend Aufmerksamkeit innerhalb der EU erfährt (Atkinson

Armut und Arbeit 77

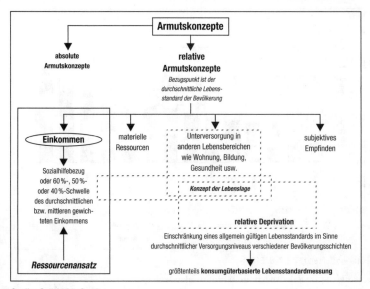

Quelle: Sell 2002, S. 16

Abbildung 16: Konzepte zur Armutsmessung

u. a. 2002). Zwei Zugänge zur Messung der (Einkommens-)Armut sollen dargestellt werden. In Abbildung 17 werden die Armutsprofile einer Reihe von Industrieländern präsentiert. Neben der in den meisten vergleichenden Analysen verwendeten Armutsgrenze von 50 Prozent des nationalen Medianeinkommens werden drei weitere Armutsgrenzen berücksichtigt: die «extreme Armut» (unter 30%), die «strenge Armut» (unter 40%) sowie die «nahe Armut» (unter 60%). Die letztgenannte Kategorie macht auf den Zusammenhang von Armut und sozialer Ungleichheit aufmerksam, da die Grenze zwischen Armut und Nicht-Armut fließend ist.

Die Abbildung zeigt basierend auf den Daten der «Luxembourg Income Study» Mitte der 1990er Jahre, dass in allen Wohlfahrtsstaaten ein erheblicher Teil der Bevölkerung in relativer Einkommensarmut lebt, mit großen nationalen Variationen in Ausmaß und Struktur. Die niedrigste Armutsquote findet sich mit 3,4 Prozent (bei «moderater Armut») in Luxemburg, gefolgt von Belgien, Dänemark, Finnland, Frankreich,

78 Arbeit, Armut und Aktivierung

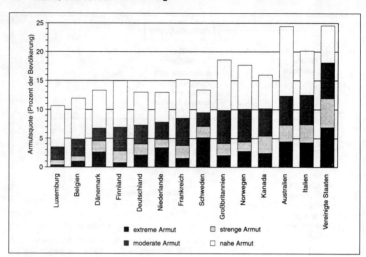

Quelle: Behrendt 2003, S. 510

Abbildung 17: Relative Armut in Industrieländern

Deutschland, den Niederlanden und Frankreich. Den letzten Platz belegen die USA mit einer Armutsquote von beinahe einem Fünftel der Haushalte (Behrendt 2003, S. 509ff.).[2]

Trotz – möglicherweise unzureichender – Einkommensumverteilungssysteme lebt also ein beträchtlicher Teil der Bevölkerung in Armut. Die Unterschiede zwischen den Wohlfahrtsstaaten gehen auch auf soziodemographische und sozioökonomische Unterschiede zurück, vor allem aber auf unterschiedliche institutionelle Regelungen einer Mindesteinkommenssicherung (ebd., S. 520ff.; Cantillon/Bosch 2003).

Bruno Kaltenborn (2002) berechnete auf der Grundlage des Europäischen Haushaltspanels (ECHP) für Mitte der 1990er Jahre die in Abbildung 18 zusammengestellten Werte. Sie sind wie folgt zu lesen: In

---

2 Das relativ schlechte Abschneiden Schwedens in Bezug auf «extreme Armut» z. B. hat einen Grund darin, dass junge Erwachsene ab 18 Jahren als eigene Haushalte betrachtet werden, auch wenn sie bei ihren Eltern leben und von ihnen abhängig sind. Es ist insoweit eher ein statistisches Artefakt (Behrendt 2003, S. 513).

Armut und Arbeit 79

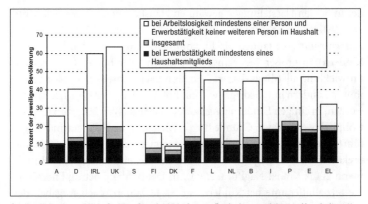

Quelle: Kaltenborn 2002, S. 19 – Stand 1996. Armut: äquivalenzgewichtetes Haushaltsnettoeinkommen (ohne Mietwert selbst genutzten Wohneigentums) des Vorjahrs weniger als 50 % des nationalen Durchschnitts; Äquivalenzskala: ältere OECD-Skala (1. erwachsene Person: 100 %, Haushaltsangehörige 0 – 14 J.: 50 %, ab 15 J. 70 %); Datenbasis: Europäisches Haushaltspanel (ECHP); Schweden: keine Angaben (nicht am ECHP beteiligt); Portugal: Bei Arbeitslosigkeit mindestens einer Person und Erwerbstätigkeit keiner weiteren Person im Haushalt ist die Armutsquote geringer als im Durchschnitt.

Abbildung 18: Armutsquoten von Personen in Europa

Deutschland sind 13,7 Prozent der Bevölkerung «arm», wobei der Anteil in Haushalten mit mindestens einem Erwerbstätigen bei 11,7 Prozent liegt. Hingegen sind Personen in Haushalten mit mindestens einem Arbeitslosen und ohne Erwerbstätigkeit einer weiteren Person im Haushalt zu 40,4 Prozent «arm». Die Berechnungen machen deutlich, dass die Armutsquoten stark von der jeweiligen Position der Haushaltsmitglieder auf dem Arbeitsmarkt abhängen. Sie zeigen auch, dass Erwerbsarbeit in vielen Fällen nicht vor Einkommensarmut bewahrt («working poor») (Strengmann-Kuhn 2003).

Während die Darstellung von Christina Behrendt (2003) auf die Länderdifferenzen unter dem Gesichtspunkt verschiedener Armutsniveaus abhebt, macht Kaltenborn (2002) auf die Differenzen im Zusammenhang von Armut und Erwerbstätigkeit aufmerksam. Auf Letzteres und auf die sozialpolitischen Sicherungssysteme wird im Weiteren noch vertieft eingegangen. Zunächst gilt der Blick aber noch einer Spezifizierung der in beiden Darstellungen gewählten Haushaltsperspektive. Seit Mitte der 1990er Jahre führte in den meisten Wohlfahrtsstaaten das Thema *Kinderarmut* (verstanden als Einkommensarmut von Haushalten mit Kindern) zu großer Besorgnis. In vergleichender Betrachtung war die Entwicklung allerdings disparat. So konnte ein Ansteigen der Kinderarmut in Ländern mit niedriger wie mit höherer Ausgangsbasis beobachtet werden, in einigen Ländern ging sie auch zurück (BSV 2003, S. 5 ff.). Gewöhnlich werden zwei Gründe für ein Ansteigen der Kinderarmut angeführt: die Zunahme von Alleinerziehenden-Haushalten und die häufig prekäre Erwerbsintegration von Alleinerziehenden (Klocke/Hurrelmann 2001; Kränzl-Nagl u. a. 2003). In Deutschland betrug Ende 2003 die Sozialhilfequote bei Kindern (unter 18 Jahren) nach Angaben des Statistischen Bundesamts 7,2 Prozent (zum Vergleich: bei über 65-jährigen Personen 0,7%, bei Deutschen 2,9% und bei Ausländern mit 8,4% fast dreimal so viel).

Vergleicht man diese Sozialhilfequoten mit den (deutlich höheren) Armutsquoten der Panel-Studien, dann fällt zweierlei auf: Die Sozialhilfequoten dienen im öffentlichen (Medien-)Diskurs als eine Art «harter» empirischer Fakten, während den Armutsquoten eine gewisse normative Beliebigkeit unterstellt wird (warum 40, 50 oder 60% des Medianeinkommens?). Zumal eine «wissenschaftliche» Bedarfsfestsetzung wie das «Warenkorb-Modell» in Deutschland 1990 durch das «Statistik-Modell» abgelöst wurde, womit sich das Sozialhilfeniveau nur noch an den Niedrigeinkommen und nicht mehr an soziokulturellen Maßstäben oder am Durchschnittseinkommen orientiert (BMAS 2001; Kaltenborn 2003). Dass Haushalte mit Kindern eine höhere Sozialhilfequote als Haushalte ohne Kinder aufweisen, hängt aber auch mit der sozialpolitischen Leistungssystematik in Deutschland zusammen. Bedürftige Rentner erhalten beispielsweise (seit 2002) Leistungen der «Grundsicherung in der Gesetzlichen Rentenversicherung (GSiG)», während es für Familien außer dem Kindergeld (und nach dem Erziehungsgeld) keine alternativen Geldleistungssysteme gibt (siehe Kapitel 3).

Bea Cantillon und Karel van den Bosch (2003) weisen aufgrund vergleichender Analysen von Beschäftigungs- und Armutsentwicklung seit den 1980er Jahren nach, dass kaum ein Zusammenhang zwischen beiden besteht und «weniger Abhängigkeit von Sozialleistungen durch die

Schaffung von Arbeitsplätzen nicht automatisch die Armut verringert» (ebd., S. 545). Nur die Schweiz, Schweden und Norwegen verbinden eine hohe Beschäftigungs- mit einer niedrigen Armutsquote. Ihre Befunde zum Zusammenhang von Armut und Arbeit machen zweierlei klar: (1) Zusätzliche Stellen werden häufig nicht von Personen aus Haushalten ohne Erwerbsarbeit besetzt. Faktisch sind die (Familien-)Haushalte zwar Unterhaltsverbände. Die seit den 1970er Jahren vielfach signifikant gestiegene Frauenerwerbstätigkeit führt nun in Bezug auf die Sicherung eines Mindesteinkommens dazu, dass entweder die Doppelverdiener-Ehe zur Normalität und die Existenzsicherung individualisiert werden muss. Oder man belässt es bei einer mehr (wie in Deutschland) oder weniger (wie in Schweden) starken Unterhaltsverpflichtung innerhalb der Familie und sorgt dann dafür, dass (2) die Existenz der Familien unabhängig von der jeweiligen Arbeitsmarktpartizipation gesichert ist. Letztlich müssen sich die Wohlfahrtsstaaten daran messen lassen, ob sie die Existenz zuverlässig sichern, auch wenn die Bemühungen um Arbeitsmarktintegration erfolglos bleiben.

Die sozialpolitische Sicherung des Mindesteinkommensniveaus in Europa stellt sich auf Grundlage der Zusammenstellung von Kaltenborn (2002) in Abbildung 19 differenziert dar. Dies betrifft nicht nur das Niveau der Leistungen, sondern auch deren Struktur. Während in einigen Ländern klare und national einheitliche Rechtsansprüche bestehen (z. B. in Großbritannien), erfolgt in anderen Ländern (z. B. in Schweden, bis 2004 auch in Deutschland) die Sicherung des Existenzminimums durch fragmentierte und komplexe, meist kommunal und mit Ermessensspielräumen ausgestattete Leistungssysteme (Behrendt 2003, S. 523ff.). Auch bei dieser vergleichenden Betrachtung muss auf ältere Daten zurückgegriffen werden, die zumindest teilweise durch neuere Entwicklungen überholt sind. Exemplarisch sei auf die Entwicklung in Großbritannien hingewiesen, wo die seit 1997 im Amt befindliche Regierung Blair programmatisch eine Beseitigung der Kinderarmut bis zum Jahr 2020 anstrebt. Im Jahr 2003 wurden deshalb zwei neue Transfersysteme eingeführt, der «child tax credit» and der «working tax credit».[3]

---

3 Informationen dazu unter www.cpag.org.uk (Child Poverty Action Group).

82 Arbeit, Armut und Aktivierung

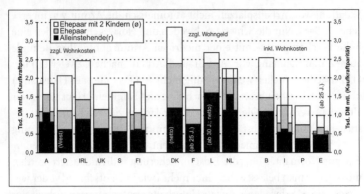

Quelle: Kaltenborn 2002, S. 16 – Stand 1997. Griechenland und die spanischen Balearen haben kein allgemeines Mindestsicherungssystem; regionale Unterschiede in Österreich (Minimum: Kärnten – und Maximum: Oberösterreich), Finnland (beide Regionen; Niveau-, jedoch kein Strukturunterschied), den Niederlanden (ohne und mit kommunaler Zulage bei nur einem Erwachsenen), Italien (Minimum und Maximum ohne Leistungen der Gemeinden oder lokalen Gesundheitsbehörden) und Spanien (Minimum und Maximum) sind berücksichtigt; Schweden nationale Empfehlung; Belgien ohne Übergangsregelung für bis 1996 geborene Kinder; Irland ohne höheres Kindergeld für Mehrlinge; Deutschland nur Westdeutschland; Dänemark nach staatlicher und lokaler Einkommensbesteuerung; Luxemburg nach Sozialabgaben; für kinderlose junge Erwachsene werden in Luxemburg erst ab 30 Jahren und in Frankreich und Spanien erst ab 25 Jahren Leistungen erbracht (hier unberücksichtigt); in Dänemark erhalten Personen bis 24 Jahre, im Vereinigten Königreich Alleinstehende bis 24 Jahre und in den Niederlanden Personen bis 21 Jahre geringere Leistungen (hier unberücksichtigt); einschließlich nicht monatlich gezahlte Leistungen (jährliche 14fache Gewährung des Richtsatzes in Österreich, 8 % Urlaubszulage in den Niederlanden, einmalige Bedarfe in Höhe von 16 % der Regelsätze in Deutschland), jedoch ohne individuell berechnete vollständige oder partielle Übernahme tatsächlicher Wohnkosten (A, D, IRL, UK, S, FI, DK, F, L, NL); Kinder: Durchschnitt über alle Kindesalter von 0 bis 17 Jahren, einschließlich anrechnungsfreies Kindergeld bzw. Familienbeihilfe (A, B, DK, IRL, L, NL, P), Erziehungsgeld (D) und von Kinderlosen abweichende Leistungen für Eltern; das (anrechnungsfreie) Kindergeld (Familienbeihilfe) wurde in Irland ab September 2000 um ca. 22 % und in Österreich ab Januar 2000 insbesondere ab dem 2. Kind erhöht (hier noch Stand 1999); umgerechnet mit Kaufkraftparitäten für den letzten tatsächlichen Individualverbrauch für 1997 (letztverfügbarer Stand).

Abbildung 19: Leistungsniveaus allgemeiner Mindestsicherungssysteme in Europa

Zur Frage, ob es Mindesteinkommenssicherungen überhaupt gelingt, die Umverteilung zugunsten der Schlechtestgestellten («worst off») positiv zu beeinflussen, werden in Abbildung 20 in den ersten beiden Spal-

Land	Armutsquote (Rang)				Reduzierung der Armutsquote (Rang)			
	vor Steuern und Transfers		nach Steuern und Transfers		absolut (in Prozentpunkten)		relativ (in Prozent)	
Belgien 1992	13,0	(1)	2,9	(1)	−10,1	(8)	−78 %	(1)
Finnland 1995	25,7	(10)	7,9	(2)	−17,8	(2)	−69 %	(2)
Deutschland 1994	14,7	(2)	7,9	(2)	−6,8	(11)	−46 %	(10)
Dänemark 1992	22,6	(9)	8,1	(4)	−14,5	(4)	−64 %	(3)
Frankreich 1994	22,3	(8)	8,5	(5)	−13,8	(5)	−62 %	(5)
Niederlande 1994	19,5	(3)	9,1	(6)	−10,5	(7)	−54 %	(7)
Norwegen 1995	20,7	(5)	9,5	(7)	−11,2	(6)	−54 %	(7)
Großbritannien 1995	26,2	(11)	9,8	(8)	−16,4	(3)	−63 %	(4)
Australien 1994	20,2	(4)	10,4	(9)	−9,8	(9)	−49 %	(9)
Kanada 1994	21,0	(6)	11,7	(10)	−9,3	(10)	−44 %	(11)
Schweden 1995	31,4	(12)	13,1	(11)	−18,3	(1)	−58 %	(6)
USA 1994	21,6	(7)	18,2	(12)	−3,4	(12)	−16 %	(12)

Quelle: Behrendt 2003, S. 512, Berechnungen auf Grundlage der Luxembourg Income Study (LIS). – Die Armutsquoten beruhen auf einer Armutsgrenze von 50 % des nationalen Medianeinkommens, das gemäß der neueren OECD-Skala (Gewichtung 1,0 für den Haushaltsvorstand, 0,5 für jeden weiteren Erwachsenen und 0,3 für jedes Kind) nach Haushaltsgröße gewichtet wurde. Sie beziehen sich auf Haushalte im Haupterwerbsalter (Haushaltsvorstand unter 55 Jahre) Anfang/Mitte der 1990er Jahre.

Abbildung 20: Wirksamkeit wohlfahrtsstaatlicher Umverteilung für Haushalte im Erwerbsalter

ten Armutsquoten vor und nach Transfers und Steuern angegeben, also für Markt- und sonstige «Primär»-Einkommen, in den beiden letzten Spalten in zwei Varianten die Verringerung von Armut durch die Sozialpolitik, als absolute Verminderung der Armutsquoten in Prozentpunkten sowie die relative Verminderung in Prozent (Behrendt 2003, S. 511ff.). Aufgrund der komplexen Verteilungswirkungen der Rentensysteme beschränkt sich die Darstellung auf Haushalte unterhalb des Rentenalters.

Die Armutsquote wird durch die Leistungssysteme überall gesenkt, jedoch in sehr unterschiedlichem Umfang. Besonders die USA zeichnen sich durch eine dürftige Armutsverringerung aus. Insgesamt bestätigen diese Befunde weitgehend den von der international vergleichenden Forschung nachgewiesenen Zusammenhang, «dass der Kampf gegen die Armut hohe Sozialausgaben voraussetzt (...) Die eher passive transferorientierte Verwendung der Mittel in den Benelux-Ländern zeitigt die gleichen Ergebnisse in Bezug auf die Armut wie die aktiven dienstleistungsorientierten Ausgaben in den skandinavischen Ländern: Beide Regionen haben ähnlich (niedrige) Armutsquoten» (Cantillon/Bosch 2003, S. 556). Ohne sozialpolitische Investitionen gibt es keine sozialpolitischen Erfolge. Die methodisch anspruchsvolle Armutsforschung in den USA hat das schon früh bestätigt. Einkommenstransfers erwiesen sich dabei – entgegen den Behauptungen der «Workfare»-Befürworter – empirisch als das wirkungsvollste Instrument zur Reduzierung der Armut (Danziger/Weinberg 1986). Höchst erfolgreich waren auch die Feldexperimente mit einer «negativen Einkommenssteuer», die zwischen 1968 und 1980 in mehreren US-Bundesstaaten durchgeführt wurden, jedoch politisch massiven Gegenwind erfuhren (Levine u. a. 2004).

Die vergleichenden Betrachtungen zur Empirie der Armut und ihrer sozialpolitischen Bearbeitung sollen mit Befunden zu zwei Fragen abgeschlossen werden: Ist Armut dauerhaft und liegt dies möglicherweise an einer «Armutsfalle», die die Sozialhilfe bzw. der Wohlfahrtsstaat insgesamt den Armen stellt? Zur ersten Frage gab die in Deutschland erstmals in den 1990er Jahren entwickelte «dynamische» oder «lebenslauftheoretische» Armutsforschung aufschlussreiche Antworten. Demnach ist Armut «‹verzeitlicht›, individualisiert, aber auch in erheblichem Maße sozial entgrenzt» (Leibfried u. a. 1995, S. 9). Mittels der Analyse von Sozialhilfeakten wurde festgestellt, dass (im Zeitraum 1984 bis 1992) die «Nettodauer» des Sozialhilfebezugs (bei Abzug von Unterbrechungen) für 57 Prozent der Leistungsempfänger bei unter einem Jahr und nur für acht Prozent ununterbrochen mehr als fünf Jahre betrug: «Armutslagen erweisen sich also als komplexes Gebilde, bestehend aus Armutsphasen, Unterbrechungen, Wiedereinstiegen und zum Teil endgültigen Ausstiegen» (ebd., S. 81, 104). Für einen beträchtlichen Teil der Empfänger hat die Sozialhilfe die Funktion der «Überbrückung». In dieser neueren Perspektive eines «sozialstaatlichen Lebenslaufregimes» tritt neben dessen Kernbereiche Bildung – in Form der Schulpflicht wie als Begründung von Lebenschancen – und Alterssicherung – als Regulierung von Altersgrenzen – die «soziale Risikobearbeitung» (ebd., S. 24ff.). Stephan Leibfried u. a. sprechen von einer «70-20-10-Gesellschaft» in Deutschland: 70 Prozent «Nie-Arme», 20 Prozent gelegentlich Arme und zehn Prozent häufiger Arme (ebd., S. 306f.).

Während die dynamische Armutsforschung auf die «Verzeitlichung» des Sozialhilfebezugs abhebt, untersuchen Ronald Gebauer u. a. (2002) das vor allem in der ökonomischen Literatur behauptete «Armutsfallen-Theorem»: Demnach reduzieren sozialstaatliche Lohnersatzleistungen die Nutzenfunktion von Erwerbstätigkeit sowohl institutionell wie subjektiv (ebd., S. 11ff.; auch Vobruba 2000, S. 87f.). Institutionell sorgen die Leistungen für negative Anreizwirkungen zur Erwerbsaufnahme und sind deshalb volkswirtschaftlich ineffizient. Subjektiv sei es zwar kurzfristig rational, auf Erwerbsarbeit wegen geringer Einkommensgewinne zu verzichten, langfristig bringt man sich aber um all die Chancen, die eine Teilhabe am Arbeitsmarkt eröffnet, wie beruflicher Aufstieg, steigendes Einkommen oder anspruchsvollere Tätigkeiten. Das wäre die Armutsfalle. Die legitimatorischen Folgen des Armutsfallen-Theorems sind mithin verheerend: Es rechtfertigt mit dem institutionellen wie dem subjektiven Argument Zwangsmaßnahmen gegen Sozialhilfe- wie Arbeitslosenleistungsempfänger. Die empirischen Befunde von Gebauer u. a. belegen jedoch, «dass finanzielle Anreize aus Sozialhilfe respektive Erwerbsarbeit für die Entscheidungen zum Verbleib oder Nicht-Verbleib in Sozialhilfe zwar nicht völlig bedeutungslos, aber doch recht klar von untergeordneter Bedeutung sind» (Gebauer u. a. 2002, S. 205f.). Relevanter sind materielle und immaterielle Kriterien gegen den Verbleib in Sozialhilfe wie die Kostenseite der Arbeitslosigkeit, aber auch die Wahrnehmung einer besseren sozialen Integration und gewachsene Anerkennung. Diese Befunde stellen die wuchtigen Annahmen einer Politik auch zwangsweiser «Aktivierung» fundamental infrage. Die Armutsfalle erscheint als sozialpolitischer Mythos, der den Prozess der «Exklusion» des Armen aus der Normalität des Bürgers legitimiert.

2.4 Zum Diskurs vom «aktivierenden Staat»

In den 1990er Jahren wurde die Metapher der «Aktivierung» zu einem zentralen Leitbild der Transformation der westlichen Wohlfahrtsstaaten. Wer aber aktiviert wen? Im Folgenden wird nur am Rande die Frage diskutiert, ob die Vorstellungen einer «Aktivierbarkeit» wohlfahrtsstaatlicher Adressaten möglicherweise an deren Fähigkeiten und Motivationen scheitern könnten (Ullrich 2002). Viel weitreichender ist der Befund, dass die Idee der «Aktivierung» mit zeitgemäßer Sozialpolitik wenig zu tun hat: «Aktivierung» basiert in den bisherigen Konzepten auf unrealistischen Annahmen über den Zusammenhang von Arbeitsmarkt und Sozialpolitik, wirkt deshalb undemokratisch und bedroht die sozialen Grundrechte gerade der gefährdeten Bürger (Oorschot 2002).

Ziel von Aktivierungsmaßnahmen soll es sein, die Menschen zu mehr *Eigeninitiative*, aber auch mehr *Eigenvorsorge* in der Gesellschaft zu motivieren. Dahinter steht ein Politikkonzept, das Umfang und Reichweite öffentlicher Güter zurückschrauben und vor allem staatliche, aber auch verbandlich-gemeinschaftliche, korporative Verteilungsmechanismen zugunsten einer als überlegen betrachteten Marktsteuerung einschränken will. Diese «Transformation des Wohlfahrtsstaats» (Gilbert 2002) beinhaltet zwar durchaus Sozialabbau als Reduzierung von Wohlfahrtsausgaben und Umverteilung. Bedeutender erscheint ein spezifischer «Sozialumbau», in dessen Mittelpunkt die Selbstverpflichtung des Bürgers auf eine marktkonforme Lebensorientierung steht (Lessenich 2003a). Mit der Idee der «Aktivierung» sollen Ansprüche auf soziale Grundrechte delegitimiert, zumindest aber deutlich beschränkt werden. In Deutschland fand diese Politikstrategie ihren Niederschlag in den Vorschlägen der «Hartz-Kommission» und der «Agenda 2010» der rot-grünen Bundesregierung (Opielka 2003, 2003a).

Hinter der «Aktivierungs»-Agenda stehen vielfältige Annahmen. In der angelsächsischen wie der deutschen Diskussion um den «aktiven» Staat der 1980er Jahre ging es um die Frage, wie der Staat unter komplexen Umweltbedingungen seine Handlungsfähigkeit aufrechterhalten und unter Umständen sogar ausweiten kann. Diese Vorläuferdebatte für die neuere Begriffskonjunktur des «aktivierenden» Staats fand in eher politisch liberalen und sozialliberalen Kontexten statt, beispielsweise bei

Fritz W. Scharpf (1987) und Adrienne Windhoff-Héritier (1996) auch als Gegendiskurs zum Etatismus konservativer und marxistischer Prägung, und zielte nur zum Teil auf die Sozialpolitik. So versucht der Staat in der Umweltpolitik seine Bürger durch die Förderung moralischer Gesinnung zu steuern («Trenne deinen Abfall!» – «Fahre Kraftstoff sparend!» – «Kaufe ökologisch bewusst ein!» Usf.). Das wirft unterdessen Fragen auf, die unter dem Begriff «edukatorisches Staatshandeln» (Lüdemann 2004) problematisiert werden: Liegt in der Bewusstseinsbeeinflussung durch staatliche Politik ein Grundrechtseingriff? Hat der Staat überhaupt ein Mandat zur Erziehung seiner Bürger?

Die Idee des «aktivierenden» Staats kommt den konservativen und wirtschaftsliberalen Strömungen entgegen: Sie verspricht einen Staat, auch und gerade in der Sozialpolitik, der zum Zweck der marktkonformen Gestaltung individueller Wohlfahrt *unmittelbar auf den einzelnen Staatsbürger einwirkt*. Je nach Autor wird ein Staatsverständnis beobachtet oder vorausgesetzt, das einen befähigenden Staat, einen «enabling state» (Gilbert/Gilbert 1989), einschließt und damit mehr «Empowerment» von Bürgern und ihren Organisationen. Dabei erwartet man einen Staat, der die Bürger- bzw. Zivilgesellschaft in Ruhe sich entwickeln lässt und einen «Wohlfahrtspluralismus» oder «welfare-mix» zwischen Staat, Markt und Gemeinschaft fördert (Evers 2000). Zu beobachten sind freilich zunehmend paternalistische oder rigide Positionen, die Sozialleistungen nur noch auf «wirklich Bedürftige» orientieren wollen.

Je «dichter» die Vorstellungen einer politischen Gemeinschaft in Bezug auf Reziprozitätsanforderungen werden, je mehr also das gemeinschaftlich-moralische Denken über wirtschaftlich liberales und politisch gleichheitsorientiertes Denken dominiert, desto näher liegt die sozialpolitische Frage, ob eine Ausweitung sozialer Rechte aus Gründen der Systemintegration eine Ausweitung sozialer Pflichten erfordert (Barber 1990; Opielka 2003e). Thomas Olk (2000) gibt zu bedenken, dass eine «Politik des Gebens und Nehmens nur unter der Bedingung keine neuen Ungerechtigkeiten schafft, dass die Mitglieder der Zielgruppen aktivierender Strategien tatsächlich über die Kompetenzen und Ressourcen für aktive Bewältigungsstrategien verfügen. Es ist also sorgfältig zu prüfen, ob und unter welchen Bedingungen die stärkere Betonung von Pflichten gerade die schwächsten Gruppen erneut benachteiligt» (ebd., S. 121).

88 Arbeit, Armut und Aktivierung

Seit Beginn der 1980er Jahre wurde – zunächst unter der Signatur «Neokonservativismus», in den 1990er Jahren unter derjenigen des «Neoliberalismus» – eine Strategie des «Abbaus» wohlfahrtsstaatlicher Rechte zunächst politisch gefordert und zumindest rudimentär betrieben. Politische Protagonisten des frühen «Sozialabbaus» waren der republikanische US-Präsident Ronald W. Reagan (Amtszeit 1981–1989), die konservative britische Premierministerin Margaret Thatcher (1979–1990) und der liberale deutsche Wirtschaftsminister Otto Graf Lambsdorff, der maßgeblich am Bruch und am Ende der Koalition zwischen SPD und FDP beteiligt war, insbesondere durch das «Lambsdorff-Papier» von 1982 (u.a. Forderung nach drastischer Kürzung der Sozialleistungen). Diese antisozialstaatliche Bewegung wurde in der neoklassischen Wirtschafts- und Politiktheorie über universitäre und außeruniversitäre Think Tanks legitimativ vorbereitet. Die vergleichende Wohlfahrtsstaatsforschung hat sich diesem komplexen Prozess schon früh gewidmet. Autoren wie Jens Alber (1982) argumentierten dabei noch in den 1980er Jahren auf der Grundlage einer breiten Datenbasis, dass jener neokonservative Diskurs die Ausbaudynamik des modernen Wohlfahrtsstaates kaum tangierte. In den 1990er Jahren wurde dieser Optimismus allerdings durch eine Reihe empirischer Arbeiten über die Wirkungen des Neokonservativismus bzw. Neoliberalismus erschüttert, die mit den (euphemistischen) Begriffen «Konsolidierung» und «Rückbau» (Siegel 2002) beschrieben werden. Erst mit dem Begriff der «Aktivierung» gelang es, auch die zunächst gegenüber derartigen Abbau- oder Rückbau-Diskursen skeptischen Sozialisten und Sozialdemokraten zu gewinnen (Alber 2001).

Der Aktivierungsdiskurs durchzieht praktisch alle Bereiche der Sozialpolitik (Opielka 2003c), hier einige Beispiele aus der deutschen Diskussion:

- Im Bildungswesen wird durch kommerzielle Anbieter im Bereich außerfamiliärer Kinderbetreuung und von Schulen sowie besonders öffentlichkeitswirksam im Hochschulbereich mit der Forderung nach «Studiengebühren» die Politikstrategie marktvermittelter Eigeninitiative einflussreich (Otto/Schnurr 2001; Winkler 2004).
- Im Gesundheitswesen wurde in Deutschland mit einer parteiübergreifenden «Gesundheitsreform 2003» die Privatisierung von Zahnersatz

und Krankentagegeldversicherung vereinbart, zusätzlich wurden Formen der Selbstbeteiligung an Kosten für Medikamente und Arztbesuche («Praxisgebühr») ausgeweitet. Sie sollen Marktanreize setzen und insoweit ökonomisches Handeln der Versicherten stärken. Weiter gehende Privatisierungsideen wurden von einem Teil der «Rürup-Kommission» (BMGS 2003) und der «Herzog-Kommission» der CDU mit dem Vorschlag der «Gesundheitsprämien» bzw. «Kopfpauschalen» entwickelt (CDU-Bundesvorstand 2003) (siehe Kapitel 5 und 8).

- In der Alterssicherung wurde durch die rot-grüne Bundesregierung bereits im Jahr 2000 mit der so genannten Riester-Rente das Heil in einer weit gehenden staatlich gelenkten Privatisierung gesucht. Auch hier ist der «Aktivierungs»-Diskurs auf Eigenvorsorge und Marktsteuerung, insbesondere durch Kapitaldeckungsverfahren, mittlerweile endemisch (siehe Kapitel 4).
- In der Arbeitsmarktpolitik legte der Bericht der «Hartz-Kommission» (BMAS 2002) und in der Folge ein Bündel von Gesetzesänderungen («Hartz I bis IV») ausdrücklich den Fokus auf «Aktivierung», verbunden mit Reformen der bisherigen staatlichen Arbeitsmarktverwaltung hin zu «Personal-Service-Agenturen» und einer «Bundesagentur für Arbeit».
- Ganz allgemein sollen soziale und gesundheitliche Dienstleistungen marktförmiger werden. Outsourcing, Public-Private-Partnerships (PPP) und die Diskussion um das GATS der Welthandelsorganisation WTO – die Erweiterung des Freihandels für Dienstleistungen – sind Signaturen dieser Entwicklung, die aus Klienten Kunden und aus Wohlfahrtsverbänden und kommunalen Versorgern Dienstleistungsunternehmen machen sollen (vgl. Kapitel 7).

Neil Gilberts (2002) Kritik am Abbau sozialer Leistungen beschreibt für den angloamerikanischen Raum eine spezifische Variante der sozialpolitischen «Aktivierung», die marktbezogenes Handeln als primäre Normalität konzipiert. Marktsteuerung macht bei knappen und vor allem überwiegend privaten (im Unterschied zu öffentlichen) Gütern Sinn. Die meisten sozialpolitischen Güter haben einen privaten Aspekt: der gesunde Körper, die intakte Familie, Wohlstand, Arbeitsmarktteilhabe oder Bildung. Insoweit sind Marktanreize zur Effizienzsteigerung berechtigt. Wer von «Aktivierung» spricht, möchte Marktprinzipien jedoch *umfassend* verwirklichen. Dass die Bevölkerung noch immer an Sozialpolitik als «öffentlichem Gut» festhält (Roller 2002), wird durch die Protagonisten der Privatisierungskampagnen als Herausforderung politischer Umerziehung begriffen. In Abbildung 21 werden einige Topoi des Aktivierungs-Diskurses entlang der Typen der Wohlfahrtsregime und ihrer soziologischen Steuerungspräferenzen systematisiert.

welfare regime	**liberal (Level 1)**	**sozialdemokratisch (Level 2)**	**konservativ (Level 3)**	**garantistisch (Level 4)**
Aktivierungssystem	Markt	Staat	Gemeinschaft (Familie, Berufsstand)	Sinn / Legitimation
Armutskonzept	Armut	Ungleichheit	soziale Exklusion	Teilhabedefizienz
sozialpolitischer Adressat, Subjektbegriff	Produzent / Kunde	Arbeitnehmer / Sozialbürger	Familienperson / Gruppenselbst	Individuum / autonomer Bürger
Aktivierungskonzept	«workfare» / Inklusion durch Produktivismus (ohne soziale Dienstleistung)	«aktivierender Staat» / Inklusion durch erweiterte «Arbeiterpolitik»	«Normalisierung» / Inklusion durch «Familienpolitik», «Gruppenpolitik» (Minoritäten)	Empowerment / Inklusion als Grundrecht
Interventionsfokus	monetäre I.	rechtliche I.	pädagogische I.	ökologische I.
Ressourcenfokus	ökonomische R.	rechtliche R.	Verhaltens-R., Moral	Handlungskompetenzen, Ethik
Konzeption sozialer Gerechtigkeit	Leistungsgerechtigkeit	Verteilungsgerechtigkeit	Bedarfsgerechtigkeit	Teilhabegerechtigkeit

Abbildung 21: Welfare-regime-Typen und Konzeptionen der Aktivierung

Die *Armutskonzepte der Regimetypen* unterscheiden sich erheblich. Das klassische Armuts- und Fürsorgekonzept entstammt einer liberalen Sozialphilosophie. Normal ist der Eigentumsbesitzer. Das sozialdemokratische bzw. sozialistische Armutskonzept fokussiert auf soziale und vor allem ökonomische Ungleichheit. Das konservative, in den kontinentaleuropäischen Wohlfahrtsstaaten – und in einer «progressiveren» Fassung auch der neueren EU-Kommissions-Programmatik – virulente Armutskonzept bezieht sich auf «soziale Exklusion», also den Ausschluss aus Statusgruppen bzw. berufsständisch verfassten Normalitäten. Das garantistische Armutskonzept könnte man als «Teilhabedefizienz» formulieren, da hier – ausgehend von einer auf sozialen Menschenrechten basierenden Normalitätskonzeption – Armut als Mangel an Teilhabe definiert wird.

Entsprechend unterscheiden sich die *Subjektbegriffe* und damit die Adressaten: im liberalen Modell der Bürger als Eigentümer, Produzent und Konsument, im sozialdemokratischen Modell der Arbeitnehmer, um den die Sozialbürgerrolle konstruiert wurde, im konservativen Modell der Bürger in seiner subsidiären Familienrolle und als Mitglied von berufsständischen Gruppen, im garantistischen Modell das Individuum als autonomer Bürger.

Die von Niklas Luhmann (1981) im Anschluss an Talcott Parsons verwendete Kategorie der «Inklusion» in alle relevanten Subsysteme der Gesellschaft als Funktionsbestimmung moderner Wohlfahrtsstaaten ist für den Aktivierungsdiskurs zentral: Aktivierung meint – gutwillig interpretiert – schlicht Inklusionsarbeit. In Perspektive auf die jeweiligen *Inklusionsformen* werden Aktivierungskonzepte sichtbar, die ansonsten diffus bleiben: Der Idee des «workfare» («statt welfare») beispielsweise liegt ein deutlich liberales Modell zugrunde, das (allein) auf die Inklusion in ökonomische Funktionen abhebt; die Idee der «aktivierenden Sozialhilfe» wird von Sozialdemokraten bevorzugt, insoweit sie auf eine «arbeiterpolitische» Inklusion zielt; im konservativen Milieu bevorzugt man eine Normalisierungsoption, die der «Familienpolitik» eine zentrale Rolle zumisst (Hessische Staatskanzlei 2003). Die garantistische Option wiederum setzt auf «Empowerment» der Individuen, sie möchte – systemisch gesprochen – Inklusion radikalisieren. Diese knappe Systematisierung von Aktivierungskonzepten schließt Mischungen nicht aus. So operieren sozialdemokratische wie auch konservative Strategien mit liberalen «Workfare»-Elementen, etwa im Versuch, das so genannte Wisconsin-Modell des Workfare im Jahr 2002 mittels einer Bundesratsinitiative des Landes Hessen und der CDU-Bundestagsfraktion auf Deutschland zu übertragen.

Schließlich können auch die von Franz Xaver Kaufmann (2002, S. 69ff.) unterschiedenen sozialpolitischen Interventionstypen – monetär, rechtlich, pädagogisch, ökologisch – sowie die diesen zugrunde liegenden Ressourcenkonzepte den vier Regimetypen insoweit zugeordnet werden, als durch sie spezifische Schwerpunktsetzungen erfolgen. So hält eine liberale Strategie viel von Geld, ein Beispiel ist das von Milton Friedman (1984, S. 221ff.) vertretene Konzept einer «negativen Einkommenssteuer» als mehr oder weniger einzigem staatlichen Umverteilungsschema. Sozialdemokratische Sozialpolitik setzt auf das originär staatliche Interventionsmuster «Recht», ihr wurde oft die Neigung zur «Verrechtlichung» vorgehalten. Konservative Strategien orientieren sich eher an moralischen Verhaltensressourcen und hoffen auf entsprechende pädagogische Interventionen – freilich mit dem Risiko, dass Pädagogen «emanzipatorischen» Programmatiken folgen. Ein garantistisches Konzept wiederum lässt sich mit den Kaufmann'schen «ökologischen» Interventionen als «Maßnahmen zur Verbesserung der Gelegenheitsstrukturen» in Verbindung bringen (ohne die anderen drei Interventionstypen zu vernachlässigen). Anthony Giddens (1999) formulierte in diesem Sinn die Idee eines «Sozialinvestitionsstaates» (als «dritten Weg» zwischen Liberalismus und Sozialismus), der sämtliche Institutionen und Dienstleistungen am Ziel «positiver Wohlfahrt» ausrichtet und mit einer «Weiterentwicklung der Zivilgesellschaft» auf – allerdings vage bleibende – «stärker ortsbezogene Verteilungssysteme» setzt (ebd., S. 137ff.). Unterdessen ist die Rede von einer «investiven Sozialpolitik» (für Großbritannien etwa Newman 2001). Als Ressourcen kommen in der garantistischen Perspektive die Handlungskompetenzen des Individuums in umfassender Perspektive in den Blick, einschließlich der ethisch-evaluativen Kompetenzen.

Auch die neuere Forderung, in Bildung das zentrale sozialpolitische Interventionsmuster zu sehen (Merkel 2001), ist nicht ohne regimetheoretische Implikationen: Während (wirtschafts)liberales Denken in Bildung vor allem eine Ressource ökonomischer Produktivität liest, sehen Sozialdemokraten darin einen Beitrag zur Chancengleichheit, Konservative die Voraussetzung für gemeinschaftliche Verantwortungsübernahme und Garantisten schlicht eine humanistische Notwendigkeit zur Entwicklung der Individualität jedes Bürgers. Dass Bildungsinvestitionen für die Humankapitalentwicklung zentral und unerlässlich sind, hat die soziologische Modernisierungsforschung belegt, im globalen Wettbewerb gilt Bildung als die «Schlüsselgröße der Aufholjagd» (Berger 1996, S. 59; siehe Kapitel 6).

Fasst man «Aktivierung» sehr breit, dann findet jeder ein sinnvolles Aktivierungskonzept. Wenn man freilich die sozial*staatliche* Aktivierung meint, dann kann man nur zu Bescheidenheit raten. Die sozialpolitische Auseinandersetzung unserer Zeit dreht sich um Vereinseitigungen richtiger Beobachtungen. Ein Aktivierungsdiskurs, der dem Staat leichthin das Recht auf sozialpädagogische Intervention in persönliche Lebensplanungen zuerkennt, trägt mephistotelische Dimension. Natürlich ist ökonomische Effizienz notwendig. Selbstverständlich soll jeder das politische Recht auf Lohnarbeit haben, wenn außer Lohnarbeit kaum gesellschaftlich anerkannte Arbeit vorhanden ist. Doch Aktivierungsdiskurse bedürfen einer theoretischen Differenzierungsleistung – falls man möchte, dass Individualität durch Sozialpolitik geschützt und gefördert wird.

2.5 Aktivierung der Bürger oder aktive Bürger?

Vor dem Hintergrund der skizzierten Überlegungen zu Wohlfahrts-Regime und Gerechtigkeitstheorien werden viele landläufige Denkmuster problematisch (siehe Kapitel 1). Offensichtlich ist eine Verkürzung der Sozialpolitik auf Marktgängigkeit so wenig hilfreich wie eine nur auf Umverteilung oder auf Gemeinschaftsförderung setzende Politikkonzeption. Die Idee der «Teilhabegerechtigkeit» und die damit verbundene Konzeption des «Garantismus» schließen dialektisch jene drei anderen Regimetypen ein und markieren zugleich, dass Verkürzungen in einer hoch komplexen Welt kontraproduktiv wirken – wenn die Idee der Entwicklung der Individualität jedes Gesellschaftsmitglieds angestrebt wird.

Natürlich kann man mit gewisser Berechtigung, wie der Zeithistoriker und Essayist Paul Nolte, als das «Hauptproblem der Unterschicht» den «massenhaften Konsum von Fastfood und TV» diagnostizieren, und «nicht Armut» (Nolte 2003). Die von ihm vorgeschlagene Lösung ist der Weg «Vom Steuerstaat zur Gebührengesellschaft». Der Bürger soll durch Gebühren für die Straßenbenutzung, Studium und so weiter seine «Mündigkeit» wiedererhalten: «Durch seine individuellen Präferenzen, durch sein Konsum-, Freizeit-, Sparverhalten kann der Bürger gewissermaßen selber entscheiden, wie viele oder welche Steuern er zahlt» (Nolte 2004, S. 193). «Öffentliche Güter» erscheinen in einer solchen, einseitig auf Marktsteuerung setzenden Politik tendenziell von Übel. Eine Politik, die hingegen auf die «Anerkennung» jedes Bürgers setzt, kann Anerkennung so wenig vom Problem der Ungleichverteilung lösen (Fraser/Honneth 2003) wie von der tatsächlichen Chance, Anerkennung in Formen bürgerschaftlichen Engagements überhaupt realisieren zu können (Heck 2003). Diese ist eben nicht nur dank «Fastfood und TV» begrenzt, der kulturellen Verarmung gehen vielmehr komplexe, stratifikatorische Ungleichheiten produzierende Prozesse sozialen Ausschlusses voraus. Auch Bildung ist dabei nur eine, wenngleich hervorragende Variable (Shavit/Blossfeld 1993). In einer der komplexen sozialen Realität angemessenen sozialpolitischen Konzeption wird man hinter die Idee der Teilhabegerechtigkeit nicht zurückfallen können. Dies schließt praktische sozialpolitische Strategien der Sicherung sozialer Grundrechte ein: So wird die umfassende Vermarktlichung von Bildung abgelehnt werden müssen und erscheint die Einführung eines garantierten Grundeinkommens – möglicherweise über den Schritt einer «Grundeinkommensversicherung» (Opielka 2004c, Kapitel 8) – eine notwendige Reformperspektive für monetäre Transfersysteme. Wenn der Begriff der «Aktivierung» hier überhaupt Sinn macht, dann ganz umgekehrt wie bisher: Die Bürger aktivieren darin den Sozialstaat, sie machen die Sozialpolitik zum Gestaltungsinstrument der Demokratie (Offe 2003; Pateman 2004).

Auf der nicht unmittelbar monetären, qualitativen Ebene der Sozialpolitik treten unter dem Gesichtspunkt der Teilhabegerechtigkeit Anforderungen an eine Neuausrichtung sozialpädagogischen Denkens hervor (Opielka 2003c), die über die bisherigen und auch künftig immer erforderlichen kompensatorischen Bemühungen hinausweisen: Sozialintegration durch Sozialpädagogik und soziale Arbeit hat viel mit den kulturellen Modellen ihrer Adressaten zu tun. Die neokonservative Kritik ihrer scheinbaren Kulturneutralität und damit faktischen Adaption an marktgesellschaftliche Imperative ist nicht unberechtigt. Positive Visionen sozialpädagogischer Integration auch auf geringerem Wohlstandsniveau sind freilich selten. Zu schnell unterliegen sie dem gleich lautenden, nun aber von sozialistischer Seite erhobenen Verdacht, Armut zu verklären und die Armen legitimativ in den Markt zu disziplinieren. Sozialökologische Perspektiven einer «Suffizienz» (Bartelmus u. a. 2002) könnten hier erhellend wirken. Eine Kultur, die mit weniger zufrieden ist, ohne auf mehr zu verzichten, wäre eine andere Beschreibung von Teilhabe und sozialen Garantien. Auch darauf passt das Label des «aktivierenden Sozialstaats» nicht recht. Denn sozialökologische Diskurse diese Typs sind nicht entkoppelt von Teilhabegarantien auf Geld und Recht vorstellbar, und, vor allem, der Sozialstaat kann und darf nicht der Hauptakteur bei der Entwicklung von Strategien ökologischer Suffizienz sein: Das muss aus der Tiefe der Gesellschaft kommen, aus den gemeinschaftlichen und legitimativen Organisationen und Institutionen, der so genannten Bürgergesellschaft. Sie hat den Sozialstaat entsprechend zu «aktivieren» und nicht umgekehrt (Heinze / Olk 2001).

Die Diskussion um «workfare» begann in den USA in den späten 1960er Jahren und sollte durch die Negativsteuer-Experimente zwischen 1968 und 1980 (New Jersey, Seattle-Denver) empirisch geklärt werden. Wissenschaftlich gelang das, wie die damaligen Evaluationsforscher in einem Rückblick belegen (Levine u. a. 2004), die Ergebnisse wurden jedoch politisch-ideologisch uminterpretiert (Murray 1984). Es blieb der Eindruck hängen, ohne Druck seien Lohnabhängige nicht zu Arbeit motivierbar (Widerquist 2004). Nur deshalb konnte seit den 1990er Jahren in allen Wohlfahrtsstaaten jener «welfare retrenchment», der Rückbau des Wohlfahrtsstaats mit seinem Zentrum von «workfare» und «Aktivierung» öffentlich legitimiert werden (Bonoli u. a. 2000; Gilbert 2002). Der ILO-Experte Guy Standing widerlegte das «Workfare»-Dogma (1999, S. 314ff.). Praktisch alle Argumente für «workfare» sind, so Standing, theoretisch wie empirisch haltlos: die Behauptung der Reziprozität, weil sich «workfare» nur auf die Unterschichten bezieht; die Vorstellung «funktionaler Bürgerschaft», weil sie die Armen stigmatisiert; die Annahme, sie würde die Abhängigkeit der Leistungsempfänger von Leistungen mindern, weil auch Mittelschichten in ökonomischen Entscheidungen abhängig sind, beispielsweise von Steuervorteilen; die Furcht, die Arbeitsethik werde zerstört, wenn die Armen ohne Druck schlechte Jobs nicht übernehmen, weil die ökonomische Antwort wäre, die Löhne für diese Jobs zu erhöhen; weiter, dass die Schwarzarbeit dadurch limitiert würde, mehr Gleichheit in der Sozialpolitik erreicht werde, die

Transferleistungen besser legitimiert seien, generell Armut und Arbeitslosigkeit durch «workfare» reduziert werden oder die Qualifikationen der Arbeitslosen und Armen erhalten bleiben. Alle diese Einwände lassen sich leicht entkräften. Ein Argument scheint tatsächlich für «workfare» zu sprechen: Sie moderiert die Lohnsteigerungen, führt zu einer Lohnsenkungsspirale. Doch was aus Sicht des einzelnen Arbeitgebers günstig erscheinen mag, ist volkswirtschaftlich zweifelhaft. Standing kommt zum Schluss: «Workfare is the ultimate policy of labour *control*» (1999, S. 333). «Workfare» sei schlicht «coercive social policy» (ebd., S. 334), sie errichte Barrieren zu Partizipation und Integration.

«Aktivierung» gilt vor allem seit dem Regierungsantritt von «New Labour» 1997 in Großbritannien als die sanfte, sozialdemokratische Variante von «workfare» und als Blaupause für die deutschen Versuche (Mohr 2004). Allerdings veröffentlichte der der Labour Party nahe stehende Think Tank IPPR in 2004 eine ausgesprochen kritische Bilanz von sieben Jahren Aktivierungspolitik: Der Besitzanteil der reichsten zehn Prozent der Briten stieg von 47 auf 54 Prozent; die Kinderarmut ist nur geringfügig gesunken und noch immer die höchste der EU-15 nach Portugal und Spanien; der Anteil der armen Erwachsenen im Erwerbsalter ohne Kinder hat sich von 3,3 (1994/95) auf 3,8 Millionen (2002/03) erhöht, und selbst die intergenerationale soziale Mobilität hat sich verringert (Paxton/Dixon 2004).

Auch andere international vergleichende empirische Bilanzen von Politiken der «Aktivierung» fallen negativ aus. Joel F. Handler (2003) verglich die US-Erfahrungen insbesondere seit der unter Clinton eingeführten großen Wohlfahrtsreform von 1996 (Backhaus-Maul 1999; Blank/Haskins 2001), die Sozialhilfeansprüche auf zwei konsekutive Jahre und fünf Jahre im Lebenslauf beschränken soll («to end welfare as we know it»), mit vergleichbaren Trends in Westeuropa. Die beabsichtigte Politik der «Inklusion» in den Arbeitsmarkt – «from welfare to workfare» –, insbesondere durch individuelle «Kontrakte» zwischen den «Agenturen» und ihren «Klienten», hat praktisch überall den fatalen Effekt, dass sie gerade die besonders gefährdeten Personengruppen «exkludiert». Die scheinbaren Erfolge der Aktivierungspolitik in den USA wie auch in Europa haben praktisch nichts mit ihr, sondern fast ausschließlich mit arbeitsmarktinternen Gründen zu tun (steigende Arbeitsnachfrage, Teilzeitarbeit usf.). Das Hauptproblem ist, so Handler (2003), die Verwaltung der Aktivierung. Die mit den Aktivierungsmaßnahmen beauftragten Agenturen sind in der Regel weder für eine professionelle Begleitung der Randgruppen des Arbeitsmarkts geschult noch dafür ausgestattet oder entsprechend motiviert. Zudem nützen die Sanktionen gegen nicht kooperierende «Klienten» praktisch nichts. Handler kritisiert: «Policymakers make the political, symbolic gestures of reform and do not worry about administration» (ebd., S. 233).

Die Kritik wird durch Befunde aus Deutschland unterstützt. Eine Analyse der Sanktionen für Arbeitslose in den 1980er und 1990er Jahren ergab, dass 57 Prozent der ausgesprochenen Sanktionen innerhalb von sechs Tagen wieder zurückgenommen werden mussten. Der Verwaltungsmehraufwand übertraf den Nutzen der Sanktionen (Wilke 2004). Auch die Effektivität der US-Wohlfahrtsreform von 1996 ist dürftig (Blank/Haskins 2001), dasselbe wird von Norwegen berichtet (Dahl 2003).

Wim van Oorschot (2002) resümiert die holländische Politik der «Aktivierung» in den 1990er Jahren vernichtend. Unter dem Titel «Miracle or Nightmare?» kann er nachweisen, dass die Aktivierungspolitik die sozialen Rechte und den Bürgerstatus gerade der Gruppen gefährdet, die traditionell besonders verletzlich sind. Während das «Dutch miracle», das Beschäftigungswunder in den Niederlanden, im Wesentlichen auf ein geringes Beschäftigungswachstum in Bezug auf die jährliche Arbeitszeit, auf die Zunahme der Teilzeitarbeit und eine hohe verborgene Arbeitslosigkeit zurückgeht, droht aufgrund des umfassenden Abbaus sozialer Rechte im Prozess der «Aktivierung» das «Wunder» im Fall einer künftigen ökonomischen Rezession in einen «Albtraum» umzuschlagen.

Im Verlauf der 1990er Jahre wurde der Zusammenhang von Arbeitsmarkt und sozialer Sicherung wieder enger gefasst. Die Idee der «Aktivierung» versucht – wie schon die «Poor Laws» vom 17. bis zum 19. Jahrhundert – die «würdigen» und die «unwürdigen» Armen zu unterscheiden. Was bereits damals kaum und mit der Durchsetzung der städtischen Industriegesellschaft gar nicht mehr funktionierte, und damit zur Entstehung des modernen Wohlfahrtsstaats führte, wird nun als Heilmittel entdeckt: die Bedürftigkeitsprüfung. Sie funktioniert vor allem als politisch-ideologische Stellschraube. Eine nüchterne Analyse ihrer empirischen Wirkungen (Oorschot 2002a) würde deutlich machen, dass soziale Rechte, kluge Anreize und ein größeres Vertrauen in die Menschen einer kontrollierenden Sozialpolitik nachhaltig überlegen sind.

3 FAMILIENPOLITIK UND FAMILIEN-PRODUKTIVITÄT

«Wer Schweine erzieht, ist (...) ein produktives, wer Kinder erzieht, ist ein unproduktives Mitglied der Gesellschaft» (List 1928, S. 231). Mit diesem häufig zitierten Satz aus seinem erstmals 1841 erschienenen Hauptwerk «Das nationale System der politischen Ökonomie» formulierte Friedrich List eine frühe romantische Kritik an der klassischen Ökonomie. List, der seine Professur an der Universität Tübingen wegen politischer Kampfschriften verloren hatte, 1825 nach Amerika emigrieren musste, erfolgreicher Unternehmer wurde und 1832 als amerikanischer Konsul nach Deutschland zurückkehrte, blieb zeitlebens ein Außenseiter. Seine sozialwissenschaftlich erweiterte Betrachtung der Ökonomie kann heute, im Zeitalter der Sozialpolitik, wohl besser verstanden werden: Es «sind die, welche Schweine großziehen, Dudelsäcke oder Pillen fabrizieren, produktiv, aber die Lehrer der Jugend und der Erwachsenen, die Virtuosen, die Ärzte, die Richter und Administratoren sind es in einem noch viel höheren Grade. Jene produzieren Tauschwerte, diese produzieren produktive Kräfte» (ebd., S. 182).

Mit List wird der Blick auf die produktive Seite der Familie gelenkt, einerseits auf ihren Beitrag zur Bildung von «Humankapital» (Bildung usf.) durch die Sozialisation der Kinder, andererseits – hier über List hinausweisend – auf ihre hauswirtschaftliche Produktivität, die trotz einer immer weiter reichenden Marktvergesellschaftung einen erheblichen Beitrag zur Wohlfahrtsproduktion leistet. Diese Zusammenhänge waren in der Haushaltswissenschaft seit je bekannt. In den 1990er Jahren gelangten sie auch in den Fokus der allgemeinen familien- und sozialpolitischen Diskussion, nicht zuletzt als Teil einer Weiterentwicklung der feministischen Forderung nach Gleichberechtigung, die erkannte, dass der Ausschluss der informellen Sorgearbeit in den Familien aus dem dominierenden Verständnis von Arbeit und Produktivität den Bürgerstatus von Frauen unterminiert (Moebius / Szysczak 1998; Daly 2001).

Neben der Humankapitalbildung und der Subsistenzproduktion im Haushalt sorgte zuletzt eine dritte Produktivfunktion der Familie für sozialpolitische Beunruhigung, die reproduktive Funktion der Fertilität. Deutschland gehört mit etwa 1,4 Kindern pro Frau weltweit zu den Staaten mit der geringsten Geburtenhäufigkeit. In der EU wiesen im Jahr 2000 nur Italien (1,24), Spanien (1,23), Griechenland (1,29) und Österreich (1,34) niedrigere Geburtenziffern auf, die (seit 2004 der EU beigetretenen) östlichen, von Umbrüchen gekennzeichneten Staaten teils noch niedrigere Werte (z. B. Tschechien: 1,18; Lettland: 1,17). Demgegenüber ist die Geburtenhäufigkeit in Frankreich und den Niederlanden Ende der 1990er Jahre sogar etwas angestiegen, auf das Niveau von 1,9 bzw. 1,7 Kindern pro Frau. In den USA schwankt die Rate seit 1989 zwischen 2,0 und 2,1 (Statistisches Bundesamt 2003, S. 12). Deutschland sticht im internationalen Vergleich durch eine besonders geringe Fertilität bei Frauen mit höheren Bildungsabschlüssen hervor: 43 Prozent der Frauen mit Hochschulabschluss im Alter von 35 bis 39 Jahren waren im Jahr 1997 kinderlos. Die Kinderlosigkeit gebildeter Frauen ist in Westdeutschland allerdings schon seit vielen Jahren zu beobachten, etwa 30 Prozent der Frauen mit Abitur, die in den 1950er Jahren geboren wurden, werden dauerhaft kinderlos bleiben. Unterdessen wirkt sich dies allerdings deshalb gravierender aus, weil die Frauen die Männer hinsichtlich der Bildungsabschlüsse ein- und teils überholt haben (Wirth / Dümmler 2004, S. 2 ff.).

Ob die produktiven Funktionen der Familien durch familienpolitische Maßnahmen beeinflusst werden können und sollen, ist in Wissenschaft und politischer Praxis umstritten. Lange Zeit war die Beziehung zwischen Familie und Familienpolitik weniger Gegenstand wissenschaftlicher Reflexion als vielmehr Tummelplatz politischer und weltanschaulicher Auffassungen. Exemplarisch hat dies Ludwig Liegle (1987) an zwei kaum vereinbaren ideengeschichtlichen Linien zur Pädagogisierung der frühen Kindheit untersucht (ebd., S. 132ff.): einerseits der «bürgerlichen» Vorstellung von Kindheit als «Familienkindheit», einer Idealisierung der «Mütterlichkeit» und schließlich einer rein subsidiären Familienpolitik, die die Kleinkindererziehung zunächst der Familie, dann nichtstaatlichen Trägern der Jugendhilfe und (anders als im Fall der Schule) nur ausnahmsweise dem Staat zuschreibt. Auf der anderen Seite findet sich eine von Platons Idee des gerechten Wächterstaats über die Renaissance-Sozialutopien, Rousseaus «Émile» bis hin zur marxistischen wie «antiautoritären» Reformpädagogik reichende Denklinie, die die private, (klein)bürgerliche Familie durch umfassende öffentliche Kleinkinderziehung überwinden und schließlich den «neuen Menschen» schaffen möchte. Gerade vor dem Hintergrund polarisierender Denktraditionen erscheint es zweckmäßig, den Zusammenhang von Familie und Familienpolitik als zunächst problematischen zu verstehen (Kaufmann 1995).

Im ersten Schritt wird der Frage nachgegangen, warum familiäre Solidaritätsformen in differenzierten Gesellschaften auf gesellschaftliche Institutionalisierung von Solidarität durch Familienpolitik zwingend angewiesen sind. Die Stellung der Familienpolitik innerhalb der Sozialpolitik wird dann in europäisch vergleichender Perspektive erörtert. Im dritten Schritt wird die spezifisch deutsche Geschichte der Familienpolitik rekonstruiert, die über die nationalsozialistische Instrumentalisierung der Familie, die parallele Entwicklung in der DDR und in Westdeutschland seit der deutschen Einheit 1989/90 zu einer europäischen «Normalität» zurückfand. Abschließend werden die neueren Entwicklungen zu einer Anerkennung der Familienarbeit als gesellschaftlicher Arbeit resümiert, die dazu beitrugen, dass die Familienpolitik immer mehr in das Zentrum der Sozialpolitik gerückt ist.

3.1 Familiensolidarität als Handlungswert

Soziale Systeme müssen vier grundlegende Problemdimensionen berücksichtigen, wenn sie integriert und das heißt über einen Zeitraum hin stabil sein sollen. Zum Ersten geht es im Prozess des sozialen Lebens um das *Problem der Anpassung an die Objektwelt* und um ihre

Gestaltung durch Technologien und wirtschaftliches Handeln. Es stellt sich zweitens das *Problem des Umgangs mit Interessen und Macht* sowie um ihre soziale Gestaltung durch politisches Handeln. Als Drittes muss das *Problem der Kommunikation der Mitglieder des sozialen Systems* gelöst werden. Hier sind Gestaltungsformen für die zwischenmenschlichen Beziehungen und ihre Hervorbringung durch Sozialisationsprozesse notwendig. Es handelt sich dabei um die soziale Organisation affektiver Bedürfnisse, des Weiteren aber auch um die soziale Organisation von Prozessen gegenseitiger Anerkennung und von Kommunikation im engeren Sinn. Diese Organisation erfolgt durch gemeinschaftliches Handeln. Schließlich muss das *Problem des Sinnbezugs* in zweierlei Hinsicht gelöst werden: Soziales Handeln im weitesten Sinn muss selbst gedeutet werden, und Kommunikation darüber muss möglich sein, ob nun eher metaphorisch oder wissenschaftlich streng. Und die Beziehung zu nichtsozialen Sinnquellen – das Absolute, Göttliche – muss gestaltet werden. Dies geschieht durch legitimatorisches Handeln. Entsprechend dieser Problemsicht kann man deshalb von *vier* Dimensionen des sozialen Handelns sprechen: der adaptiven (Level 1), der strategischen (Level 2), der kommunikativen (Level 3) und der metakommunikativen (Level 4) Dimension. In Bezug auf das System Gesellschaft lassen sich analytisch die vier Dimensionen des wirtschaftlichen, politischen, gemeinschaftlichen und legitimatorischen Handelns (Level 1 bis 4) unterscheiden. «Gemeinschaft» als gesellschaftliches Subsystem (Sphäre) kann in dieser Perspektive einer *Viergliederung* sozialer Systeme nach demselben Prinzip weiter in die vier Funktionen «Hilfe» (Level 1), «Bildung» (Level 2), «Öffentlichkeit» (Level 3) und «Kunst» (Level 4) ausdifferenziert werden (Opielka 2004).[1]

Der Prototyp einer «strukturellen» Institution, die dem (gemeinschaftlichen) Hilfe- wie dem Bildungssystem zugeordnet werden kann, ist die Familie. Die Familie ist für Talcott Parsons der Ort, an dem Soli-

---

[1] Die soziologische Theorie der «Viergliederung» der Gesellschaft (ausführlich Opielka 2004) basiert auf sozialphilosophischen Arbeiten von Johannes Heinrichs (1976) und insbesondere dem AGIL-Schema von Talcott Parsons (1975, 1978).

daritätsorientierungen über die Solidarbeziehung mit dem Ehepartner und über die Solidarerfahrungen im Sozialisationsprozess der Kinder elementar für die Gesellschaft veranlagt werden, sie ist die «‹primordiale› Einheit der Solidarität in allen menschlichen Gesellschaften» (1970, S. 200).[2] Für Parsons bildet Solidarität eine von vier Vorbedingungen für das Funktionieren eines sozialen Systems neben ökonomischer Produktivität, politischer Effektivität und der Integrität der institutionalisierten Wertbindungen. Als Prototyp für gemeinschaftliche Sozialformen (Organisationen bzw. Institutionen) generalisiert die Familie über die «gegenseitige Loyalität» der Ehebeziehung und die strukturelle Abhängigkeit des Kindes von seinen Eltern eine «Annahme der Vertrauenswürdigkeit», die für Parsons «der wichtigste gesellschaftliche Tatbestand ist, der aus der Solidarität der Familie resultiert» (ebd., S. 201). Parsons parallelisiert «die Solidarität der Ehe mit dem Nutzen des Goldes» (ebd.) im Wirtschaftssystem und führt dann den Gesichtspunkt ein, dass im Prozess der gesellschaftlichen Differenzierung das gemeinschaftliche Medium «Einfluss» selbst systemkonstitutiv wird, wobei die «organisatorische Grundform von Einfluss-Systemen die freiwillige Assoziation» sei (ebd., S. 204). Dies führt zur These Parsons', wonach «sich die Familie als Grundlage des Solidarität-Einfluss-Systems (der Gesellschaft; M. O.) selbst zunehmend in Richtung einer freiwilligen Assoziation entwickeln wird» (ebd., S. 205). Konkret meint dies den «Trend, die Ehe weitestgehend zu einer möglichst rein persönlichen und freiwilligen Beziehung werden zu lassen (...) Problematischer, aber dennoch hochinteressant ist die Tendenz, die Kinder in den Status von Mitgliedern einer freiwilligen Assoziation viel früher und ausgeprägter denn je zu bringen» (ebd.).

Ähnlich wie bei Parsons wird hier (Abbildung 22) vorgeschlagen,

---

[2] Übers. M. O. Während Parsons in seiner AGIL-Theorie die Funktion von Gemeinschaftssystemen als «Integration» bezeichnet, die durch affektuelles Handeln, vermittelt über das «generalisierte» Medium «Einfluss», organisiert wird, werden in der in diesem Buch leitenden sozialtheoretischen Perspektive Gemeinschaftssysteme vor allem durch die Funktion «Kommunikation» bestimmt, mit dem «formalisierten» Medium «Sprache» und weiteren nicht gleichermaßen formalisierten Medien wie Spiel, Liebe etc. (Opielka 2004).

104 Familienpolitik und Familienproduktivität

vier[3] Grundfunktionen zu unterscheiden, die zugleich anschlussfähig zu sozialpolitischen Interventionsfeldern sind (auch Opielka 1997b, 2001):[4]

- die ökonomischen Funktionen, die auf die Unterstützung im Haushalt und die praktische gegenseitige Hilfestellung («*Hilfe*») bezogen sind;
- den Bereich der generativen und erzieherischen Funktionen («*Erziehung*» oder «*Bildung*»);
- die Funktionen der gegenseitigen emotionalen Unterstützung, der Erholung, des kulturellen und moralischen Handelns, die mit «*Kommunikation*» im engeren Sinn zu tun haben;
- sowie diejenigen Funktionen, die auf die Aufrechterhaltung von Strukturmustern und die Rückkoppelungseffekte auf familiales Handeln durch überindividuelle Werte («*Legitimation*») abzielen.

Im modernen Wohlfahrtsstaat ist die Familie in ein komplexes System sozialpolitischer Regulierung eingebunden. Manche Autoren haben Befürchtungen geäußert, dass diese Einbindung der Familie wenig nützt, sie vielmehr mit in ihrem Bestand bedroht, da durch den Wohlfahrtsstaat immer mehr früher im familialen System erbrachte Leistungen in außerfamiliale Systeme verlagert würden.[5] Die Entwicklung des modernen Wohlfahrtsstaats ist allerdings auf komplexere Weise mit der Entwicklung der Familie verbunden, als eine schlichte Kompensationsthese unterstellt: Neben wirtschaftlichen (arbeitsmarktbezogenen) und politischen Gründen gilt in der sozialpolitikwissenschaftlichen Forschung der Wandel der Gemeinschaftssysteme, allen voran der Familie, zugleich als Voraussetzung wie als Folge sozialpolitischer Ausdifferenzierung. Die

---

3 Kaufmann (1995) tritt für eine Einteilung der familialen Funktionen in fünf Kategorien ein: «Kohäsion und emotionale Stabilisierung», «Fortpflanzung», «Pflege und Erziehung der Kinder», «Haushaltsführung, Gesundheit und Erholung» und «wechselseitige Hilfe» (ebd., S. 34ff.).

4 Die Bezeichnungen Level 1 bis 4 bezeichnen (in systemtheoretischer Sicht) die Steigerung logischer Komplexität im Rahmen der auf Parsons' AGIL-Schema aufbauenden Theorie der «Viergliederung» (Opielka 2004).

5 Die familiengefährdende Rolle des Wohlfahrtsstaats ist vor allem im liberalkonservativen Diskurs ein häufiger Topos, beispielsweise bei Peter Koslowski (1990): «Das Sozialversicherungssystem führt zu abnehmenden Zukunftsinvestitionen in Form von Kindern. Es verstärkt die Tendenz zu kinderlosen Ehen oder zu Familien mit wenigen Kindern» (ebd., S. 48).

Familiensolidarität als Handlungswert 105

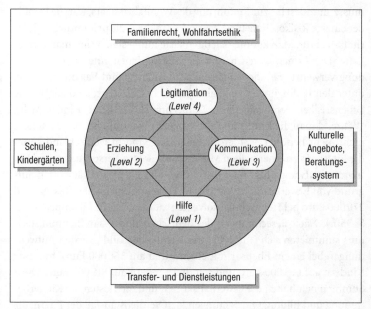

Abbildung 22: Familienfunktionen und wohlfahrtsstaatliche Interventionsfelder

Einbindung der Familie in das sozialstaatliche Institutionengeflecht wird international sehr unterschiedlich realisiert (Gauthier 1996; Kaufmann u. a. 1997, 2002) und gilt in Deutschland vielfach als ungenügend (Kaufmann 1995; Opielka 1997a; Netzler/Opielka 1998).

Solidarität scheint der zentrale Handlungswert der wirtschaftlichen Funktion des Familiensystems. Die gegenseitige Hilfeleistung konstruiert und rekonstruiert den Wert Solidarität. Erst in jüngerer Zeit wurden systematische Untersuchungen über die familieninternen Hilfeleistungen durchgeführt, beispielsweise zu den wirtschaftlichen, intergenerationalen Unterhaltsleistungen oder zur Zeitverwendung für Familienarbeit. Diese Untersuchungen bestätigen durchweg, dass in erheblichem Umfang wirtschaftliche Hilfeleistungen innerhalb der Familie und zwischen ihren Generationen erfolgen (Kohli 1997).

Die Familienpointe der Moderne liegt in der Umkehrung von Solidarität. Bis zur Verallgemeinerung von Industrialisierung und Kapitalismus, zumindest bis zur Einführung des Wohlfahrtsstaats, war die Familie der einzige Risikoschutz für Alter und Krankheit, die primordiale Solidaritätsstruktur. Man konnte sich das meiste nur leisten, wenn man Kinder hatte. Die Armen waren häufig diejenigen, denen eine Familiengründung verwehrt war, die Leibeigenen, Tagelöhner und Vaganten. Heute, unter den Bedingungen wohlfahrtsstaatlicher Existenz, sind allgemeine Lebensrisiken verallgemeinert. Dafür braucht es keine Kinder mehr. Während man die Kinder als sequenzielles ökonomisches Solidarsystem nicht mehr benötigt, werden sie teuer. Ein Kind in Deutschland kostet die Eltern bis zu einer halben Million Euro, sofern Versorgungs- und Betreuungsaufwand (bis zu 225000 Euro) und Opportunitätskosten aufgrund von Erwerbsarbeitsverzicht der Betreuungspersonen (bis zu rund 270000 Euro bei Hochschulabsolventen) addiert werden (Lampert 1996, S. 35ff.). Nach Berechnungen des deutschen Bundesfamilienministeriums summieren sich (für 2001) die öffentlichen und privaten Aufwendungen bei einem Ehepaar mit einem Kind auf 366000 Euro, mit zwei Kindern auf 665000 Euro und mit drei Kindern auf 818000 Euro. Diese Summen beinhalten die Unterhaltskosten und die Kosten für Kinderbetreuung und Bildungseinrichtungen, den Verdienstausfall der Eltern, die dadurch niedrigeren Renten, also alle Aufwendungen, die Staat und Eltern für die Kinder bis zu deren eigener Erwerbstätigkeit aufbringen. Von diesen Kosten tragen die Eltern direkt rund 75 Prozent, der Staat – zu dessen Finanzierung die Eltern wiederum beitragen – rund 25 Prozent.[6] Wer

---

6 Generalanzeiger Bonn v. 8. 6. 2004, S. 22. Aus ökonomischer Sicht werden gegen diese Berechnungen allerdings Einwendungen vorgebracht. So wird argumentiert, dass das so genannte Dritt-Personen-Kriterium die Monetarisierung – auch die in politischer Absicht vorgenommene fiktive Monetarisierung – nur für solche Dienstleistungen berechtigt erscheinen lässt, die durch bezahlte Dienstleistungen tatsächlich substituierbar sind. Barbara Seel (2000) weist darauf hin, dass der Wert der Hausarbeit über den Input der jeweiligen Arbeitszeit (wie dies bei Lampert und anderen Autoren geschieht) nicht valide gemessen werden kann, da dabei die Produktivität der eingesetzten Arbeitsstunden, die u. a. eine Funktion des eingesetzten Kapitals, auch Humankapitals sei, nicht zum Ausdruck komme. Deshalb sei zu beobachten, dass in der Literatur zunehmend outputorientierte Bewertungsverfahren vorgeschlagen werden. Außerdem besteht ein Problem der angesprochenen Berechnungsverfahren darin, dass die Hausarbeit in schwer zu definierendem Umfang auch Zweck in sich selbst sei.

keine Kinder hat, erspart diese Aufwendungen. Sofern die Gesellschaft die Kindererziehung nicht allein zur Privatsache erklärt und die Kosten der Familien zumindest zum Teil vergesellschaften möchte, sind Familien auf die Solidarität Dritter angewiesen.

Sozialpolitische Institutionen, die am Arbeitsmarkt anknüpfen, sind in Bezug auf Solidarität wenig anspruchsvoll. Sie verlängern das Tauschprinzip des Arbeitsmarkts in das Äquivalenzprinzip der Sozialversicherungen. Das ist bis heute ein Grundprinzip des Bismarck'schen Sozialversicherungsstaats. Jede Abweichung von dessen Normalitätsmodell – in Richtung Fürsorge (Armutssicherung) oder Versorgung (Statussicherung) – bedarf zumindest in Deutschland erheblicher Begründung. Das gilt in besonderem Maß für soziale Leistungen, die am Gemeinschaftsstatus Familie anknüpfen (Mitversicherungspflicht der Familienangehörigen in der gesetzlichen Krankenversicherung, Erziehungsgeld, Kindererziehungszeiten in der gesetzlichen Rentenversicherung u.a.). Familienbezogene Sozialleistungen sind bislang praktisch nicht existenzsichernd, auch nicht für eine befristete Zeit der Kleinkinderziehung (dies allenfalls in Kombination mit Sozialhilfeleistungen, was wiederum zu den aus dem armutspolitischen Kontext bekannten Stigmatisierungen führen kann).

Für die Verknüpfung sozialpolitischer (funktionaler) mit familialer (voluntaristischer) Solidarität bieten sich daher zwei Wege an: entweder der Ausbau von familienbezogenen Sozialleistungen oder der indirekte Weg, neben der erwerbsarbeitsbezogenen Sicherung Leistungen einzuführen, die unmittelbar am Bürgerstatus ansetzen. Es erscheint durchaus vorstellbar, Rechte und Pflichten unter den Bedingungen einer an der Bürgerrolle ansetzenden Sozialordnung zu vermitteln. So könnte die Bürgerrolle durch Kombination eines Grundrechts auf Einkommen in Form eines so genannten Grundeinkommens (z.B. in Form einer «negativen Einkommenssteuer») mit der Einführung eines obligatorischen Sozialdienstes zum Fluchtpunkt auch von Grundpflichten werden. Diese sind im Übrigen häufiger als in der politischen und akademischen Diskussion präsent (Schulpflicht, Wehrpflicht, Steuerpflicht etc.) (Luchterhandt 1988; Opielka 2003e).

Die Vermittlung von Rechten und Pflichten, anknüpfend an der Bürgerrolle, ist aber nicht nur auf der Ebene der großen Gesellschaft möglich und nicht nur auf der Ebene der kleinen Gemeinschaft, der Familie. Dazwischen eröffnet sich ein breiter Korridor von Gegenseitigkeit, der zugleich funktional und absichtsvoll gefüllt werden kann. Wenn neben einer holländischen Hochschule ein Studentenwohnheim gebaut wird und direkt neben dem Studentenwohnheim ein Zentrum von Seniorenwohnungen, wenn für die Mitwirkung der älteren Mitbürger bei der Betreuung der Kinder von Studenten ein Nachlass auf die Wohnungsmiete erfolgt, dann ergibt sich ein neues, sehr modernes Netz von funktionaler und voluntaristischer Solidarität (Offe/Heinze 1990). Es entlastet den Sozialstaat, zugleich gewinnen die Menschen neue Begegnungschancen, entstehen neue Netze zwischen den Generationen.

3.2 Familienpolitik in Europa

Dass in modernen Wohlfahrtsstaaten finanzielle Transfers für die Erziehungsarbeit innerhalb der Familie gezahlt werden, war noch vor einigen Jahrzehnten undenkbar. Zwar wurde in der feministischen Diskussion der 1970er Jahre die Einführung eines «Hausarbeitslohnes» angeregt, doch dieser Vorschlag erreichte – außer in Finnland (Hiilamo/Kangas 2003) – weder die allgemeine sozialpolitische Debatte, noch war er in der feministischen Bewegung mehrheitsfähig. Unterdessen haben sich die Optionen in der sozialpolitischen Arena verändert. Auf den ersten Blick sind es vor allem die demographischen Verwerfungen in praktisch allen und insbesondere den westeuropäischen OECD-Staaten, in denen auf der einen Seite die Pflege älterer Personen nicht mehr im «natürlichen» Rahmen der Familie garantiert werden kann, auf der anderen Seite wurden Kinder zunehmend zu einer knappen Ressource, was erhebliche Probleme für die Finanzierung der Alterssicherung und die gesundheitspolitischen Programme aufwirft (Daly 2001).

Dass der «natürliche» Reproduktionsprozess in Familien abnimmt, hat mehrere, vor allem soziokulturelle Gründe, insbesondere den Wandel der Geschlechterrolle. Während Frauen noch immer vorrangig Familienaufgaben übernehmen, passte sich ihr Bildungs- und Beschäftigungshintergrund immer mehr demjenigen der Männer an und überholte ihn teilweise (siehe Kapitel 6), was infolge ihrer immer erfolgreicheren Integration in den Arbeitsmarkt zu einer Situation multipler Verpflichtungen führte. Die Antwort der Frauen ist – im Grunde seit den 1950er Jahren – der kontinuierliche Rückzug aus der Familienarbeit in einem gesellschaftlich signifikanten Umfang, einerseits indem sie vermeiden, mit ihren (Schwieger-)Eltern in einem Haushalt zu leben (und sie ggf. zu pflegen), andererseits indem sie Familienplanung betreiben. In Bezug auf die Frage der Bezahlung von Familienarbeit müssen beide Problemkomplexe auseinander gehalten werden. Die Pflege der Älteren hängt von anderen sozialpolitischen Voraussetzungen ab als die Arbeit für Kinder in der Familie (so ist der Beginn der Pflegebedürftigkeit für ältere Familienmitglieder kaum genau vorher bestimmbar und hängt zudem von den jeweiligen Selbstversorgungskompetenzen und dem sonstigen Beziehungsnetz ab). Die sozialpolitische Bewertung der Arbeit in der Familie kommt jedenfalls nicht von ungefähr zusehends in den Blick neuerer vergleichender Studien zur Familienpolitik in Europa, die auf eine beeindruckende Vielfalt familienpolitischer Entwicklungspfade hinweisen (Pfau-Effinger 1999; Carling u. a. 2002; Kaufmann u. a. 2002).[7]

Die Frage nach dem Zusammenhang von Familienentwicklung und Familienpolitik machte dabei auf komplexe Wirkungen aufmerksam (Castles 2003). Mit den erheblichen Kosten, die für Familien trotz und wegen der modernen Wohlfahrtsstaaten entstehen – weil diese zwar die Familien von Kosten entlasten (Bildung, Gesundheit usf.), zugleich aber auch die bisherigen Familienleistungen vergesellschaften und deshalb die Familie als Wohlfahrtsproduzenten aus Sicht des Einzelnen scheinbar überflüssig machen –, sind vier Umgangsweisen denkbar (Opielka 1997a, 2001a):

---

[7] Zu einem Überblick über die spezifischen Familienpolitiken Leipert 1999; zu entsprechenden Passagen in Studien über die Familienpolitik im europäischen Kontext in Bezug zu Wohlfahrtsstaat und Einkommensverteilung Fahey 2002; zum Wandel soziokultureller Muster, vor allem des «männlichen Ernährermodells», Lewis 2001, 2002, Ostner/Lewis 1998, Pfau-Effinger 1999, dies./Geissler 2002, Gottfried/O'Reilly 2002, die eine ähnliche Diskussion in Japan beobachten, und Leitner u. a. 2004; zur Diskussion des politischen Werts öffentlicher Kinderbetreuung Waldfogel 2001; zur allgemeinen Perspektive auf das Verhältnis von Staat und Familie Gauthier 1996; zu den sozialphilosophischen Aspekten Krebs 2002.

1. Die liberale, marktliche Variante erklärt die Familienkosten zur Privatangelegenheit, die Familienarbeit insoweit zum privaten Gut. Als öffentliches Gut gilt allein die Bildung der Kinder als künftige Bürger. Diesen Weg schlägt tendenziell das angloamerikanische, liberale Wohlfahrtsregime ein.
2. Die sozialistisch-etatistische Variante möchte die Familienarbeit selbst vergesellschaften, im Interesse der Frauenemanzipation und der Auflösung der «bürgerlichen» Familie als ideologischem Reproduktionszusammenhang des Kapitalismus. Die Lösung besteht in umfassenden öffentlichen Dienstleistungen und der Gleichstellung von Frauen und Männern auf dem Arbeitsmarkt. Die skandinavischen, sozialdemokratischen Wohlfahrtsregime haben sich weitgehend daran orientiert.
3. Die konservative, gemeinschaftsorientierte Variante will die Familie als Institution schützen, neigt zur Beibehaltung der Rollendifferenzierung und einer Orientierung der Frauen auf traditionelle Mutter- und Hausfrauenrollen. Sozialpolitisch haben konservative Wohlfahrtsregime seit den 1980er Jahren auf Geldleistungen an Familien gesetzt, um die Benachteiligung von Familien etwas auszugleichen.
4. Die garantistische Variante setzt auf die Optionserweiterung aller Familienakteure und vermeidet die sozialpolitische Normalisierung biographischer Muster, die unter den Bedingungen der Pluralisierung der Lebensformen zur Exklusion zunehmender Bevölkerungsteile führt. Sie kombiniert deshalb die Dienstleistungsstrategie mit grundrechtsförmigen Geldtransfers.

Diese idealtypische Gegenüberstellung erleichtert eine Analyse der komplexen familienpolitischen Praxis im europäischen Vergleich. In Abbildung 23 werden die Barleistungen für Familien in Europa der Fertilitätsrate als einem zentralen Kennwert gegenübergestellt. Bemerkenswert ist, dass trotz – oder wegen – des allgemeinen Rückgangs der Geburtenrate in Europa im Zeitraum 1991 bis 2001 die Barleistungen für Familien um fast 36 Prozent stiegen (Eurostat/Abramovici 2003, S. 2). Hinzu kommen in einigen Ländern erhebliche Steuerfreibeträge für Familien und Kinder, die bis auf wenige Ausnahmen jedoch nicht als Sozialleistungen angesehen werden.

Die Barleistungen bilden nur einen von mehreren familienpolitischen Leistungsbereichen. In den als «konservativ» bewerteten Wohlfahrtsre-

	Barleistungen für Familien im Jahr 2000				Demographische Daten	
	in Prozent des BIP	in Prozent der Gesamt-leistungen	in Prozent der Funktion Familien/Kinder	zu konstan-ten Preisen: Index 1991 = 100	Fertilität im Jahr 1991	Fertilität im Jahr 2000
EU 15	1,4	5,5	67,2	135,8	1,53	1,48
Belgien	2,0	5,7	68,8	116,2	1,66	1,66
Dänemark	1,1	4,0	30,3	146,6	1,68	1,77
Deutschland	2,1	7,5	70,9	181,1	1,33	1,36
Griechenland	1,0	3,8	51,8	167,0	1,38	1,29
Spanien	0,2	0,9	34,6	147,3	1,33	1,23
Frankreich	2,0	7,0	73,0	115,4	1,77	1,88
Irland	1,5	11,2	85,9	166,4	2,08	1,89
Italien	0,5	2,0	52,2	128,6	1,31	1,24
Luxemburg	2,6	12,9	77,6	255,8	1,60	1,78
Niederlande	0,8	2,9	64,4	86,3	1,61	1,72
Österreich	2,3	8,2	77,5	133,6	1,49	1,34
Portugal	0,5	2,7	48,9	115,4	1,57	1,52
Finnland	1,4	5,8	45,8	119,1	1,79	1,73
Schweden	1,0	3,2	30,0	:	2,11	1,54
Großbritannien	1,4	5,5	78,4	120,2	1,81	1,64
Norwegen	1,4	5,7	44,4	127,0	1,92	1,85
Schweiz	1,1	4,2	81,3	120,1	1,60	1,50

Quelle: Eurostat/Abramovici 2003, S. 2 (nach Eurostat ESSOSS)

Abbildung 23: Barleistungen für Familien und demographische Daten in Europa

gime (Deutschland, Irland, Luxemburg, Belgien, Österreich) spielen sie eine besonders große Rolle. Gleichwohl werden – mit unterschiedlichen Motiven – Geldleistungen in allen Wohlfahrtsstaaten an Familien gezahlt, wobei die Gewichtung zu den anderen Leistungsbereichen – Dienstleistungen (v. a. Betreuung, Bildung) und Maßnahmen zur Arbeitsmarktintegration (zu denen wiederum Betreuungsdienste für Kinder zählen) – bedeutsam ist. Bislang gilt es als eher «konservatives» Motiv, wenn Geldleistungen für die Erziehungsarbeit selbst beansprucht werden können.

Die Frage nach dem Verhältnis des Werts der Arbeit in der Familie zur Arbeit im marktvermittelten Erwerbsleben wird allerdings derzeit neu gestellt. Die bisherige Dichotomie Produktion vs. Reproduktion betrachtete die Arbeit in der Familie wirtschaftlich nicht als produktive, sondern als Reproduktionstätigkeit, als eine der vielen nichtmonetarisierbaren Voraussetzungen der Geldwirtschaft – wie Frieden, natürliche Ressourcen oder eine wirtschaftsfreundliche Ethik. Die feministische Kritik an der Ausblendung der überwiegend weiblichen Familienarbeit langte auch im Kern zeitgenössischer Demokratie- und Wirtschaftstheorie an. Zudem wurde die marktkapitalistische Dichotomie durch neuere Theorien herausgefordert, die auf das Sozialkapital hinweisen, das in der und durch die Familie gebildet wird. Einer der wichtigsten Vertreter der vergleichenden Sozialpolitikforschung, Gøsta Esping-Andersen (2002), argumentiert neuerdings, dass sich ein «neuer Wohlfahrtsstaat» auf «kinderzentrierte Sozialinvestitionen» und einen «neuen Geschlechtervertrag» konzentrieren müsse.

Die gesellschaftlich wichtigste Brücke zwischen der Familie und der Arbeitswelt schlägt die Sozialpolitik. Nun war die Beziehung zwischen Familie und Erwerbssphäre nie wirklich unproblematisch. Doch erst die Politisierung der Sozialpolitik, die zunehmende Thematisierung von Wertbeziehungen wie den Frauenrechten durch die Frauenbewegung, brachte die Familienpolitik auf die öffentliche Agenda. Wenn nun die Grundlage der Beziehung zwischen Familie und Erwerbssphäre, die historische Dichotomie von Privatheit und Gesellschaftlichkeit, von Reproduktion und Produktion infrage steht, dann muss sich das notwendigerweise auch auf die Familienpolitik auswirken.

Es ist daher nur konsequent, dass aus der Perspektive der Geschlechterforschung die in Kapitel 1 kritisierte Theorie der Wohlfahrtsregime auch in Hinblick auf den Stellenwert der Familienarbeit neu durchdacht wurde. Sigrid Leitner (2003) hat vorgeschlagen, die Typen des Wohlfahrtsregimes um eine Art Gender-Regime zu erweitern, indem systematisch vier Formen des «Familialismus» im europäischen sozial- und familienpolitischen Vergleich unterschieden werden (ebd., S. 362ff.):

1. «optionaler Familialismus» mit verbreiteter professioneller, öffentlicher Kinderbetreuung und zugleich Transferleistungen für die Kindererziehung in der Familie (Schweden, Dänemark, Frankreich, Belgien und – als Grenzfall zum «expliziten Familialismus» – Finnland);
2. «expliziter Familialismus» mit geringem Angebot an öffentlicher Kinderbetreuung, aber Transferleistungen für die familiäre Kindererziehung (Österreich, Deutschland, Italien, Luxemburg, Niederlande);

3. «impliziter Familialismus» mit geringem Angebot öffentlicher Kinderbetreuung und wenig Barleistungen für die Familienarbeit (Griechenland, Portugal, Spanien);
4. «De-Familialismus» mit verbreiteter öffentlicher Kinderbetreuung, aber keinen Zahlungen für die familiäre Kindererziehung (Irland, Großbritannien).

Von Esping-Andersens (1990) Zuordnungen unterscheidet sich Leitners Vorschlag zweifach: Zum einen bezeichnet sie die skandinavischen Länder nicht, wie jener, als «de-familialisierend», sondern als «optional familistisch» – der Unterschied dürfte vor allem von den unterschiedlichen Untersuchungszeiträumen herrühren. Während Esping-Andersen die 1970er und vor allem die 1980er Jahre untersucht, beobachtet Leitner die anschließende Periode seit den 1990er Jahren, in der teils (vor allem in Schweden) überhaupt erst monetäre Leistungen für die Familienarbeit eingeführt wurden (zu den Kontroversen Hiilamo/Kangas 2003 sowie Leipert 1999, 2001). Zweitens macht Leitner darauf aufmerksam, dass die konservativ-kontinentaleuropäischen Staaten Belgien und Frankreich in Bezug auf die Familienpolitik («child care») in dasselbe Cluster gehören wie die skandinavischen Wohlfahrtsstaaten (Leitner 2003, S. 362). Leitners Versuch, eine systematisch geschlechtssensitive Konzeptualisierung der Familien- und Sozialpolitik zu entwickeln, ist zumindest für den Bereich der Familienarbeit für Kinder erfolgreich. Sie fragt, ob scheinbar geschlechtsneutrale Rechte (z. B. auf Elternzeit, auf Geldleistungen) dann ungleich wirken, wenn sie – wie insbesondere in Deutschland – die je unterschiedlichen Ausgangspositionen von Frauen gegenüber Männern nicht berücksichtigen. Allein in Dänemark und Schweden lässt sich, so Leitner, von einem «de-gendered familialism», einer geschlechtsneutralen Politik zugunsten der Familien, berichten (ebd., S. 370ff., auch Ostner 1998).

Die zu Beginn angesprochene Frage, ob Familienpolitik *überhaupt* einen Einfluss auf den familiären Wandel hat, kann sich nur in vergleichender Perspektive beantworten lassen. In der familienwissenschaftlichen und demographischen Literatur besteht weitgehend Konsens, wonach die Familienpolitik keinen oder allenfalls einen marginalen «pronatalistischen», die Geburtenraten erhöhenden Effekt habe (Kaufmann 1995; Fux 2002). Ein genauer Blick auf die je präsentierten Daten

114 Familienpolitik und Familienproduktivität

und theoretischen Wirkungsmodelle zum Zusammenhang von Familienwandel und Familienpolitik problematisiert gleichwohl diese Neutralitätsthese. Beat Fux griff auf Esping-Andersens Regimetypologie zurück, benannte die Typen etwas anders (etatistisch statt sozialdemokratisch, individualistisch statt liberal und familialistisch statt konservativ) und präsentierte ein Modell zum Zusammenhang von Familienpolitik und Familienwandel, das – entgegen seiner Neutralitätsthese – beachtliche Wirkungsbeziehungen ausmacht (von links nach rechts in Abbildung 24).

	Dominantes Familienmodell und familienpolitisches Regime	Muster der weiblichen Erwerbsbeteiligung	Neue Lebensmodelle	Fertilität und reproduktive Muster
Familienpolitisches Regime und die Verteilung von Ressourcen und Werten	familialistisch / traditionell	niedrige Beteiligung im höheren Alter; weniger Teilzeitarbeit	weniger Variationen; Tendenz zu ehelichen Arrangements	späte Familienbildung, größere Familien, niedrige außereheliche Geburtenziffern
	individualistisch	Unterbrechung bei Geburt des ersten Kindes; sehr häufige Teilzeitarbeit	Zunahme von Singles, nichtehelichen Gemeinschaften und Alleinerziehenden	Verschiebung der Geburten, Polarisierung, niedrige außereheliche Geburtenziffern
	modernisiert / etatistisch	sehr hohe Beteiligung v. a. im mittleren Alter, keine Unterbrechungen; häufige Teilzeitarbeit	Zunahme von Singles, nichtehelichen Gemeinschaften und Alleinerziehenden	Verschiebung der Geburten, hohe außereheliche Geburtenziffern

Quelle: Fux 2002, S. 410 (mit geringfügigen Änderungen)

Abbildung 24: Hypothesen zum Einfluss der Familienpolitik auf den Familienwandel

Auch wenn hier ein lineares Wirkungsmodell nahe gelegt wird, deutet sich ein komplexes Arrangement aus Mikro- und Makroeinflüssen sowie materiellen und kulturellen Ressourcen an. Nicht zuletzt aufgrund der Datenbasis des «European Values Survey» wurde in den 1990er Jahren die kulturelle Dimension der Sozialpolitik in der Forschung zunehmend anerkannt (dazu ausführlicher Kapitel 9). Ein Wirkungsmodell in der Familienpolitik muss dies einbeziehen (Pfau-Effinger 1999, 2000), denn in diesem Politikfeld zeigen sich die kulturellen Einflüsse sowohl auf der Makroebene – durch die politisch-kulturelle Wahl der Regimetypen – wie auf der Mikroebene, wo biographische Optionen kulturell geprägt sind. In Kombination mit der Organisation des Alltagslebens, die von vielen Ressourcen abhängt (Arbeitsmarkt, Wohnsituation, aber auch Bildungs- und Betreuungsangebote), werden dadurch die privaten Lebensformen geprägt, die wiederum die Fertilität bestimmen (Strohmeier 2002, S. 351). In einem Vergleich von Fertilität, kulturellen Präferenzen und familienfreundlicher Politik in 21 OECD-Staaten kommt Francis G. Castles (2003) zum Ergebnis, dass an die Stelle des früher negativen Zusammenhangs zwischen Fertilität und weiblicher Erwerbstätigkeit die höchste Fertilität in den Ländern mit dem höchsten Bildungsstand und der höchsten Frauenerwerbstätigkeit getreten ist (ebd., S. 217). Die einzigen familienpolitischen Maßnahmen, die mit einer hohen Fertilität einhergehen, sind nach seinen Befunden eine sichere öffentliche Kinderbetreuung für Kinder unter 3 Jahren (Korrelation 0.73) und flexible Arbeitszeiten (0.50) (ebd., S. 223ff.). Betrachtet man seine Daten jedoch genauer, besteht auch zwischen dem Anteil der Barleistungen an Familien am BIP und der Fertilität eine signifikante positive Korrelation (0.35), die er jedoch, ähnlich wie Esping-Andersen (2002), nicht beachtet.

Die in Abbildung 23 hochaggregierten Geldleistungen an Familien sollten deshalb – allerdings nicht nur in Bezug auf ihre «Nützlichkeit» für die Fertilität – differenziert werden. In der feministischen Sozialpolitikforschung wurden hierzu verschiedene Vorschläge gemacht, die sich nach drei Kriterien ordnen lassen:

1. Geldleistungen an Eltern zum *Lebensunterhalt der Kinder* (v. a. Kindergeld). Sie dienen dem Ausgleich sozialer Ungleichheiten und folgen entweder dem Bedarfsprinzip oder sind (wie in Deutschland) universalistisch. Diese Leistungen sind in Ländern mit starkem Familienernährermodell ausgeprägter (der Wohlfahrtsstaat übernimmt quasi die Ernährerrolle), in den skandinavischen und liberalen Ländern gering.
2. Geldleistungen für ein *Recht auf Sorge* («Zeit für Kinder»). Hierzu gehört das Erziehungsgeld (und ein Erziehungsgehalt), aber auch Mut-

terschutz, Elternurlaub und Geldleistungen für familiäre Pflege. Dabei handelt es sich um neue soziale Rechte (Knijn/Kremer 1997). Diese Leistungen werden seit Mitte der 1980er Jahre in den meisten Wohlfahrtsstaaten ausgeweitet, besonders stark in den skandinavischen Ländern (v. a Norwegen), teils als Lohnersatz, aber auch in Deutschland und Frankreich. Sie entsprechen einem garantistischen Sozialpolitiktyp.
3. Geldleistungen (und Rechtsansprüche) um *Sorge (care) zu erhalten*, beispielsweise als Anrecht auf eine öffentliche Kinderbetreuung oder auf Pflegeleistungen. Auch diese Rechte werden zunehmend ausgeweitet, teils als unmittelbarer Anspruch auf Dienstleistungen, teils in Form von «Gutscheinen» (*voucher*). Insbesondere Gutscheine lassen sich als ein «Mix» aus konservativen, liberalen und sozialistisch-sozialdemokratischen Regimekonzepten, insoweit als auch als garantistisch interpretieren.

Was sich an Pfadentwicklungen und -verschiebungen synchron im europäischen Vergleich beobachten lässt, bietet der historische, diachrone Vergleich auch in Deutschland. Innerhalb keinem anderen Land existieren derart erhebliche Unterschiede in Familienbild und Familienrealität wie zwischen den alten und den neuen Bundesländern (Frerich/Frey 1993; Pfau-Effinger/Geissler 2002).

3.3 Familienlaboratorium Deutschland

Die Vereinbarkeit von Familie und Beruf ist besonders in Deutschland ein Problem. Das liegt nicht zuletzt an einem deutschen sozial- und familienpolitischen Sonderweg. Deshalb soll auf jene drei Stationen der deutschen Familienpolitik zurückgeblickt werden, die in dieser Zuspitzung weltweit einzigartig sind: der familienpolitische Sonderweg vom Mütterlichkeitskult der Nationalsozialisten über die Dualität aus konservativer Familienidylle der Bundesrepublik und sozialistischer Arbeitsreligion der DDR bis hin zur nachholenden Modernisierung des vereinigten Deutschland.

Häufig wird behauptet, dass das Leitbild der Hausfrauenehe in Deutschland erst durch die Politik des nationalsozialistischen Regimes durchgesetzt wurde. «Dagegen lässt sich allerdings einwenden», so Birgit Pfau-Effinger (2000) in einer Studie über die kulturellen Grundlagen der Frauenerwerbstätigkeit in Europa, «dass die Hausfrauenehe (...) schon deutlich früher in das Zentrum des Geschlechterarrangements gerückt war» (ebd., S. 114). So argumentierten seit der zweiten Hälfte des 19. Jahrhunderts praktisch alle gesellschaftlichen Gruppen (nicht nur) in Deutschland für das Familienmodell der Versorgerehe. Jenes zunächst im städtischen Bürgertum entwickelte Leitbild wurde sukzessive auch von der Arbeiterbewegung und der Sozialdemokratie adaptiert, zunächst kontrafaktisch, denn in der Arbeiterschicht war die Erwerbstätigkeit der Frauen noch bis in die 1950er Jahre üblich (Hausen 1993).

Der familienpolitische Sonderweg der Nationalsozialisten lag weniger in einer Verdrängung der Frauen aus der Erwerbssphäre. Zwar wurde durch eine Vielzahl politischer Maßnahmen die Vollhausfrau gefördert, typisch war jedoch eine Paradoxie: Frauen sollten als Hausfrau und Mutter gestärkt werden und abrufbar sein für außerhäusliche Arbeit, zugleich wurde ihre traditionelle rechtliche Stellung in Ehe und Familie erschüttert. Die rassistische Zielsetzung des Regimes unterwarf die Frauen Ehe-Eignungstests und Zwangssterilisationen, vor allem aber reduzierte sie die Männer auf ihre biologische Fortpflanzungsfunktion und förderte die sexuelle und soziale Verantwortungslosigkeit von Männern als Vätern (Czarnowski 1991). Die Ehe wurde staatlich funktionalisiert, das bürgerlich-private Leitbild abgelehnt. Mutterschaft wurde zur nationalen und rassenideologischen Pflicht.

Die Erwerbsbeteiligung der Frauen wurde nach anfänglichen Kampagnen gegen die so genannten Doppelverdiener mit Umstellung auf die Kriegsproduktion ab 1936 massiv gefördert. So erhielten ab 1937 nur noch erwerbstätige Frauen einen Heiratskredit (Kolinsky 1989). Der Erfolg dieser Maßnahmen, bis hin zur Melde- und Arbeitspflicht für Frauen ab 1943, blieb dennoch begrenzt. Die Erwerbsbeteiligung von Frauen stieg von Kriegsbeginn bis -ende nur wenig an (von 14,5 auf 14,9 Mio.): «Die wesentliche Ursache lag darin, dass Frauen, deren Männer in den Krieg gezogen waren, eine besondere finanzielle Unterstützung erhielten. Viele Frauen zogen sich daraufhin aus dem Erwerbsleben zurück – eine nicht-intendierte Folge dieser Maßnahme» (Pfau-Effinger 2000, S. 115).

Von der NS-Familienpolitik verbleibt zunächst als kulturelles Problem: Die Hausfrauenehe und noch allgemeiner die Anerkennung der mütterlichen (Arbeits-)Leistung galt im Nachkriegsdeutschland und vor allem nach 1968 für viele kritische Intellektuelle als ein Produkt der faschistischen Mutterideologie. Das war folgenreich, denn «Mütterlichkeit» stand nun unter politischem Verdacht.

In der sowjetischen Besatzungszone wurde die Frauenpolitik unter dem Einfluss der sowjetischen Militäradministration bewusst und radikal von derjenigen der Nationalsozialisten abgegrenzt. Man propagierte unter Bezug auf die marxistischen Traditionen der Arbeiterbewegung ein neues Frauenbild, das mit mehrfachen Modifikationen bis zum Ende der DDR gültig blieb (Bast / Ostner 1992). Die Frauenfrage sei als soziales Problem nur mit der Aufhebung des Privateigentums zu lösen. Die Gleichheit der Geschlechter könne nur erreicht werden, wenn die Frau aus der familiären Versklavung und der ökonomischen Abhängigkeit vom Mann geführt und als eigenständiges ökonomisches Subjekt in die gesellschaftliche Produktion einbezogen werde. Im Zentrum stand deshalb die formale Gleichstellung der Frauen in der Arbeitswelt. Die Familie bildete – im Unterschied zu den westlichen Besatzungszonen – zunächst kein Thema für die Politik: «Die weitgehende rechtlich-politische Abstinenz in Bezug auf die Familie bedeutete jedoch, dass am Status quo der Zuständigkeit der Frauen für die Familie nicht gerüttelt wurde; ihre Gleichberechtigung sollte über die Erwerbsbeteiligung erreicht werden, ohne dass ihre familialen Verpflichtungen Berücksichtigung fanden» (Schäfgen 2000, S. 93). Ab Anfang der 1960er Jahre wurde die Politik der Integration der Frauen in die Erwerbsarbeit um eine Qualifizierungsoffensive erweitert, die mit ersten sozialpolitischen Maßnahmen zur Milderung der Doppelbelastung der Frauen durch Beruf und Familie ergänzt wurde (Haushaltstag usf.).

Rückblickend galten die ersten Phasen der Frauenpolitik in SBZ und DDR bis etwa 1964 «als die progressivsten im Sinne der Herstellung der Geschlechtergleichheit» (ebd., S. 102). Mit der Einführung eines neuen Familiengesetzbuchs (1965) und dem VII. Parteitag der SED im Jahr 1967 wurde die Familie selbst zum Gegenstand politischer Interventionen. Beide Ehepartner wurden formal-rechtlich für Erziehung der Kinder und Hausarbeit zuständig. In Wirklichkeit änderte sich wenig. Die

Zeitbudgetanalysen der DDR – geschlechtsgetrennte Zeitreihen liegen nur für die Periode 1974 bis 1985 vor – verweisen auf eine konstant geringere Beteiligung der Männer an der Familienarbeit: Der Anteil der Männer an den hauswirtschaftlichen Tätigkeiten stieg in diesem Zeitraum zwar von 26,4 auf 30,1 Prozent, an der Pflege, Betreuung und Beschäftigung mit Kindern von 24,1 auf 25,8 Prozent, doch dürfte es sich um statistische Artefakte handeln, da sich der absolute Arbeitseinsatz der Männer nicht erhöhte, nur derjenige der Frauen für diese Zeitbudgetanteile leicht sank (Manz/Winkler 1988, S. 198). Der familienpolitischen Wende der DDR-Politik wurde eine «Doppelbödigkeit» vorgeworfen: Ihr ging es nicht in erster Linie um Geschlechtergleichheit auch innerhalb der Familie, sondern vor allem um die Funktionalisierung der Familie als Institution und Sozialisationsinstanz des sozialistischen Staats (Gerhard 1994).

Als Antwort auf einen erheblichen Geburtenrückgang seit Mitte der 1960er Jahre wurden mit dem VIII. Parteitag der SED (1972) die Familienpolitik und die – als Begriff neu eingeführte – Sozialpolitik auch bevölkerungspolitischen Zielen unterworfen, die Beeinflussung der Reproduktionsfunktion der Familie galt als vordringliche Aufgabe. Kernpunkte des bis in die Endzeit der DDR immer mehr erweiterten Maßnahmenpakets waren die sukzessive Erhöhung der Transferzahlungen, die an die Gründung der Familie bzw. die Geburt von Kindern geknüpft waren, die Ausdehnung des Schwangerschafts- und Wochenurlaubs und flankierend ein Ausbau des Dienstleistungs- und Betreuungssystems, das den Frauen nach dem Wochenurlaub die Rückkehr in das Erwerbssystem ermöglichen sollte. Das Ziel der DDR-Sozialpolitik war die Absicherung der weiblichen Vollzeit-Erwerbstätigkeit, um der angesichts der Arbeitskräfteknappheit als bedrohlich erlebten Zunahme weiblicher Teilzeitarbeit zu begegnen. Ab 1976 wurden ab dem zweiten Kind ein Babyjahr eingeführt und weitere Leistungen für Mütter verbessert, um eine Steigerung der Geburtenzahlen zu erreichen. Väter konnten zunächst weder das Babyjahr (dies erst ab 1986) noch den Haushaltstag nutzen: «Die Sonderrechte für berufstätige Mütter (verkürzte Arbeitszeit, verlängerte Erwerbsunterbrechungen) bedeuteten die erneute Zuordnung der Frauenpflichten zur Mutter» (Schäfgen 2000, S. 109). Frauen wurden aus betrieblicher Sicht zu Risikofaktoren und folglich karrierestrategisch benachteiligt. Den Widerspruch zwischen Gleichstellungspostulat und faktischer Diskriminierung beantworteten die Frauen (auch) in der DDR mit Reproduktionsverzicht. Seit Beginn der 1980er Jahre wurde verstärkt das Leitbild der Familie mit drei Kindern propagiert, ab 1986 konnte bereits mit der Geburt des ersten Kindes ein Babyjahr in Anspruch genommen werden, das nach der Geburt des dritten Kindes auf 18 Monate verlängert wurde.

Die Geburtenrate sank trotz dieser Maßnahmen auch in der DDR in den 1980er Jahren von 1,94 (1980) auf 1,57 (1989) (Wendt 1997, S. 119) und näherte sich dadurch den stets noch niedrigeren Raten der Bundesrepublik an. Bemerkenswert ist, dass sich der Anteil der kinderlosen Frauen in der DDR kontinuierlich verringerte und so mehr Frauen weniger Kinder zur Welt brachten. Kinder und Ehe gehörten in der DDR zur Normalexistenz, die Familie spielte eine zentrale Rolle. Wendt (1997, S. 148f.) spricht von der «standardisierten Familie» und einer «standardisierten Mutterschaft» insoweit, als Lebensmodelle neben der Doppelerwerbsehe sozial und rechtlich diskriminiert wurden. Familienformen neben der Kernfamilie wie nichteheliche Lebensgemeinschaften oder Alleinerziehende nahmen allerdings auch in der DDR zumindest in den 1980er Jahren zu.

Zusammenfassend lässt sich die Politik der Vereinbarkeit von Familie und Beruf in der DDR als «Kombinations-Arrangement» bezeichnen: Doppelerwerbstätigkeit beider Partner wurde mit staatlicher Kinderbetreuung kombiniert, die Idee der vollen Arbeitsmarktintegration von Frauen wurde mit ihrer primären Zuständigkeit für Haushalt und Kinderbetreuung verknüpft. In den neuen Bundesländern versuchen die Frauen bis heute, nach diesem Modell zu leben (Pfau-Effinger 2000, S. 128).

Die Politik in der Bundesrepublik Deutschland knüpfte, anders als in der DDR, unmittelbar am bürgerlichen Familienmodell der Hausfrauenehe an. In den 1950er Jahren wurde es erstmals auf breiter Basis praktiziert, in Westdeutschland wie im Übrigen auch in den USA. Nicht erwerbstätig zu sein, wurde von und für Ehefrauen als ein Ausdruck von Wohlstand und Privilegien gedeutet. Eva Kolinsky (1989) machte darauf aufmerksam, dass nicht nur eine Allianz von Männern die Frauen in den Haushalt zurückschickte. In der unmittelbaren Nachkriegszeit waren es im Wesentlichen die Frauen, die das physische Überleben organisierten, dabei Kompetenzen entwickelten und den vielfach entmutigten und seelisch beschädigten, aus dem Krieg heimkehrenden Männern gleich, wenn nicht überlegen waren. Die Frauen wollten, so Kolinsky, in der Familie in einer Zeit des Chaos und der Zerstörung eine alternative Welt der «Normalität» finden, «den Traum von Normalität, Stabilität und persönlichem Status in einer Familienwelt» (ebd., S. 37; übers. M. O.). Zudem waren es vor allem Arbeiterfrauen, die in der Kriegswirtschaft eingesetzt worden waren. Für Mittelschichtfrauen bot das Erwerbssystem weder im noch unmittelbar nach dem Krieg qualifizierte Möglichkeiten. «Den Frauen entging damit eine große historische Chance», so Birgit Pfau-Effinger (2000, S. 119), denn niemals war der Frauenanteil in der Bevölkerung so hoch, sie stellten 70 Prozent des Wählerpotenzials. Doch Frauen waren in Westdeutschland weder in leitenden politischen Positionen vertreten, noch hatten die Parteien dort eine besondere gleichstellungspolitische Absicht: «Ausschlussstrategien männlicher Akteure im Erwerbssystem und die kulturellen Orientierungen eines größeren Teils der Frauen haben offenbar gemeinsam dazu beigetragen, einen möglichen Wandel im Geschlechter-Arrangement zu verhindern» (ebd.).

In der Folge konzentrierte sich im Adenauer-Deutschland die Familienpolitik auf die Absicherung der Hausfrauenehe (Ehegattensplitting, Kindergeld, Mutterschutz u. a.), was «geringfügige» Teilzeitarbeit durchaus einschloss, sodass Frauen mit dem Selbstverständnis als Hausfrau unter dem materiellen Schutz der Versorgerehe ein geringes zusätzliches Einkommen erzielen konnten. Empirische Studien, wie sie Elisabeth Pfeil und Helge Pross in den 1960er und frühen 1970er Jahren durchführten, zeigten bei jungen Frauen durchgängig eine familienzentrierte Lebensplanung und bei Hausfrauen eine ambivalente Einstellung zur Erwerbsarbeit. Denn mit der Demokratisierung und Liberalisierung der westdeutschen Gesellschaft vor allem nach 1968 und der Entstehung einer neuen Frauenbewegung sahen viele Frauen nur in der Erwerbsarbeit eine Möglichkeit zur Emanzipation. Doch sie fürchteten, in jener «Außenwelt» mit den Männern nicht konkurrieren zu können.

Das hat sich infolge der starken Expansion des Bildungswesens zu Beginn der 1970er Jahre deutlich geändert. Für die Töchtergeneration der

1980er und 1990er Jahre bildet die Erwerbstätigkeit einen zentralen Kern ihres Biographieentwurfs. Birgit Pfau-Effinger (2000) erklärt den Wandel in der Orientierung von westdeutschen Frauen gegenüber der Erwerbsarbeit vor allem dadurch, dass es auf der kulturellen Ebene zu einer Vertiefung des Widerspruchs kam zwischen allgemeinen Bürgerrechten einerseits, den tradierten Mustern von Ungleichheit in der Ehe andererseits. Zudem verloren die Werte von Fürsorge, Aufopferung und Selbstlosigkeit, die an die Hausfrauenrolle geknüpft waren, in den Zeiten der Individualisierung und des Hedonismus immer mehr Aktualität. Der entscheidende Wendepunkt lag in den 1970er Jahren: Diejenigen Frauen, die sich ganz ihrer Familie widmeten, wurden nun, in einer Zeit, die Individuen nach ihrer Stellung in der beruflichen Hierarchie klassifiziert, als «Nicht-Arbeitende» abqualifiziert (ebd., S. 121). Weitere Gründe für den Wertwandel im Verhältnis von Familie und Beruf für Frauen finden sich im Brüchigwerden lebenslanger Ehekontrakte, im erhöhten Wohlstandsniveau und in gehobenen Konsumansprüchen und, aufgrund der Bildungsexpansion, in neuen Zugängen von Frauen zu qualifizierten Berufsfeldern. Von erheblicher Bedeutung war schließlich das Wachstum des Dienstleistungssektors, das vor allem der Frauenerwerbstätigkeit zugute kam.

Die bundesrepublikanische Familienpolitik reagierte auf den sozialen und kulturellen Wandel vor allem während der sozialliberalen Koalition (1969–1982) ambivalent. Einerseits wurde beispielsweise das Eherecht mit dem Ziel der Gleichstellung beider Partner reformiert. Andererseits wurde die Frauenerwerbstätigkeit nicht nur gefördert (Berufsbildung, Bafög u. a.), sondern auch problematisiert. So konstatierte die Bundesregierung in ihrem zweiten Familienbericht (1974) erhebliche «Sozialisationsstörungen» in der Familie, die ihre Ursache auch in der «bedauerlichen Zunahme der Erwerbstätigkeit verheirateter Frauen» fände. Die SPD diskutierte (1979) die Einführung eines Erziehungsgeldes, das in der Frauenbewegung sehr umstritten war: Während die einen in einem «Lohn für Hausarbeit» eine Festschreibung patriarchaler Abhängigkeit erkannten, sahen andere darin die überfällige Anerkennung der gesellschaftlich notwendigen Arbeit von Müttern und Hausfrauen (Schäfgen 2000, S. 80 f.).

Mit der christlich-liberalen Koalition ab 1982 erfolgte eine rhetorische

Wende, die gegenüber der sozialliberalen Koalition weniger die partnerschaftliche Aufgabenteilung in der Familie fokussierte, vielmehr auf familiale Werte abhob und unter der Signatur einer «neuen Partnerschaft zwischen Frau und Mann» mit dem 33. Bundesparteitag der CDU (1985) nicht mehr auf die Gleichberechtigung der Partner (auch zur Erwerbsarbeit), sondern auf die Gleichwertigkeit von Hausarbeit und außerhäuslicher Erwerbsarbeit zielte. Konsequent wurde 1986 (zeitnah zu vergleichbaren Regelungen in der DDR) das Erziehungsurlaubs- und Bundeserziehungsgeldgesetz verabschiedet, wobei die Zahlungen von Anfang an so niedrig (und zudem nicht indexiert) waren, dass sie fast ausschließlich von Frauen in Anspruch genommen wurden. Es ist historisch bemerkenswert, dass sowohl diese Reformen als auch zehn Jahre später die Einführung eines Rechtsanspruchs auf einen Kindergartenplatz mit der Reform des Jugendhilferechts auch (manche sagen: vor allem) als familienpolitische Kompensationen von jeweils parallelen Veränderungen des Abtreibungsrechts (§ 218 StGB) gelesen werden können.

Trotz der Plausibilität frauenpolitischer Kritik an einer im europäischen Maßstab eher konservativen bundesrepublikanischen Politik zum Verhältnis von Familie und Beruf scheint sie nicht an den Bedürfnissen der Bürgerinnen und Bürger vorbeigehandelt zu haben. Für westdeutsche Frauen kennzeichnend war auch noch in den 1990er Jahren ein Vereinbarkeitsmodell auf der Grundlage zeitlich reduzierter Beteiligung am Erwerbsleben: Einer Repräsentativbefragung von Allensbach im Jahr 1996 zufolge waren 46 Prozent der Frauen am liebsten Mutter und in Teilzeit berufstätig, immerhin 33 Prozent wollten am liebsten ausschließlich Hausfrau und Mutter sein, wobei Letzteres bei Frauen der älteren Generation bevorzugt wird, eine Abnahme jenes Leitbildes also wahrscheinlich ist. Nur acht Prozent der westdeutschen Frauen wollten eine voll berufstätige Mutter und nur neun Prozent eine kinderlose Karrierefrau werden oder bleiben (Pfau-Effinger 2000, S. 126).

Diese Einstellungen waren nicht unrealistisch. Die westdeutschen Männer haben sich – ähnlich wie ihre ostdeutschen Kollegen – nur in sehr begrenztem Umfang verstärkt auf ihre Kinder und insbesondere die Kinderbetreuung eingelassen. Zwar spielt eine partnerschaftliche Beteiligung ihrer Männer an Hausarbeit und Kinderbetreuung für viele Frauen eine wichtige Rolle. Hier kommt es auch zu vielen häuslichen Konflikten.

Gleichzeitig werden aber die Norm der Vollzeitbeschäftigung, die Rolle des männlichen «Familienernährers», die Versorgerehe und das Modell der «Eineinhalb-Erwerbstätigkeit» in der Phase aktiver Elternschaft auch von den Frauen der jüngsten Generation kaum infrage gestellt. «Man könnte», so Pfau-Effinger, «die zugrunde liegende Idee tendenziell als ‹Gleichstellung in der Differenz› im Rahmen der Versorgerehe bezeichnen: Viele Frauen möchten frauenspezifische, in der Familienphase mit Elementen privater Mutterschaft verbundene Lebensläufe verfolgen können, ohne deshalb gegenüber Männern gesellschaftlich benachteiligt zu werden» (ebd., S. 128).

Mit der deutschen Einheit prallten zunächst die geschlechterpolitischen Unterschiede zwischen Ost und West aufeinander. Bis heute unterscheiden sich die Orientierungen von Müttern zur Vollzeiterwerbstätigkeit zwischen den alten und den neuen Bundesländern (nicht diejenigen der Männer). In Abbildung 25 wird auf der Datengrundlage des Mikrozensus über den Zeitraum 1996 bis 2003 eine leichte Konvergenz in Richtung der westlichen Muster sichtbar. Die Vollzeitquote der Mütter in den neuen Ländern sinkt, ihre Teilzeitquote steigt.

Diese Konvergenz kann in den neuen Ländern auf Bedarfslagen aufbauen, die auch in der DDR eine große Rolle spielten. Für die ersten drei Lebensjahre sieht in den westlichen Bundesländern mehr als die Hälfte der Frauen in einer Professionalisierung und Institutionalisierung der Kinderbetreuung keine Lösung, in den östlichen Bundesländern ist dieser Anteil merklich geringer. Doch selbst bei einem hohen Professionalisierungsgrad bleibt gerade bei kleinen Kindern viel Arbeit übrig, die Notwendigkeit der Präsenz und Bereitschaft. Die Männer wollen an ihrem Erwerbsverhalten wenig ändern, was die Frauen auch unterstützen: «In der ganz überwiegenden Mehrheit aller Familien scheint die *Verantwortung* für die Hausarbeit nach übereinstimmender Auffassung bei den Frauen zu liegen, während die Beteiligung der Männer als *Hilfe* bei der Hausarbeit interpretiert wird» (Kaufmann 1995, S. 127). Das ist nicht nur im vereinten Deutschland der Fall, sondern auch in den als moderner gedeuteten skandinavischen Ländern. Die Männer dort betrachten ihre Beteiligung am Haushalt als «freiwillige Leistung», als «Liebesbeweis», womit sie «in hohem Maße von der emotionalen Stabilität der partnerschaftlichen Beziehung abhängig» ist (ebd.). Je länger bei

Zahl der Kinder	Früheres Bundesgebiet		Neue Länder und Berlin-Ost	
	Vollzeitquote	Teilzeitquote	Vollzeitquote	Teilzeitquote
April 1996				
Väter				
mit 1 Kind	80,9	2,1	80,5	1,3
mit 2 Kindern	89,0	1,7	88,0	1,0
mit 3 Kindern und mehr	84,7	1,9	83,2	–
Mütter				
mit 1 Kind	24,9	28,6	55,6	13,3
mit 2 Kindern	18,6	33,6	58,1	15,6
mit 3 Kindern und mehr	14,3	25,6	40,8	14,7
Mai 2003				
Väter				
mit 1 Kind	79,9	3,5	75,2	2,9
mit 2 Kindern	87,8	2,5	81,7	2,3
mit 3 Kindern und mehr	83,4	2,7	72,2	–
Mütter				
mit 1 Kind	24,7	36,5	50,3	19,3
mit 2 Kindern	16,9	44,5	49,4	22,4
mit 3 Kindern und mehr	12,7	34,6	30,7	20,9

Quelle: Statistisches Bundesamt 2004a, S. 34 – Ergebnisse des Mikrozensus – Bevölkerung (Konzept der Lebensformen). Erwerbstätige im Alter von 15 bis unter 65 Jahren ohne vorübergehend Beurlaubte (z. B. wegen Elternzeit). Kinder: in einer Eltern-Kind-Gemeinschaft lebende ledige Kinder. Angaben in Prozent.

Abbildung 25: Väter und Mütter nach Vollzeit- / Teilzeittätigkeit im Vergleich alte und neue Bundesländer (1996–2003)

vergleichbarer Qualifikation beider Partner die bezahlte Arbeitszeit der Partnerin ist, desto mehr sind die Männer zur Hausarbeit bereit bzw. wird dies von ihr wohl durchgesetzt. «Aktive Vaterschaft» hängt freilich von zusätzlichen Motivationen der Väter selbst ab (Fthenakis u. a. 2002, S. 134ff.).

Nach einer rassistischen Ideologisierung der Mutterschaft während der NS-Zeit, einer Nachkriegsaufspaltung in eine Gleichheitsideologie im Osten und eine Differenzideologie im Westen gelangte das vereinte Deutschland spätestens am Beginn des 21. Jahrhunderts im modernen, durchschnittlichen Europa an (Abbildung 26). Das gilt zumindest hinsichtlich der kulturellen Leitmotive, nicht unbedingt, was die familienpolitischen Instrumente betrifft. Denn hier ist Deutschland eher eines der europäischen Schlusslichter, lässt sich die staatlich-gesellschaftliche Haltung gegenüber der Familie mit dem 5. Familienbericht der Bundesregierung (BMFuS 1994) und unter Bezug auf Franz-Xaver Kaufmann als «strukturelle Rücksichtslosigkeit gegenüber der Familie» (Kaufmann 1995, S. 169ff.) beschreiben.

Leitbild	Frau	Mann	Familienpolitik	Geschlechterarrangement	Historische Dominanz in Deutschland
Natalismus (Level 1)	Mutter («rassenrein»)	Patriarchat	demographische Orientierung, Selektivität	Differenz	NS (1933–1945)
Doppelverdienerehe (Level 2)	Vollerwerbstätigkeit + Mutter	Vollerwerbstätiger + Freizeitvater	öffentliche Kinderbetreuung + Frauenförderung	Gleichheit	DDR
Versorgerehe (Level 3)	Hausfrau + Mutter + geringfügige Erwerbstätigkeit	Familienernährer, moderates Patriarchat	ehe- und unterhaltszentriert	moderate Differenz	BRD (bis 1990er Jahre)
Partnerfamilie (Level 4)	Vereinbarkeit von Familie und Beruf		öffentliche Kinderbetreuung + «Elterngehalt»	Teilhabe bzw. Partizipation	2000ff.

Abbildung 26: Typologie familienpolitischer Leitbilder in Deutschland

Der historische Rückblick auf den gesamtdeutschen Sonderweg in Sachen Familie hatte gezeigt, dass trotz der breiten Akzeptanz des bürgerlichen Familienmodells seit Anfang des 20. Jahrhunderts die «Geschlechterordnung des Arbeitens insgesamt als äußerst prekär und instabil erachtet» (Hausen 2000, S. 350) worden war, das Thema Frauenerwerbstätigkeit in stets neuen Varianten auf die politische Agenda geriet und immer wieder versucht wurde, junge Frauen auf einen «natürlichen» Mutterberuf zu orientieren. Die Vereinbarkeit von Familie und Beruf blieb, so Karin Hausen (2000), ein «Frauendilemma»: «Seit den 1980er Jahren taucht das an Frauen delegierte Dilemma in neuartiger Verpackung auf, wenn angesichts der zunehmenden Berufsorientierung von Frauen Programme zur Stützung der Familie weder als Familien- noch als Männerförderprogramme, sondern als Frauenförderprogramme aufgelegt werden» (ebd.; auch Ostner/Lewis 1998).

Nachdem die Familienpolitik lange Zeit eine Randexistenz führte, scheint sie mittlerweile vitalisiert. Verglichen mit Deutschland leisten andere Länder, vor allem die skandinavischen Staaten und Frankreich, aber auch die Beneluxstaaten, teils in allen, teils in einigen Bereichen deutlich mehr für die jungen Familien (BMFSFJ 1998; Rürup/Gruescu 2004). Es ist deshalb nicht verwunderlich, dass, begünstigt durch einige weit reichende Entscheidungen des Bundesverfassungsgerichts, die deutschen Parteien unterdessen in eine Art Wettstreit über die beste Familienpolitik getreten sind (Opielka 2002). In breit angelegten Programmpapieren haben sich beide große deutsche Parteien, die SPD wie die CDU, um die Familie bemüht. Es lohnt sich, die sozialdemokratische wie die konservative Vision genauer zu untersuchen, weil sie reale Dilemmata zuspitzen und zum Teil grundsätzlich verschieden beantworten.

Dabei musste die SPD den längeren Weg zurücklegen. Traditionell diskutierte sie das Thema Familie unter der Signatur der Frauenförderung. Die spätere Bundesfamilienministerin Renate Schmidt initiierte eine Parteikommission, die sich unmittelbar nach der Regierungsübernahme 1998 unter der kommunitären Chiffre «Zukunft der Familie und sozialer Zusammenhalt» bzw. «Forum Familie» den Fragen einer Aufwertung der Familie stellte (SPD-Projektgruppe 2000). In einem Leitantrag zum SPD-Parteitag in Nürnberg im November 2001 wurde eine «zunehmende Spaltung der Gesellschaft (...) in einen Familien- und einen Nicht-Familiensektor» beklagt (SPD-Parteivorstand 2001, S. 4). Als Ursache dafür, dass der Wunsch nach Kindern und seine Realisierung auseinander fallen, identifizierte man die ungelöste Vereinbarkeit von Familie und Beruf. Vor allem zwei Maßnahmenpakete wurden zur Lösung dieses Problems vorgeschlagen: eine «Ganztagsbetreuungsinfrastruktur für Kinder aller Altersgruppen» (ebd., S. 13) und eine Weiterentwicklung des Familienleistungsausgleichs in Richtung auf eine Änderung des Erziehungsgeldes dahin gehend, dass es «für die Dauer von einem Jahr Lohnersatzfunktion erhalten kann» (ebd., S. 15). Damit wird die Hoffnung verbunden, Väter stärker in der Kleinkindphase zu engagieren, «die heute, weil sie mehr verdienen als die Mütter und für die ökonomische Sicherheit der Familie sorgen wollen, auf diese Chance weitgehend verzichten» (ebd., S. 16). Allerdings neigen auch bei gleichem Einkommen Männer wie Frauen zum herkömmlichen Geschlechterarrangement, was für tief verankerte Kulturnormen spricht (Vaskovics/Rost 1999).

Zunächst fällt auf, dass beide Instrumente – Ganztagsbetreuung und Erziehungsgeld als Lohnersatz – der skandinavischen und auch der DDR-Familienpolitik entnommen wurden. Deren Leitidee ist die «Gleichheit» der Geschlechter. Da sich Männer jedoch mit einer Angleichung an weibliche Lebensmodelle Zeit lassen, besteht die Lösung in der Vergesellschaftung der Familienarbeit und in einer Sicherung der Kontinuität von (den männlichen nachgebildeten) weiblichen Erwerbsverläufen. Im Unterschied zur DDR-Sozialpolitik bejaht die SPD Teilzeitregelungen und Arbeitszeitflexibilisierung und schließt damit an entsprechende Erfahrungen der skandinavischen Familienpolitik der 1990er Jahre an.

So hat Birgit Pfau-Effinger (2000) in den Wohlfahrtsstaaten, deren Politik auf dem Hausfrauenmodell der männlichen Versorgerehe beruhte, wozu das westliche Nachkriegsdeutschland zählt, eine Transformation der «Geschlechterarrangements» beobachtet. Schon unter der christlich-liberalen Koalition wurden in den 1990er Jahren als Reaktion auf kulturelle Veränderungen verstärkt Schritte in Richtung auf eine Individualisierung der Ansprüche auf familienpolitische Leistungen und damit eine stärkere Unabhängigkeit der Mütter von einem männlichen Versorger unternommen (Erziehungszeiten in der Rentenversicherung usf.). Die rot-grüne Koalition hat seit 1998 weitere Schritte in Richtung einer «kulturellen Modernisierung der Versorgerehe» unternommen, indem «Elternzeit» (früher: Erziehungsurlaub) und Erziehungsgeldanspruch mit Teilzeitbeschäftigung von bis zu 30 Stunden verbunden werden können, ein Jahr der Elternzeit bis zum Ende des achten Lebensjahres des Kindes aufgeschoben werden kann, Väter und Mütter gleichzeitig

Elternzeit in Anspruch nehmen können, vor allem ein Rechtsanspruch auf Teilzeitarbeit zumindest in Betrieben ab 15 Beschäftigten eingeräumt wird. Elternschaft tritt damit einen weiteren Schritt aus der allein privaten Sphäre in den gesellschaftlichen Verantwortungszusammenhang.

Die SPD-Programmatik zielt über diese überfälligen Modernisierungsschritte auf eine Erweiterung der Wahlfreiheit von Frauen, vor allem als Wahlfreiheit zur Erwerbsarbeit mit Kindern. Um die Begrifflichkeit von Pfau-Effinger aufzugreifen, lässt sich diese Programmatik auf den Begriff des «Doppelversorgermodells mit staatlicher Kinderbetreuung» bringen, jenes in Skandinavien und Frankreich seit Jahrzehnten gültigen Modells der Geschlechter- und Familienpolitik.

Während die SPD-Programmatik auf die «Normalität» der Kernfamilie abhebt, musste die CDU politisch-kulturell einen umgekehrten Weg hin zur liberalen Erkenntnis zunehmend fehlender Normalität einschlagen: «Deshalb sehen wir Familie überall dort, wo Eltern für Kinder und Kinder für Eltern Verantwortung tragen» (CDU-Bundesvorstand 2001, S. 39f.). Auch die CDU erkennt in der Vereinbarkeit von Familie und Beruf eine «Schlüsselfrage» der Kinderfreundlichkeit einer Gesellschaft. Die Problemlösungsstrategie unterscheidet sich allerdings erheblich von derjenigen der SPD, da sie in der Diagnose auf einen von der SPD (aber auch den «Grünen» oder Liberalen) kaum beachteten Punkt hinweist: «Die gleichzeitige Berufstätigkeit beider Partner ist das heute mehrheitlich gewünschte Lebensentwurf-Modell. Nach wie vor gibt es aber auch eine Vielzahl von Frauen, die sich ausschließlich der Familie und der Erziehungsarbeit widmen möchten. Dies muss auch in Zukunft möglich sein; die CDU vertritt das Prinzip der Wahlfreiheit» (ebd., S. 39).

Die politische Differenz findet sich im (monetären) Familienleistungsausgleich. Während die SPD – mit dem Argument der Erwerbsintegration von Frauen und dem Exit-Anreiz für Väter – auf eine Verkopplung von Erwerbs- und Transfersystem setzt, wollte die CDU (vor der Bundestagswahl 2002) ein «Familiengeld» einführen, das das bisherige Kindergeld und Erziehungsgeld ersetzt, steuer- und sozialabgabenfrei und unabhängig von dem Umfang der Erwerbsarbeit und der Höhe des sonstigen Einkommens sein soll. Als Größenordnung wurde ein Betrag von ca. 613 Euro monatlich für jedes Kind unter drei Jahren, von ca.

307 Euro für jedes Kind zwischen drei und 17 und ca. 154 Euro für ältere, in Ausbildung befindliche Kinder genannt (ebd., S. 41f.). Zugleich wurde in Erweiterung der bestehenden Regelungen ein «Zeitkonto» für «Familienzeit» im Umfang von drei Jahren innerhalb der ersten acht Lebensjahre des Kindes vorgeschlagen, das als Anreiz für Väter auf dreieinhalb Jahre erweitert wird, wenn sich beide Partner die Familienzeit teilen. Die Kosten einer solchen Maßnahme sind erheblich. Die CDU-Bundestagsfraktion rechnete mit gut 25 Milliarden Euro Mehraufwand pro Jahr. Sie erwartete nur eine relativ geringe Refinanzierung durch Beschäftigungs- und Wachstumseffekte (Werding 2001), sodass es sich bei dieser Maßnahme tatsächlich um ein weit reichendes Umschichtungsprojekt, um eine Investition in die Familien handeln würde.

Zur Bewertung der Maßnahme des «Familiengeldes» in ihrer Auswirkung auf die Vereinbarkeit von Familie und Beruf hilft ein Rückblick auf die Diskussion um das Konzept «Erziehungsgehalt 2000» (Leipert/Opielka 1998; Netzler/Opielka 1998; Opielka 2000), das zu kontroversen Einschätzungen führte (Tünnemann 2002). Jenes Konzept unterschied sich zwar in einigen Variablen des Niveaus und der Ausgestaltung vom Modell der CDU (so betrug der Vorschlag des «Erziehungsgehalts» ca. 1000 Euro monatlich, für weitere Kinder sollten jedoch nur – geringere – Zuschläge gezahlt, das Erziehungsgehalt sollte nicht steuerfrei, sondern wie jedes Einkommen zu versteuern sein). Gemeinsam sind beiden Konzepten aber die Unabhängigkeit des Anspruchs von der jeweiligen Erwerbstätigkeit und die fehlende Anrechnung sonstiger Einkommen. In der Erwerbsunabhängigkeit des Familiengeldes kann man eine Honorierung der Familien- bzw. Erziehungsarbeit ablesen.

Sozialpolitiktheoretisch verbarg sich der Innovationsgehalt in Nebensätzen des entsprechenden Strategiepapiers der CDU-Bundestagsfraktion. Dort wird das Familiengeld im Kontext einer Politik der Beschäftigungsförderung diskutiert und eine Logik vorgeschlagen, die das Familiengeld aus dem bisherigen Verständnis von «Transferleistungen» löst: «Der Lohnabstand muss vergrößert werden. Wer arbeitet, muss grundsätzlich mehr netto verdienen als derjenige, der nicht arbeitet und Transferleistungen erhält. Auch durch das Familiengeld wird das Lohnabstandsgebot unterstützt» (CDU/CSU-Bundestagsfraktion 2001, S. 16). Die Autoren schienen das Familiengeld als eine Art Primäreinkommen wie andere Löhne und Gehälter zu konzipieren. Unter Vernachlässigung der hergebrachten ökonomischen Konventionen der volkswirtschaftlichen Gesamtrechnung deutete sich ein neues Konzept der politisch gesteuerten Bewertung gesellschaftlicher Arbeit an: Das Familiengeld (wie auch das erwähnte «Erziehungsgehalt») wäre weder eine Lohnersatzleistung nach dem Prinzip der beitragsäquivalenten Sozialversicherungen noch eine an Bedürftigkeit anknüpfende Fürsorgeleistung nach dem Prinzip der Sozialhilfe. Insoweit der CDU-Vorschlag in das Familiengeld auch das Kindergeld integriert, entspräche dessen sozialpolitische Logik dem (aus dem Beamten- oder Kriegsopferrecht bekannten) Prinzip der Versorgung aufgrund von Status. In der Idee des Familiengeldes scheint der Nukleus eines «Grundeinkommens» für Erziehende und, später, für Kinder und Jugendliche auf (Opielka 2000).

Ob ein Familiengeld (oder ein «Erziehungsgehalt») die Vereinbarkeit von Familie und Beruf fördert oder behindert, ist nicht leicht zu beurteilen. Auf den ersten Blick müsste sie gefördert werden, denn das Familiengeld würde zusätzlich zu Erwerbseinkommen gezahlt, insoweit würde jeder zusätzlich verdiente Euro mehr oder weniger (abhängig vom Steuertarif) ungeschmälert im Haushalt ankommen. Befürworter(innen) einer eher «standardisierten» und vor allem Vollzeit-Erwerbsbiographie gerade auch von Müttern merken allerdings kritisch an, dass das Familiengeld eher einen Anreiz zu Teilzeitarbeit oder gar geringfügiger Beschäftigung setzt, da zumindest in den ersten drei Lebensjahren des Kindes und bei vollständigen, also Partnerfamilien auch gering umfängliche Erwerbsarbeit bei bescheideneren materiellen Ansprüchen existenzsichernd sei. Im Unterschied zum Vorschlag der SPD – Erziehungsgeld als Lohnersatzleistung – würde das Familiengeld den Mix verschiedener Einkommensarten begünstigen. Es spricht viel dafür, dass der Trend ohnehin zu Einkommens-Mixen geht. Georg Vobruba (2000) hat argumentiert, dass Beschäftigungspolitik künftig ohne derartige Mixe erfolglos sein werde, weil Vollbeschäftigung im Sinne einer verallgemeinerten standardisierten Normalerwerbstätigkeit (Vollzeit, lebenslang, existenzsichernd) weder wahrscheinlich noch wünschenswert sei.

Sozialpolitik ist mehr als manch andere Teilpolitik die Kunst des Kompromisses. Der Vergleich der familienpolitischen Programme beider Volksparteien entdeckt über weite Strecken ähnliche und – unter Abzug der milieubedingten Referenzen – auch identische Vorstellungen. Im Kern geht es um Fragen nach der Verfassung der Gesellschaft, die letztlich nur gemeinsam von allen relevanten gesellschaftlichen Gruppen beantwortet werden können – ähnlich wie die Entscheidung für ein demokratisches System oder eine Marktwirtschaft.

3.4 Familienpolitik und der Wert der Familienarbeit

Weiter oben wurde bereits das Verhältnis des Werts der Arbeit in verschiedenen gesellschaftlichen Sphären angesprochen, hier der Arbeit in der Familie zur Arbeit im marktvermittelten Erwerbssystem. Während über Jahrzehnte eine Aufwertung der Familienarbeit letztlich nur politisch abgeleitet, vor allem durch Unterhaltsarrangements, und als Problem der Frauen verhandelt wurde, scheint sich nun eine grundlegende Neubewertung der Familienarbeit als Möglichkeit abzuzeichnen (Netzler / Opielka 1998; Leipert 2001; Krebs 2002; Opielka 2002). Damit rückt die Familienpolitik noch stärker in das Zentrum der Sozialpolitik, was einen Ausdruck auch in neuen parafiskalischen Modellen wie einer «Familienkasse» finden könnte (Spieß 2004).

Die Neubewertung der Familienarbeit verdankt sich auch einer soziologisch informierten Aufmerksamkeit der Gesellschaft für jene gemeinschaftlichen Bindungen, Werte, Normen und Institutionen, die unter dem Begriff des «Sozialkapitals» gefasst werden (Putnam 2000) und die der 5. Familienbericht der Bundesregierung – stärker auf die individuellen Kompetenzen fokussierend – als «Humankapital» bzw. «Humanvermögen» erörterte (BMFuS 1994). Die Familie spielt bei der Bildung von Sozial- bzw. Humankapital eine zentrale Rolle, die mit Hilfe von repräsentativen Zeitbudgetstudien und der «Satellitenrechnung Haushaltsproduktion» des (deutschen) Statistischen Bundesamts unterdessen die nötige Wahrnehmung erfährt: «Es ist also realistisch, davon auszugehen, dass der Gesamtwert der in die Sozialprodukterhebungen nicht eingehenden Hausarbeit mehr als die Hälfte des Sozialprodukts ausmacht», fasst Kaufmann (1995, S. 75) den damaligen Stand der Forschung zusammen.

In einer neueren Studie des Statistischen Bundesamts werden diese gewaltigen Werte allerdings zugleich relativiert (Stahmer u. a. 2003). Die Autoren greifen die Diskussion um einen weit gefassten Arbeitsbegriff (Beck 1999; Gorz 2000) und um ein Erziehungsgehalt auf. Erstmalig wurden im umfassenden Sinn *bezahlte und unbezahlte Arbeit für Kinder* nebeneinander gestellt, wobei die unbezahlte Arbeit durch mittlerweile verfeinerte Zeitverwendungskonzepte sichtbar gemacht werden kann (während Kaufmann die gesamte Hausarbeit, unabhängig von Kindern, einbezieht). Zwar stehen die Autoren noch vor erheblichen methodischen Problemen – ein Beispiel ist der aus der Kostenrechnung von Unternehmen bekannte hohe Anteil von Gemeinkosten bzw. «Gemeinzeiten», die allen Haushaltsmitgliedern zugute kommen – und sprechen insoweit von einer Pilotstudie. Neben der bezahlten Erwerbsarbeitszeit für Kinder (für den privaten Konsum der Kinder, nur Inlandswerte, und für die schulische Ausbildung der Kinder) wurde die unbezahlte Zeit wie folgt erfasst: hauswirtschaftliche und handwerkliche Tätigkeiten und Betreuung von Kindern, wobei in Letzterer nur die aktive Betreuung (Haupttätigkeit), nicht jedoch die «gleichzeitige Betreuung (Nebentätigkeit)» und auch nicht die «sonstige mit Kindern verbrachte Zeit» als «zurechenbare Zeit» einbezogen wurden (Stahmer u. a. 2003, S. 11ff.).

Insgesamt wurde der Aufwand für Erziehung und Versorgung von Kindern in Deutschland für 1998 auf 52,6 Mrd. Stunden geschätzt, also 93 Prozent der in diesem Jahr geleisteten Erwerbsarbeitszeit (56,6 Mrd. Stunden). Diese teilt sich wie folgt auf: (a) bezahlte Erwerbsarbeitszeit nur 9,6 Prozent (3,6 % für Ausbildungsleistungen, 6 % für Konsumgüterproduktion); (b) unbezahlte Zeit für Kinder: davon hauswirtschaftliche und handwerkliche Tätigkeiten (22,2 %) und aktive Kinderbetreuung (17,1 %). Mehr als die Hälfte der Gesamtzeit für Kinder entfiel auf Zeiten der Erwachsenen, die vorrangig durch andere Aktivitäten geprägt sind: gleichzeitige Kinderbetreuung als Nebentätigkeit (7 %) und sonstige mit Kindern verbrachte Zeit (44 %) (ebd., S. 23). Werden also die beiden letztgenannten Kategorien nicht zugerechnet, dann verbleibt mit 25,7 Mrd. bezahlten und unbezahlten Stunden für Kinder noch eine Größenordnung von 45,4 Prozent der insgesamt geleisteten Erwerbsarbeit (die die unbezahlte Arbeit nicht einbeziehet). Kritisch anzumerken wäre, dass sowohl die Nichtberücksichtigung von Kinderbetreuung als «Nebentätigkeit» – die dennoch gebundene Zeit ist – als auch generell das Fehlen der Zurechnung der Arbeiten auf Väter bzw. Mütter die spezifische Rolle Letzterer aus dem Blick geraten lässt. Wie aber die Zeitbudgetstudien, auf die sich Stahmer u. a. auch beziehen, verdeutlichen, wird mehr als 80 Prozent der Arbeit für Kinder von den Müttern erbracht (Schäfer / Schwarze 1996).

In einem zweiten Schritt wurden die Zeitquanten in monetäre Kosten für Kinder übersetzt. Dabei wirken sich einige der Prämissen der Autoren besonders ungünstig für die Bewertung des weiblichen Arbeitsanteils aus: Zum einen wird die unbezahlte Arbeit nach dem so genannten Generalistenansatz berechnet, dem (untersten) Lohnsatz einer Hauswirtschaftlerin, wobei für 1998 ein Betrag von ca. 6,60 Euro pro Stunde (ohne Ausfallzeiten) angesetzt wurde (Stahmer u. a. 2003, S. 16, für 1998 aus den Tabellen S. 69 und 77 rückgerechnet). Dann verwundert nicht, dass «die bezahlten Erwerbsarbeitszeiten eine wesentlich höhere Bewertung erhalten als die unbezahlten Zeiten» (ebd., S. 35). Zum zweiten werden die entgangenen Einkommen der Personen, die im Haushalt Kinder betreuen, die so genannten Opportunitätskosten, nicht einbezogen (die bei Berechnungen von Lampert 1996 und Kaufmann 1995 gut die Hälfte der Kinderkosten ausmachen). Die Begründung kann allerdings nicht überzeugen: «Es setzt die Möglichkeit der Vollbeschäftigung aller erwerbsfähigen Personen voraus, die es durch zunehmende Arbeitsproduktivität in Deutschland nicht mehr geben kann. Ein Beschäftigungsmodell, bei dem alle arbeitsfähigen Personen auch Erwerbsarbeit leisten, würde heutzutage eher zu einer Halbtagsgesellschaft führen, in der sich Männer und Frauen die Kindererziehung aufteilen können» (ebd., S. 33). So richtig diese Perspektive für die Zukunft auch sein dürfte, für eine sachgerechte Analyse der Ausgangssituation verfällt sie dem Geschlechterbias, auf den die feministische Kritik zu Recht aufmerksam macht. Denn die Opportunitätskosten sind bislang eben nicht gleichmäßig auf Männer und Frauen verteilt, sondern liegen – in den konservativen (aber auch bei den liberalen und teils den sozialdemokratischen) Wohlfahrtsregime – vor allem bei den Frauen (Ostner 1998; Leitner 2003).

Trotz dieser methodischen und sozialpolitischen Einwände stellt die Studie von Stahmer u. a. einen bedeutsamen Beitrag zur Analyse des Wertes der Familienarbeit dar. Für 1998 schätzen sie die zurechenbaren Kosten für Kinder auf insgesamt ca. 308 Mrd. Euro, d. h. 11,5 Prozent des (um die unbezahlte Arbeit) erweiterten Bruttoinlandsprodukts (unbezahlte Arbeit: ca. 136 Mrd. Euro / 5,1 % des erweiterten BIP; bezahlte Erwerbsarbeit: 172 Mrd. Euro / 6,4 % des erw. BIP) (Stahmer u. a. 2003, S. 35). 11,5 Prozent sind deutlich weniger als die von Kaufmann postulierte Hälfte des BIP, gleichwohl beachtlich. Zwar beruhen diese deutlich geringeren Wertansätze auf durchaus strittigen Annahmen (Verzicht auf Einbeziehung gebundener Zeiten, niedriger Lohnansatz, Verzicht auf Opportunitätskosten). Andererseits macht das «Herunterrechnen» deutlich, dass eine Umkehrung der noch immer beachtlichen Exklusion von Frauen aus dem Arbeitsmarkt wie auch eine wirksame Aufwertung der Familienarbeit volkswirtschaftlich zwar Umstellungen, keineswegs aber Verwerfungen, womöglich sogar erhebliche Effizienzgewinne versprechen.

Jochen Luhmann (2003) spitzt die Analyse von Stahmer u. a. auf die Frage zu, ob es sich für Eltern heute «lohnt», in Kinder zu investieren. Auf 2003 hochgerechnet, belaufen sich die Leistungen für Kinder in Deutschland auf 370 Mrd. Euro p. a. Je Kind sind dies monatlich rund 2000 Euro, davon 800 Euro Arbeitslohn (bezahlte und unbezahlte Arbeit), 670 Euro Konsumausgaben und etwa 550 Euro direkte Leistungen, vor allem der Kommunen. Würden jedoch die Eigenleistungen des Haushalts nicht mit dem (ohnedies am unteren Vergleichslohnrand angesetzten) Netto-, sondern mit den Bruttolohnkosten der Haushaltshilfe angesetzt (also ein Faktor zwei gegenüber dem Netto), dann beläuft sich der Wert der Leistungen für Kinder auf rund 2800 Euro im Monat. Dies wäre der Betrag, den ein Haushalt aus seinem Nettoeinkommen aufzubringen hätte, wenn die Leistungen für Kinder (bei sonst unveränderten Rahmenbedingungen) sämtlich über den Markt vermittelt würden. Den Eltern fließen über die Gesellschaft neben den erwähnten 550 Euro direkten Leistungen als monetäre Transfers ca. 150 bis 180 Euro pro Kind und Monat an Kindergeld, während der Elternzeit oder bei Pflegeeltern nochmals bis zu 300 bzw. 500 Euro zu. Insgesamt liegen also die Leistungen und Zahlungen der Gesellschaft an die Eltern zwischen 700 und 1200 Euro im Monat, also bei einem Viertel bis Drittel des Durchschnittsaufwands pro Kind. Ökonomisch gesehen «lohnt» sich die Investition für Eltern deshalb kaum, vor allem nicht für die (potenziellen) Mütter. Die demographische Abkehr von Kindern ist auch deshalb nachvollziehbar. Der Zusammenhang von demographischer Entwicklung und Familienpolitik muss daher nicht verwundern (Neyer 2003; Onnen-Isemann 2003).

Zusammenfassend erscheint die Anerkennung des Werts der in den Familien geleisteten Arbeit heute empirisch gut begründbar. Die Sozialpolitik wäre gefragt, geeignete institutionelle Muster zu formulieren, die diese Anerkennung sichtbar machen – wie jede gesellschaftliche Institution Träger von Sinnvollzügen ist. Kritiker dieser Überlegungen mögen eine Art Familiensozialismus vermuten. Die Vermutung ist nicht abwegig. Denn alle Sozialpolitik lässt sich, wie Eduard Heimann in den 1920er Jahren formulierte, als «die Verwirklichung der sozialen Idee im Kapitalismus gegen den Kapitalismus» (Heimann 1980, S. 167) lesen.

Gewiss dürfte die Umbewertung der Familienarbeit in gesellschaftliche Arbeit – und damit eine Erweiterung des Arbeitsbegriffs – noch für einige Zeit ein umstrittener Punkt sein, wie Thérèse Jacobs (2003) am Beispiel der familiären Altenpflege in Flandern (Belgien) zeigt. Die Mehrheit der Bevölkerung unterstützt nämlich nicht, dass der Hilfeempfänger die Hilfeleistung (via staatlichen Zuschuss) bezahlen kann – obgleich das konkrete System breite Akzeptanz genießt. Staatliche Zahlungen für die informelle Pflege in der Familie werfen daher zwei Fragen auf: zum einen die Frage der Solidarität zwischen den Haushalten, die pflegen, und denjenigen, die das nicht tun; zum Zweiten die Frage, ob solche Zahlungen die Frauen von der Teilnahme am Arbeitsmarkt abhalten. Zu beiden Fragen besteht in den modernen Wohlfahrtsstaaten noch kein Konsens. Dass allerdings die derzeit gültigen Institutionen des Geschlechterarrangements und der Vereinbarkeit von Familie und Beruf ineffektiv sind, wird immer mehr realisiert (Gottschall/Pfau-Effinger 2002).

In den vergangenen Jahrzehnten sind soziale und wirtschaftliche Schieflagen entstanden. So wurden und werden die sozialpolitischen Ressourcen zugunsten der älteren Generation umverteilt und dabei den Familien mit Kindern entzogen: «International studies of income inequality and social spending show that the democratic welfare state is a good bargain for the elderly, whereas the treatment of children is more varied» (Ringen 1997, S. 4). Eltern setzen sich mit der Entscheidung für Kinder einem hohen Armutsrisiko während der Erwerbsphase und im

Alter aus. Nicht-Eltern dagegen verfügen in diesen Lebensabschnitten meist über ein deutlich höheres Pro-Kopf-Einkommen und profitieren als Ruheständler in hohem Maß von der Erziehungsleistung der Eltern. Gerade die für das Gemeinwesen unverzichtbare Erziehungsarbeit wird aber noch immer zum größten Teil von Frauen unbezahlt zu Hause erbracht – ohne gesellschaftliche Anerkennung und zu einem hohen wirtschaftlichen Risiko, weil sie als Mütter deutlich schlechtere Chancen auf dem Erwerbsarbeitsmarkt und deshalb im Ruhestand nur geringe Renten zu erwarten haben. Gleichzeitig werden viele erwerbstätige Eltern besonders aus materiellen Gründen daran gehindert, kürzer und flexibler zu arbeiten.

Die Idee eines «Erziehungsgehalts» ist sicher der prononcierteste (und finanziell aufwendigste) Reformvorschlag zur Anerkennung der in der Familie erbrachten wirtschaftlichen Solidaritätsleistung. Ein Erziehungsgehalt zielt jedoch nur auf die Entlastung der wirtschaftlichen Funktion der Familie. Andere sozialpolitische Interventionen erweisen sich gleichfalls als reform- oder ausbaubedürftig. Beispielsweise verfügt Deutschland im europäischen Vergleich vor allem in den alten Bundesländern nur über ein bescheidenes Angebot außerfamiliärer und vor allem ganztägiger Kindererziehung. Die Erziehungsfunktion der Familie wird durch qualitativ hochwertige außerfamiliäre Betreuung entlastet und – folgt man einschlägigen Befunden auch im interkulturellen Vergleich – eher gestärkt, und dies selbst dort, wo (wie in den israelischen Kibbuzim der frühen Jahre) die Kleinkinder auch nachts kollektiv betreut wurden (Liegle 1987). Gleiches gilt für soziale Dienstleistungen (Beratungsangebote, Freizeit- und Bildungsdienste), die die kommunikative Funktion der Familie begleiten und gegebenenfalls kompensieren können. Solche Infrastrukturleistungen insbesondere auf kommunaler Ebene werden durch ein Erziehungsgehalt keineswegs überflüssig.

Dass auch auf der Ebene des Familienrechts und der allgemeinen Wohlfahrtsethik staatliche Intervention (als funktionale Solidarität) sinnvoll bleibt, steht kaum infrage, wie die Diskussion um die Rechte nichtehelicher Eltern, um Kinderrechte und auch ganz allgemein um die Rolle der Familie in der modernen Gesellschaft zeigt. Eine demokratische und insoweit originär politische Sicht auf Familie, insbesondere die Rolle von Kindern, ist noch ein Desiderat, worauf Stein Ringen (1997) aufmerksam machte: «If democracy is a system of equal rights of citizens, which it is, there is a remaining democratic deficit caused by the exclusion of children and the non-representation of their interests» (ebd., S. 4). Gesellschaftliche Solidarität erfordert, so Ringen, politische Artikulation, beispielsweise in Form eines treuhänderischen Stimmrechts der Eltern für ihre Kinder.

Es dürfte kein Zufall sein, dass unter der Signatur des «Kommunitarismus» (Etzioni 1995, 1997) oder des «Dritten Wegs» (Giddens 1999) die Familie eine wohlfahrtsethische Rehabilitation auch in politisch liberalen und linken Kreisen erfährt. «Die Familie ist die grundlegende Einheit der Zivilgesellschaft» (ebd., S. 106), heißt es bei Anthony Giddens. Familie und Familienpolitik sind in dieser Perspektive in der Moderne angekommen: «Die Familie wird zunehmend demokratischer, in einem mit der öffentlichen Demokratisierung einhergehenden Prozess; und diese Demokratisierung verweist darauf, wie ein Familienleben individuelle Wahl und gesellschaftliche Solidarität verknüpfen könnte» (ebd., S. 110). Individualisierung, verstanden als Erweiterung individueller Handlungsoptionen, und Familiensolidarität ergeben keineswegs einen Widerspruch. Ohnehin haben, worauf Hans Bertram (1997) aufmerksam macht, Individualisierungsprozesse kaum etwas mit dem Wandel von Ehe und Familie zu tun, weil sie selbst die notwendige Voraussetzung für die moderne, auf freier Wahl der Partner gegründete Form von Ehe und Familie sind. Damit die voluntaristische Solidarität der Familienmitglieder – Durkheim differenzierte bereits den kooperativen Individualismus vom utilitaristischen Individualismus – nicht überfordert wird, darf die Gesellschaft die Familien vor allem in den kritischen Phasen ihrer Entwicklung nicht allein lassen. Das ist der Grund für den Zusammenhang von Familie und Familienpolitik heute.

4 ZUKUNFT DER ALTERSSICHERUNG

Die Alterssicherung gehört zu den ältesten und quantitativ bedeutendsten Feldern der Sozialpolitik. In manchen Ländern dominiert sie den Sozialstaat, so in Italien mit annähernd zwei Dritteln aller Sozialausgaben. Da in praktisch allen OECD-Staaten die Geburtenrate in den vergangenen Jahrzehnten deutlich unter die Bestandserhaltungsgrenze von 2,1 Kindern pro Frau gesunken ist – mit Ausnahme der skandinavischen Länder (bis Anfang der 1990er Jahre) und bislang noch Frankreich und den Vereinigten Staaten –, sind sie mit sinkenden Bevölkerungen und bei zugleich kontinuierlich steigender Lebenserwartung mit einem wachsenden Anteil der Altersbevölkerung konfrontiert. Die damit verbundenen demographischen Zusammenhänge wurden unterdessen in einer Vielzahl von Studien diskutiert (Birg 2001). Beeindruckend bleibt der optische Eindruck eines Wandels von einer Bevölkerungs«pyramide» noch vor einem Jahrhundert hin zu einer Art «zersaustem Tannenbaum», wie er für Deutschland und die meisten modernen Gesellschaften kennzeichnend ist (siehe Abbildung 27). Allerdings gilt dies nicht für alle. Die Fertilität (Fruchtbarkeit) einer Bevölkerung hängt, wie am Beispiel der Familienpolitik gezeigt wurde, auch von sozialpolitisch gestaltbaren Rahmenbedingungen ab. Für die Alterssicherung stellt sich die Frage anders: Hier sind die Menschen schon da und sie werden immer älter. Die demographische Struktur bildet insoweit ein Datum der Alterssicherungspolitik. Eine zusehends populäre Antwort auf diese Entwicklung lautet, dass die sozialpolitische Regulierung der Alterssicherung zugunsten einer marktwirtschaftlichen, individuell-privaten Lösung reduziert werden müsse. Umlagefinanzierte Rentensysteme seien angesichts der

140 Zukunft der Alterssicherung

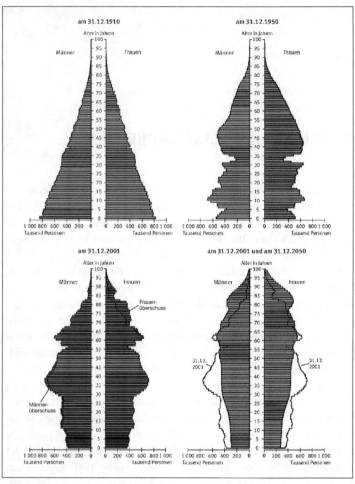

Quelle: Statistisches Bundesamt 2003, S. 30

Abbildung 27: Altersaufbau der Bevölkerung in Deutschland 1991 bis 2050

demographischen Entwicklung kapitalgedeckten Systemen unterlegen (World Bank 1994). Allerdings kann man fragen, ob es sich dabei nicht um einen sozialpolitischen Mythos handelt.

In diese Richtung argumentiert Gerd Bosbach (2004), der den alarmierenden Prognosen auch des Statistischen Bundesamts (2003) gegenüber zu Skepsis rät. Zwar seien die Personen, die beispielsweise im Prognosejahr 2050 zur Rentnergeneration gehören werden, sämtlich schon anwesend. Doch Aussagen über die künftige nachwachsende Generation ähnelten einer «modernen Kaffeesatzleserei». Ob tatsächlich im Jahr 2050 auf 100 Menschen mittleren Alters (20 bis unter 60 Jahre) 78 Ältere kommen (2001: 44), hängt von einer Reihe von Faktoren ab, von denen zumindest drei sozialpolitisch beeinflusst werden können: der Wanderungsüberschuss, die Geburtenraten und die Altersgrenzen zum Rentenzugang. Bosbach erinnert daran, dass Aussagen aus dem Jahr 1950 über die demographische Situation im Jahr 2000 wesentliche Einflussfaktoren übersehen hätten (Antibabypille, Ausländerzuzug, Aussiedlernachzug, Trend zur Kleinfamilie). Die Beschwörung eines demographischen Kollapses der modernen Wohlfahrtsstaaten dient aus dem Blickwinkel der Demographie-Skeptiker eher dazu, Einschnitte in der Sozialpolitik zu legitimieren, und sei weniger ein Bestandteil eines intergenerationalen als eines intragenerationalen Verteilungskonflikts.

Vermutlich haben die Skeptiker wie Bosbach in einem entscheidenden Punkt Recht: Die Adaptionsfähigkeiten der wohlfahrtsstaatlichen Demokratien sollten nicht unterschätzt werden. Wenn die Lebenserwartung steigt, die körperliche Leistungsfähigkeit auch aufgrund des medizinischen Fortschritts über einen längeren Zeitraum erhalten werden kann und den politischen Eliten an einer Balance der Anpassungskosten sozialen Wandels gelegen ist, dann wird sich auch das Verhältnis zwischen den Generationen in den nächsten Jahrzehnten erheblich verändern. Umso wichtiger erscheint hinsichtlich der Alterssicherungspolitik, dass das Spektrum beispielsweise rentenpolitischer Optionen nicht vorschnell verengt wird. Im Folgenden soll nach einem kurzen Blick auf die Alterssicherung im internationalen Vergleich sowie einer Problematisierung des deutschen gegliederten Rentensystems insbesondere das Modell der Grundrente erörtert werden. Die Rekonstruktion der Geschichte des Grundrentendiskurses in Deutschland macht auf jene Handlungsoptionen aufmerksam, die in einem künftigen Alterssicherungssystem höchste Relevanz erhalten dürften.

4.1 Alterssicherung im internationalen Vergleich

Die Einkommenslage älterer Menschen in den letzten Jahrzehnten wird in Abbildung 28 auf der Grundlage von Daten der OECD für Personen über 65 Jahre mit denjenigen der Personen im erwerbsfähigen Alter (18 bis 64 Jahre) seit den 1970er Jahren verglichen. Da die Daten nicht nach Haushaltsmitgliedern gewichtet sind, im Haushalt lebende Kinder bzw. die Haushaltsersparnis bei Mehrpersonenhaushalten in dieser Übersicht also nicht berücksichtigt wird, sprechen die Daten für eine zumindest bis in die 1980er Jahre zunehmende und seitdem stabilisierte, relativ gute Einkommensposition älterer Menschen in den hier aufgeführten Ländern. Allerdings sagen diese Zahlen noch nichts über die intragenerationale Einkommensverteilung, also zwischen den Altershaushalten selbst, aus. Ob beispielsweise Altersarmut verhindert wird, ergibt sich aus diesen Daten nicht.

	Mitte 1970er Jahre	**Mitte 1980er Jahre**	**Mitte 1990er Jahre**
Kanada	51	87	87
Finnland	68	69	72
Deutschland	k. A.	76	78
Italien	k. A.	78	78
Japan	k. A.	85	82
Niederlande	86	85	79
Schweden	65	74	80
Großbritannien	62	60	65
USA	77	84	84
Durchschnitt (ungewichtet)	68	78	78

Quelle: Casey/Yamada 2004, S. 397 – Berechnungen auf Grundlage der OECD-Daten zur Einkommensverteilung (verfügbares Einkommen für Personen über 65 Jahre als Prozentsatz des verfügbaren Einkommens für Personen im Alter von 18 bis 64 Jahren)

Abbildung 28: Einkommensersatzraten für Ältere im Zeitverlauf

In Bezug auf die dabei wirksame Einkommenssicherungsfunktion von öffentlichen Rentensystemen ist eine weitere Differenzierung nötig. Denn die Verknüpfung von staatlichen, marktlichen und gemeinschaftlich-familiären Sicherungsformen kennzeichnet praktisch alle sozialpolitischen Alterssicherungssysteme. Vergleichende Untersuchungen zeigen beispielsweise ein – auch im Zeitverlauf – hoch komplexes Muster (Abbildung 29).

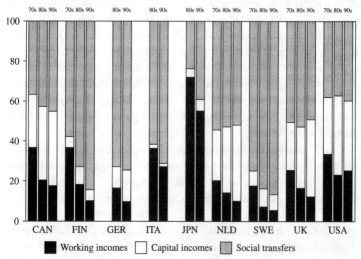

Quelle: Casey/Yamada 2004, S. 398 – Berechnungen auf Grundlage der OECD-Erhebungen zur Verteilung der Haushaltseinkommen (in Prozent, Mitte der 1970er, 1980er und 1990er Jahre); Angaben in Prozent

Abbildung 29: Zusammensetzung der Bruttoeinkommen für Personen über 65 Jahre im internationalen Vergleich im Zeitverlauf

In praktisch allen hier verglichenen Ländern nahm bis Mitte der 1990er Jahre der Anteil der Sozialtransfers, d.h. der Leistungen öffentlicher Rentensysteme, am jeweiligen Bruttoeinkommen der Altershaushalte zu. In Deutschland (und in den skandinavischen Staaten) beträgt der Anteil der Transferleistungen an den Alterseinkommen mehr als 70 Prozent. Die jeweilige institutionelle Struktur dieser Rentensysteme ist allerdings höchst unterschiedlich (Rein/Schmähl 2004). Insoweit unterscheiden sich auch die Entwicklungsperspektiven und die darauf bezogenen nationalen rentenpolitischen Diskussionen erheblich.

4.2 Alterssicherung in Deutschland

Die vergleichende Perspektive wird hier deshalb auf zwei Länder beschränkt, auf Deutschland und die Schweiz (die in den zitierten Übersichten leider nicht enthalten ist). Der Grund für diese Beschränkung ist folgender: Das deutsche Alterssicherungssystem nahm mit dem Zentrum der gesetzlichen Rentenversicherung als Arbeitnehmer-Sozialversicherung die historische Pionierrolle ein. Nach einer mehr als hundertjährigen Geschichte stellt sich die Frage, ob ein solches erwerbsarbeitszentriertes Modell zukunftsfähig ist. Das Schweizer Modell wiederum kann als Prototyp eines universalistischen, garantistischen Alterssicherungssystems gelten. Die vergleichende Betrachtung beider Modelle erscheint deshalb weiterführend.

Das deutsche Alterssicherungssystem, das in Abbildung 30 graphisch zusammengefasst wird, bildet den Prototyp eines von Esping-Andersen als «konservativ» analysierten Wohlfahrtsregimes. Die hoch komplexe Gliederung des Alterssicherungssystems in Deutschland sollte aber nicht darüber hinwegtäuschen, dass im Jahr 1999 91,3 Prozent der Erwerbstätigen (Arbeiter und Angestellte) Mitglied der gesetzlichen Rentenversicherung waren (29,9 Mio. Pflichtversicherte). 5,8 Prozent der Erwerbstätigen (Beamte, Richter und Berufssoldaten) hatten im Alter Anspruch auf eine staatliche Altersversorgung. 1,6 Prozent der Erwerbstätigen waren Mitglied der berufsständischen Versorgungswerke für Freiberufler, die nichtöffentlich (mit) finanziert werden. 1,3 Prozent der Erwerbstätigen (einschließlich der Familienangehörigen) waren über die Alterssicherung der Landwirte abgesichert (Schmähl u. a. 2003, S. 14). Zudem weisen viele Personen in ihrer Biographie Mitgliedschaftszeiten in mehreren Alterssicherungssystemen auf, indem sie z. B. zunächst als Angestellte GRV-Beiträge zahlen und später als Beamte Pensionsansprüche erwerben.

Im Jahr 2003 lag in der deutschen GRV der durchschnittliche monatliche Rentenzahlbetrag einer Versichertenrente an Männer bei 990 Euro, an Frauen bei 518 Euro. Deutliche Unterschiede gibt es bei den Versichertenrenten an Frauen zwischen den alten und den neuen Ländern. So betrug die durchschnittliche Versichertenrente an Frauen in den alten Ländern 477 Euro, in den neuen Ländern 650 Euro (Daten nach dem

Alterssicherung in Deutschland

					Knappschaft	betriebliche Altersversorgung	Zusatzversorgung im öffentl. Dienst	Beamtenversorgung
Individuelle ergänzende Sicherung	Nicht geförderte private Altersicherung (Lebensversicherungen, Ersparnisse, Altenteil usw.)							
	Freiwill. Versicherung (GRV)	Geförderte zertifizierte private Alterssicherung («Riester-Rente»)						
Zusatzsysteme						BfA und Landesversicherungsanstalten, Seekasse		
Gesetzlich verankerte Systeme		Berufsständische Versorgungswerke [1]	Alterssicherung der Landwirte [2]	Sondereinrichtungen und -regelungen für Selbständige innerhalb der GRV	gesetzliche Rentenversicherung (GRV) [3]			
	bedarfsorientierte Grundsicherung (seit 2003)							
Personenkreis	nicht pflichtversicherte Selbständige	freie Berufe	Landwirte	Selbständige nach §§ 3+4 SGB VI (Handwerker, Künstler u. a., Versicherungspflichtige auf Antrag)	Beschäftigte im Bergbau	Sonstige		Beamte, Richter und Berufssoldaten
						Arbeiter und Angestellte		
	Selbständige					abhängig Beschäftigte		
	privater Sektor						öffentlicher Dienst	

Quelle: Schmähl u. a. 2003, S. 13 (mit Ergänzungen) – [1] teilweise auch für abhängig Beschäftigte der jeweiligen Bereiche, [2] einschließlich mithelfender Familienangehöriger; als Teilversorgung, ergänzt durch betriebliche Maßnahmen (Altenteil), [3] auch für Ehepartner ohne eigenen Anspruch, wenn der erste Ehepartner den vollen Mindesteigenbeitrag leistet und ein eigener Vertrag besteht

Abbildung 30: Alterssicherung für verschiedene Gruppen von Erwerbstätigen in Deutschland

«Rentenversicherungsbericht 2003», Pressemitteilung BMGS v. 3. 12. 2003). Die durchschnittlichen Zahlbeträge aus der Rentenversicherung, so die Bundesregierung, «sagen zwar relativ wenig über die tatsächliche Höhe des Alterseinkommens von Rentnern aus. Eine Rente kann sowohl Hauptbestandteil des Alterseinkommens als auch untergeordnetes Nebeneinkommen sein. Zusätzlich zu den Renten aus der gesetzlichen Rentenversicherung kann eine Person, ein Ehepaar oder ein Haushalt über weiteres Einkommen verfügen.» Für einen Großteil der deutschen Rentnerhaushalte, vor allem in den neuen Bundesländern, ist die Rente aus der gesetzlichen Rentenversicherung freilich die Haupteinkommensquelle. Die auf Grundlage des Berichts der «Rürup-Kommission» (BMGS 2003) geplante Absenkung des deutschen Bruttorentenniveaus in den nächsten Jahrzehnten wird einen erheblichen Teil der Altersrentner allerdings unter das Grundsicherungsniveau drücken und – aufgrund des Bedarfsprinzips der «Grundsicherung in der GRV» – deren Ersparnisse einziehen.

Vier grundlegende Modelle der Alterssicherung können unterschieden werden:

1. Das älteste Modell greift auf eine vorsozialpolitische Zeit zurück. In ihr war, wie in weiten Teilen der Welt noch heute, vor allem das *Familien- bzw. Verwandtschaftssystem für die Alterssicherung* zuständig. Eine sozialstaatliche Altersrente, die heute diesem Modell folgt, wird vor allem die Erziehung von Kindern berücksichtigen.
2. Ein «moderneres» Konzept ist die *lohnarbeitsbezogene Altersrente*. In ihrem Zentrum steht die Alterssicherung von Arbeitnehmern, die während ihres Erwerbslebens aus ihren Beiträgen die Einkommen der Rentner aufbringen. Dieses Modell liegt der so genannten Bismarck'schen Sozialversicherung zugrunde.
3. Die dritte Variante möchte eine – meist aus Steuermitteln finanzierte – Altersrente *auf die «Bedürftigen» beschränken* und plädiert ansonsten für *private Vorsorge*. Dieses (liberale) Modell existiert derzeit nur in Australien.
4. Die Idee einer sozialstaatlich organisierten *Grundrente* wiederum will jeder Bürgerin und jedem Bürger im Alter weitgehend unabhängig von vorherigen Leistungen eine menschenwürdige Existenz garantieren. Sie unterscheidet sich damit wesentlich von den drei anderen bekannten Modellen einer staatlich geregelten Altersrente.

Alterssicherung in Deutschland 147

In der vergleichenden Sozialpolitikforschung stößt man auf alle vier Modelle, zumeist in Kombinationen, wobei das Familienmodell kaum in der Praxis vertreten wird. Unter den vier Modellen scheint die Grundrente aus einer Reihe von Gründen zukunftsträchtig: Sie entspricht der Idee der Demokratie, indem sie politische und soziale Rechte verknüpft; sie verhindert wirksam Armut und sozialen Ausschluss; sie ist langfristig sicher, da sie die breiteste Finanzierungs- und Leistungsgrundlage aller Modelle hat, nämlich die gesamte Bevölkerung; und sie entspricht dem Wandel zu einer pluralisierten, individualisierten wie globalisierten Sozialordnung, die ein öffentliches System der Alterssicherung nicht mehr in Familie, Arbeitsmarkt und Nationalstaat allein begründen sollte.

Gleichwohl ist die Idee der Grundrente vor allem in Deutschland höchst umstritten (zum Überblick: Opielka 2004a). Die Idee erfordert ein Umdenken über zentrale Annahmen zur Funktion des Sozialstaats. Die Literatur zur Rentenpolitik wird bislang von juristischen, ökonomischen und politikwissenschaftlichen Analysen dominiert.[1] Das wiederum führt dazu, dass ein Großteil der Literatur zur Alterssicherung mit recht hemdsärmeligen Annahmen über die Gesellschaft und über moralisch-ethische Folgen verschiedener Rentensysteme operiert. Es wundert deshalb nicht, dass ein niveauvoller Diskurs über das Für und Wider einer Einführung einer Grundrente in Deutschland bislang kaum stattfand. Während sich Juristen gegenüber Reformen notorisch zurückhalten, geben sich Ökonomen durchaus reformfreudig – allerdings ohne dabei ihre zumindest in den letzten Jahren zunehmend neoklassischen Theorieannahmen auf deren funktionale Kontexte hin gründlicher zu befragen.

---

1 Eine soziologische Analyse der deutschen Rentenpolitik liegt bislang nicht vor (zu diesem Defizit der soziologischen Forschung schon Ferber / Kaufmann 1977; aber auch in Kaufmann 2002 taucht die Rentenpolitik nur am Rande auf). Es ist bezeichnend, dass in einem neueren Einführungsbuch in die «Soziologie des Sozialstaats» (Allmendinger / Ludwig-Mayerhofer 2000) zum Thema Alterssicherung kein Beitrag aufgenommen wurde. Dass auch der Soziologiekongress 2002 in Leipzig, immerhin mit dem Thema «Entstaatlichung und Soziale Sicherheit» der erste explizit sozialpolitisch ausgerichtete Soziologentag im Nachkriegsdeutschland, das Thema Rentenpolitik in keinem Plenarvortrag behandelte, verwundert dennoch (Allmendinger 2003). Die Politikwissenschaft ist hier weiter (Nullmeier / Rüb 1993; Bonoli 2000). Einen Literaturüberblick zur Rentenreformdebatte bietet Adler 2001.

4.3 Idee und Geschichte der Grundrente

Erstmals taucht der Begriff «Grundrente» bei Karl Marx auf. Er meint damit allerdings keine bestimmte Form sozialpolitischer Alterssicherung. Sozialpolitik als sekundäre Verteilung erschien ihm im Kapitalismus ohnedies nicht angezeigt. Für Marx bezieht sich die «Grundrente» auf die Nutzungsrechte an Grund und Boden.[2] Diese sollten in einer kommunistischen Gesellschaft nicht mehr privat, sondern gemeinschaftlich verbrieft werden. Die Marx'sche Idee kollektiver Nutzungsrechte an gesellschaftlichem Reichtum hat sich in der sozialpolitischen Idee der Grundrente erhalten. Die Idee der Sozialpolitik als gesellschaftlicher Solidaritätsordnung lässt sich von der stets auch marxistisch inspirierten Arbeiterbewegung kaum trennen.[3] Entscheidend wurde in der Geschichte der Sozialpolitik, nach welchen Kriterien die sekundäre, sozialstaatliche Einkommensverteilung organisiert werden soll. Forderungen nach einer Grundrente waren immer Bestandteil einer universalistischen Programmatik, die Leistungsansprüche an eine Sozialbürgerrolle anschließt (Marshall 1992).

So hatte der damalige Reichskanzler Bismarck im Vorfeld der ersten, 1881 eingeleiteten Sozialgesetzgebung eine «Reichversorgungsanstalt» im Sinn, «von der die Arbeiter empfangen sollten, ohne zuvor eingezahlt zu haben» (Hentschel 1983, S. 13). Bismarck schwebte im Grunde eine staatlich finanzierte Grundrente vor, die eher als Zuschuss zur familial organisierten Sicherung der alten Menschen zu denken sei: «Ich hatte das Bestreben, dass dem müden Arbeiter etwas Bessres und Sichres als die Armenpflege (...) gewährt werden solle, dass er (...) seine sichre Staatspension haben soll, mäßig, gering meinethalben, aber doch so, dass ihn die Schwiegermutter des Sohnes nicht aus dem Haus drängt, dass er seinen Zuschuss hat» (zit. nach ebd., S. 25). Aufgrund des Widerstandes des konservativen katholischen Zentrums und der Nationallibe-

---

2 «Die Grundrente stellt sich dar in einer bestimmten Geldsumme, die der Grundeigentümer jährlich aus der Verpachtung eines Stücks des Erdballs bezieht» (Marx/Engels 1983, S. 635).

3 Dazu ausführlich Kaufmann 2003, S. 24ff.; zur komplexen Sozial- und Geistesgeschichte der in der Arbeiterbewegung wirksamen Idee der «Solidarität» Stjernø 2005.

ralen, die entweder eine berufsständische Sicherungsform oder am liebsten keine Staatsintervention wollten, konnte sich Bismarck nicht durchsetzen. Am Ende entschied sich der Reichstag für jenes deutsche, am Lohnarbeitsverhältnis anknüpfende Sozialversicherungs- und insbesondere Rentensystem, das – insoweit fälschlich – bis heute als «Bismarck'sches» System gilt.

Nach dem Zweiten Weltkrieg wurde die sozialpolitische Systemfrage erneut gestellt. Die Initiative ging von der SPD aus. Ihr damaliger Fraktionssprecher im Bundestag, der Sozialpolitikexperte Ludwig Preller, sorgte im Jahr 1952 für die Verabschiedung der «Grundlagen des Sozialplans der SPD», auch der der SPD nahe stehende Soziologe Gerhardt Mackenroth plädierte in jenem Jahr in seinem berühmten Vortrag «Die Reform der Sozialpolitik durch einen deutschen Sozialplan» für eine Umsteuerung der deutschen Sozialpolitik in Richtung einer stärker universalistischen, steuerfinanzierten sozialen Sicherung (Mackenroth 1971; Hockerts 1980, S. 216ff.). Ausdrücklich orientierte man sich am Report der von Churchill noch während des Krieges eingesetzten und von Lord Beveridge geleiteten Kommission, der eine «flat rate pension», eine steuerfinanzierte Grundrente, gefordert hatte (Beveridge 1943) – die nach Kriegsende in Großbritannien auch eingeführt wurde. Zum Bundestagswahlkampf 1957 legte die SPD einen detaillierten «Sozialplan für Deutschland» vor (Auerbach u. a. 1957), der den englischen Beveridge-Plan «undogmatisch» (Hockerts 1980, S. 221) auf Deutschland übertragen wollte: Vorgesehen waren eine steuerfinanzierte Einheitsrente (mit Zuschlägen nach besonderen Kriterien) und beitragsäquivalente Zusatzrenten. Doch in der parlamentarischen Praxis setzte sich – getrieben durch die von Bundeskanzler Adenauer und dem CDU-geführten Arbeitsministerium vorgelegten Entwürfe, die am beitragsfinanzierten Rentensystem festhielten – innerhalb der SPD die «Realpolitik» (ebd., S. 354) durch, die Regierungsfähigkeit demonstrieren sollte: Am Ende stand die «große Rentenreform» von 1957, die eine neue, «dynamische» Rentenformel einführte, um die Rentner an der Wohlstandsentwicklung teilhaben zu lassen, die Idee einer Grundrente jedoch fallen ließ. Beitragsunabhängige Rentenbestandteile waren in der Schlussphase der Auseinandersetzungen weder im Regierungs- noch Oppositionsentwurf enthalten. Anstelle eines festen «Grundbetrages», der als Element des sozialen Ausgleichs das Prinzip der Äquivalenz von Beitrags- und Rentenleistung durchbrochen hätte, wurde nun das «Versicherungsprinzip» hochgehalten. Die Rente sollte, so der Grundgedanke, nicht mehr «Zuschuss zum Lebensunterhalt» sein, sondern «Lohnersatzfunktion» erhalten und durch Ausgestaltung der Rentenformel von Höhe und Dauer der individuellen Beitragszahlung abhängig werden (ebd., S. 358). Dabei blieb es bis heute. Die Idee einer Grundrente hatte in Deutschland bei den damaligen politischen Eliten zu wenig Befürworter.

Daran änderte auch die rege Diskussion um eine Grundrente in Deutschland wenig, die vor allem in den 1980er Jahren geführt wurde. Den Anstoß gab ein Buch von Meinhard Miegel (Vorwort von Kurt Biedenkopf) im Jahr 1981, in dem eine steuerfinanzierte Grundrente in Höhe des damaligen Sozialhilfeniveaus (600 DM; 1980) gefordert wurde. In zahlreichen weiteren Veröffentlichungen hat Miegel das Modell öffentlichkeitswirksam präsentiert. Allerdings hat seine deutlich ordoliberal geprägte[4], auf eine massive Ausweitung privater Altersvorsorge abhebende Argumentation die Idee der Grundrente in der deutschen Öffentlichkeit einseitig als liberale Sozialabbau-Idee positioniert. Sein ursprünglicher Vorschlag war differenzierter. Neben der steuerfinanzierten Grundrente sollte eine beitragsfinanzierte, konsequent dem Äquivalenzprinzip folgende «Leistungsrente bei Invalidität und im Alter» (Miegel 1981, S. 109ff.) fortbestehen, deren Pflichtbeiträge in einem vom Versicherten wählbaren Korridor «zwischen 15 v.H. und 25 v.H. des Arbeitsentgelts nach Steuern» liegen (ebd., S. 137) und damit eine der gesetzlichen Rentenversicherung entsprechende Gesamtversorgung im Alter sichern würden. In der öffentlichen Diskussion wurde diese «Leistungsrente» jedoch kaum beachtet, und Miegel distanzierte sich bald selbst von diesem – sozusagen konventionellen – Aspekt seines Vorschlags, indem er eine «Beschränkung der gesetzlichen Alterssicherung auf eine allgemeine Grundsicherung in Höhe der

---

4 Die ordoliberale Konzeption findet sich in Miegels Schriften am deutlichsten ausgeprägt in seiner Philippika gegen die bevölkerungspolitischen Auswirkungen des westlichen «Individualismus» (Miegel/Wahl 1996).

Sozialhilfe» forderte (1988, S. 22; Miegel/Wahl 1985; Miegel/Wahl 1999).

In der deutschen politischen Öffentlichkeit wurde nur noch von den «Grünen» die Forderung nach einer Grundrente erhoben. In einem Antrag forderte die Bundestagsfraktion der Grünen im Jahr 1985 ein Grundrentenmodell, das aus einer steuerfinanzierten Grundrente in Höhe von (damals) 1000 DM monatlich pro Person ab dem 60. Lebensjahr und einer obligatorischen, beitragsfinanzierten Zusatzrente für alle Erwerbstätigen (einschließlich Selbständigen, Beamten und Landwirten) bestand (Deutscher Bundestag 1985; Bueb/Opielka/Schreyer 1985; Opielka u. a. 1986). Das Modell orientierte sich an dem (damals) in Schweden geltenden Rentensystem (Heese 1999; Hort 2004). Eine Berechnung des erforderlichen Finanzvolumens erfolgte durch ein Gutachten des Deutschen Instituts für Wirtschaftsforschung (DIW 1985). Die Arbeitgeberbeiträge sollten durch eine Bruttowertschöpfungssteuer[5] ersetzt werden (Kirner 2004). Die öffentliche Debatte zum grünen Rentenmodell war intensiv, aber kurz.[6] Allerdings wurde die Forderung nach einer Grundrente nie Bestandteil der grünen Parteiprogrammatik und in der Folge von der weniger weit reichenden Forderung nach einer «bedarfsorientierten Grundsicherung im Alter» verdrängt (Hanesch/Klein 1988; Opielka/Zander 1988), einer Aufstockung der Einkommen von Rentnerhaushalten auf das Sozialhilfeniveau durch die gesetzliche Rentenversicherung selbst.

In den 1990er Jahren trat die Debatte um eine Grundrentenreform in Deutschland in den Hintergrund, was auch einer finanziellen Überforderung des deutschen Sozialstaats durch die deutsche Vereinigung in den Jahren 1989/90 geschuldet war. Kontinuierlich propagiert wurde von Armutsforschern wie sozialdemokratischen und grünen Sozialpolitikern die Einführung der (bedarfsorientierten) Grund*sicherung* im Alter (Hauser 1996). Doch selbst diese gegenüber einer Grundrentenreform

---

5 Die Idee der Wertschöpfungssteuer wurde in den 1980er Jahren – teils unter dem Begriff «Maschinensteuer» – rege und kontrovers diskutiert (Schmähl u. a. 1984; Elixmann u. a. 1985; Gretschmann u. a. 1989).

6 Buttler u. a. 1987; Kirner 1988; Klanberg 1986; Kreikebohm 1989; Leyendecker 1986; Rosenberg 1985; Ruland 1987; Schmähl 2004.

bescheidene Maßnahme wurde erst durch die 1998 gewählte rot-grüne Bundesregierung im politischen Windschatten der im Jahr 2000 beschlossenen so genannten Riester-Rente ermöglicht, der Einführung einer öffentlichen Förderung privater Vorsorgeverträge, die eine geplante Absenkung des Nettorentenniveaus ausgleichen sollten. Zum 1.1. 2003 trat das «Gesetz über eine bedarfsorientierte Grundsicherung im Alter und bei Erwerbsminderung (Grundsicherungsgesetz, GSiG)» in Kraft. In der jüngsten Auflage des «Sozialrechtshandbuchs» resümierte der Direktor des Verbandes Deutscher Rentenversicherungsträger, Franz Ruland: «Damit hat sich das Thema einer ‹Grundrente› erledigt» (2003, S. 989).

Die deutsche Geschichte der Grundrente seit 1881 könnte man demnach als eine Geschichte des Scheiterns lesen. Allerdings ging Deutschland – wie in der Familienpolitik (Kapitel 3) – auch in der Rentenpolitik einen «Sonderweg»: durch die faschistische NS-Diktatur 1933 bis 1945 und die anschließende, bis 1989 währende sozialistische SED-Herrschaft in Ostdeutschland, während Westdeutschland bereits 1945 zur Normalität der europäischen Entwicklung zurückkehrte. Dieser «Sonderweg» ist historisch gut ausgeleuchtet. Seine die sozialpolitischen Leitbilder bis heute prägende Bedeutung scheint aber erinnerungsbedürftig, wie bereits in Kapitel 3 für die Familienpolitik gezeigt wurde. Denn sowohl im NS-Deutschland wie in der DDR spielte die Idee der Grundrente eine weitaus größere Rolle als davor und danach.

Manfred G. Schmidt (1998) wies auf die NS-internen Reformdiskussionen für eine Staatsbürgerversorgung auch im Alter hin. Während in der nationalsozialistischen Betriebszellenorganisation der Plan einer einheitlichen Staatsbürgerversorgung auf der Basis des Fürsorgeprinzips entwickelt wurde, plante der Leiter der «Deutschen Arbeitsfront», Robert Ley, die Sozialversicherungen durch ein «Versorgungswerk des deutschen Volkes» zu ersetzen. Dass keines dieser Reformmodelle realisiert wurde, schreibt Schmidt dem «Beharrungsvermögen der etablierten Systeme der sozialen Sicherung» zu, die vielen Nationalsozialisten gar als «urdeutsches Rechtsgut» galten (ebd., S. 63f.). Auch wenn für die sozialpolitische Praxis die «Kontinuitätsthese» überwiegend belegt erscheint, die NS-Sozialpolitik strukturell und institutionell keine wesentlichen Änderungen erreichte (mit Ausnahme der rassistischen und mörderischen Praxis, insbesondere der so genannten Euthanasie), so ist der Plan des «Versorgungswerkes des deutschen Volkes» auch über jene Zeit hinaus von Bedeutung, da er sich in das «kulturelle Gedächtnis» (Jan Assmann) Deutschlands einprägte. Er ähnelte dem etwa zur selben Zeit entwickelten «Beveridge-Plan», der zur Grundlage des britischen Nachkriegswohlfahrtsstaats wurde. Hockerts (1983) sah folgende Parallelen und Unterschiede: «Wie Beveridge wollte Ley die gesamte Bevölkerung in ein einheitliches Sicherungssystem einbeziehen, also sowohl die traditionelle gruppenspezifische Organisation wie auch die Begrenzung auf ‹Schutzbedürftige› überwinden. Dabei war in einer Variante – wie bei Beveridge – eine die basic needs deckende Einheitsrente für alle vorgesehen (…) Das Versorgungswerk sollte aus der Einkommensteuer finanziert werden, was eine stärker vertikale Umverteilung ergeben hätte als der Beveridge-Plan, in dem die Einheitsrente einem Einheitsbeitrag (zuzüglich Staatszuschuss) entsprach» (ebd., S. 308). Man sollte diese sozialistisch anmutende Konzeption nicht mit ihrer rassistischen Engführung kurzschließen, die nur «Volksgenossen» in den Sozialschutz einbeziehen wollte. Zwar waren jene Ideen nicht auf individuelle soziale Grundrechte fundiert, vielmehr hatte das Kollektiv Vorrang vor dem Schutz des Individuums (Schmidt 1998, S. 64). Doch sie standen zugleich für eine andere, universalistische Lesart sozialer Sicherung, die in der europäischen Sozialpolitiktradition ihren festen Platz besitzt und in der NS-Struktur keineswegs dominant war.

Während in der NS-Diktatur die Grundrente nur als Idee vorkam, wurde in der DDR eine Art Grundrente verwirklicht, die in den neuen Bundesländern («Beitrittsgebiet») bis zum Jahr 1996 weiter wirkte. Bereits vor Gründung der DDR im Jahr 1949 wurde noch in der sowjetischen Besatzungszone die Sozialversicherung zentralisiert und in eine Einheitsversicherung umgewandelt (ebd., S. 116ff.). Neben einer Reihe von meist erheblich privilegierenden Zusatz- und Sonderversorgungssystemen für strategisch wichtige Mitarbeiter des Staatsapparats wurde auch in der Rente eine Mindestversorgung geschaffen, die zusammen mit den für eine Planwirtschaft typischen Preissubventionen für Einkommensschwache eine – allerdings karge – Existenz sicherte. Das Regelsystem der DDR-Alterssicherung bestand aus der Pflichtversicherung und – seit 1971 – einer freiwilligen Zusatzrentenversicherung.[7] Die Mindestleistungen in der Pflichtversicherung lagen seit dem 1. 12. 1989, abhängig von der Versicherungszeit, zwischen 330 Mark (= Mindestrente) und 470 Mark. Darüber liegende Durchschnittseinkommen führten aufgrund der seit 1947 unveränderten Beitragsbemessungsgrenze von 600 Mark maximal zu einer zehn Prozent über der Mindestleistung liegenden Rente (510 Mark als maximale Rente aus der Pflichtversicherung gegenüber 470 Mark als Mindestrente bei einer Versicherungszeit von mehr als 45 Jahren).

Im Einigungsprozess ab 1990 bestand die Aufgabe nun darin, diese «Dominanz von Mindestsicherungselementen» (Böhm/Pott 1992, S. 172) in das am Äquivalenzgedanken orientierte System der Bundesrepublik zu überführen. Bemerkenswert war, dass die Mindestrente in der DDR zwar auch über Beiträge finanziert wurde, die Hälfte der Rentenausgaben der Pflichtversicherung aufgrund der niedrigen Beitragsbemessungsgrenze jedoch über Zuschüsse aus dem Staatshaushalt aufgebracht wurden (ebd., S. 174). Der Wegfall der Mindestrenten durch die Übertragung des westdeutschen Rentenrechts traf dabei vor allem Frauen. Etwa ein Viertel aller Altersrentenbezieher der DDR erhielt zuletzt eine Mindestrente bzw. Mindestbeträge (ebd., S. 198). Zum Ausgleich der ansonsten erheblichen Verwerfungen wurde durch das Renten-Angleichungsgesetz vom 28. 6. 1990 ein «Sozialzuschlag» eingeführt, der als pauschalierte Sozialhilfeleistung ohne Bedürftigkeitsprüfung konzipiert war. Im Jahr 1990 erhielten von den 2,9 Millionen Rentnern in der DDR 674 000 einen Sozialzuschlag, der im Jahr 1996 auslief. Ca. 32 Prozent aller Versichertenrenten von Frauen wurden aufgestockt (ebd., S. 200f.). Zusätzlich wurde ein Auffüllbetrag bzw. Rentenzuschlag eingeführt, der Renten nach DDR-Recht, die unter den Renten nach neuem Recht lagen, bis Ende 1995 auf das alte Niveau auffüllte, ab 1996 aber sukzessive abgeschmolzen wurde. Dies traf für die Hälfte der Versichertenrenten an Männer zu, bei Renten an Frauen sogar für fast 96 Prozent (ebd., S. 205). Die Überführung des DDR-Mindestrentensystems in das

---

7 Böhm/Pott 1992, S. 172ff., zum Überblick über das DDR-Rentenrecht Polster 1990, Schmähl 1991.

bundesrepublikanische System der gesetzlichen Rentenversicherung, die Mindestsicherungselemente – bis auf die 1992 faktisch ausgelaufene «Rente nach Mindesteinkommen»[8] – nicht kennt, erforderte einen erheblichen Aufwand. In den neuen Bundesländern ist die Erinnerung an die Mindestrente der DDR noch lebendig. Sie war nicht als Fürsorgeleistung konzipiert, sondern – wie auch andere Sozialleistungen – «als Sozialrecht(e) verfasst» und in der Schlusszeit der DDR überwiegend – aber nicht ausschließlich – aus Steuermitteln finanziert (Schmidt 1998, S. 131).

Der langjährige Vorsitzende des Sozialbeirats der Bundesregierung, Winfried Schmähl, hatte das Scheitern der Forderung nach einer Grundrente bereits in seiner Dissertation (1974), die sich den Übergangsproblemen zu einer «Staatsbürger-Grundrente» widmete, als unausweichlich und – als Anhänger einer Äquivalenz von Beitrag und Leistung – politisch wünschenswert bezeichnet (Schmähl 2004). Die deutsche Rentenpolitik scheint insoweit als ein besonders hartnäckiges Beispiel für die «Pfadabhängigkeit» der Sozialpolitik, die in der vergleichenden Sozialpolitikforschung zunehmend untersucht wird (Borchert 1998). Freilich zeigt diese Forschung gleichermaßen, dass die als «Pfad» bezeichneten Sozialpolitikmodelle – die «Wohlfahrtsregime» – und die hinter ihnen stehenden Konzeptionen sozialer Gerechtigkeit durchaus gewechselt werden können (siehe Kapitel 1).[9] Für die Rentenpolitik[10] und insbesondere die in den Regimetypen vorfindlichen Grundrentenkonzepte ergibt die typologische Betrachtung eine Reihe von evaluativen Kriterien (Abbildung 31).

---

8 Die «Rente nach Mindesteinkommen» begünstigt vor allem Frauen, die z. B. nach der Kindererziehung nicht gleich eine Vollbeschäftigung, sondern zunächst eine Teilzeitbeschäftigung begonnen haben. Voraussetzung ist, dass mindestens 35 Jahre mit rentenrechtlichen Zeiten vorhanden sind. Hierbei helfen vor allem die Berücksichtigungszeiten wegen Kindererziehung.

9 Sven E. O. Hort (2004) berichtet für Schweden von einem abrupten Regimewechsel in den 1990er Jahren und Roebroek / Nellissen (2004) für die Niederlande von einem «schleichenden» Regimewechsel über einen längeren Zeitraum, der sich von einer Grundrente abwendete (Schweden) bzw. diese einführte (Niederlande).

10 Zum europäischen Vergleich der Rentenreformdiskussion Bonoli 2000, Döring 2002, Rein / Schmähl 2004.

156 Zukunft der Alterssicherung

welfare regime	liberal (Level 1)	sozialdemokratisch (Level 2)	konservativ (Level 3)	garantistisch (Level 4)
idealtypisches Rentensystem	private Vorsorge, Fürsorgemodell («bedarfsorientierte Grundsicherung»)	steuerfinanzierte Grundrente, beitragsfinanzierte Zusatzrente	Äquivalenzprinzip «Kinderrente»	beitragsfinanzierte Grund- und Höchstrente («Sozialsteuer»)
Umverteilung	gering	relativ hoch	familienpolitische Umverteilung	relativ hoch
Realisierung (exemplarisch)	Australien, Chile	Schweden (bis 1998), Dänemark	Deutschland	Schweiz, Niederlande (nur Grundrente)
Konzeption sozialer Gerechtigkeit	Leistungsgerechtigkeit	Verteilungsgerechtigkeit	Bedarfsgerechtigkeit	Teilhabegerechtigkeit

Abbildung 31: Welfare-regime-Typen und Grundsicherungskonzepte in der Rentenpolitik

Die Grundrente im Marktmodell

Die Leitidee der *Leistungsgerechtigkeit* wurde unter soziologischen Gesichtspunkten dem Steuerungsprinzip «Markt» zugeordnet (siehe Kapitel 1). Marktliche Bedarfsdeckung vermittelt in modernen Geldwirtschaften den Ausgleich von Angebot und Nachfrage über Preise. Das Marktprinzip belohnt effizientere und darum kostengünstigere Angebote durch höhere Nachfrage und bestraft insoweit «unwirtschaftliches» Handeln. Für die Sozialpolitik galt lange Zeit das Marktprinzip als wenig funktionstüchtig, vor allem weil der Marktauftritt von sozial «Schwachen» als notorisch benachteiligt betrachtet wurde. Dieser Umstand rahmte die klassische Kontroverse zwischen Liberalen, die eine kapitalistische Wettbewerbswirtschaft als optimale, weil effizienteste und leistungsfreundlichste Allokationsform betrachten, und Sozialisten, die die Lohnabhängigen und andere Benachteiligte durch staatliche Intervention schützen wollen.

Diese überwiegend ideologisch und politisch geführte Kontroverse erfuhr verschiedentlich wissenschaftliche Vermittlungs- und Lösungsversuche. Den vielleicht erfolgreichsten bildete die «Theorie des kollektiven Handelns», die Mancur Olson (1985) vorlegte. Er wendete die neoklassischen Methoden der Wirtschaftstheorie auf ein Grundproblem der politischen Soziologie an, auf die Frage, unter welchen Umständen kollektive Interessenvertretung durch Großgruppen in modernen, differenzierten Gesellschaften zustande kommt. Zwei seiner Ergebnisse sind für die Sozialpolitik von eminenter Bedeutung: zum einen die Beobachtung, dass die Organisationen der großen wirtschaftlichen Interessen, die heute in hohem Maß die Regierungen beherrschen, fast alle nur mit Hilfe ebenjener Staatsmacht zustande gekommen sind, die nun von ihnen abhängig geworden ist. Zweitens beobachtete Olson, dass es unmöglich scheint, alle Interessen in dieser Weise zu organisieren. Es bleiben immer große, unorganisierte und vielleicht unorganisierbare Gruppen benachteiligt, die aber doch zu den größten Gruppen eines Landes gehören. Von den Regelungen eines kollektiven Alterssicherungssystems sind nun mehrere Gruppen betroffen, auf die das Kriterium der Benachteiligung offensichtlich zutrifft. Zum einen die Alten selbst. Sie sind in der Regel, zumindest bisher, schlecht organisiert. Mit der Zunahme von Hochbetagten aufgrund der gesteigerten Lebenserwartung und der demographischen Entwicklung ist die Gruppe der Alten insoweit auf advokatorische, stellvertretende Interessenvertretung angewiesen. Andererseits nahm in den letzten Jahrzehnten der Anteil der «jungen Alten» zu, die aus dem Produktionsprozess mehr oder weniger freiwillig ausschieden, aber doch über eine gewisse Organisationsfähigkeit verfügen. Eine zweite hinsichtlich der kollektiven Interessensorganisation benachteiligte Gruppe ist die nachwachsende Generation, sind die Kinder. Sofern ein Alterssicherungssystem Belastungen auf künftige Generationen verschiebt, beispielsweise durch künftig zu tilgende Schulden, wäre deren Stimme zu hören. Diese Forderung wird heute unter dem Begriff «Generationengerechtigkeit» diskutiert. Schließlich können generell politisch schlecht organisierte Gruppen – Frauen, Behinderte, Minderheiten – aus Sicht der «Theorie des kollektiven Handelns» als benachteiligt gelten.

Die theoretischen Überlegungen werden in ihrer Anwendung auf die Frage, inwieweit sich der Markt als Steuerungsprinzip für soziale Sicherung eignet, außerordentlich praktisch. Seit den 1990er Jahren wird im globalen Maßstab, gefördert vor allem durch wiederkehrende Interventionen der Weltbank (Vittas 2002) und durch eine koordiniert agierende Lobby großer Finanzkonzerne, eine Ausweitung privater, kapitalgedeckter Altersvorsorge auf Kosten sozialstaatlich organisierter Umlagesysteme propagiert. Eine radikale Umsetzung des (neo)liberalen Modells einer umfassenden Privatisierung der obligatorischen Alterssicherung im Verbund mit einer rein bedarfsorientierten Grundrente bzw. Grundsicherung im Alter erfolgte freilich bislang nur selten (z. B. in Chile und Kasachstan; dazu Schmähl 2000, S. 381f.).

In Deutschland erscheint die im Jahr 2000 beschlossene so genannte Riester-Rente vielen als ein Erfolg von Privatisierungsbemühungen der Alterssicherung. Die Verteilungswirkungen kapitalgedeckter privater Alterssicherungssysteme sind allerdings problematisch (Wagner u. a. 1998; Viebrok/Himmelreicher 2001; Schmähl u. a. 2003), insbesondere dann, wenn sie nicht mit wirksamen Grundsicherungselementen in der gesetzlichen Rentenversicherung einhergehen (dazu im internationalen Vergleich Hinrichs 2001). Mit der Olson'schen «Theorie des kollektiven Handelns» werden die strukturellen Gründe für diese verteilungspolitische Problematik sichtbar: Das Problem liegt in der weitaus besseren Chance der Wohlhabenden, ihre Interessen in Medien- und Marktgesellschaften zu positionieren. Sie verfügen über Ressourcen, die denjenigen der organisierten Interessen der «Benachteiligten» – Gewerkschaften, NGOs – vielfach überlegen sind, und sie setzen diese Ressourcen auch im rentenpolitischen Diskurs ein.

Laut «World Wealth Report 2003» einer der weltweit führenden Finanzberatungsfirmen (Merrill Lynch / Cap Gemini Ernst & Young) belief sich die Anzahl wohlhabender Privatkunden («High Net Worth Individuals / HNWIs») – Privatanleger mit einem Finanzvermögen von jeweils mehr als einer Million US-Dollar (950 000 Euro), ohne Berücksichtigung von Immobilienbesitz – in Deutschland Ende 2002 auf 755 000 (2001: 730 000). Die Gesamtzahl an «High Net Worth Individuals» in West-, Mittel- und Osteuropa hat sich im Jahr 2002 um 3,9 Prozent oder 100 000 Personen auf rund 2,6 Millionen erhöht. Ihr Vermögen wuchs allein in diesem Jahr um 4,8 Prozent oder 381 Milliarden Euro auf 8,4 Billionen Euro (8,8 Billionen US-Dollar). Die Autoren des World Wealth Reports erwarten ein «langsames» Wachstum des Finanzvermögens wohlhabender Privatkunden. Darunter verstehen sie eine durchschnittliche jährliche Wachstumsrate von sieben Prozent (Merrill Lynch u. a. 2003, S. 6 ff.). Es wäre naiv anzunehmen, dass eine lobbyistische Politik von Finanzinstituten wie konservativen und liberalen Akteuren zugunsten jener finanzpotenten Gruppeninteressen nicht existiert.[11] Nicht weniger irreführend wäre allerdings die Annahme, dass die besonders Wohlhabenden («Reichen») grundsätzlich gegen sozialpolitische Umverteilung eingestellt seien. Dies ist zu einem gewissen Teil der Fall, sei es aus schlichtem Egoismus oder aus Unkenntnis über komplexe gesellschaftliche Zusammenhänge. Ein relevanter Teil auch dieser privilegierten Gruppen betreibt, folgen wir modernen Theorien des Verfassungsvertrages, zwar höchst erfolgreich Lobbyismus bei staatlichen Regulierern in eigener Sache, zugleich aber führt die Unsicherheit über den künftigen Verdienst auf der Verfassungsebene zu einer allgemeinen Akzeptanz von Umverteilung (Buchanan/Tullock 1962). Zudem finden sich unter den Wohlhabenden Personen mit ethisch-religiös motiviertem Altruismus. Diese nehmen, wie beispielsweise Stifter, auch die Wohlfahrt anderer Menschen in ihre Nutzenfunktion auf (Hochman/Rogers 1969). Insoweit erscheint eine zunehmende Ungleichverteilung von Vermögensressourcen zwar als Herausforderung an distributive Politik, nicht zwingend jedoch als deren Verhinderung. Entscheidend dürfte die Kombinatorik der Leistungsethik mit den anderen Ethiken sein, und zwar auf der Ebene der Individuen wie in den Verteilungsstrukturen moderner Wohlfahrtsstaaten. Die Rentenpolitik erscheint aufgrund ihrer langfristigen Handlungsketten und damit individuell schwer überschaubaren Risiken aus soziologischer Sicht eher ungeeignet für eine dominant marktwirtschaftliche Ausrichtung. Dass die internationale Rentendebatte hin und her gerissen wirkt zwischen einer

---

11 So muss nachdenklich stimmen, wenn die regierungsseitig den breiten Volksmassen nahe gelegten (und als «Riester-Rente» geförderten) Lebensversicherungen von starken Lobbygruppen vor allem als Renditequelle für die Aktionäre betrachtet werden. Der Internationale Währungsfonds stimmt unterdessen in diesen Chor ein, da die in Deutschland geltende Regelung, nach der mindestens 90 Prozent der Überschüsse an die Versicherten zu zahlen seien, ein «eindeutiges Hindernis im internationalen Wettbewerb» darstelle. Ohnehin hat sich die Ausschüttungsquote für die Versicherten bereits verringert, beim Marktführer Allianz von 95,4 Prozent in 2000 auf 91,2 Prozent des Rohertrags in 2002 (lt. «Capital», 5, 2004, S. 89).

liberalen bzw. neoliberalen Beschleunigungseuphorie und einer sozialistischen Verteilungsemphase, verwundert deshalb nicht. Die Übersetzung dieser Kontroverse in die Dichotomie «private» (also marktliche) versus «öffentliche» Sicherung erscheint dabei auch denjenigen, die sie aus eher konventionellen Gründen verwenden, bisweilen «fuzzy», so jedenfalls den Sozialpolitikwissenschaftlern Martin Rein und Winfried Schmähl in einem Sammelband zur schillernden Bewegung der internationalen Rentenpolitik zwischen den Polen Markt und Staat.[12]

Die steuerfinanzierte Grundrente im sozialdemokratischen Regime

Im von Esping-Andersen beschriebenen sozialdemokratischen Wohlfahrtsregime der skandinavischen Länder war noch in den 1980er Jahren eine steuerfinanzierte Grundrente typisch. Zwar wechselte Schweden Ende der 1990er Jahre zu einem beitragsfinanzierten Rentensystem (mit starken Grundsicherungselementen in Form einer «Garantierente»; Scherman 1998, 1999; Heese 1999; Hort 2004; zur Vorgeschichte Henningsen 1986). Doch gilt für einige Sozialdemokraten eine steuerfinanzierte, existenzsichernde Grundrente noch immer als besonderer Ausdruck einer gleichheitsorientierten, umverteilungssensitiven Sozialpolitik.[13] Ob eine steuerfinanzierte Grundrente als «sozialdemokratisch» gelten kann, hängt wohl vom Kontext ab, wie weiter oben am Beispiel des von Miegel für Deutschland vorgeschlagenen, gleichfalls steuerfinanzierten Grundrentenmodells diskutiert wurde. Im sozialdemokratischen Regime wird die Grundrente zumindest bislang als Basissicherung konzipiert, auf die weitere obligatorische, vor allem betriebliche oder allgemeine Alterssicherungssysteme aufbauen. In Deutschland dominierte innerhalb der Sozialdemokratie seit Mitte der 1950er Jahre allerdings die Bejahung des Sozialversicherungsprinzips, was – als Arbeitnehmerversicherung – in seinen Umverteilungswirkungen begrenzt ist (Eisen 1988). Die politische Programmatik einer Grundrente würde von den deut-

---

12 Rein / Schmähl 2004, S. 11 und weiter: «it has become increasingly difficult to draw a clear and unambiguous boundary between public and private».

13 So beschloss die SPD Schleswig-Holstein auf einem Landesparteitag im September 2003 einen Leitantrag, der eine steuerfinanzierte Grundrente nach dänischem Modell für Deutschland fordert (auch Scharpf 2004).

schen, aber auch generell den meisten kontinentaleuropäischen Sozialdemokraten eine grundlegende Revision des Sozialversicherungsdenkens abfordern – entweder in Richtung der skandinavischen Steuerfinanzierung (so der Vorschlag von Kirner 2004) oder in Richtung einer umfassenden Bürgerversicherung nach Schweizer Modell (was in Kapitel 8 vorgeschlagen wird).

Konservative Grundrentenmodelle

Innerhalb des konservativen Wohlfahrtsregimes finden sich in der Praxis bislang kaum universalistische Grundrentenmodelle. Sie erscheinen vielen konservativen Sozialpolitiktheoretikern mit der Idee der Subsidiarität nicht vereinbar, da sie eine der marktlichen und familialen Solidarität vorgängige staatliche Sicherung in der Regel ablehnen.[14] In der neueren konservativen Rentenpolitikdebatte wird vor allem auf die familienpolitische Dimension abgehoben. Unter Rückgriff auf Elemente der katholischen Soziallehre, die neben dem Konzept der Subsidiarität auch die Idee der familienfundierten Generationensolidarität vertritt (Nell-Breuning 1979), hat in Deutschland vor allem Jürgen Borchert eine «Transferausbeutung» der Familie ausgemacht und fordert eine konsequent familienpolitisch orientierte Reform des Rentensystems (Borchert 1993; Hessische Staatskanzlei 2003). Sie soll den generativen Beitrag der Familie in Form einer Art «Kinderrente» – ein Begriff, den Wilfried Schreiber in den 1950er Jahren in die Diskussion einbrachte – anerkennen. Die Vorstellungen dazu sind unterschiedlich weit reichend. So plädierte die CDU auf ihrem Leipziger Parteitag im Dezember 2003 für eine Ausweitung der Kindererziehungszeiten in der gesetzlichen Rentenversicherung auf bis zu sechs Jahre, finanziert durch eine Erweiterung des Bundeszuschusses, während ihre Schwesterpartei CSU eine Finanzierung durch Umverteilung innerhalb der Rentenversicherung und zusätzlich einen «Kinderbonus» zur Beitragsentlastung von Erziehenden für sinnvoll hält (CSU-Par-

---

14 Zum Überblick über die Solidaritätskonzepte in der europäischen sozialpolitischen Debatte vgl. Stjernø 2005. Roebroek / Nelissen (2004) zeigen am Beispiel der Niederlande, dass auch konfessionelle, traditionell eher als konservativ geltende Verbände und Parteien in den vergangenen Jahrzehnten die Idee einer universalistischen Grundrente übernommen haben (auch Pioch 2000).

teivorstand 2003). Zu einer grundrentenähnlichen Absicherung würden sich diese Maßnahmen für Mütter mit mehreren Kindern durchaus addieren. Eine Grundrente im engeren Sinn wäre dies jedoch nicht.

Wenn man die eher wirtschaftsliberal definierte Grundrentenforderung von Miegel und Biedenkopf, die allerdings innerhalb der CDU immer wieder auf Unterstützung stieß[15], nicht direkt dem konservativen Regime-Modell zurechnet, dann fand sich eine explizite Grundrenten-Forderung innerhalb des konservativen politischen Milieus in Deutschland in den letzten Jahren erstmals bei dem früheren Gesundheitsminister und CSU-Politiker Horst Seehofer. Im Sommer 2003 schlug er eine «Sockelrente» in Höhe von 410 Euro pro Person vor, die aus einem Beitrag aller steuerpflichtigen Einwohner in Höhe von vier bis fünf Prozent des steuerpflichtigen Einkommens finanziert werden solle.[16] Seehofers Vorschlag ist identisch mit dem Rentenreformkonzept der «Katholischen Arbeitnehmer-Bewegung», die ein dreistufiges Modell vorgeschlagen hatte: eine «Sockelrente» als Pflichtversicherung für alle Einwohner, eine «Arbeitnehmerpflichtversicherung» auf der Basis von Erwerbseinkommen und darüber die betriebliche und private Altersvorsorge. Der Anspruch auf die ab dem 65. Lebensjahr zahlbare «Sockelrente» in Höhe von 410 Euro pro Monat soll durch einen Beitrag auf alle steuerpflichtigen Einkommen (unter Freistellung des Existenzminimums) in Höhe von 5,5 Prozent bis zur Höhe der «aktuellen» Beitragsbemessungsgrenzen erfolgen. Zusätzlich sollen 40 Prozent des bisherigen Bundeszuschusses der «Sockelrente» zugeordnet werden. Der Sockelrentenbetrag soll sich «am Existenzminimum nach heutigem Sozialhilferecht» orientieren, wobei die «zusätzlichen» Wohnkosten «nicht berücksichtigt sind, weil diese Kosten im Wohngeldgesetz berücksichtigt werden» (Bundes-

---

15 Vor allem innerhalb von Teilen des Wirtschaftsflügels. Auch der frühere CDU-Ministerpräsident und im Bundestagswahlkampfteam von Edmund Stoiber (CSU) 2002 als Wirtschaftsminister aufgestellte Lothar Späth unterstützte den Miegel/Biedenkopf-Vorschlag.

16 Handelsblatt, 16. 6. 2003. Seehofer wurde umgehend vehement kritisiert, auch aus der CDU. Der der SPD zugehörende Regierungsberater Bert Rürup behauptete, es handele sich «um ein reines Umverteilungsmodell. Wir haben in Deutschland aber nicht zu wenig Umverteilung, sondern zu wenig Beschäftigung und zu wenig Leistungsanreize» (Financial Times Deutschland, 17. 6. 2003).

verband 2003, S. 8 ff.). Im Einzelnen mögen diese Vorschläge noch widersprüchlich sein[17], im Rahmen der konservativen, auf Bedarfsorientierung setzenden Diskussion erscheint der Vorschlag einer «Sockelrente» ein politisch-kulturell bedeutsamer Schritt hin zu einem «garantistischen» Wohlfahrtsregime (und durchaus kompatibel zumindest mit den historischen sozialdemokratischen Verteilungskonzepten).

Das garantistische Modell: beitragsfinanzierte Grundrente

Modelle einer beitragsfinanzierten, obligatorischen Grundrente finden sich in den Niederlanden und insbesondere in der Schweiz (dort kombiniert mit einer Maximalrente) (Roebroek/Nelissen 2004; Wechsler 2004; Carigiet 2001; ders. u. a. 2003). Man könnte diese deshalb als «garantistisch» bezeichnen, weil sie eine relativ hohe Umverteilung mit einem Teilhabekonzept verbinden, das die Mitverantwortung der Versicherten für ihre Alterssicherung betont. Antonin Wagner (1999), damals Vorsitzender der «Schweizerischen Vereinigung für Sozialpolitik», bezeichnete die Schweiz als «kommunitarischen Wohlfahrtsstaat».

Die Schweizer AHV (Alters- und Hinterlassenen-Versorgung, kombiniert mit der IV, der Invaliditätsversicherung) verlangt von allen in der Schweiz Steuerpflichtigen einen Beitrag. Erwerbstätige zahlen 9,8 Prozent (Stand 2004) auf ihr Einkommen (Selbständige 9,2%), ohne Obergrenze («unplafoniert») (plus 0,3% EO, Umlage für Wehr- und Zivildienstleistende, insgesamt also 10,1% bzw. 9,5%), Nichterwerbstätige einen Beitrag bis zu 10 100 Franken im Jahr, je nach Vermögen und Renteneinkommen. Der Mindestbeitrag beträgt für Erwerbstätige 425 Franken, für Nichterwerbstätige und freiwillig Versicherte 824 Franken p. a.

---

17 So ist nicht unbedingt klar, warum der Sockelrentenbeitrag erst für Einkommen oberhalb des Existenzminimums gezahlt werden soll – dies scheint sich an den Regelungen in den Niederlanden zu orientieren (Bieber/Henzel 1999; Roebroek/Nelissen 2004), reduziert allerdings die Einnahmebasis erheblich und widerspricht auch der Finanzierung der «Arbeitnehmerpflichtversicherung», die wie in der GRV durch Beitrag auf den gesamten Bruttolohn in Höhe von 11,5 Prozent erhoben werden soll. Kombiniert mit den 5,5 Prozent würden dadurch die (Arbeitnehmer-)Einkommen unterhalb der Steuerfreigrenzen entlastet, ab dem Steuerfreibetrag jedoch – durch den Sockelrentenbeitrag von 5,5 Prozent – erheblich belastet, um dann oberhalb der Beitragsbemessungsgrenzen wiederum von allen Beiträgen entlastet zu werden.

Wer die durchschnittliche Beitragszeit seines Jahrgangs erreicht hat (Rentenzugang 2004: 44 Jahre), erhält die Grundrente. Sie setzt sich aus der Altersrente (1055 Franken = 695 Euro) und der Zusatzrente (317 Franken – für Männer, deren Ehefrau vor 1941 geboren wurde und noch keinen eigenen Rentenanspruch hat) sowie gegebenenfalls der Kinderrente (422 Franken – für unterhaltsberechtigte Kinder) zusammen. Hinzu kommen (auf Antrag) Ergänzungsleistungen für AHV- und IV-Bezieher, die außer der Grundrente über keine anderen Einkommen verfügen. Sie sollen vor allem Wohnkosten decken. Die Maximalrente beträgt das Doppelte der Grundrente (für alle drei Elemente Alters-, Zusatz- und Kinderrente). Die Durchschnittsaltersrenten betrugen in der Schweizer AHV im Jahr 2003 für Männer umgerechnet 1079 Euro, für Frauen 1118 Euro. Männer und Frauen haben einen eigenständigen Rentenanspruch, die gemeinsame Rente wird jedoch auf 150 Prozent der beiden Einzelrenten begrenzt, allerdings nur bei gemeinsamem Haushalt. Die meisten Schweizer haben neben der Rente der AHV noch eine Betriebsrente, die zweite Säule. Sie ist obligatorisch für alle mit einem Einkommen zwischen 24 120 und 72 360 Franken im Jahr (alle Daten nach Angaben des Schweizer Bundesamts für Sozialversicherung). Obenauf kommen als dritte Säule private Ersparnisse wie beispielsweise Lebensversicherungen, teils steuerlich begünstigt (Carigiet u. a. 2003).

Die Schweizer Alterssicherung AHV entspricht dem «garantistischen» Wohlfahrtsregime-Typ. Die Gerechtigkeitsprinzipien der drei anderen Regimetypen (liberal: Leistung, sozialdemokratisch: Umverteilung, konservativ: Bedarf) erscheinen darin geradezu dialektisch «aufgehoben». Die Grundrente spielt dort eine zentrale Rolle. Denn ein «universelles System» der Alterssicherung – so ein Bürgerversicherungsvorschlag aus dem gewerkschaftlichen Zusammenhang in Deutschland – ohne systematische Grundrente führt in vielen Fällen nur zu Renten unter dem Existenzminimum, wie die Berechnungen in Meinhardt u. a. (2002) deutlich machen. In Kapitel 8 wird ein am Schweizer Modell der AHV angelehntes Konzept einer «Grundeinkommensversicherung» – unter Einschluss der Alterssicherung – auch für Deutschland vorgeschlagen (auch Opielka 2004c).

4.4 Jenseits der Renten

Alterssicherung ist nicht nur Einkommenssicherung, auch wenn die Verfügung über Geld den Zugang zu den gesellschaftlichen Funktionssystemen immer stärker kontrolliert. Wie die moderne – soziologisch und politikwissenschaftlich erweiterte – Kapitaltheorie zeigt, existieren neben dem

- *ökonomischen Kapital* (laufende Einkommen, Vermögen) drei weitere Kapitalsorten:
- das *Humankapital*, worunter häufig nur Bildungsressourcen (v. a. Bildungsstand) verstanden werden. Einzuschließen sind jedoch alle personalen Handlungsressourcen (psychosoziale Kompetenzen, Schlüsselqualifikationen).
- Drittens das *soziale Kapital*, also die sozialmoralische Infrastruktur einer Gesellschaft (Beziehungen und ihre Bedeutung), zu dem insbesondere Robert Putnam (2000, 2001) am Beispiel Italien und der USA eindrückliche Untersuchungen vorgelegt hat und dessen Bedeutung für den Wohlfahrtsstaat zusehends erkannt wird (Rothstein 2001; Aspalter/Opielka 2005).
- Viertens schließlich das *kulturelle* oder *symbolische Kapital*, zu dessen Konzeptualisierung vor allem Pierre Bourdieu beitrug. Gemeint sind auf der individuellen Ebene (und insoweit faktisch Humankapital) kulturelle Kompetenzen (feine oder auch grobe Sitten, je nach Kontext), auf der gesellschaftlichen Ebene alle kulturelle Symbolproduktion, von der Kunst über Wissenschaft bis hin zu Werten (zum Überblick über die Kapitalsorten auch Opielka 2004).

Ein ganzheitlicher Blick auf das Alter – natürlich auch auf die anderen hier behandelten oder gestreiften sozialen Phänomene bzw. Probleme (Gesundheit, Armut, Arbeit, Behinderung, Geschlecht, Familie usf.) – wird also nicht umhinkommen, Alterssicherungspolitik über die Einkommens- und Vermögensdimension hinaus zu bedenken.

Im Grenzbereich von ökonomischem und Humankapital (aber auch Kulturkapital) wird die Frage einer Umkehr des Trends diskutiert, die Altersgrenzen nicht mehr wie in den vergangenen Jahrzehnten immer weiter abzusenken, sondern die stärkere Alterung der Gesellschaft mit einem höheren Austrittsalter aus dem Arbeitsmarkt zu beantworten (Fertig/Schmidt 2003). Sofern das Humankapital (Gesundheit, Bildungsaktualisierung) dies erlaubt, ist das sicher richtig. Vielleicht wäre es noch sinnvoller, langfristig ganz auf eine gesetzliche Altersgrenze zu verzichten, nur bei Erwerbsunfähigkeit (und Krankheit) zusätzliche kollektive Transfers zu zahlen und eine lebenslange Grundeinkommensgarantie mit der Aufforderung zu verknüpfen, für Phasen möglicher Erwerbsschwäche oder -unfähigkeit dann zusätzlich Vorsorge zu treffen, sei es durch die Bildung von ökonomischem Kapital (Ersparnis), Humankapital (Selbstversorgungskompetenzen), Sozialkapital (Supportnetzwerke) oder Kulturkapital (Sinnhermeneutik des Verfalls).

In Bezug auf das Sozialkapital demonstrierten zahlreiche Studien die Bedeutung sozialer Netzwerke auch für glückliches Altern (Mayer/Baltes 1999). Sozialpolitisch bedeutsam ist dies deshalb, weil die Ausgaben beispielsweise für soziale Dienstleistungen an Ältere (Pflege, Gesundheit) wesentlich davon abhängen, ob solche primären Ressourcen bestehen oder ausgetrocknet sind – und noch bedeutsamer dann, wenn die Förderung von Glück (oder schlichter: Lebensqualität) als sozialpolitische Aufgabe gilt. Angesichts der komplexen Zusammenhänge allein zwischen Arbeitsmarkt, Familie, Bildung oder Gesundheit, ist nicht immer evident, welchen Pfad die Sozialpolitik vorrangig einschlagen soll, um die sozialen Netzwerke Älterer zu stützen, beispielsweise durch den Ausbau ambulanter, niedrigschwelliger Dienste, die Förderung von Markttransparenz bei Dienstleistungen (sofern die Marktanbieter dies nicht selbst kollektiv bereitstellen) oder die Unterstützung altersflexibler Wohnformen. Bereits diese Auflistung macht deutlich, dass die Glücksförderung nicht nur die Politik betrifft, sondern die Akteure in allen gesellschaftlichen Teilsystemen. Die Kunst der Politik besteht darin, widersprüchliche Dynamiken auszugleichen, beispielsweise das Sozialkapital von Familien und primären Netzwerken durch professionelle Dienste zu stützen und nicht zu erodieren oder die schon realisierte Bereitschaft der Männer zur Erbringung von Pflegeleistungen im Haushalt – ihr Anteil an der Alterspflege betrug 2003 in Deutschland immerhin 37 Prozent (Schupp/Künemund 2004) – und damit ein Moment von Geschlechtergleichheit nicht durch eine Delegation an rein weibliche, aber bezahlte Dienste zu stornieren.

Schließlich kann man auch ohne idealistische Einseitigkeit die Bedeutung des Werts des Alters als eine zentrale Variable künftiger Alterssicherungspolitik ansehen. Zwischen Wertorientierungen und Interessen (zumal Werte selbst Interessen sind) herrscht stets eine dialektische Beziehung, die sich in Institutionen «aufhebt», welche wiederum einem steten Wandel unterliegen. Der Wert des Alters schwankt am Anfang des 21. Jahrhunderts zwischen Missachtung – worauf die Popularisierung und Legalisierung von so genannter Euthanasie hinweist, die vordergründig Selbstbestimmung meint, kulturkapitalistisch freilich Alter und Leid als Entsorgungstatbestand denunziert – und einem neuen Selbstbewusstsein der Älteren, die sich organisieren und ihre Interessen artikulieren (Schirrmacher 2004).

Die Idee der Grundrente wurde in diesem Kapitel prominent diskutiert. Am Ende wird vielleicht klar, warum. Denn die Grundrente drückt Teilhaberechte an der Gesellschaft aus, die sich allein an der Existenz des älteren Menschen bemessen und damit an seiner Würde als Mensch. Das ist ein optimistischer Blick auf die Wirkung von Transfersystemen.

5 GESUNDHEITSSICHERUNG

Historisch ist die Gesundheitssicherung neben der Armenfürsorge die älteste Aufgabe der Sozialpolitik. Im Jahr 1883 bildete die Einführung der Krankenversicherung den Auftakt der Bismarck'schen Sozialreformen. Die Allgemeine Erklärung der Menschenrechte (1948) zählt in Artikel 25 das Recht auf Gesundheit zu den sozialen Grundrechten: «(1) Jeder Mensch hat Anspruch auf eine Lebenshaltung, die seine und seiner Familie Gesundheit und Wohlbefinden einschließlich Nahrung, Kleidung, Wohnung, ärztlicher Betreuung und der notwendigen Leistungen der sozialen Fürsorge gewährleistet; er hat das Recht auf Sicherheit im Falle von Arbeitslosigkeit, Krankheit, Invalidität, Verwitwung, Alter oder anderweitigem Verlust seiner Unterhaltsmittel durch unverschuldete Umstände. (2) Mutter und Kind haben Anspruch auf besondere Hilfe und Unterstützung. Alle Kinder, eheliche und uneheliche, genießen den gleichen sozialen Schutz.» Am Beginn des 21. Jahrhunderts gehört das Gesundheitswesen nicht nur zu den Herzstücken des Wohlfahrtsstaats, sondern mit einem Anteil der Gesundheitsausgaben am BIP zwischen 5,7 Prozent (Slowakei) und 14,6 Prozent (USA) zu den wichtigsten Wirtschaftsbereichen (OECD 2004a). Über die Gesundheitspolitik wird immer wieder kontrovers diskutiert. Neben ihrer sozialpolitischen und ökonomischen Bedeutung berührt sie die Bürger höchstpersönlich. Es ist der Bereich der Sozialpolitik mit den existenziellen Bezügen. Seine Funktionstüchtigkeit kann über die physische und psychische Gesundheit, über Leben und Tod entscheiden. Die Gesundheitspolitik ist zudem der Bereich der Sozialpolitik, in dem Geldleistungen und Dienstleistungen besonders eng verknüpft sind. Kritiker argumentieren, seit der Erfindung des «klinischen Blickes» (Michel Foucault) im 18. Jahrhundert sei die Leitdifferenz im Gesundheitswesen nicht Gesundheit, sondern Krankheit. Man müsse deshalb eher von einem «Krankheitswesen» (Göpel 2004) sprechen, Gesundheitssicherung sei kaum existent.

Die folgenden Ausführungen wenden die in Kapitel 1 erweiterte Theorie des Wohlfahrtsregimes auf die Gesundheitspolitik an und nutzen die dieser Erweiterung zugrunde liegende, an Talcott Parsons anschließende soziologische Perspektive der «Viergliederung» (Opielka 2004) als analytischen Rahmen. Entlang der vier Funktionen der Gesundheitspolitik – der wirtschaftlichen, politischen, gemeinschaftlichen und legitimativen Funktion – sollen vier Problembereiche erörtert werden:

1. das ökonomische Verhältnis von *Kosten und Nutzen,*
2. die politische *Verteilungsfrage,*
3. die gemeinschaftliche Funktion der Professionen im Gesundheitswesen und der von ihnen erbrachten *Qualität* von Dienstleistungen, schließlich
4. die legitimative Problematik der medizinischen Ethik und hier insbesondere das Problem der *Rationierung.*

Das politische Verteilungsproblem, die so genannte Finanzierungsfrage, wird dabei zum Abschluss untersucht.

5.1 Kosten und Nutzen des Gesundheitswesens

In der öffentlichen Diskussion wird das Gesundheitswesen vor allem als Kostenfaktor präsentiert: «Gesundheitssystem verschlingt 224 Milliarden» (Die Welt v. 7. 7. 2004), heißt es in einer exemplarischen Schlagzeile. Mit Bezug auf Daten des Statistischen Bundesamts zu den Gesundheitskosten in Deutschland im Jahr 2002 wird freilich eingeschränkt, dass von einer «Kostenexplosion» nicht die Rede sein könne, da der Anteil der Gesundheitskosten am Bruttoinlandsprodukt (BIP) zwischen 1992 und 2002 nur unwesentlich von 10,1 auf 11,1 Prozent gestiegen sei. Ein Sechstel der Ausgaben floss im Bezugsjahr in die Behandlung von Herz-Kreislauf-Erkrankungen (35,4 Mrd. Euro), zehn Prozent (22,4 Mrd.) in die Behandlung psychischer Störungen und Krankheiten, knapp die Hälfte (108 Mrd.) in die (sonstige) ambulante Behandlung (einschließ-

Kosten und Nutzen des Gesundheitswesens 171

lich Apotheken), der Rest ging an Krankenhäuser und Heime. Es sind aber nicht nur die direkten Kosten, die volkswirtschaftlich zu Buche schlagen. Auf 5,1 Millionen Jahre bezifferten sich krankheitsbedingte Arbeitsausfälle, allein 400 000 Erwerbsjahre entfielen (2002) wegen Rückenschmerzen. Die schon für Deutschland nüchterne Betrachtung wird noch abstrakter, wenn die vergleichende Perspektive gewählt wird. Zudem weichen internationale Statistiken von den jeweiligen nationalen Klassifikationen teils ab. Gleichwohl machen die in Abbildung 32 zusammengestellten Daten der OECD auf einige für die Gesundheitspolitik wichtige Trends aufmerksam.

Die Gesundheitsausgaben nehmen in allen Industrieländern einen kontinuierlich steigenden Anteil des Wirtschaftslebens ein. Die Gesellschaften sind insoweit bereit, mehr in Gesundheit bzw. in die Krankenversorgung zu investieren. Allerdings sind die anteiligen Wachstumsraten disparat. Während manche Länder (z. B. Dänemark, Österreich) den Anteil der Gesundheitskosten am BIP seit mehr als zwei Jahrzehnten stabil halten, hat sich dieser Anteil beispielsweise in den USA im selben Zeitraum um 68 Prozent, in der Schweiz um 53 Prozent erhöht, während er in Deutschland um 25 Prozent stieg. Aus volkswirtschaftlicher Sicht braucht man darin kein Problem zu sehen, vielmehr einen Ausdruck geänderter Ausgabenpräferenzen. Das «Gut» Gesundheit wird unterschiedlich konsumiert, die Investitionen in das «Humankapital» Gesundheit fallen verschieden aus.

Unter Arbeitsmarktgesichtspunkten wirkt ein hoher Ausgabenanteil für das Gesundheitswesen zudem positiv, da Dienstleistungen – die im Gesundheitswesen gegenüber Ausgaben für Pharmazeutika und Medizintechnik dominieren – in der Regel in den «geschützten», also nicht weltmarktexponierten Sektoren erbracht werden (vgl. Kapitel 2). Im Jahr 2001 arbeiteten nach Angaben des Statistischen Bundesamtes in Deutschland 4 122 000 Menschen im Gesundheitswesen, davon 71,4 Prozent Frauen. Das Gesundheitswesen ist (wie das gesamte Sozial- und Bildungswesen) in den letzten drei Jahrzehnten das am kontinuierlichsten und stärksten wachsende Arbeitsmarktsegment und dabei zugleich ein Teil der produktiven, Werte schöpfenden Wirtschaft. 298 000 Ärztinnen und Ärzte, 493 000 Arzt- und Zahnarzthelfer, 697 000 Krankenschwestern und Hebammen und 223 000 Krankenpflegehelfer, 263 000 Altenpfleger oder 136 000 «Gesundheitshandwerker» (Optiker, Zahntechniker usf.) dokumentieren, dass es im Gesundheitswesen vor allem um die Organisation von Hilfe geht und nicht um leicht verzichtbare Dienstleistungen wie Pizzadienste oder Klingeltöne für Handys. Eine Reduzierung oder Stagnation der Gesundheitsausgaben kann erhebliche negative Effekte in anderen gesellschaftlichen Bereichen haben. Freilich ist schwer zu bestimmen, ob die Ausgabensteigerung einen Hinweis auf Ineffektivitäten des jeweiligen Gesundheitssystems erlaubt, auf wachsende Gesundheitsprobleme oder auf qualitativ hochwertigere Leistungserbringung.

Mit der Modernisierung geht in der Regel auch eine Ausweitung der Gesundheitsausgaben einher. Generell scheinen moderne Industriegesellschaften höhere Gesundheitskosten zu verursachen, andererseits wächst die sozialpolitische Bereitschaft bzw. der Druck, die Gesundheitsversorgung auszuweiten. Das jährliche Wachstum der Gesundheitsausgaben, das in einem Land wie Irland zuletzt mit 9,8 Prozent erheblich ausfiel, relativiert sich fast durchweg vor dem Hintergrund der allgemeinen Wachstumsraten (Abbildung 32, rechte Spalte).

Den höchsten Anteil des Nationaleinkommens geben die USA (14,6 %) für das Gesundheitswesen aus, danach folgen die Schweiz (11,2 %) und Deutschland (10,9 %). Die Frage ist nahe liegend, ob der Nutzen entsprechend hoch ist. Um die Leitungsfähigkeit der Gesundheitssysteme zu vergleichen, hat die Weltgesundheitsorganisation im Weltgesundheitsbericht 2000 eine Rangordnung entwickelt (WHO 2000). Die fünf Indikatoren dafür sind das Gesundheitsniveau der Bevölkerung, die Verteilung des Gesundheitsniveaus am Beispiel der Kindersterblichkeit, die Patientensouveränität, soziale Gerechtigkeit und die Fairness der Finanzierung. Unter den 40 besten Gesundheitssystemen liegt Frankreich auf Platz 1, Italien auf Platz 2, Österreich auf Platz 9, Großbritannien auf Platz 18, die Schweiz auf Platz 20, Deutschland auf Platz 25 und die USA auf Platz 37. Diese Rangordnung hat mit den jeweiligen Ausgaben offensichtlich wenig zu tun.

An den Indikatoren wurde berechtigte Kritik geübt. So werfen Fritz Beske u. a. (2004) der WHO vor, dass beispielsweise die schnelle Erreichbarkeit medizinischer Versorgung und die Wahlfreiheit nicht in die Bewertung eingingen. Bei diesen Indikatoren schneidet Deutschland

Kosten und Nutzen des Gesundheitswesens 173

	Gesundheitsausgaben als Anteil des BIP (in Prozent)					Jährliches Wachstum der Gesundheitsausgaben 1997–2002 (in Prozent)	Jährliches Wachstum der Gesundheitsausgaben im Verhältnis zum Wachstum des BIP 1997–2002 (in Prozent)
	1960	1970	1980	1990	2002		
Australien	4,1	:	7	7,8	9,1	4,4	0,6
Belgien	:	4	6,4	7,4	9,1	3,0	0,5
Dänemark	:	:	9,1	8,5	8,8	3,2	0,6
Deutschland	:	6,2	8,7	8,5	10,9	1,8	0,2
Finnland	3,8	5,6	6,4	7,8	7,3	3,2	0,0
Frankreich	3,8	5,4	7,1	8,6	9,7	3,1	0,3
Griechenland	:	6,1	6,6	7,4	9,5	3,8	0,1
Großbritannien	3,9	4,5	5,6	6	7,7	4,9	0,9
Irland	3,7	5,1	8,4	6,1	7,3	9,8	0,9
Island	3	4,7	6,2	8	9,9	6,3	1,8
Italien	:	:	:	8	8,5	3,4	0,8
Japan	3	4,5	6,5	5,9	7,8	3,5	0,9
Kanada	5,4	7	7,1	9	9,6	4,7	0,7
Korea	:	:	:	4,4	5,9	9,0	1,2
Luxemburg	:	3,6	5,9	6,1	6,2	5,0	0,3
Mexiko	:	:	:	4,8	6,1	4,9	0,8
Neuseeland	:	5,1	5,9	6,9	8,5	5,2	1,1
Niederlande	:	:	7,5	8	9,1	4,3	0,9
Norwegen	2,9	4,4	7	7,7	8,7	3,6	0,9
Österreich	4,3	5,3	7,6	7,1	7,7	2,5	0,1
Polen	:	:	:	4,9	6,1	4,3	0,4
Portugal	:	2,6	5,6	6,2	9,3	4,1	0,8
Schweden	:	6,9	9,1	8,4	9,2	5,4	1,0
Schweiz	4,9	5,4	7,3	8,3	11,2	3,2	1,0
Slowakei	:	:	:	:	5,7	2,7	−0,1
Spanien	1,5	3,6	5,4	6,7	7,6	2,6	0,1
Tschechien	:	:	:	5	7,4	2,7	0,3
Türkei	:	2,4	3,3	3,6	6,6	:	:
Ungarn	:	:	:	:	7,8	6,9	1,1
USA	5	6,9	8,7	11,9	14,6	4,2	1,6

Quelle: OECD 2004a – Daten 2002 für Australien, Japan, Korea aus 2001, Türkei aus 2000

Abbildung 32: Gesundheitsausgaben in Prozent des Bruttoinlandsprodukts 1960 bis 2002 (OECD)

174 Gesundheitssicherung

vorzüglich ab. Das gilt auch, wenn man die langfristige Wirkung des Gesundheitswesens auf das Gesundheitsniveau berücksichtigt. So war die Steigerung der Lebenserwartung zwischen 1970 und 1999 in Deutschland mit 10,4 Prozent höher als in der Schweiz (8%), Großbritannien (7,7%) oder den Niederlanden (5,7%). Die Säuglings- und Kindersterblichkeit verringerte sich in Deutschland zwischen 1970 und 2000 mit 80,4 Prozent stärker als in den Vergleichsländern (Schweiz: 67,6%, Großbritannien: 69,7%, Niederlande: 59,8%) (OECD 2003, Gethmann u. a. 2004, S. 308f.). Ob diese positiven Ergebnisse auf das Gesundheitswesen, auf Verhaltensänderungen oder auf geographisch-klimatische Bedingungen zurückzuführen sind, muss allerdings offen bleiben.

In Abbildung 33 werden die Finanzierungsströme im deutschen Gesundheitswesen im Laufe eines Kalenderjahres – Stand 2001 – sichtbar gemacht, wobei zwischen drei Akteuren unterschieden wird: den privaten Haushalten (einschließlich privaten Organisationen ohne Erwerbszweck), den öffentlichen Haushalten und den Arbeitgebern. Die Sozialversicherungen (und die privaten Krankenversicherungen, PKV) nehmen eine aktive Vermittlerrolle zwischen jenen Akteuren und den Leistungserbringern ein. In der obersten Reihe werden die Gesamtausgaben des Gesundheitswesens im Jahr 2001 den Zahlern zugeordnet. Die öffentlichen Haushalte übernehmen nur zu einem geringen Teil Einkommensleistungen (beispielsweise für Versorgungsempfänger), ihre beiden größten Ausgabenströme gehen an die Krankenversicherungen (v. a. als Zuschuss an die Krankenversicherung der Rentner) und direkt in Gesundheitsausgaben (v. a. für die Krankenhausfinanzierung). Öffentliche und private Arbeitgeber finanzieren sowohl Einkommensleistungen (Lohnfortzahlung im Krankheitsfall), den Arbeitgeberanteil der Kranken- und Pflegeversicherung sowie (vollständig) die Unfallversicherung. Die privaten Haushalte schließlich zahlen an die Krankenversicherungen und übernehmen direkt zahlreiche Gesundheitsausgaben (Selbstbeteiligungen usf.). Am Ende kommt alles den privaten Haushalten und den in ihnen lebenden Personen zugute.

Seit 1992 hat sich die Struktur der Finanzierung zugunsten der öffentlichen Haushalte verschoben. Während sie zu Anfang der 1990er Jahre noch rund 45 Mrd. Euro für die Finanzierung des Gesundheitswesens

Kosten und Nutzen des Gesundheitswesens 175

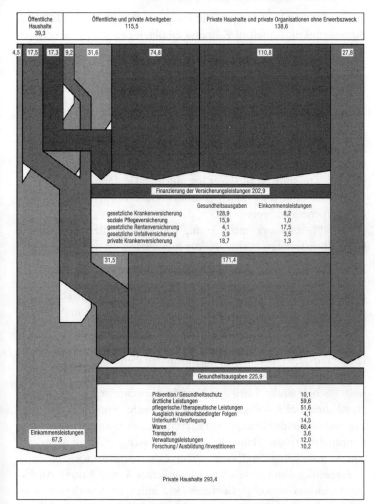

Quelle: Weinmann / Zifonun 2003 – Statistisches Bundesamt (Wirtschaft und Statistik 6 / 2003, S. 524)

Abbildung 33: Finanzierungsströme im deutschen Gesundheitswesen 2001 (in Mrd. Euro)

aufwandten, ist der Betrag bis 2001 um gut 13 Prozent auf rund 39 Mrd. Euro gesunken. Im selben Zeitraum erhöhten sich die Aufwendungen der Arbeitgeber um 29 Prozent von 89,4 auf 115,5 Mrd. Euro und diejenigen der privaten Haushalte gar um etwa 57 Prozent von 88 auf 138,6 Mrd. Euro (Weinmann/Zifonoun 2003, S. 525). Diese Verschiebungen haben einen Grund in der Einführung der Pflegeversicherung (1996), die mit erheblichen Entlastungseffekten bei den öffentlichen Haushalten einherging, und insgesamt in einer Politik der «Kostendämpfung» im Gesundheitswesen, die faktisch eine Verschiebung der Kosten auf die privaten Haushalte und damit eine Privatisierung aus dem sozialpolitischen Umverteilungsprozess zur Folge hat. Auch im Gesundheitswesen ist die «Transformation des Wohlfahrtsstaates» (Gilbert 2002) hin zu marktlicher Steuerung zu beobachten.

Es fällt insgesamt nicht leicht, die Kosten-Nutzen-Relation im Gesundheitssystemvergleich objektiv zu bewerten. Zu den Gesundheitsausgaben zählen Schönheitsoperationen und die Versorgung auf Intensivstationen, die Beseitigung von Operationsfehlern wie Vorsorgeuntersuchungen und die Rehabilitation nach Unfällen. Manches ist Luxus, das meiste notwendig. Während die vergleichende Übersicht in Abbildung 32 zwischen privatem und sozialpolitisch gesteuertem Konsum nicht unterscheidet, macht Abbildung 33 (für Deutschland) ersichtlich, dass (2001) nur 12,3 Prozent der Gesundheitsausgaben (ohne Einkommensleistungen) direkt von den privaten Haushalten aufgebracht wurden, der weit überwiegende Anteil von Krankenversicherungen, öffentlichen Haushalten und Arbeitgebern und deshalb nicht dem «Luxuskonsum» zugerechnet werden kann. Hinzu kommt, dass auch ein Teil der Aufwendungen der privaten Haushalte (z. B. Selbstbeteiligungen an Arzneimitteln, Krankenhausaufenthalten) sozialpolitisch definiert wird.

Schließlich kann in einer sozialpolitischen Kosten-Nutzen-Analyse die Dimension sozialer Ungleichheit nicht fehlen. Die Sozialepidemiologie hat den Zusammenhang von Schichtzugehörigkeit und Erkrankungsrisiko nachgewiesen. Frauen, die der «unteren Schicht» angehören, erleiden in Deutschland beispielsweise im Alter von 40 bis 49 Jahren sechsmal so häufig einen Schlaganfall wie Frauen der oberen Sozialschicht, im Alter von 60 bis 69 Jahren liegt der Faktor bei 2,3 (Helmert u. a. 1993, S. 127). Bildungsstand, Einkommen oder beruflicher Status beeinflussen maßgeblich Krankheitshäufigkeit, Lebenserwartung und gesundheitliches Wohlbefinden (Helmert u. a. 2000; Rosenbrock/Gerlinger 2004, S. 41ff.). Ein Faktor ist das gesundheitsbezogene Verhalten, das wiederum durch ganze Cluster sozialökologischer Bedingungen (wie Bildung, Wohnqualität, Einkommen) geprägt wird.

Eine schlichte Steigerung der Ausgaben für das Gesundheitswesen garantiert nicht die von der WHO programmatisch geforderte «Gesundheit für alle» (WHO 1999). Das Beispiel der weltweit höchsten Gesundheitsausgaben in den USA, das mit schlechten Versorgungsergebnissen bei den sozial Schwächeren einhergeht (WHO 2000; Leon/Walt 2001), belegt eine generelle Spannung zwischen marktlicher Steuerung und gesellschaftlicher Gesundheitssicherung. Die sozialpolitische Sicherung von Gesundheit ist selbst ein öffentliches Gut. Hierfür hat sich seit den 1980er Jahren anstelle des älteren Begriffs «Volksgesundheit» der Begriff «Public Health» durchgesetzt und eigenständige akademische und professionelle Felder im Schnittbereich von Medizin, Sozialwissenschaften und Sozialpolitik definiert (Beaglehole 2003; Hurrelmann/Laaser 2003).

5.2 Professionalität und Qualität

Die älteste Profession ist der Arzt. Professionen als organisierte Beruflichkeit bilden ein Zentrum der gemeinschaftlichen Verfassung moderner Gesellschaften, worauf Talcott Parsons (1968, 1979) aufmerksam machte. Professionalität dient der Sicherung von Qualität (Mieg/Pfadenhauer 2003), das Gesundheitswesen kann ohne ihre Logik und Organisationsform weder verstanden noch weiterentwickelt werden. In den vergangenen Jahrzehnten hat sie sich immer weiter ausdifferenziert, die Pflegeberufe wurden akademisiert, Psychotherapeuten in Deutschland in Kammern organisiert und zu unmittelbaren Leistungsansprüchen zugelassen (Psychotherapeutengesetz). Zu einer zeitgemäßen Professionalisierung gehört – oft nicht ausreichend beachtet – zudem die konsequente Berücksichtigung des «Laienpotenzials», das Wissen um die «Koproduktion» von Dienstleistungen zwischen Professionellen und Laien und damit die Förderung von Selbsthilfe im Gesundheitswesen (Borgetto 2002; Trojan 2003).

Der gemeinschaftliche (mit Durkheim: «moralische») Charakter der Professionen steht in einer nicht einfach auflösbaren Spannung zu den Steuerungsprinzipien des Markts und des Staats sowie zu den «legitimativen» Steuerungsformen, die im Gesundheitswesen besonders wirksam sind: der Steuerung durch die medizinische Wissenschaft, durch ökonomische und ethische Diskurse. Natürlich verfügt auch der Ingenieur oder die Volkswirtin, die in einem Unternehmen handeln, das seine Leistungen auf dem Markt anbietet, über einen professionellen Habitus, ebenso Juristen oder Polizisten im Staatsapparat. Dafür sind Berufsverbände, Ausbildungsrichtlinien und eine wissenschaftliche Absicherung verantwortlich. Das Gesundheitswesen als gesellschaftliches Funktionssystem ist jedoch (wie soziale Arbeit und Bildung), soziologisch betrachtet, doppelt gemeinschaftlich kodiert: zum einen durch Professionalität (was es mit anderen Funktionssystemen teilt), zum anderen durch die Funktion des Helfens (Luhmann 1973; Baecker 1994). Das Subsystem «Hilfe» ist Teil des gesellschaftlichen Subsystems «Gemeinschaft» (Opielka 2004). Dies zeigt (nicht nur in Deutschland) der von Umsatz- und Körperschaftssteuern noch weitgehend befreite Status der «freien Berufe». Man kann nun diese Hilfefunktion vermarkten, kommerzialisieren. Die Befürworter eines Freihandels von Dienstleistungen setzen sich dafür ein (z. B. GATS, siehe Kapitel 7). Infrage steht, wie weit der «Hilfe»-Charakter des Gesundheitswesens durch Ökonomisierung leidet. Die Spannung zwischen (gemeinschaftlicher) Professionalität und (legitimativer) Wissenschaft und Ethik liegt darin, dass die Wissenschaft mehr ermöglicht, als professionelles Handeln in vielen Fällen erlaubt, weil es auf die Adressaten, die Patienten bezogen ist. Die Spannung zwischen Profession und Staat im Gesundheitswesen ist in einer Demokratie geringer, in einer Diktatur erheblich (z. B. «Euthanasie» im NS-Staat).

Die Spannung zwischen Profession und Markt wiederum gehört seit den 1980er Jahren in das Zentrum der gesundheitspolitischen Auseinandersetzung. Sie ist natürlich alt. Geld begrenzt oft genug professionelle Notwendigkeit und führt zu Rationierung und «Triage» (Schmidt 1996). Die gesundheitsökonomische Diskussion um «Steuerungsmängel» des Gesundheitswesens wird dabei von zwei Perspektiven geprägt: Die erste bezieht sich auf die Organisation des Krankenversicherungssystems, die zweite erweitert diese Befunde normativ dahin, dass marktliche Steue-

Professionalität und Qualität 179

rung einer staatlichen oder verbandlichen (gemeinschaftlichen) aus Effizienzgründen generell vorzuziehen sei. Beide Perspektiven setzen sich jedoch unzureichend mit dem Thema Professionalität auseinander und gefährden diese damit.

Heinz Lampert und Jörg Althammer (2004, S. 253ff.) nennen einige Organisationsprobleme, die sich aus den komplexen Steuerungsbeziehungen im Gesundheitswesen ergeben und die sie in der als Abbildung 34 zitierten Graphik zusammengestellt haben (ebd., S. 255). So erwerben Versicherte durch die Beitragsleistung an die Krankenkasse (1) einen Anspruch auf weitgehend unentgeltliche Behandlung, der durch eine Versichertenkarte (2) bzw. durch ein Rezept (4) nachgewiesen wird. Die Versichertennachfrage ist somit nicht durch Preise reguliert, d. h. weder durch Zahlungsfähigkeit noch durch Zahlungsbereitschaft. Das sei zwar sozialpolitisch gewollt, weil niemand ausgeschlossen werden soll. «Die Preisunabhängigkeit der Nachfrage hat aber zur Folge, dass die Patienten die bestmöglichen Leistungen in großem Umfang nachfragen» (ebd., S. 253). Lampert und Althammer belassen es beim gesundheitsökonomischen Referat, ohne darin ein Grundsatzproblem aller Versicherungslösungen zu identifizieren – vermutlich noch stärker bei privaten Krankenversicherungen, die ausdrücklich mit den «bestmöglichen» Leistungen werben und deren Ausgaben pro Versicherten in Deutschland mehr als 60 Prozent höher liegen als bei den gesetzlichen Krankenkassen.[1]

Ein weiterer Steuerungsmangel ist in dieser Perspektive, dass die Ärzte ein starkes Interesse an der Maximierung ihrer Einkommen aufweisen, zugleich aber die Nachfrage nach den Leistungen definieren. Zur Beseitigung des Mangels wurden in Deutschland verschiedene Maßnahmen ergriffen. In den 1990er Jahren wurde die Budgetierung eingeführt, allerdings mit der Folge, dass die Punktwerte für die Leistungen immer mehr sanken. Seit 2002 gilt deshalb ein Regelleistungsvolumen, das das Arzteinkommen (8) aus Leistungen der gesetzlichen Krankenkassen pauschaliert und auf ein Durchschnittseinkommen begrenzt. Schließlich be-

---

[1] Der Verband der Privaten Krankenversicherungen wirbt selbst mit «Quersubventionen» seiner Mitgliedsunternehmen an die gesetzlich Krankenversicherten in Höhe von 5 Mrd. Euro im Jahr aufgrund dreimal so hoher Arzthonorare laut Gebührenordnung und höherer Krankenhauspflegesätze für Privatversicherte (Zipperer 2003, S. 15).

180 Gesundheitssicherung

stehen Steuerungsmängel im Arzneimittelbereich (11), wo durch Marktversagen wie Markintransparenz oder Oligopole überhöhte Preise festgesetzt werden, sowie im Krankenhausbereich, wo ein duales Krankenhausfinanzierungssystem (Gebietskörperschaften zahlen Investitionen, Krankenkassen die Betriebskosten) eher mehr Klinikbetten vorhält als benötigt, da die Errichtung von Kliniken politisches Prestige verspricht, der Abbau von Kapazitäten hingegen mit politischen Kosten verbunden ist.

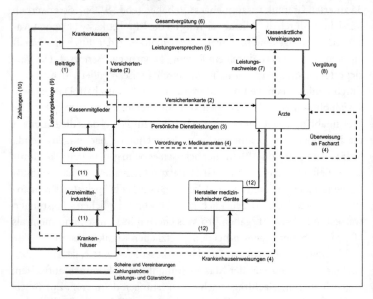

Quelle: Lampert/Althammer 2004, S. 255

Abbildung 34: Das System der ambulanten und stationären Gesundheitsversorgung in Deutschland

Wie aber können diese Steuerungsmängel behoben werden? Hier kommt die zweite genannte Perspektive in den Blick. In Bezug auf die Spannung von Vermarktlichung und Professionalisierung vertritt der Mainstream der Gesundheitsökonomen seit langem eine Marktorientierung, die die Grenze zur Marktideologie bisweilen überschreitet, beispielsweise bei Peter Oberender (z. B. ders. u. a. 2002). Einseitig auf

Marktsteuerung orientiert erscheint auch die «transdisziplinäre Studie zu den Grundlagen eines dauerhaften Gesundheitssystems» einer Forschergruppe der Berlin-Brandenburgischen Akademie der Wissenschaften (Gethmann u. a. 2004). Sie legt ein «Reformmodell» vor, das mit einem Verfall der professionellen Kompetenz der Ärzte begründet wird: «Der gegenwärtig zu beachtende Zustand, dass aus politischen Gründen vermiedene Allokationsentscheidungen unter dem Deckmantel ‹medizinischer› Kriterien vom Arzt getroffen werden müssen, ist rechtlich bedenklich. Das Parlament sollte daher seine Verpflichtung, grundlegende Allokationsentscheidungen zu treffen, wahrnehmen und im Übrigen ein transparentes, alle beteiligten Interessen repräsentierendes Verteilungssystem schaffen» (ebd., S. 238). Der Staat soll demnach durch professionelles Urteil oder Mitleid begründete Spielräume ärztlicher Entscheidungen beschränken. Interessant ist in diesem Angriff auf ein angenommenes Bündnis von professioneller Kompetenz und sozialpolitischer Großzügigkeit, dass ein solider empirischer Nachweis jenes «Deckmantels» (Gethmann u. a.) nicht vorliegt. Nun zeigt die Erfahrung aus dem (sehr kostengünstigen) staatlichen Gesundheitswesen in Großbritannien, dass beispielsweise Wartezeiten für Facharzttermine von sechs bis acht Monaten auch die Inanspruchnahme reduzieren, weil manches Leiden sich verflüchtigt oder der Patient unterdessen verstorben ist. Doch werden solche Zustände gewöhnlich beklagt und durch Wohlhabende bei Privatärzten umgangen. Eine allgemeine Rationierung von Gesundheitsleistungen senkt die öffentlichen Kosten – aber sie reduziert auch die Qualität des Systems insgesamt und die Gesundheitschancen der ohnedies Benachteiligten (Beske u. a. 2004). Vor diesem Hintergrund erscheint die verbandliche Organisation und Vertretung professioneller Interessen auch im Sinne einer advokatorischen, anwaltlichen Haltung zugunsten der Klienten als ein zentrales Element zeitgemäßer Gesundheits- und Sozialpolitik. Jener «Reformvorschlag» von Gethmann u. a., der dem Parlament die Definition des «medizinisch Notwendigen» übertragen will, beruht entweder auf einer Überschätzung des Politiksystems oder auf der Hoffnung, dass die politischen Mandatsträger durch Begriffe wie «grundlegende Allokationsentscheidungen» in eine sozialpolitische Trance versetzt werden und gegen die Interessen der sie beauftragenden Bürger die «öffentliche Gesundheit» weiter einschränken.

Denn weder trägt die Ausweitung marktlicher Steuerung automatisch zur Kostensenkung bei (aufgrund von monopolartiger Anbietersteuerung, Informationsbeschränkung der Nachfrager usf.), noch erhöht sie immer die Leistungsqualität des Gesundheitswesens. Für das erste Problem werden beispielsweise Positivlisten und eine «evidenzbasierte Medizin», für das zweite verbindliche Verfahren der Qualitätskontrolle vorgeschlagen. Die Diskussion um die Zukunft des Gesundheitswesens erkennt zunehmend die Spannung zwischen den hier knapp skizzierten Handlungslogiken. In der bereits erwähnten Studie von Gethman u. a. dominiert auch hier wie in ähnlichen, wenngleich nicht so umfassend angelegten Arbeiten (z. B. Breyer u. a. 2004) ein soziologisch wenig informierter Ökonomismus. Im Zentrum des vorgeschlagenen «Reformmodells», das mutig «von vornherein als ein für Europa einheitliches Modell konzipiert» (Gethmann u. a. 2004, S. 6) wird, stehen «mehr Wettbewerb und Eigenverantwortung». Die Gruppe aus Philosophen, Medizinern und Ökonomen empfiehlt eine radikale ordnungspolitische Umorientierung, gewissermaßen in eine reine Privatversicherungswelt (mit staatlicher Gewährleistungsaufsicht). Ein gering entwickeltes Bewusstsein des gemeinschaftlichen Charakters des Gesundheitswesens drückt sich in Bemerkungen aus wie: «Zwar sollte auch der Gedanke der solidarischen Verantwortung nicht wie eine Naturkonstante behandelt werden» (ebd.). Andererseits wird der Gemeinschaftscharakter dort gesehen, wo die ärztliche Professionalität gefährdet wird: «Wie bei einer Passacaglia hat sich (...) ein durchgängiges Grundthema gezeigt: der Antagonismus zwischen der Singularität des Arzt-Patienten-Verhältnisses einerseits und dem gesundheitsökonomischen Druck zu einer möglichst weitgehenden Standardisierung der medizinischen Leistungen andererseits» (ebd., S. 7; dazu auch Dörner 2003). Ob dieser «Antagonismus» durch eine Privatisierung der Finanzierungsstrukturen zugunsten professioneller Handlungsorientierung beeinflusst wird, darf man füglich bezweifeln.

Die kritischen Reflexionen der referierten Studien haben einen berechtigten Kern. Der Nachteil des Gemeinschaftscharakters professioneller Organisationen, insbesondere eines korporatistischen Gesundheitswesens, ist die Versäulung von Interessen, die Krankenversicherungen und Leistungserbringer davon abhält, nach dem wirklich Erforderlichen zu entscheiden. Modelle einer integrierten Versorgung, einschließlich so genannter Health Maintenance Organisations (HMO), die ein multiprofessionelles Handlungsspektrum abdecken (Hausärzte, Psychologen, Sozialarbeiter, Bewegungstherapeuten, Pflegeberufe, Gesundheitsberater) und sich seit Ende der 1990er Jahre in der Schweiz (Rosenbrock / Gerlinger 2004, S. 286ff.) und in den USA (Enthoven / Tollen 2004) zunehmend bewähren, schränken die Wahlmöglichkeiten der Versicherten im jeweiligen Abrechnungszeitraum zwar etwas ein, doch verbessern sie die Leistungsqualität, vor allem im Präventionsbereich.

Im Interesse der Qualitätsentwicklung wird von Ellis Huber und Kurt Langbein (2004) eine «Gesundheitsrevolution» gefordert, weil es beispielsweise in Deutschland und Österreich fast doppelt so viele Krankenhausbetten gibt wie in den Niederlanden. Sie loben die «schlanke Organisation» kleiner Spezialkliniken, die kostengünstige «Fließbandmedizin» (ebd., S. 258) anbieten, auch wenn sich die Rationalisierungspotenziale standardisierter Operationen nicht verallgemeinern lassen. Ferner kritisieren sie eine Ideologie des Markts im Gesundheitswesen, monieren, dass die größten börsennotierten Health-Care-Gesellschaften 20 bis 30 Prozent Gewinn aus den eingenommenen Prämien erwirtschaften und lediglich 20 Cent eines im US-amerikanischen Gesundheitssystems eingesetzten Dollars für die direkte Krankenpflege investiert werden, während Geschäftsprozesse, Werbung und Gewinne den Rest aufzehren (ebd., S. 200). Deshalb plädieren Huber und Langbein etwas idealisierend für eine Beibehaltung des gemeinwirtschaftlichen, auf öffentlichen und Non-Profit-Unternehmen basierenden europäischen Modells der Leistungserbringung – die deutsche Realität ist allerdings schon immer durch marktorientierte und freiberufliche Anbieterstrukturen mit geprägt.

Wettbewerbliche Formen der Effektivitätssteigerung lassen sich dabei mit professionellen und gemeinschaftlich-solidarischen Organisationsformen verknüpfen. Im staatlichen britischen «National Health Service (NHS)», der aufgrund seiner ideologischen Geschichte im fabianischen Sozialismus eine stark gemeinschaftliche Rhetorik transportiert, wurden beispielsweise «interne Märkte» installiert (Greener 2004). Seit 2004 werden bei privaten Leistungsanbietern, teils auch im Ausland, Operationskapazitäten für Wahl-Eingriffe eingekauft, wobei der NHS aufgrund seiner Marktmacht sowohl günstige Preise erzielen als auch durch Zertifizierung hohe Qualitätsstandards durchsetzen kann (Neue Zürcher Zeitung v. 29. 7. 2004). Das Management gemeinwirtschaftlicher – d. h. staatlicher oder gemeinnütziger – Organisationsformen (wie die meisten Krankenhäuser in Deutschland) setzt eine hohe Professionalität voraus, die sich nicht nur auf den konkreten Dienstleistungsakt beschränkt, sondern die vollständige Handlungskette umfasst. Gut geführte gemeinwirtschaftliche Unternehmen stehen For-Profit-Unternehmen gerade im Sozial- und Gesundheitsbereich nicht nach, vielmehr weisen sie aufgrund ihres selbst gemeinschaftlich-solidarischen Organisationszwecks erhebliche Allokationsvorteile auf.

In § 1 der (Muster-)Berufsordnung der Bundesärztekammer heißt es in Absatz 1: «Ärztinnen und Ärzte dienen der Gesundheit des einzelnen Menschen und der Bevölkerung. Der ärztliche Beruf ist kein Gewerbe. Er ist seiner Natur nach ein freier Beruf.» Die Idee der Professionalität wird hier mit einer doppelten Aufgabenstellung verknüpft: dem Individuum zu dienen, aber auch der sozialen Gesundheit. Dass Letztere, die Public Health oder Volksgesundheit, mit zum professionellen Profil der Ärzteschaft (und auch der sich daran orientierenden weiteren Berufe im Gesundheitswesen) gehört, zeugt vom strukturellen Zusammenhang von Professionalität und Gesundheitspolitik.

5.3 Ethik und Rationierung

Im hippokratischen Eid heißt es: «Ich werde niemandem, nicht einmal auf ausdrückliches Verlangen, ein tödliches Medikament geben, und ich werde auch keinen entsprechenden Rat erteilen; ebenso werde ich keiner Frau ein Abtreibungsmittel aushändigen.» Auch wenn man in diesem Eid ein zeitgebundenes Dokument sehen kann (Bauer 1986), zieht er virulente ethische Grenzlinien der Gesundheitspolitik. Mit dem Verweis auf die Straffreiheit der Abtreibung fordern Befürworter der «Euthanasie» diese beispielsweise auch für sich. Dem entsprechenden Beschluss des holländischen Parlaments im Jahr 2000, beschränkt auf Ärzte, die sich einem mehrstufigen Verfahren unterziehen müssen, folgten – allerdings restriktivere – Regelungen in der Schweiz («assistierter Suizid ohne Eigeninteresse»). Die ersten empirischen Befunde geben Anlass zur Be-

Ethik und Rationierung 185

sorgnis. Der Anteil der Fälle mit unklaren oder genötigten Verlangenserklärungen, die man in anderen Ländern als Mord bezeichnen würde, scheint erheblich. Allerdings zeigen vergleichende Studien, dass die Grenze zwischen Euthanasie und passiver Sterbehilfe (durch Unterlassen lebenserhaltender Maßnahmen) nicht einfach zu bestimmen ist (Heide u. a. 2003).

Für die Gesundheitspolitik wird diese ansonsten medizinethische, religiöse und strafrechtliche Diskussion in der Verknüpfung mit möglichen Kostensteigerungen aufgrund der demographischen Entwicklung zunehmend relevant. Einige Autoren nehmen wegen der steigenden Lebenserwartung vermehrte (Multi-)Morbidität und damit Ausgabensteigerungen an (Kruse u. a. 2003). Andere betonen, dass die höchsten Ausgaben in den letzten beiden Lebensjahren anfallen, wobei sie mit steigendem Todesalter aufgrund einer zunehmenden Beschränkung auf lebenserhaltende Maßnahmen allerdings wieder sinken (vgl. Brockmann 2000). In einer seit den 1980er Jahren im angelsächsischen Raum intensiv geführten Diskussion um die Rationierung von Leistungen ab einem bestimmten Lebensalter – ab etwa 80 Jahren soll die Pflichtversicherung nur noch die Kosten für leidensmindernde, nicht aber für lebensverlängernde Maßnahmen tragen – wird eine Erweiterung der unvermeidlichen «impliziten» um eine «explizite» Rationierung gefordert (Breyer/Schultheiss 2001). Wer diese vermeiden will, solle rechtzeitig Vorsorge treffen und einen Versicherungsschutz oberhalb der Grundversorgung erwerben.

Bei den Protagonisten der Diskussion handelt es um einflussreiche Medizinökonomen (Breyer u. a. 2004), die unter Verweis auf mikroökonomische und verhaltenspsychologische Forschungen die ethische Aura medizinischer Professionalität relativieren. Eine kalkulierbare Grausamkeit erscheint ihnen wünschenswerter als die Abhängigkeit von subjektiver ärztlicher Willkür, selbst wenn sie in Form von Ethik-Kommissionen über den Zugang zu knappen Gütern wie Organtransplantaten verfügt. Soziologisch betrachtet vertraut der Rationierungsdiskurs weder auf die ethisch-religiöse Rationalität von Individuen und Kollektiven noch auf professionell-moralische Standards und auch nicht auf rechtlich-politische Regulierung. Bevorzugt wird ein marktlich-geldliches Rationalitätskalkül. Wer nicht vorsorgt oder vorsorgen konnte, erhält keine therapeutische Versorgung im Alter und muss früher sterben bzw. mit Behinderungen leben. Die «Besserverdienenden» und auskömmlich Vermögenden wären von dieser Rationierung freilich nicht berührt. Die Rationierungsforderung kann mit der Theorie des Wohlfahrtsregimes dem liberalen Regimetyp zugeordnet werden. Ihr Plädoyer für Privatisierung wie Entscheidungsfreiheit und damit zugunsten der Durchsetzung von – theoretischen bzw. ideologischen – Effektivitätsstandards nimmt die «Exklusion» Benachteiligter oder planlos Handelnder aus dem Kreis der Leistungsempfänger und gegebenenfalls aus dem Kreis der Lebenden in Kauf.

Zur Diskussion um die «Euthanasie» und derjenigen um die «Rationierung» von Gesundheitsleistungen gehört noch ein dritter, mit dem liberalen Regimetyp gut vereinbarer Problemstrang, der weniger auf das hohe als das frühe Alter zielt und bezüglich des Abtreibungsverbots im hippokratischen Eid selektiv vorgeht. Als Ergebnis der modernen Gentechnik und der Präimplantationsdiagnostik besteht die Möglichkeit, Behinderungen bereits vorgeburtlich zu erkennen und durch Abtreibung auch die sozialpolitischen Leistungssysteme zu entlasten. In der Folge lässt sich gegenüber Eltern, die dieser impliziten Aufforderung nicht nachkommen wollen, ein Verzicht des Solidarsystems auf kollektiven Schutz begründen (Singer 1979, S. 106ff.). Denkbar ist – bei verfeinerter Erbgut-Identifikation – auch eine Verlängerung solch Kosten sparender Entscheidungsverläufe. Warum sollte man nicht – so der durchaus extrem und dadurch zynisch anmutende Gedanke einzelner Gesundheitsökonomen – einem Krankenversicherten, der ab einem Zeitpunkt mit hoher Wahrscheinlichkeit anlagebedingt mit einem gesundheitlichen Verfall rechnen muss (z. B. bei Chorea-Huntington), mit einer Prämie dabei «helfen», dem Verfall durch rechtzeitigen Suizid zu entgehen?

Gesundheitssicherung als sozialpolitische Aufgabe würde unter den letztgenannten zynischen Prämissen eine deutlich anspruchsärmere Ausgestaltung erfahren. Analysiert man jedoch die Zusammenhänge der bisherigen drei diskutierten Funktionen der Gesundheitspolitik (Ökonomie, Gemeinschaft, Legitimation), so drängt sich die Frage auf, ob die noch offene politische Funktion, also die Verteilungsregel, unabhängig von ihnen variieren kann. Führt beispielsweise das jeweilige Wohlfahrtsregime zu einer bestimmten Kostenentwicklung, einem spezifischen

Professionalitätsverständnis und einer ethischen Grundhaltung – oder sind die Funktionen relativ unabhängig?

Unterhalb der großen Fragen von «Euthanasie» und Abtreibung werden sowohl durch den medizinischen Fortschritt wie durch die Alterung der Bevölkerung Fragen der Rationierung aufgeworfen, die man mit ethischem Engagement nicht wegwischen kann. Weiter oben wurde das Argument von Gethmann u. a. (2004) und Breyer/Schultheiss (2001) – die Politik solle die Rationalisierungsvorgaben machen und sie nicht dem Arzt überlassen – kritisch beleuchtet, weil die Politik keineswegs als kompetenter gelten kann. Doch angesichts eines rasanten Wachstums des medizinischen Fortschritts stellen sich die Verteilungsfragen in Zukunft sicher noch schärfer als bisher. Ein blindes Vertrauen in die Ethik der Professionellen reicht nicht aus, doch ohne Vertrauen und ausreichende Finanzmittel würde der Fortschritt zum Fluch.

5.4 Finanzierung und Verteilung

Erstaunlicherweise ist das Wissen um die Verteilungswirkungen von Steuern und Abgaben in den modernen Wohlfahrtsstaaten gering (für Deutschland Kaltenborn 2003, die Schweiz Künzi/Schärrer 2004). Einen Anhaltspunkt gibt die im Rahmen des Wohlfahrtsregime-Vergleich häufig verwendete Unterscheidung zwischen steuerfinanzierten («Beveridge»-Typ) und beitragsfinanzierten («Bismarck»-Typ) Systemen, wobei unterstellt wird, dass die Steuerfinanzierung die Einkommensstärkeren vermehrt nach ihrer Leistungsfähigkeit heranzieht, während beitragsfinanzierte Systeme Umverteilung auf die Arbeitnehmerschichten beschränken. In Abbildung 35 werden die Finanzierungsanteile der Gesundheitsausgaben im europäischen Vergleich gruppiert. Den eher am «Bismarck»-Typ orientierten Ländern (Cluster A: Deutschland, Frankreich, Niederlande) werden die eher am «Beveridge»-Typ orientierten Länder (Cluster C: v. a. Großbritannien, Dänemark) gegenübergestellt, während Länder wie die Schweiz (Cluster B) als Mischtypen gelten. Die Autoren dieser Vergleichsstudie des von der WHO finanzierten «European Observatory on Health Care Systems» gestehen allerdings ein, dass diese aggregierten Daten wesentliche Details übersehen (z. B. den

Unterschied zwischen privaten Krankenkassen und privaten Zuzahlungen) und insoweit nur begrenzt aussagekräftig sind (Mossialos/Dixon 2002, S. 11ff.). Das in der Abbildung nicht enthaltene Österreich gehört zwar zu Cluster A, weil die Finanzierung der Krankenkassen durch Sozialabgaben erfolgt. Da aber 97,6 Prozent der Bevölkerung Mitglied dieser Bürgerversicherung sind, unterscheiden sich die Verteilungswirkungen doch erheblich von der Situation in Deutschland, wo Selbständige und Gutverdiener in die privaten Krankenversicherungen wechseln und für Beamte die Gesundheitskosten teils vollständig (z. B. Polizisten), teils anteilig vom Dienstherrn übernommen werden. Die Zuordnung der Schweiz zu Cluster B wiederum informiert angesichts der seit 1996 geltenden, spezifischen Konstruktion der Gesundheitsfinanzierung durch «Kopfpauschalen» und «Prämienverbilligungen» über die Verteilungseffekte nur insoweit, als dass ein – verglichen beispielsweise mit Deutschland – höherer Anteil der Steuerfinanzierung entweder auf eine egalitärere Verteilung (durch steuerliche Heranziehung der Einkommensstärkeren) oder auf das Gegenteil hinweist (weil Verbilligungen in hohem Umfang nötig sind). Trotz dieser Unsicherheiten erlaubt der Vergleich der Finanzierungsformen Einblicke in Konstruktionsprinzipien und mögliche Entwicklungspfade der Gesundheitspolitik.

Abbildung 36 verknüpft diese Finanzierungsmodelle mit der Regimetypologie (kursiv in Klammern exemplarische Länder), dem Organisationsmodell des Gesundheitswesens sowie einer Evaluation von Leistungen und Kosten. Die Zuordnungen sind zwangsläufig grob und übergehen, wie alle Typologien, unter Umständen wichtige Details. Andererseits erleichtern sie ein sozialpolitisches Verständnis.

So existiert in den USA zwar keine gesetzliche Krankenversicherungspflicht, an das jeweilige Arbeitsverhältnis gebundene Privatversicherungen sowie Health-Care-Konzerne dominieren eine marktliche Organisation des Gesundheitswesens (Eichenhofer 1990; Kaufmann 2003, S. 109ff.). Nach Angaben des U.S. Census Bureau waren im Jahr 2002 15,2 Prozent der Bevölkerung (43,6 Mio.) ohne Krankenversicherung, vor allem Nichtweiße und Personen in Armut. Immerhin 49,3 Prozent der Unversicherten waren ganztags erwerbstätig. Andererseits bestehen mit dem steuerfinanzierten Programm «Medicaid» für Amerikaner mit niedrigen Einkommen sowie mit dem teils durch Zuschläge zur Renten-

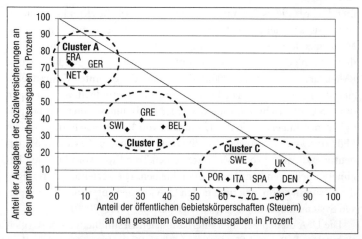

Quelle: Mossialos/Dixon 2002, S. 11 – Schätzungen aufgrund von Daten der OECD. FRA = Frankreich, NET = Niederlande, GER = Deutschland, GRE = Griechenland, SWI = Schweiz, BEL = Belgien, SWE = Schweden, UK = Großbritannien, POR = Portugal, ITA = Italien, SPA = Spanien, DEN = Dänemark. Die Differenz der addierten Anteile der Steuer- und Sozialversicherungsfinanzierung zu 100 Prozent wird von den privaten Haushalten (einschließlich privaten Krankenversicherungen) bzw. Arbeitgebern aufgebracht (dies entspricht der Distanz zur Diagonalen).

Abbildung 35: Anteil der Finanzierung der Gesundheitsausgaben durch Sozialversicherungen und Steuern

versicherung, teils von den Rentnern selbst und durch Staatszuschüsse finanzierten Programm «Medicare» seit ihrer Einführung 1965 sozialpolitisch bedeutsame Finanzierungsstrukturen. «Medicaid» versorgte im Jahr 2002 insgesamt 51 Mio. Personen, mit 25 Mio. Kindern jedes vierte Kind in den USA, 13 Mio. zumeist erwerbstätige Erwachsene, 5 Mio. Senioren und 8 Mio. Menschen mit Behinderungen. Die Ausgaben betrugen 248,7 Mrd. Dollar. «Medicare» deckte (mit Ausgaben von 259,1 Mrd. Dollar) 41 Mio. Personen ab, davon 35 Mio. Senioren (über 65) und 6 Mio. Menschen mit Behinderungen (unter 65). Die Ansprüche an «Medicare» setzen – anders als bei «Medicaid» – keine Bedürftigkeitsprüfung voraus. 63 Prozent der «Medicare»-Empfänger verfügen über ein Einkommen oberhalb von 150 Prozent der Armutsgrenze. Zunehmend wurde dieses Programm zu einer Art staatlicher Krankenversicherung, die seit dem «Medicare Prescription Drug, Improvement, and Modernization Act (MMA)» von 2003 (wirksam ab 2006) auch die – dramatisch gestiegenen – Arzneimittelkosten abdeckt. «Medicaid» und «Medicare» finanzierten (2002) 37,8 Prozent der gesamten Gesundheitsausgaben in den USA.[2] Die Finanzierung der Gesundheitsversorgung in den USA entspricht aufgrund der «Medicaid» innewohnenden Bedürftigkeitsprüfungen sowie der Dominanz von Privatversicherungen dem «Fürsorge»- und insoweit dem liberalen Regimetyp. Inwieweit die Bedeutungszunahme von «Medicare» einen Trend weg vom liberalen Regimetyp bedeuten kann, muss offen bleiben. Die Verteilungswirkungen der Gesundheitsfinanzierung in den USA können aufgrund der komplexen Systemanlage nur vage geschätzt werden (WHO 2000).

Die USA dienen bei allen internationalen Gesundheitssystemvergleichen stets als Beispiel für die Folgen eines Mangels an staatlichen Rahmenbedingungen: hohe Kosten bei gleichzeitiger Unterversorgung beträchtlicher Bevölkerungskreise (Böcken u. a. 2003, S. 151). Wegen des Mangels an staatlichen Regelungen sind sie aber auch ein Experimentierfeld für neue Versorgungsformen, vor allem für den Managed-Care-Ansatz und dessen den 1960er Jahren erprobte Umsetzung in Health Maintainance Organisations (HMO) (Enthoven / Tollen 2004). Managed-Care-Ansätze wurden primär zur Kostenbegrenzung entwickelt und sind Grundlage der «Disease-Management-Programme (DMP)», wie sie in Deutschland seit 2004 eingeführt wurden. Bezweifelt wird bisweilen, ob die Kosteneinsparungen erfolgen, da der bürokratische Aufwand erheblich und teils mit besseren Leistungen zu rechnen ist (z. B. höhere Lebenserwartung bei chronischer Krankheit), was wünschenswert erscheint, aber wiederum die Kosten erhöht.

Ein ganz anderes Modell des Wohlfahrtsregimes im Gesundheitswesen bieten die steuerfinanzierten Systeme des «Beveridge»-Typs beispielsweise in Dänemark und in Großbritannien. Das dänische System

---

2 Alle Daten nach Angaben des U. S. Census Bureau, Current Population Reports, September 2003, sowie aus verschiedenen Dokumenten der Kaiser Family Foundation (www.kff.org).

	Finanzierungs-modell	Organisation	Kosten	Leistung
garantistisch	Bürgerversicherung (Österreich, Schweiz)	Welfare-Mix (m. E. Schweiz, Österreich)	niedrig – hoch	gut – sehr gut
konservativ	Lohnbeiträge (Deutschland)	Korporatismus (Deutschland)	mittel – hoch	gut
sozial-demokratisch	steuerfinanziert (Dänemark, Großbritannien)	Staat (Großbritannien)	niedrig	mittel – sehr gut
liberal	Privatversicherung (USA)	marktlich (USA)	hoch	schlecht – mittel

Abbildung 36: Gesundheitssicherung und Wohlfahrtsregime

landete im erwähnten WHO-Ranking abgeschlagen auf Platz 34, das britische immerhin auf Platz 18 (WHO 2000). Auch die negative Bewertung Dänemarks muss wohl relativiert werden, zumal die (in steuerfinanzierten Systemen stets problematischen) Wartezeiten verglichen mit Großbritannien relativ kurz und die Dänen mit ihrem Gesundheitssystem zufrieden sind (Vallgårda 2002). Das klassische Beispiel eines staatlich-«sozialistischen» Gesundheitssystems in einem ansonsten liberalen Wohlfahrtsstaat findet sich in Großbritannien (Gethmann u. a. 2004, S. 273ff.). Der «National Health Service (NHS)» wurde 1948 gegründet, als Einlösung eines während des Zweiten Weltkriegs gegebenen sozialpolitischen Versprechens (Kaufmann 2003, S. 150ff.). Wie die Forderung nach einem «National Minimum» in der Sozialhilfe war die Schaffung eines einheitlichen nationalen Gesundheitsdienstes zentrales Element des Reports von Lord Beveridge (1943). Die liberale, auf der Armenpolitik basierende Regimeform sollte modernisiert werden. Der Staatsanteil an der Finanzierung des britischen Gesundheitswesens betrug 2001 82,2 Prozent (OECD 2003), wodurch die Mittelaufbringung einen stark progressiven Charakter erhält. Private Zusatzversorgungen nehmen in ihrer Bedeutung zwar zu (ca. 15 % Anteil in 2000), erlauben jedoch lediglich Arztwahl und Wartezeitverkürzung (Gethmann u. a. 2004, S. 281f.). Die Leistungsbilanz des NHS gilt – trotz Kritik an mangelnder Wahlfreiheit – als gut: kostengünstig, verteilungsgerecht, wirksame Prävention und hohe medizinische Leistungsstandards. Dass er aus ideologisch-ordnungspolitischen Gründen immer wieder (wenngleich im eigenen Land nur verhalten) angegriffen wird, verwundert weniger als seine Stabilität (Greener 2004).

Weder das marktlich-liberale noch das staatlich-sozialistische Wohlfahrtsregime konnten sich in den kontinentaleuropäischen Wohlfahrtsstaaten durchsetzen. Im Folgenden werden Finanzierungsformen der Gesundheitssicherung in den drei deutschsprachigen Ländern verglichen. Die Auswahl findet ihre Begründung im paradigmatischen Nebeneinander von drei Modellen: dem österreichischen Modell einer Bürgerversicherung mit einkommensbezogenen Beiträgen, dem Schweizer Modell einer Bürgerversicherung mit Kopfpauschalen und Prämienverbilligungen sowie dem deutschen Modell einer Sozialversicherung mit lohnbezogenen Arbeitnehmerbeiträgen, wobei in Deutschland seit 2003 über eine Systemumstellung auf eines der beiden Bürgerversicherungsmodelle diskutiert wird (siehe Kapitel 8).

5.5 Bürgerversicherung: Schweiz, Österreich und Deutschland?

Die politische Diskussion um eine «Bürgerversicherung» in Deutschland konzentrierte sich zunächst auf eine Reform der gesetzlichen Krankenversicherung (Engelen-Kefer 2004; Opielka 2004b). Im Jahr 2003 forderten die «Herzog-Kommission» der CDU (CDU-Bundesvorstand 2003) und die «Rürup-Kommission» der rot-grünen Bundesregierung (BMGS 2003) für die Krankenversicherung eine Abkehr vom Bismarck'schen lohnarbeitszentrierten Sozialstaatsmodell. Künftig solle die Finanzierung durch eine einkommensunabhängige «Kopfpauschale» (so die Herzog- und ein Teil der Rürup-Kommission) oder durch einen Beitrag auf sämtliche Einkommensarten gesichert werden. Gemeinsam ist beiden Modellen letztlich, dass alle Einwohner zu gleichen Bedingungen einbezogen werden. Das ist der entscheidende Unterschied zum Bismarck'schen Modell, das sich am Berufsstatus orientiert und dessen Ungleichheit in das soziale Sicherungssystem verlängert – weshalb es im internationalen Vergleich als «konservativ» gilt

Bürgerversicherung: Schweiz, Österreich und Deutschland?

(Esping-Andersen 1990). Insoweit können beide Reformmodelle als «Bürgerversicherungen» bezeichnet werden. Gemeinsam ist beiden Modellen zudem, dass die Krankenversicherung teils mehr, teils weniger vom Lohnarbeitsverhältnis entkoppelt wird. Aus Lohnnebenkosten werden faktisch Sozialsteuern. Was beide Modelle trennt, ist die «sozialpolitische», die solidarische Seite. Während in der einkommensbezogenen Bürgerversicherung die Beiträge von der Leistungsfähigkeit der Versicherten abhängen, werden bei der Kopfpauschale Arme und Reiche identisch behandelt. Der soziale Ausgleich soll hier über das Steuersystem hergestellt werden, das die Kopfpauschalen subventioniert. Während in Deutschland eine Umstellung auf ein Bürgerversicherungsmodell diskutiert wird, werden beide Varianten in Österreich respektive der Schweiz praktiziert.

In *Österreich* wurde bereits seit 1920 mit der Krankenpflichtversicherung für Staatsbeamte die Richtung einer «Volksversicherung» eingeschlagen, die ihren Abschluss im Allgemeinen Sozialversicherungsgesetz (ASVG) von 1956 fand (Wendt 2003, S. 112f.). Im Jahr 2004 waren 97,6 Prozent der Bevölkerung über die staatliche Krankenversicherung geschützt. Die Beitragssätze liegen zwischen 6,9 Prozent (Angestellte), 7,1 bzw. 7,5 Prozent (Beamte) und 7,6 Prozent (Arbeiter) (Stand 2004), der Beitrag wird von Arbeitgebern und Arbeitnehmern gemeinsam getragen (Arbeiter: 3,65/3,95%; Beamte: 3,55/3,95%; Angestellte: 3,5/3,4%). Pensionisten zahlen einen Beitrag in Höhe von 3,75 Prozent. Beamte müssen zusätzlich einen Eigenanteil («Behandlungsbeitrag») von pauschal 20 Prozent tragen, für die anderen Berufsgruppen ist der Selbstbehalt geringer und überwiegend auf Heilmittel und Krankenhausaufenthalte beschränkt, wenngleich teilweise höher als in Deutschland.[3] Zur Deckung des Eigenanteils sowie gegebenenfalls für Wahlleistungen sind 15 Prozent der Österreicher Mitglied einer privaten Krankenversicherung, darunter (aufgrund relativ hoher Selbstbehalte) fast alle Beamten. Die Durchführung der Krankenversicherung erfolgt zu fast identischen

---

3 Nach Angaben des Hauptverbandes der Österreichischen Sozialversicherungsträger (www.sozialversicherung.at). Die Angaben zum KV-Betrag der Pensionisten (Rentner und Pensionsbezieher) wurden aus Tomandl 2002, S. 64, entnommen, da die Angaben des Hauptverbandes hier unklar sind.

194 Gesundheitssicherung

Bedingungen durch gebiets- und berufsbezogene, gemeinnützige Versicherungsträger, der durchschnittliche Monatsbeitrag liegt bei 61 Euro pro Versicherten, 28 Prozent der Versicherten sind als Angehörige (weitgehend) beitragsfrei gestellt (2004).

Da keine Indikatoren anzeigen, dass das österreichische Gesundheitswesen schlechtere Leistungen bietet als das deutsche – im genannten WHO-Ranking landete Österreich auf Rang 9, Deutschland auf Rang 25 (WHO 2000) –, verwundert der deutlich geringere Krankenversicherungsbeitrag (Deutschland 2004: durchschnittlich 14,2 Prozent). So sichert das System der Volks- bzw. Bürgerversicherung eine weitaus breitere Beitragsbasis und insoweit eine solidarischere Verteilung der Kosten. Auch in Österreich wird über einen Anstieg der Ausgaben der Krankenversicherung geklagt. Dieser wirkte sich in den vergangenen Jahrzehnten jedoch nur geringfügig auf die Beiträge aus, sondern wurde – ergänzend zur breiten Beitragsbasis – durch mehrere Maßnahmen ausgeglichen: zum einen durch eine Anhebung der Höchstbeitragsgrundlagen (1997: 2825, 2004: 3450 Euro monatlich), zum Zweiten durch die im «Budgetbegleitgesetz 2001» beschlossene Erhebung eines «Zusatzbeitrages» in Höhe von 3,4 Prozent für die Mitversicherung von Angehörigen (Ehegatten, Lebensgefährten), sofern diese Kinder unter 18 Jahren versorgen (die Haushaltsgemeinschaft genügt als Nachweis). Drittens wurden zur Stabilisierung der Beiträge zunehmend Steuermittel vor allem für die stationäre Versorgung aufgewendet. Würden Letztere vollständig einbezogen, so erhöhten sich möglicherweise, wie eine jüngere Studie berichtet, die im OECD-Maßstab relativ niedrigen Gesundheitsausgaben Österreichs in Höhe von 7,7 Prozent des BIP (Stand 2002; zum Vergleich: Deutschland 10,9%, USA 14,6%) auf 10,9 Prozent.[4] Unklar ist, ob eine

---

4 Pichler/Walter 2002 auf der Grundlage der Daten für 1999. Die im Text zitierten Daten für Österreich, Deutschland und die USA laut OECD 2004a. Laut Hoffritz 2003 habe der österreichische Bundesrechnungshof die Zahlen von Pichler/Walter bestätigt. Ihr zufolge belege auch ein Vergleich der Finanzierungsquellen von Gesundheitskosten Österreich/Schweiz/Deutschland den hohen Staatsanteil in Österreich (Sozialversicherung/Staatshaushalt/private KV/Selbstbeteiligung/Sonstige [in %, für 2000]) – A: 42,5/27,2/7,0/18,6/4,7; CH: 40,4/15,2/10,5/32,9/1,0; D: 68,8/6,2/12,5/10,6/1,9). Als Quelle werden das Österreichische Bundesinstitut für das Gesundheitswesen (ÖBIG) und die OECD angegeben. Der angeblich hohe Anteil des Staatshaushalts an den Ge-

Bürgerversicherung: Schweiz, Österreich und Deutschland? 195

vergleichbare Berechnung auch in Deutschland zu einer erhöhten Gesundheitsquote führen würde, sodass man davon ausgehen kann, dass das österreichische System effizienter arbeitet. Dieser Vorteil verdankt sich zum einen dem geringeren Verwaltungskostenanteil der – vergleichsweise wenigen – Kassen, er liegt in Österreich mit knapp über drei Prozent nur etwas mehr als halb so hoch wie in Deutschland (Mappes-Niediek 2003). Zum anderen dürften die gegenüber Deutschland bessere Koordination ambulanter und stationärer Dienste und die zahlreichen Ambulatorien, vor allem Zahnkliniken, zur Kostensenkung beitragen (Wendt 2003, S. 117). Vermutlich spielt aber auch ein weiterer Faktor eine Rolle, der durch die neuere Public-Health-Forschung belegt werden kann: Ein Volks- bzw. Bürgerversicherungssystem scheint eine zielgenauere Präventionspolitik zu erlauben als ein marktwirtschaftlich zergliedertes Gesundheitswesen (Kickbusch 2004). Das liegt daran, dass in einem steuerfinanzierten oder Bürgerversicherungssystem (z. B. in Österreich oder in Dänemark) die Neigung größer ist, Prävention als gesamtgesellschaftliche Aufgabe zu begreifen. Die Begrenzung von Prävention auf Impfungen oder den Schulzahnarzt reicht angesichts rasanter und komplexer Veränderungen von Lebensstilen nicht aus. Unterschichten sind hier schlicht schlechter gestellt.

Der Blick nach Österreich bestätigt somit die Annahmen der Befürworter einer Bürgerversicherung. Die hohe Akzeptanz durch alle politischen Gruppen hindurch spricht für einen Gewöhnungseffekt an solidarische Umverteilung, zumindest solange sie auf ein überschaubares Maß beschränkt bleibt. Auch in Österreich wird die umfassende Versicherungspflicht immer wieder kritisch diskutiert (Pichler 2001). Die Diskussion trägt jedoch eher zur Stabilisierung der Legitimität des Systems

---

sundheitsausgaben in Österreich – demnach 27,2 Prozent – lässt sich aber weder aus den veröffentlichten OECD-Daten (OECD 2003) noch aus den Daten von Statistik Austria (2004, S. 419f.) für das Jahr 2002 ablesen: Demnach belaufen sich die Ausgaben der Krankenversicherung insgesamt auf 10 812 Mrd. Euro (davon Versichertenbeiträge 8645 Mrd. Euro), die Ausgaben insgesamt auf 16 806 Mrd. Euro, wovon 11 740 Mrd. als öffentliche Ausgaben ausgewiesen werden, 5066 Mrd. als private Ausgabe. Die Differenz von 11 740 und 10 812 Mrd. beträgt 928 Mio., der Staatsanteil (v. a. Klinikfinanzierung) i. e. S. also mit 7,9 Prozent etwas mehr als in Deutschland, aber deutlich weniger als in der Schweiz.

bei. Auf dem Hintergrund der Typologie von Wohlfahrtsregimen und Gerechtigkeitskonzepten gehört die Bürgerversicherung historisch zwar zum «sozialdemokratischen» Modell («sozialistisch» wäre eher ein rein staatlich-steuerfinanziertes System zu nennen); angesichts der derzeitigen Umbrüche in diesem Lager – wofür auch die Unentschiedenheit der «Rürup-Kommission» (zwischen einkommensbezogener Bürgerversicherung und Kopfpauschale) steht – wäre sie wohl präziser dem «garantistischen» Modell zuzuordnen.

In der Krankenversicherung hat die *Schweiz* im Jahr 1996 auf eine «Kopfprämie» umgestellt, die von allen Bürgern gezahlt werden muss («Wer sich der Versicherungspflicht entzieht, macht sich strafbar!», heißt es auf einem Merkblatt). Insoweit kann auch das Schweizer System als «Bürgerversicherung» gelten, allerdings mit einkommensunabhängigen Beiträgen. Die «Kopfprämien» lagen 2003 durchschnittlich bei 269 sFr., je nach Kanton zwischen 159 und 389 sFr. im Monat, auch nichterwerbstätige Ehegatten müssen zahlen, Kinder dabei einen ermäßigten Beitrag, und wer den Beitrag nicht aufbringen kann – mittlerweile gut 30 Prozent der Schweizer[5] –, erhält einen Zuschuss aus Steuermitteln («Prämienverbilligung»). Zusätzlich wird eine Kostenbeteiligung von zehn Prozent der Kosten, maximal 600 sFr. im Jahr verlangt. Mit der Kopfprämie ist die Wahlfreiheit zwischen öffentlichen und privaten Krankenkassen verbunden, es besteht für alle Kassen Kontrahierungszwang. Hinsichtlich der Kostendämpfung war das Schweizer Krankenversicherungsmodell allerdings wenig erfolgreich, die Kopfprämie betrug bei ihrer Einführung 1996 durchschnittlich 166 sFr. (Pfaff u. a. 2003, S. 43ff.). Die Verwaltungskosten des Prämienverbilligungssystems sind hoch. Anita Pfaff u. a. rechnen aus den Schweizer Erfahrungen hochgerechnet für Deutschland mit Kosten von rund 434 Mio. Euro. Zudem ist die sozialpolitische Wirksamkeit der Prämienverbilligung in der Schweiz umstritten, angestrebt wird eine Höchstbelastung von zwölf Prozent des steuerbaren Einkom-

---

5 In einzelnen Kantonen unterdessen bis zu 50 Prozent der Versicherten (Neue Zürcher Zeitung v. 1. 11. 2003); zu einer ausführlichen Kritik der Verteilungs- und Steuerungsprobleme der Schweizer Regelungen Rosenbrock/Gerlinger 2004, S. 261ff. Seit 2004 ist das «Bundesamt für Gesundheit» für die Verwaltung der Krankenversicherungen zuständig (www.bag.admin.ch mit aktuellen Informationen).

mens. Da die Kopfprämie risikounabhängig einheitlich von den Kantonen festgelegt wird – und sich wesentlich über den jeweiligen Anteil der Übernahme der Kosten der Krankenhausfinanzierung aus Steuermitteln bemisst –, ergibt sich nur eine begrenzte Wettbewerbsmöglichkeit der Krankenkassen. Ein Wettbewerbselement sind erhöhte Franchisestufen, bis maximal 1500 sFr. Kostenbeteiligung im Jahr. Diese wurden (2001) von 45,4 Prozent der erwachsenen Versicherten genutzt. Immerhin acht Prozent aller Versicherten wählten Managed-Care-Systeme (v. a. HMO) und reduzierten dadurch ihre Franchise (Eidgenössisches Departement 2002). Einerseits reduzieren die Selbstbehalte die Inanspruchnahme von Leistungen und somit die Gesundheitskosten, andererseits wird kritisiert, dass darin ein «entsolidarisierender Effekt» liege, da Gutverdiener mit geringerem Gesundheitsrisiko weniger zur Finanzierung des Gesamtsystems beitragen (Rosenbrock/Gerlinger 2004, S. 284f.).

Problematisch am Modell der Kopfpauschalen erweist sich ferner die Finanzierung der unverzichtbaren Prämiensubvention aus Steuermitteln. Fast alle Kantone haben an den «Prämienverbilligungen» gespart, was angesichts rasanter Prämienanstiege (2002: 4,3 %, 2003: 5,6 %, Neue Züricher Zeitung v. 23. 7. 2004) vor allem für Familien und die untere Mittelschicht fatale Wirkungen zeitigt. Sie werden durch das Kopfprämiensystem besonders belastet. Die Gesundheitskommission des Ständerats schlägt deshalb vor, Kinder unter 18 Jahren künftig von den Prämien zu befreien (Neue Züricher Zeitung v. 25. 8. 2004). Insgesamt wirkt das Konzept der Gesundheitsprämie somit nicht sehr überzeugend. Die volkswirtschaftlichen Effizienzgewinne sind zumindest umstritten. Vertreter einer marktwirtschaftlichen Ausrichtung loben den «sozial gebundenen Wettbewerb» im Schweizer System (Gethmann u. a. 2004, S. 294). Die Kostensteigerung im Gesundheitswesen wird durch die Konkurrenz der Krankenkassen allerdings eher befördert.

Schließlich lässt sich fragen, wer die Nettozahler sind. Anita Pfaff u. a. (2003, S. 23ff.) haben die Verteilungswirkungen von Kopf- bzw. Gesundheitsprämien und einkommensbezogenen Beiträgen bei einer Übertragung des Modells auf Deutschland verglichen. Sie kommen zum Ergebnis, dass – abhängig vom Familienstand – vor allem die unteren bis mittleren Einkommensgruppen belastet werden sowie die Rentnerhaushalte. 13 der insgesamt 16,5 Millionen Mitglieder der Krankenversicherung der Rentner hätten Anspruch auf Prämiensubvention, Rentner mit höheren Haushaltseinkommen würden zu Nettozahlern.

Regime- und gerechtigkeitstheoretisch entspricht die Gesundheitsprämie in den deutschen Vorschlägen (v. a. der «Herzog-Kommission») einem «liberalen» Modell, während das Schweizer Modell mit nicht risikoäquivalenten Prämiensätzen in einer wohlwollenden Beurteilung als «mild garantistisch» bezeichnet werden kann. Unter Abwägung zumindest der hier vorgetragenen Argumente spricht viel für das Modell einer einkommensbezogenen Bürgerversicherung (siehe Kapitel 8). Auch in der Schweiz wird immer wieder diskutiert, ob die Kopfpauschalen einkommensbezogen ausgestaltet werden sollen (vgl. Eidgenössisches Departement 2002, S. 5). In welche Richtung die sozialpolitischen Entscheidungen verlaufen, ist nicht nur in Deutschland offen. Der Mainstream der Ökonomen macht sich vor allem für ein liberales Modell der Gesundheitsprämie stark (RWI 2003, Pimpertz 2003).[6] Die hohe Unterstützung der Bevölkerung für die gesetzliche Krankenversicherung in Deutschland bezieht sich auf zwei Gerechtigkeitsprinzipien: die einkommensproportionale und dadurch umverteilende Beitragsbemessung und das Bedarfsprinzip der Leistungsgewährung (Ullrich 2002). Zu befürchten wäre bei einer stärker liberalen Ausrichtung des Gesundheitssystems, dass das Bedarfsprinzip durch eine weitere Ausdünnung des Leistungskatalogs in Richtung «Grundversorgung» erodiert. In einer liberalen Gerechtigkeitskonzeption wird dies bewusst angestrebt (Kersting 2000a). Ohnehin wird vor dem Hintergrund der medizintechnischen Fortschritte zunehmend über eine «Rationierung» von Gesundheitsleistungen reflektiert. Zwar ist «Rationierung» im Prinzip unvermeidlich

---

6 Auch in einer Studie von Bertelsmann- und Ludwig-Erhard-Stiftung wird – mit der Signatur «allgemeine Versicherungspflicht mit Grundbeiträgen» – für eine Gesundheitsprämie plädiert, die zudem nur Ansprüche auf «Grundleistungen» decken soll (Breyer u. a. 2004, ähnlich radikal Gethmann u. a. 2004). Unter dem Gesichtspunkt «Verteilungsgerechtigkeit» wurde von Koautor Eberhard Wille, dem Vorsitzenden des Sachverständigenrates SVR, auf der Fachtagung zur Präsentation der «Orientierungspunkte einer grundlegenden Sozialstaatsreform» postuliert: «Kein Grund für Vermischung einer Umverteilung von gesund und krank mit reich zu arm.» Wissenschaftlich spricht allerdings nichts dagegen, politisch nur dann, wenn man die oberen Einkommensgruppen von Umverteilung freihalten möchte.

(Schmidt 2001). Alles Mögliche kann nie allen bezahlt werden. Politisch entscheidend ist aber der Diskurshorizont, die Frage nach den im Gesundheitssystem und seiner Finanzierung eingelassenen Gerechtigkeitsprinzipien. Soll jedem Bürger durch die Gemeinschaft aller Bürger die bestmögliche Gesundheitsdienstleistung garantiert werden, auch wenn dazu erhebliche Umverteilungen zwischen Einkommens-, Alters- und Risikogruppen nötig werden? Ein «garantistischer» Wohlfahrtsstaat wird dies bejahen. Die anderen Regimemodelle werden mehr oder weniger starke Abstriche zulassen.

Konsens scheint heute in allen Wohlfahrtsstaaten, dass es sich beim Gut Gesundheit nicht nur um ein privates, sondern um ein «öffentliches Gut» handelt. Ohne Gesundheit sind auch andere soziale Bürgerrechte nichts wert.

Was freilich die bestmögliche Gesundheitsdienstleistung ist, kann allein mit der Perspektive der Wohlfahrtsregime nicht beantwortet werden. Die paradigmatische Diskussion um die Qualität des Gesundheitswesens, die über eine Krankheitsverhinderungslogik hinausgeht, ohne in einer möglicherweise totalitären Gesundheitsutopie zu landen, erfordert Differenzierungen, die viele Beteiligte bisher intellektuell überfordern. Der Trend zu einer warenförmig-industriellen Aufbereitung dürfte den eigentlichen Sprengsatz für die Gesundheitspolitik bilden, da sich die technischen Aufwendungen in allen Krankheitsbereichen beliebig steigern lassen, was die Kosten steigen lässt und eine Privatisierung nahe zu legen scheint. Gesundheit ist aber mehr als ein technisches Projekt, vielmehr ein komplexes kulturelles Gut, das gemeinschaftliche Unterstützungsleistungen und sozialpolitische Bewegung benötigt (Göpel 2004).

6 BILDUNGSPOLITIK ALS SOZIALPOLITIK

Anders als im angloamerikanischem Raum (z. B. Baldock u. a. 2003, S. 362ff.) wird in Deutschland die Bildungspolitik bislang nicht zur Sozialpolitik gerechnet. Das irritiert, weil einerseits die Institutionen des Bildungswesens in einer auf Leistung und – scheinbar – nicht auf Herkunft setzenden marktwirtschaftlichen Sozialordnung zu den wichtigsten Kanälen des Lebenslaufs wurden, die über Ungleichheit und Gleichheit von Chancen entscheiden (Allmendinger 1994, 1999). Andererseits wird den angloamerikanischen Ländern eine Geringschätzung von sozialpolitischen Gleichheitszielen nachgesagt. Die Lösung für diese eigentümliche Konstellation dürfte eine zweifache sein: Zum einen lässt sich zeigen (siehe Kapitel 1), dass in Großbritannien und in den USA ein bedeutender Wohlfahrtsstaatsimpuls existiert («Beveridge», «New Deal»), der eine schlichte Zuordnung dieser Länder als «liberales» Wohlfahrtsregime problematisiert. Allerdings konzentriert sich das Gleichheitsinteresse – besonders in den USA – auf Chancen- und Startgleichheit, auf die politische oder bürgerrechtliche Seite sozialpolitischer Interventionen und weniger auf Ergebnisgleichheit. Letzteres ist eher ein Charakteristikum sozialistisch-sozialdemokratischer Wohlfahrtsregime.

Die zweite Begründung liegt wohl in der politischen Mittellage Deutschlands. Nicht nur, dass soziale Gleichheit in der sozialpolitischen Rhetorik der Bundesrepublik nachgeordnet blieb – jedenfalls während des «Kalten Krieges» 1945 bis 1989. Die Kulturhoheit der früheren Gliedstaaten des Deutschen Reiches – die für die heutigen Bundesländer fortbesteht – hatte zwar schon vor der Aufklärung zu einem verbreiteten und differenzierten Schul- und Hochschulwesen geführt, doch litt der wei-

202 Bildungspolitik als Sozialpolitik

tere Ausbau des Bildungswesens im 19. Jahrhundert stets unter Finanzierungsengpässen. 1888 wurde in Preußen die Schulgeldfreiheit des Volksschulunterrichts eingeführt, 1919 auf den gesamten Pflichtschulbereich ausgedehnt, und erst nach dem Zweiten Weltkrieg wurden Gymnasial- und Hochschulausbildung weitgehend unentgeltlich (Kaufmann 2003, S. 296ff.). Im Deutschen Reich herrschte ein dreigliedriges Schulsystem, wobei nur das Gymnasium für ein bis zwei Prozent der Schülerjahrgänge einen Hochschulzugang vermittelte. Nach dem Zweiten Weltkrieg blieb eine umfassende Bildungsreform (wie in Schweden oder Großbritannien) aus, in der Bundesrepublik wurden die Verhältnisse vor der NS-Herrschaft restauriert. Die DDR orientierte sich überwiegend am in der Sowjetunion üblichen System der Einheitsschule, die auch in Großbritannien und Schweden erfolgreich war. In Westdeutschland wurde sie nur in einigen sozialdemokratisch regierten Bundesländern versucht.[1]

In den 1960er Jahren diagnostizierte Georg Picht (1964) in Westdeutschland aufgrund fehlender Bildungsinvestitionen der Länder eine «Bildungskatastrophe». Die zunächst große und dann sozialliberale Koalition unter Willy Brandt führte zu einer Reform des Grundgesetzes, mit der bildungspolitische Aktivitäten des Bundes erst möglich wurden (u. a. 1969 Bundesbildungsministerium, Berufsbildungsgesetz, 1976 Hochschulrahmengesetz). Kaum geändert wurde jedoch das gegliederte Schulsystem, die Orientierung der Berufsbildung am «dualen System» aus betrieblicher Lehre und Berufsschule, die geringe Bedeutung der meist in kommunaler (Volkshochschulen) oder in freier Trägerschaft organisierten Erwachsenenbildung – durchaus ein Problem angesichts des Bedarfs an «lebenslangem Lernen» –, der (in Westdeutschland nach wie vor geringe) Ausbau von öffentlichen Einrichtungen für Kleinkinder und generell das weitgehende Fehlen von Ganztagsschulen. Allein das deutsche Hochschulwesen erfuhr seit den 1960er Jahren einen gewissen Ausbau, allerdings nicht stärker als in Vergleichsländern. Zudem wurde mit der Einführung der Fachhochschulen eine vordergründig berufsori-

---

[1] Ausführlich zur Geschichte des Bildungswesens in Deutschland Berg u. a. 1987ff., in vergleichender Perspektive Postlethwaite 1995. Zur aktuellen Situation v. a. Cortina u. a. 2003, Avenarius u. a. 2003.

entierte, auf Kosteneinsparung zielende Sparvariante der Universitäten ausgebaut, an der im Wintersemester 2000 / 01 mit 426 000 gut ein Viertel der insgesamt 1,8 Millionen Studenten in Deutschland eingeschrieben war (Cortina u. a. 2003, S. 587).

6.1 Bildungserfolg und soziale Ungleichheit

Die «bildungspolitischen Konjunkturen» in Deutschland – bis 1989 im Westen – (Cortina u. a. 2003, S. 136ff.) zeichneten sich dadurch aus, dass sie zwischen jener bürgerrechtlich-liberalen Seite des amerikanischen Denkens (z. B. «Bildung als Bürgerrecht») und der von konservativer Seite (z. B. «Bund Freiheit der Wissenschaft») als «sozialistische Gleichmacherei» missverstandenen Einheitsschulprogrammatik (Gesamtschule) weitgehend lahm gelegt wurden (Allmendinger 1999). Das Ergebnis ist zu Anfang des 21. Jahrhunderts wenig ermutigend. Als Neuauflage der «Bildungskatastrophe» der 1960er Jahre muteten die Ergebnisse der PISA-Studie der OECD an («Programme for International Student Assessment»), die im Jahr 2001 die Öffentlichkeit nicht nur damit überraschten, dass die deutschen Schülerinnen und Schüler in fast allen Leistungsbereichen vergleichsweise wenig erfolgreich waren, was für ein Land der «Dichter und Denker» höchst ernüchternd ausfiel (Baumert u. a. 2001). Aus sozialpolitischer Sicht bedrückt am meisten, dass das deutsche Bildungswesen international nur eine Spitzenposition einnahm: in der sozialhierarchischen Schichtung des Bildungserfolgs. Abbildung 37 zeigt, dass in Deutschland im Vergleich zu allen anderen OECD-Staaten die soziale Lage der Herkunftsfamilie den stärksten Effekt auf die gegen Ende der Vollzeitpflicht erreichte Lesekompetenz hat. Jürgen Baumert, einer der Autoren der PISA-Studie, resümiert diesen negativen Verteilungseffekt folgendermaßen: «Wie groß der Spielraum für die Entkopplung von sozialer Herkunft und dem Erwerb zentraler Basisqualifikationen wie Lesekompetenz international ist, zeigt ein Blick auf das andere Ende der Verteilung. In Finnland – ein Staat, der übrigens auch durch seine hohen Durchschnittswerte in der Lesekompetenz auffällt – betragen die sozialen Disparitäten, wenn man Jugendliche aus Familien des oberen und unteren Quartils der Sozialstruktur vergleicht,

204 Bildungspolitik als Sozialpolitik

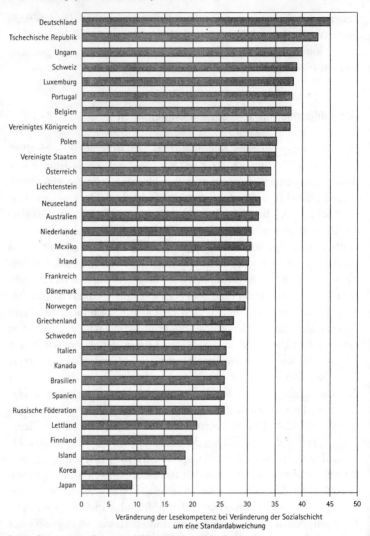

Quelle: Baumert u. a. / Deutsches PISA-Konsortium 2001, S. 390

Abbildung 37: Steigerung des sozialen Gradienten der Lesekompetenz nach Staaten

etwa 50 Punkte oder eine halbe Standardabweichung – also weniger als die Hälfte des deutschen Wertes» (Baumert u. a. 2003, S. 130). Dieser «konservative», die sozialen Status-Ungleichheiten verlängernde Zug des deutschen Bildungswesens bestätigt die entsprechende Einordnung des deutschen Wohlfahrtsregimes.

Bei der Beurteilung der deutschen Bildungspolitik im internationalen Vergleich verschränken sich somit zwei Achsen: die erreichte Bildungsleistung und die soziale Ungleichheit. Da Bildung zunehmend als Wettbewerbsfaktor im internationalen Standortwettbewerb gilt (kritisch jedoch Wolf 2002), wird nicht nur die Gleichheits-, sondern auch die Leistungsfrage zum Problem einer «produktiven» oder «investiven» Sozialpolitik. Die Resonanz auf PISA war in Deutschland erheblich. Dass das deutsche Bildungswesen seit Jahrzehnten unter strukturellen Mängeln, aber auch unter Unterfinanzierung litt, war seit jener «Bildungskatastrophe» bekannt und wird durch zahlreiche Vergleichsstudien bestätigt, die meist von der *International Association for the Evaluation of Educational Achievement (IEA)* und der OECD unterstützt wurden. So sorgte unter Fachleuten die *Trends in International Mathematics und Science Study (TIMSS)* (1995, 1999, 2003) für Aufsehen, und die *Civic Education Study* (1999/2000) lieferte beunruhigende Ergebnisse zur politischen Bildung und zum sozialen Engagement deutscher Jugendlicher. Nach der *Internationalen Grundschul-Lese-Untersuchung (IGLU)* erreichen am Ende der Grundschule die Kinder in Deutschland «im internationalen Vergleich im Leseverständnis ein Kompetenzniveau, das einem Vergleich mit europäischen Nachbarländern durchaus standhalten kann» (Bos u. a. 2003, S. 11), was nicht gerade Anlass zu Übermut gibt, aber auch wenig Trost, da die mittlere Leistung des deutschen Bildungswesens nach der Grundschule nachlässt.

Die Interpretation vergleichender Studien ist nie einfach. Man kann auch kritisieren, dass die Leistungsbeurteilung nationaler Bildungsprogramme nach dem Muster einer Bundesligatabelle zu suggestiv ist (Winkler 2004). Sicherlich spiegelt sich in dem seit den 1990er Jahren auf allen Politikgebieten reüssierenden Zug zu Methoden des Benchmarking zweierlei: der Wegfall der Ost-West-Systemkonkurrenz, wodurch neue Vergleichsmaßstäbe erforderlich wurden, aber auch die Dominanz eines US-amerikanischen Wissenschafts- und Sozialverständnisses – praktisch alle vergleichenden Bildungsstudien werden in den USA koordiniert –, das dem am Marktmodell orientierten Vergleich als Koordinationsprinzip zuneigt. Manche Sozialpolitikwissenschaftler auch außerhalb des (neo)liberalen Spektrums, das diesem Prinzip schon immer anhing, glauben, im «Sozialkomparativen» und seiner Institutionalisierung gar das Wesen des Sozialstaats zu erkennen (so Nullmeier 2000, S. 18). Das erscheint vor dem Hintergrund der Theorie der Wohlfahrtsregime übertrieben, die neben dem Marktprinzip noch drei weitere Steuerungsprinzipien ausmacht (siehe Kapitel 1). Gleichwohl verweisen die vergleichenden Bildungserfolgsstudien auf die gravierenden Strukturmängel des deutschen Bildungswesens. Dies wird in der deutschen Bildungsforschung (Cortina u. a. 2003) genauso gesehen wie im «Bildungsbericht» an die Kultusministerkonferenz (Avenarius u. a. 2003). Im Detail muss auf diese bildungspolitischen Diskurse verwiesen werden. Diese zeichnen sich in Deutschland seit Ende der 1990er Jahre allerdings durch einen selbst historisch überraschenden Mangel an Organisation und diskursiven Zentren aus (Winkler 2004). Populärwissenschaftliches Lamento und konservative Strukturverteidigung werden mit einem bildungspolitischen Aktionismus kombiniert, der, vom Benchmarking berauscht, die komplexen Wechselbeziehungen innerhalb des Bildungssystems und zwischen diesem und der Gesellschaft bisweilen mit unerwünschten Folgen wegwischt.[2] Trotz manch alarmistischer Meldung – «Exodus der Besten. Nach Statistiken der EU-Kommission bleiben rund 75 Prozent aller in Europa geborenen Doktoranden in der Neuen Welt» (Die Welt v. 17. 8. 2004) – erweisen sich Deutschland, seine deutschsprachigen Nachbarländer und die EU ab dem tertiären Bildungsbereich (Hochschulabschluss) als leistungsfähig, von einem «Braindrain», einer Abwanderung deutscher und europäischer Spitzenkräfte beispielsweise in die USA, kann – den zitierten exilierten Doktoranden zum Trotz –

---

2 Winkler (2004) führt als ein Beispiel die Verkürzung der Gymnasialzeit von neun auf acht Jahre in Bayern an, was in Verbindung mit der Einführung der neuen, dreijährigen Bachelor-Studiengänge zur Konsequenz führt, dass der deutsche BA-Abschluss in den USA nicht anerkannt wird. Dort baut ein vierjähriges BA-Studium auf einer zwölfjährigen Schulzeit auf, während die Ausbildungszeiten in Deutschland dann insgesamt um ein Jahr zu kurz ausfallen.

nicht die Rede sein (BT-Drucksache 15/3185). Das ist sozialpolitisch erfreulich, weil das Bildungssystem offensichtlich vielen eine Chance bietet. Über die insgesamt problematische Leistungsbilanz des deutschen Bildungswesens in Hinblick auf eine «investive» Sozialpolitik kann dies jedoch nicht hinwegtäuschen.

Die «kompensative» Funktion der Sozial- und Bildungspolitik wird, worauf PISA hindeutete, in Deutschland möglicherweise noch schlechter erfüllt als die «investive». Erst in jüngerer Zeit kommt dieser Zusammenhang von Sozial- und Bildungspolitik in den Blick, beispielsweise im Konzept der «Bildungsarmut» (Allmendinger 1999). Erst Anfang der 1990er Jahre wurde in der deutschen Soziologie das Phänomen der Bildungsungleichheit wieder entdeckt (Shavit/Blossfeld 1993). Mittlerweile werden hauptsächlich zwei Fragen diskutiert (Allmendinger/Aisenbrey 2002): Hat die Bildungsexpansion zum Abbau der Bildungsungleichheit geführt, und wie kann die Dauerhaftigkeit der sozialen Ungleichheit von Bildungschancen erklärt werden? Die Tatsache, dass die Bildungsexpansion seit den 1960er Jahren in Deutschland geringer ausfiel als beispielsweise in Nordamerika oder Skandinavien, dürfte einen Teil der deutschen Bildungsungleichheit erklären. Die Dauerhaftigkeit von Ungleichheit wiederum ist auch die Folge einer eben nicht leistungsorientierten – geschweige denn entwicklungsfördernden – Selektivität. Bemerkenswert ist die Praxis intergenerationaler Ungleichheit, wie sie anhand von Daten des sozioökonomischen Panels in Abbildung 38 sichtbar wird.

Zwar lassen sich die Einflüsse der verschiedenen Indikatoren auf die Bildungslaufbahn der Schüler nur schwer abschätzen, da die gemessenen Indikatoren untereinander stark korrelieren. Unter dem Gesichtspunkt der Bildungsvererbung ist dies gleichwohl aussagekräftig. Ein hervorstehendes Ergebnis der von den Autoren der Untersuchung vorgenommenen multivariaten Analyse besteht darin, dass fehlendes ökonomisches Kapital, vor allem in Form von *Einkommensarmut*, einen eigenständigen Effekt auf die Bildungskarriere der Kinder hat: «Unabhängig von dem elterlichen Bildungsniveau und der beruflichen Bildung übt das familiäre Einkommen einen signifikanten Effekt auf den Schulbesuch in der Sekundarstufe aus» (Hacket u. a. 2001, S. 107). Da aber das Bildungs- und Ausbildungsniveau der Eltern wiederum deren Stellung auf dem Arbeits-

208 Bildungspolitik als Sozialpolitik

	Besuchte Schule		
	Hauptschule	**Realschule**	**Gymnasium**
Kulturelles Kapital			
Elterliche Schulbildung			
Hauptschule	47	34	19
Realschule	25	29	46
Abitur	6	18	77
k. A. / Sonstiges	61	23	17
ausländische Pflichtschule	62	22	16
ausl. weiterführ. Schulabschluss	44	25	31
Berufsbildung der Eltern			
Keine	65	22	13
Lehre	45	33	22
diverse	37	28	35
Beamtenausbildung	12	21	67
Universität / FH	4	16	80
Besuch kultureller Veranstaltungen			
seltener, nie	56	24	19
regelmäßig	26	30	44
mindestens 1-mal pro Monat	17	20	63
Ökonomisches Kapital			
Einkommensarmut			
< 60 %	65	24	12
60 – 100 %	44	30	26
über 100 %	19	21	60
Arbeitslosigkeit			
arbeitslos	49	26	25
nicht arbeitslos	40	26	34
Sorgen um eigene wirtschaftl. Entwicklung			
große Sorgen	53	25	22
einige Sorgen	38	28	34
keine Sorgen	27	23	50
Weitere Faktoren			
Geschlecht			
männlich	46	22	32
weiblich	36	30	35
Nationalität			
deutsch	30	28	42
türkisch	66	23	11
jugoslawisch (ex)	55	20	35
griechisch	31	27	42
italienisch	68	20	12
spanisch	52	28	20

Quelle: Hacket u. a. 2001, S. 106 – Berechnungen auf der Grundlage des SOEP, Welle 1–14 (1984–1997), Angaben in Prozent

Abbildung 38: Mögliche Einflussfaktoren auf die besuchte Schule in der Sekundarstufe

markt beeinflusst – für die Bevölkerungsmehrheit die wichtigste Verteilungsinstanz für ökonomisches Kapital –, wird die Beobachtung sozialer – nicht genetischer – Bildungsvererbung bekräftigt.

Karin Gottschall (2003, S. 890) hat unter der Signatur «Von Picht zu PISA» die Bildungsstaatlichkeit im deutschen Sozialmodell als «ständisch und erziehungsfern» etikettiert und dafür eine spezifische Relation des Bildungswesens mit der Familie einerseits, dem Ausbildungssystem und Arbeitsmarkt andererseits verantwortlich gemacht (Abbildung 39).

Familie	Bildung	Ausbildung	Arbeitsmarkt
	Tertiärbereich	vollzeitschulische Ausbildungen (z. B. Fachschulen), duales System	Normalarbeitsverhältnis «männlicher Familienernährer»
	Sekundarbereich II		
	Sekundarbereich I		
	Primarbereich		
«Hausfrauenehe»	Elementarbereich		

Quelle: Gottschall 2003, S. 890

Abbildung 39: Verortung von Erziehung und Bildung im deutschen Sozialmodell

Damit kommt der «konservative» Charakter des deutschen Sozialstaats nicht nur in Bezug auf seine ständische – und in den sozialen Sicherungssystemen entsprechend «berufsständische» – Orientierung in den Blick. Wirkungskräftig ist auch die patriarchale Einbettung des Bildungswesens, dessen Elementar- und Primarbereich zumindest im Westen Deutschlands – ähnlich wie in Österreich und der Schweiz – auf der Verfügbarkeit der Mutter als Hausfrau und einem Normalarbeitsverhältnis mit männlichem «breadwinner» aufruht (auch Leitner u. a. 2004).

Der Beitrag des Bildungswesens bei der Vererbung sozialer Ungleichheit ist unübersehbar. Bildungsabschlüsse entscheiden über die Position in der Einkommenshierarchie und die Risiken am Arbeitsmarkt. Dies gilt für alle Industriestaaten, wie Abbildung 40 anhand von Daten der OECD verdeutlicht. Personen mit höchstem Bildungsabschluss unter der Sekundarstufe stehen am unteren Ende, Personen mit Hochschulabschluss (tertiäre Ausbildung) am oberen. Die durch den Bildungsabschluss erzeugten Einkommensdifferenzen sind in Ländern wie Portugal (insbesondere hinsichtlich der Geringqualifizierten), vor allem aber in den USA gravierend. Dies gilt, wie OECD-Daten weiterhin zeigen, auch hinsichtlich der Arbeitslosenquoten. Sie waren Mitte der 1990er Jahre beispielsweise in Deutschland für Männer mit einem Abschluss unter der Sekundarstufe mehr als dreimal so hoch wie für Personen mit Hochschulabschluss, in den USA (für Männer wie Frauen) sogar mehr als fünfmal so hoch (Wolf 2002, S. 19f.). Die britische Bildungsökonomin Alison Wolf fragt: «Education is certainly signalling something. But is this skills, or ability? Might education not be serving, essentially, as a simple way of ranking, screening and selecting people in a mass society?» (ebd., S. 29). Sie beantwortet die Fragen mit einem klaren Ja. In einer meritokratischen Marktgesellschaft wird das Bildungswesen zur Agentur von Ungleichheit. In ihrer eindrücklichen Studie widerlegt sie den «Mythos» eines unmittelbaren Zusammenhangs von Bildung und – vor allem – künftigem Wirtschaftswachstum. Ende der 1990er gingen weltweit über 1,1 Mrd. Kinder und Jugendliche zur Schule, etwa 88 Mio. Studenten besuchten Hochschulen, 60 Mio. mehr als noch 30 Jahre zuvor (ebd., S. 2 f.). Der dramatische Ausbau des Bildungswesens folgt dem Wohlstand der Nationen, nicht umgekehrt. Es sei eine naive Annahme, dass Regierungen durch einen Ausbau von Bildungsangeboten die wirtschaftliche Entwicklung maßgenau beeinflussen können. Indem jedoch das Bildungssystem immer mehr mit dem Mithaltenkönnen in einem globalen ökonomischen Wettbewerb begründet wird, fallen die kulturellen Gehalte von Bildung, die Entwicklung von persönlicher und bürgerschaftlicher Identität unter den Tisch (ebd., S. 250ff.). Zugleich wird verwischt, dass vor allem die Hochschulbildung in den meisten Marktgesellschaften den Mittel- und Oberschichten vorbehalten ist und so Ungleichheit verstetigt wird. Anstatt, so Wolf, die Hochschulbildung immer weiter auszubauen, wären im Interesse von Chancengleichheit weitaus mehr Investitionen in den Primar- und Sekundarbereich nötig.

Der Zusammenhang von Bildung und sozialer Ungleichheit ist offensichtlich. Das Bildungssystem wirkt als ein Bereich der Sozialpolitik. Bildungspolitische Entscheidungen definieren mit der Rahmung von Lebensläufen und Chancen Zusammenhänge, die als soziale Ungleichheit von sozialpolitischer Bedeutung sind. Im nächsten Abschnitt wird der

Bildungserfolg und soziale Ungleichheit

			Unter Sekundarstufe	Ausbildung oberhalb Sekundarstufe, ohne Tertiärstufe	Tertiäre Ausbildung insgesamt
			25–64	25–64	25–64
Belgien	2000	Männer	93	99	128
		Frauen	83	112	133
Kanada	1999	Männer	80	102	138
		Frauen	70	98	139
Dänemark	2000	Männer	86	91	131
		Frauen	90	92	123
Finnland	1999	Männer	93	m	167
		Frauen	99	m	145
Frankreich	1999	Männer	88	130	159
		Frauen	80	133	145
Deutschland	2000	Männer	81	114	143
		Frauen	74	128	141
Italien	1998	Männer	54	m	138
		Frauen	61	m	115
Niederlande	1997	Männer	88	126	142
		Frauen	73	120	146
Norwegen	1999	Männer	85	118	136
		Frauen	84	121	137
Portugal	1999	Männer	60	m	180
		Frauen	63	m	170
Schweden	1999	Männer	87	m	138
		Frauen	88	m	126
Schweiz	2001	Männer	82	113	141
		Frauen	75	122	154
Großbritannien	2001	Männer	72	m	147
		Frauen	70	m	183
USA	2001	Männer	69	123	193
		Frauen	67	120	176

Quelle: OECD 2003a, Tabelle A14.1 (Auszug). – Nach jeweils höchstem Bildungsabschluss und Geschlecht für Personen im Alter von 25 bis 64 Jahren; Medianeinkommen für Personen mit Sekundarabschluss = 100 (m). Die Jahre beziehen sich auf die Datengrundlagen.

Abbildung 40: Relatives Niveau des Erwerbseinkommens nach Bildungsabschlüssen im internationalen Vergleich

Blick auf die Finanzierung von Bildung gelegt. Wie auch in anderen Bereichen des Wohlfahrtsstaats stellen an Privatisierung und Vermarktlichung orientierte Akteure die bisherigen Aufgaben- und Finanzierungsverantwortungen infrage. So wird diskutiert, ob die Bildungsausgaben als Zukunftsinvestitionen erhöht werden sollen, zugleich aber, ob diese Ausgaben nicht in stärkerem Umfang von den privaten Haushalten getragen werden sollen, beispielsweise in Form von Studiengebühren. Regimetheoretisch wird in der Diskussion um die Bildungsfinanzierung problematisiert, ob Bildung ein öffentliches, sozialpolitisch zu gestaltendes Gut ist, ob ein hoher Bildungsstand zum Sozial- bzw. Kulturkapital einer Gesellschaft zählt oder ob Bildung eher als ein privates Gut, als eine den familiären Gemeinschaften zu überlassende Investition in das (individuelle) Humankapital gilt.

6.2 Bildungsfinanzierung als sozialpolitisches Problem

Üblicherweise finanziert die öffentliche Hand das Bildungswesen. In der EU trägt sie (Stand 1999) durchschnittlich 86 Prozent der gesamten Bildungsausgaben, den Rest übernehmen private Haushalte und Arbeitgeber (Eurostat 2003a, S. 1). Hinsichtlich der Vergesellschaftung der Kosten gehört das Bildungswesen damit zu den Kernbereichen des Wohlfahrtsstaats. Erst in jüngster Zeit wird versucht, auch die privaten Bildungsausgaben präziser zu bestimmen. In einer Studie für das Bundesministerium für Bildung und Forschung errechnen Dieter Dohmen und Michael Hoi (2004) für das Jahr 2000 eine Netto-Finanzierung des deutschen Bildungswesens zu 66 Prozent durch öffentliche und zu 34 Prozent durch private Ausgaben, während das offizielle Bildungsbudget auf einen Staatsanteil von 74 Prozent kommt (ebd., S. 62). Der höhere Privatanteil geht vor allem darauf zurück, dass Dohmen und Hoi den Lebensunterhalt nicht mehr vollzeitschulpflichtiger Schüler und Studenten als «bildungsbedingte ‹Lebenshaltungs-Opportunitätsausgaben›» (ebd., S. 14) in die Bildungskosten einrechnen. Im Vergleich mit anderen Ländern gilt der Privatanteil in Deutschland aufgrund der «dualen» Berufsausbildung ohnedies als etwas höher, da sich die Unternehmen an den Bildungskosten beteiligen. Allerdings übernehmen die Unternehmen beispielsweise in

Bildungsfinanzierung als sozialpolitisches Problem

Japan oder den USA aufgrund eines ausgeprägteren In-Job-Trainings gleichfalls – statistisch bislang kaum ausgewiesene – Ausbildungskosten.

Mit den genannten Einschränkungen der Datengrundlagen geben die in Abbildung 41 zusammengestellten öffentlichen Ausgaben für Bildung als Anteil des BIP im europäischen Vergleich Auskunft über recht unterschiedliche Prioritätensetzungen hinsichtlich der absoluten Ausgaben wie auch zum Verhältnis von Sachausgaben (direkte Ausgaben für Bildungseinrichtungen) und Transfers an private Haushalte, beispielsweise für Stipendien und Studentendarlehen, sowie an Unternehmen, die ausbilden und hierfür Beihilfen erhalten.

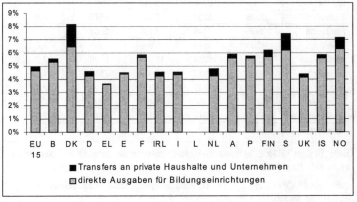

Quelle: Eurostat 2003 a, S. 1 – in Euro-KKS, Stand 1999

Abbildung 41: Öffentliche Gesamtausgaben für Bildung in Prozent des Bruttoinlandsprodukts nach Transaktionsarten

Deutschland investiert mit 4,6 Prozent einen vergleichsweise niedrigen Anteil des BIP in Bildung. Die deutlich höheren Anteile in Österreich (5,9 %), Frankreich (5,9 %) und den skandinavischen Ländern (z. B. 8,1 % in Dänemark) gehen vor allem auf das Konto der Investitionen in den Primarbereich und in den Sekundarbereich, insbesondere für Ganztagsschulen, wie Abbildung 42 mit Daten von Eurostat (2003a) zeigt (wobei hier öffentliche und private Ausgaben erfasst wurden). Die deutsche Kombination von Halbtagsschule und dreigegliedertem Schulsystem ist ein Sonderfall in Europa, der zwar die Bildungskosten für die

214 Bildungspolitik als Sozialpolitik

öffentliche Hand senkt, dafür jedoch für die Bildungsdefizite vor allem bei sozial schwächeren Schülern verantwortlich gemacht wird (Gottschall / Hagemann 2002).

	Primarbereich	Sekundarbereich	Tertiärbereich	Insgesamt	Verhältnis Tertiärbereich / Primarbereich
EU 15	3858	5267	7937	5222	2,1
Belgien	4212	6487	8773	5807	2,1
Dänemark	6435	7084	9405	6930	1,5
Deutschland	3477	4307	9698	5025	2,8
Griechenland	1997	2756	3913	2903	2,0
Spanien	3828	5235	5374	4570	1,4
Frankreich	3946	7148	7139	5682	1,8
Italien	4898	5979	6962	5959	1,4
Niederlande	3827	5284	11310	5309	3,0
Österreich	6059	7872	10078	7518	1,7
Finnland	3794	5646	8930	5507	2,4
Schweden	5268	5388	12799	5821	2,4
Großbritannien	3364	4618	8433	4716	2,5
Norwegen	5849	6887	10912	7456	1,9

Quelle: Eurostat 2003a, S. 3 (Auswahl) – EU 15-Durchschnitt für Länder, für die Daten vorlagen; in Euro-KKS, Stand 1999

Abbildung 42: Öffentliche und private Ausgaben pro Schüler / Studierenden in öffentlichen Bildungseinrichtungen

Die Ausgaben pro Studierenden im tertiären Bereich waren im Durchschnitt doppelt so hoch wie im Primarbereich. Die Schwankungen zwischen den EU-Mitgliedsstaaten sind beträchtlich, sowohl in der Höhe der Ausgaben pro Schüler / Studierenden als auch über alle Bildungsstufen hinweg. So reichen die Ausgaben pro Studierenden von 3913 Euro-KKS (d.h. nach Kaufkraft bereinigten Euro) in Griechenland über 9698 Euro-KKS in Deutschland bis 12799 Euro-KKS in Schweden. Diese Differenzen lassen sich nur mit sozial- und bildungspolitischen Prioritäten und Traditionen erklären, wobei die unterschiedlichen Wohlfahrtsregime (konservativ, liberal, sozialdemokratisch) nicht immer unmittelbar mit den Bildungsausgaben korrelieren.

In Abbildung 42 sind die Ausgaben für den Vorschulbereich nicht erfasst. International vergleichende Daten sind hierfür nur rudimentär verfügbar. Seitens der OECD wird (Stand 2000) nur zweierlei ausgewiesen: zum einen die relativen Ausgaben für die Vorschulerziehung von Kindern (ab drei Jahren), die innerhalb der Gruppe der OECD-Länder, gewichtet nach dem Pro-Kopf-Einkommen laut BIP, um den Faktor drei schwanken. Am niedrigsten sind sie in der Schweiz und Irland, etwa doppelt so hoch in Deutschland oder Österreich und dreimal so hoch in Norwegen (OECD 2003a, Table B 1.2). Präziser sind, zweitens, die Angaben für das Verhältnis von privaten und öffentlichen Aufwendungen in diesem Bereich. Hier zeichnet sich Deutschland durch einen vergleichsweise hohen Privatfinanzierungsanteil von 36,9 Prozent aus, der nur von Korea (74,1 %), Japan (48,7 %), Irland (59,8 %) und Australien (39,3 %) übertroffen wird (ebd., Table B 3.2). In den meisten anderen Ländern liegt der privat finanzierte Anteil unter zehn Prozent (in den USA beispielsweise 8,8 %), wobei aus den Daten nicht ersichtlich ist, ob ihn jeweils die Eltern aufbringen oder (wie zumindest zu einem geringen Teil in Deutschland) privat-gemeinnützige Einrichtungsträger. Diese Daten unterstützen die Annahme, dass sozialpolitisch in Deutschland der Vorschulbereich – wie von Karin Gottschall (2003) analysiert – eher als Aufgabe des Familiensystems betrachtet wird (wobei merkwürdigerweise in den Niederlanden mit einem ähnlichen familienpolitischen Regime, siehe Kapitel 3, der Privatfinanzierungsanteil für die Vorschule nur bei 2,6 % liegt).

In Deutschland ist die Verteilung der privaten Bildungsausgaben ohnedies ungewöhnlich. Während im Vorschulbereich der Privatfinanzierungsanteil (36,9 %) mehr als doppelt so hoch ist wie im OECD-Durchschnitt (17,3 %), liegt er im Tertiärbereich, also bei der Hochschulbildung, mit 8,2 Prozent deutlich unter dem Durchschnitt (21,4 %). Hier besteht allerdings gleichfalls eine erhebliche Abweichung zwischen den Ländern. So liegt die private Beteiligung an den Hochschulkosten in einigen Ländern noch deutlich niedriger, beispielsweise in Österreich (3,3 %), Dänemark (2,4 %), Griechenland (0,3 %) oder Finnland (2,8 %). In vielen Ländern müssen die Studierenden und ihre Eltern allerdings mit deutlich höheren Eigenbeteiligungen rechnen, so in den USA (66,1 %), Großbritannien (32,3 %), Kanada (39 %), Italien (22,5 %)

oder den Niederlanden (22,6%). Aufgrund der hohen Aggregation erlauben diese Daten nur Vermutungen über die Belastung einkommensschwacher Gruppen. Die Tatsache, dass in mehr als der Hälfte der OECD-Staaten die privaten Ausgaben für den Tertiärbereich zwischen 1995 und 2000 in absoluten Zahlen um mehr als 30 Prozent gestiegen sind (zumeist allerdings ohne Verringerung des öffentlichen Ausgabenanteils), deutet aber auf einen Trend in der Bildungsfinanzierung, der für die Zukunft erhebliche sozialpolitische Bedeutung gewinnt.

Vor allem in den Ländern, in denen der Privatfinanzierungsanteil der Hochschulausbildung vergleichsweise niedrig ist, wird über dessen Ausweitung diskutiert, insbesondere durch die Einführung oder deutliche Erhöhung von Studiengebühren. Als Beleg für die Leistungsfähigkeit oder zumindest Unschädlichkeit von Studiengebühren wird auf Länder wie USA, Kanada, Japan oder Korea mit zugleich hohen Studierenden- bzw. Absolventenzahlen verwiesen. Tatsächlich haben sich, wie der Vergleich 1991 zu 2001 in Abbildung 43 nahe legt, in jenen Ländern diese Zahlen sogar noch stürmischer entwickelt als in denjenigen, in denen Studium zum «Nulltarif» (Pechar/Kleber 1996) möglich ist. Die Begründungen für Studiengebühren sind vielfältig, entstammen jedoch überwiegend dem bildungsökonomischen und wohlfahrtsökonomischen Kontext. Zwei theoretisch aufwendig auftretende Argumentationsfiguren stehen neben einer Reihe pragmatischer Motive.

Zum einen wird das Studium als Investition in Humankapital konzipiert, es garantiere – wie weiter oben belegt – deutlich verbesserte Einkommenschancen und Arbeitsmarktpartizipation (Psacharopoulos 1995; Barr 1998, S. 333ff.). Einige Autoren schlagen sogar vor, die Investition in Studierende wie solche in andere langfristige Anlagegüter auf dem Kapitalmarkt mit entsprechenden Renditeerwartungen im weiteren Lebensgang des jeweiligen Investitionsträgers zu behandeln (Palacios Lleras 2004). Damit diese instrumentelle Perspektive auf junge Menschen nicht als zynisch beurteilt wird, führt beispielsweise einer der einflussreichsten Akteure in der deutschen einschlägigen Diskussion, das Centrum für Hochschulentwicklung (CHE 2000) der Bertelsmann Stiftung, ein Zusatzargument an: Ein gebührenfreies Hochschulstudium bedeute eine «Umverteilung von unten nach oben», weil die damit verbundene Humankapitalinvestition von der Gesamtgesellschaft

Bildungsfinanzierung als sozialpolitisches Problem

		1991	2001			1991	2001
Australien	Männer	22	29	Italien	Männer	7	10
	Frauen	24	38		Frauen	6	13
Österreich	Männer	8	15	Japan	Männer	:	46
	Frauen	8	14		Frauen	:	49
Belgien	Männer	25	34	Korea	Männer	:	42
	Frauen	29	41		Frauen	:	37
Kanada	Männer	30	45	Niederlande	Männer	23	26
	Frauen	33	56		Frauen	22	27
Dänemark	Männer	:	25	Norwegen	Männer	26	33
	Frauen	:	34		Frauen	28	44
Finnland	Männer	28	30	Spanien	Männer	15	32
	Frauen	39	46		Frauen	18	39
Frankreich	Männer	19	32	Schweden	Männer	26	34
	Frauen	21	37		Frauen	28	39
Deutschland	Männer	23	23	Schweiz	Männer	29	35
	Frauen	19	20		Frauen	13	17
Griechenland	Männer	:	21	Großbritannien	Männer	19	30
	Frauen	:	27		Frauen	18	29
Irland	Männer	20	45	USA	Männer	29	36
	Frauen	19	50		Frauen	31	42

Quelle: OECD 2003a, Table A2.4 – Anteil der Bevölkerung im Alter von 25 bis 34 Jahren mit Hochschulausbildung, nach Geschlecht, in Prozent; : = nicht bekannt

Abbildung 43: Entwicklung der Hochschulausbildung 1991 bis 2001 im Vergleich

getragen wird und den ohnehin privilegierten Akademiker nichts außer Zeit koste.

Hingegen zeigt der von Dohmen (2004) erstellte Vergleich privater und öffentlicher Bildungsausgaben, dass in Deutschland der Anteil der privaten Ausgaben (einschließlich Lebenshaltungskosten, nach Abzug von Stipendien und BAföG, Stand 2003) für das Studium erheblich ist: Für minderjährige Schüler der Sekundarstufe II lag er bei monatlich 400 Euro (öffentlicher Anteil 435 Euro), für volljährige Schüler (Sek. II) bei 250 Euro (öffentlich 590 Euro), für Studenten bei 600 Euro (öffentlich 845 Euro), während minderjährige Auszubildende den privaten Haushalten (aufgrund des Ausbildungsgeldes) sogar noch 154 Euro einbringen (ebd., S. 18). Diese ungleiche Kostenverteilung dürfte mit ein Grund dafür sein, dass der Anteil von Studierenden aus den unteren Mittelschichten merklich rückläufig ist, worauf die 17. Sozialerhebung des Deutschen Studentenwerks aufmerksam macht (BMBF 2004). Aber auch volkswirtschaftlich ist das Argument der Humankapitalinvestition umstritten. Sobald alle relevanten Faktoren des Bildungs-, Steuer- und Sozialversicherungssystems einbezogen werden, lässt sich eine Umverteilung von unten nach oben nicht mehr nachweisen (Wolter/Weber 1999).

Das zweite bildungsökonomische Argument für Studiengebühren erwartet positive Steuerungseffekte in der Hochschullandschaft selbst. Eine nachfrageorientierte Hochschulfinanzierung stelle eine «Option für autonome Hochschulen» (CHE 2001), indem es die Studierenden zu ökonomisch relevanten Nachfragern einer Bildungsdienstleistung aufwerte und vor allem «Elitehochschulen» die Verknappung ihres Angebots durch hohe Preise erlaube – was sich wiederum in verbesserten Leistungsangeboten niederschlage (Dierkes/Merkens 2002). Dieses Argument wird zunehmend von Hochschulpolitikern aus verschiedenen Lagern angeführt. Allerdings können gegen die damit verbundenen steuerungstheoretischen Annahmen erhebliche Einwände geltend gemacht werden (Wolter 2002). Als Modell für das Nachfrageargument wird meist auf die USA verwiesen. Die Hochschullandschaft ist dort jedoch von einer weitaus größeren Qualitätsstreuung geprägt, als dies in Europa und insbesondere in Deutschland der Fall ist. Zudem sind im US-amerikanischen Wohlfahrtsregime liberale, marktliche Elemente traditionell stark. Vergleicht man die geforderte Nachfragesteuerung mit einer energischen Angebotssteuerung, wie sie beispielsweise in international anerkannten Musik- und Kunsthochschulen (gerade auch in Deutschland) in Form von ausgefeilten Aufnahmeprüfungen praktiziert wird, schneidet die Angebotssteuerung in der Regel besser ab. Selbst wenn das von den Vertretern der Nachfragesteuerung schon im Interesse der Qualitätssicherung bejahte Verfahren der «blind admissions» – die Finanzierung der Studiengebühren wird hier erst im Anschluss an eine leistungsorientierte Auswahl thematisiert – ernst genommen wird, bleibt doch der Abschreckungseffekt der teils dramatisch hohen Studienkosten, wenn man nicht zu den besten 10 bis 20 Prozent der Studenten gehört, die mit auskömmlichen Stipendien rechnen können.

Schließlich werden in politisch niedriger gehaltenen Debatten pragmatische Argumente für Studiengebühren vertreten, beispielsweise der Hinweis auf die Bedrängtheit der öffentlichen Haushalte, die den angesichts weiter steigender Studierendenzahlen notwendigen Investitionsbedarf in die Hochschulbildung nicht aufbringen könnten. Dieses Argument trifft sich mit den aus der sonstigen sozialpolitischen Diskussion bekannten Dilemmata der Finanzierung öffentlicher Gemeinschaftsgüter. In gewisser Weise wird damit ähnlich den Konzepten der «Aktivierung» in der Arbeitsmarkt- und Sozialhilfepolitik oder der «Rationierung» in der Gesundheitspolitik eine Privatisierung von Gütern zu legitimieren versucht, die sowohl im Wertesystem der Bevölkerung als auch unter gesamtgesellschaftlichen Effektivitätsgesichtspunkten als öffentliche Güter gelten und gelten sollten. Die sonst noch angeführten Argumente für Studiengebühren, beispielsweise die kostenlose Inanspruchnahme von Studienplätzen durch ausländische Studierende – während hiesige Studenten in deren Heimatländern Gebühren aufbringen müssen –, könnten pragmatisch durch gestufte Systeme aufgehoben werden, bei denen Inländer entlastet oder erst gar nicht belastet werden.

Wie die Auseinandersetzung mit einigen bildungsökonomischen Argumentationsfiguren zeigen konnte, dürfte es in der bildungspolitischen Kontroverse um Studiengebühren weniger um sachlich-wissenschaftliche als um regimetheoretisch erklärbare politisch-ideologische Konfliktthemen gehen. Das schließt nicht aus, dass beispielsweise bestimmte Modelle wie «Bildungsgutscheine» oder «Bildungskonten» für die Hochschulpolitik und möglicherweise auch für andere Bereiche des Bildungswesens wie den Schul- und Vorschulbereich sinnvoll sein können. Die entscheidende Kontroverse dürfte eher um die Frage kreisen, ob und inwieweit Bildung als ein öffentliches Gut gilt oder ob man sie nur als privates Gut, als je persönliche Humankapitalinvestition betrachtet.

7 GLOBALISIERUNG UND SOZIALPOLITIK

Versteht man unter Sozialpolitik die *Begrenzung* sozialer Verwerfungen, die durch das Wirtschaftssystem erzeugt werden, und unter Globalisierung die *Entgrenzung* aller wirtschaftlichen Prozesse, dann wird der Zusammenhang von Sozialpolitik und Globalisierung problematisch. Sozialpolitik als kompensative Begrenzung von Kapital und Industrie scheint unter den Bedingungen einer entgrenzten Geld- und Arbeitskraftmobilität kaum mehr möglich. Aus sozialpolitischer Perspektive wird die Globalisierung zu einem neuen Gespenst, das in der Welt umgeht.

Gegen diese pessimistische Perspektive werden im Folgenden erweiterte Konzepte von Sozialpolitik und Globalisierung gestellt. Ein erweitertes Sozialpolitikkonzept liegt diesem Buch insgesamt zugrunde. Anstelle Sozialpolitik nur als Kompensation zu begreifen, wird hier ein bislang eher in der angloamerikanischen Tradition stehendes (wenngleich dort kaum realisiertes) Konzept von Wohlfahrtsstaatlichkeit vertreten, in dem Sozialpolitik mit einem positiven Auftrag versehen ist: als politisch-rechtlich gestaltete *Teilhabe aller an allen sozialen Sphären einer Gesellschaft.* Niklas Luhmann (1981) sprach im Anschluss an Talcott Parsons von der «Inklusion» aller in alle relevanten Teilsysteme einer Gesellschaft.

Ähnlich darf man Globalisierung nicht nur als Entgrenzung von Kapital und Information verstehen. In der Literatur kursieren verschiedene Konzepte (Beck 1997; Deutscher Bundestag 2002a; Held/McGrew 2003). Konsens scheint bei zwei Aspekten zu bestehen: (1) in einem immer engeren Zusammenhang kultureller und ökonomischer Akteure in verschiedenen Teilen der Welt und (2) in einer Verdichtung von Zeit und

Raum (Deacon 2003, S. 12f.). Manuel Castells (2001) prägte dafür den Begriff der «Netzwerkgesellschaft».

Im Weiteren muss das Sozialpolitikkonzept nicht eigens vorgestellt werden. Es genügt, an die Theorie der Wohlfahrtsregime zu erinnern, die als analytische Folie das Buch durchläuft (siehe Kapitel 1). In Erweiterung des Ansatzes von Esping-Andersen (1990) wird hier eine systematische mit der steuerungstheoretischen Perspektive verknüpft, indem stets vier analytische Stufen («levels») unterschieden werden: das Subsystem Wirtschaft mit Markt, das Subsystem Politik mit Staat, das Subsystem Gemeinschaft mit Moral und das Legitimationssystem mit Ethik als Steuerungssysteme (Opielka 2004). Markt, Staat, Moral und Ethik prägen wiederum jeweils die vier Wohlfahrtsregime: Das liberale Regime betont den Markt, das sozialistisch-sozialdemokratische den Staat, das konservative die (gemeinschaftliche) Moral und das garantistische die Ethik. Vereinseitigungen können nicht gut gehen. Trotzdem sind sie häufiger, als es gut tut.

In diesem systemischen Sinn werden zunächst die Ebenen der Globalisierung skizziert, die für die Sozialpolitik eine Bedeutung haben. Im zweiten Schritt wird untersucht, ob es zwischen Globalisierung und Sozialpolitik eine Beziehung gibt und welche. Auch hier ist die wissenschaftliche Diskussion uneins, und es lassen sich ganz entgegengesetzte Standpunkte beobachten. Im dritten Abschnitt werden einige ausgewählte Themen diskutiert: das Problem der weltweiten Armut, die Rolle der Menschenrechte in der internationalen Sozialpolitik, die Frage nach globaler Regulierung und Regierung, die Migration als praktische Globalisierung und die kleine Globalisierung in Europa.

7.1 Ebenen der Globalisierung

In den 1990er Jahren hatte die Rede von der Globalisierung Konjunktur. Gemeint war zumeist die Zunahme der internationalen Mobilität von Kapital und Information. Die Ost-West-Teilung war seit 1989/90 weitgehend aufgehoben, womit zumindest theoretisch die ganze Welt zum Investitions- und Marktplatz wurde. Das Internet und die Informationstechnologie traten gleichzeitig ihren Siegeszug an. Neuere Forschungen stellen die komplexen Beziehung zwischen den eher ökonomisch-technischen Entwicklungen, dem politischen und dem sozial-kulturellen Wandel in der Weltgesellschaft in den Mittelpunkt. Bezieht man diesen Wandel auf die vier systemischen Ebenen einer jeden Gesellschaft – Wirtschaft, Politik, Gemeinschaft und Legitimation (Opielka 2004) –, dann lassen sich vier Aspekte unterscheiden, die für die Sozialpolitik relevant sind:

1. Der *globale ökonomische und ökologische Wandel* zielt auf eine Durchsetzung der Marktwirtschaft auf Kosten der verbliebenen Subsistenzwirtschaft ab. Die Folge dieses Wandels war im Europa des 19. Jahrhunderts die Verelendung der pauperisierten Massen und in der Folge dieser «sozialen Frage» das Aufkommen der Arbeiterbewegung, des Marxismus und schließlich der Sozialpolitik. Im weltweiten Maßstab sind dies heute gravierende Armutsphänomene (Townsend / Gordon 2002), hohe Kindersterblichkeit, Massenarbeitslosigkeit und Migrationsbewegungen. So schätzte in einer Analyse der Globalisierungsverlierer die ILO (Internationale Arbeitsorganisation der UN) für das Jahr 2003, dass weltweit 188 Mio. Menschen arbeitslos sind (Weltkommission 2004, S. 44). In einigen Industrieländern nahmen in den 1990er Jahren die Einkommensungleichheiten deutlich zu, die höchstbezahlten zehn Prozent vergrößerten in Großbritannien und den USA ihren Anteil gegenüber den untersten zehn Prozent der Einkommenshierarchie um mehr als ein Drittel (OECD 2004): «Die zunehmende Konzentration des Reichtums dürfte für die Nutznießer dieses Phänomens sowohl national als auch global mehr Markteinfluss und mehr politische Macht bedeuten. Sie hat auch einen großen Einfluss darauf, wie die Menschen die Globalisierung sehen» (Weltkommission 2004, S. 48). Demgegenüber sind die Auswirkungen der Globalisierung auf die Armut schwer zu schätzen. Die Zahl der in absoluter Armut (weniger als ein Kaufkraft-Dollar pro Tag) lebenden Menschen ist von 1,237 Mrd. im Jahr 1990 auf 1,1 Mrd. im Jahr 2000 zwar zurückgegangen, doch verdankt sich diese Reduzierung im Wesentlichen einer rasanten Wirtschaftsentwicklung in China und Indien (ebd.). Inwieweit die ökologischen Veränderungen auf die internationale Sozialpolitik einwirken, die Sozialpolitik insoweit Bestandteil einer Strategie der Nachhaltigkeit werden kann, wird erst in jüngster Zeit thematisiert (Fitzpatrick 2000; Bartelmus u. a. 2002; Weltkommission 2004).

2. Der *politische Wandel* der Globalisierung zielt auf eine Veränderung der Staatsfunktionen. Einerseits müssen alle Nationalstaaten eine Antwort auf die sozialen Probleme finden, was ihnen in sehr unterschiedlicher Weise gelingt, abhängig vor allem von den jeweiligen Regimeformen, dem Stand der Korruption und der Entwicklung verlässlicher Rechts- und Verwaltungssysteme (Zürn 2003). Andererseits werden neue zwischenstaatliche und internationale Politikformen entwickelt wie die Welthandelsorganisation (WTO) und die von ihr durchgesetzten Abkommen wie GATT oder GATS (Held/McGrew 2002; Deacon 2003).
3. Der *gemeinschaftlich-kulturelle Wandel* betrifft vor allem die dramatischen Veränderungen des Geschlechterverhältnisses und in seiner Folge der Familienformen. Er wirkt sich wesentlich auf die Bevölkerungsentwicklung aus, die in vielen Teilen der Welt eine Entwicklungschance, aber auch eine Entwicklungsbremse bedeutet (UNDP 2004). Der gemeinschaftliche Wandel ist eine weitgehend unabhängige Variable. Zu ihm gehört im globalen Rahmen ferner die gewaltige Zunahme des allgemeinen Bildungsniveaus und der Wandel der Öffentlichkeit: «Durch die Globalisierung ist die öffentliche Meinung zu einer eigenständigen politischen Macht geworden» (Weltkommission 2004, S. 4). Damit entsteht auf globaler Ebene eine Zivilgesellschaft, die neue (gemeinschaftliche) Organisationsformen entwickelt – Netzwerke, NGOs – und mittels des Internets weitaus flexiblere Kommunikationsmöglichkeiten besitzt (Perlas 2000).
4. Der *legitimativ-religiöse Wandel* lässt sich an der Spannung zwischen zwei Szenarien zeigen: Auf der einen Seite wird, wie dies Samuel P. Huntington (1997) formulierte, ein «Kampf der Kulturen» befürchtet. Auf der anderen Seite setzen Vertreter eines interreligiösen Dialogs wie Hans Küng (1997) auf die Entwicklung eines «Weltethos», auf eine Globalisierung, die auf universal anerkannten Werten und der Achtung der Menschenrechte beruht (Weltkommission 2004, S. 8). Unterstützt wird vor allem die zweite Prognose durch die Wertewandelsforschung, die weltweit eine Tendenz hin zu expressiven, individualistischen Wertorientierungen beobachtet (Inglehart 2000, 2003; Welzel u. a. 2003).

Der jährliche «Bericht über die menschliche Entwicklung» des Entwicklungsprogramms der Vereinten Nationen und der darin aktualisierte

«Human Development Index – HDI» (UNDP 2003, 2004) versucht, ein realistisches Bild dieses komplexen Wandels zu ermitteln. Einen sozioökonomischen Schwerpunkt legt der gleichfalls jährliche «Weltentwicklungsbericht» der Weltbank, der mit einem «World Development Indicator (WDI)» aufwartet (Weltbank 2003). Stärker auf den Wohlfahrtsstaat und seine Institutionen bezogen ist der Bericht der von der Internationalen Arbeitsorganisation (ILO) eingesetzten «Weltkommission für die soziale Dimension der Globalisierung» (2004), dem ein ausführlicher Konsultationsprozess vorausging. Programmatisch wird eine «Fokussierung auf den Menschen» (ebd., S. 2) angestrebt. Für die Wahrnehmung der Betroffenenperspektive trugen sicherlich kritische Nichtregierungsorganisationen (NGOs) bei wie «attac» oder auch die von einem Bündnis globalisierungskritischer Organisationen regelmäßig mit Länderberichten aktualisierte Plattform «SocialWatch» (www.socwatch.org).

Bob Deacon (2003, S. 14) schätzt die folgenden Entwicklungen für die Sozialpolitik als besonders relevant ein:

1. Es entsteht ein *globaler privater Markt* für sozialpolitische Leistungen, der vor allem von den USA und Europa beherrscht wird. Dazu gehören Versicherungen, Klinikbetreiber, Bildungsanbieter und zunehmend soziale Dienstleistungsfirmen.
2. Wohlfahrtsstaaten treten in einen *Wettbewerb* untereinander, derzeit vor allem mit der Gefahr, sich gegenseitig zu unterbieten.
3. Auf der sozialpolitischen Bildfläche treten neben den bisherigen, national begrenzten Akteuren – wie Gewerkschaften, Unternehmerverbänden und ihren gemeinschaftlichen Verhandlungsstrukturen – *neue Akteure* auf und mischen sich in den Wohlfahrtsstaat ein: Weltwährungsfonds (IWF), Weltbank, Welthandelsorganisation (WTO), UNO-Organisationen wie die ILO oder die WHO, aber auch NGOs wie attac und offene Netzwerke wie das Weltsozialforum in Porto Allegre.
4. Es entsteht ein *globaler Diskurs* über die beste Sozialpolitik, ein Beispiel dafür ist der Kampf um die Ausrichtung der Rentensysteme in den postkommunistischen Ländern. Dabei stehen grundsätzliche ethische Fragen auf der Tagesordnung wie diejenige, ob sich Sozialpolitik eher an sozialen Grundrechten oder an einer Individualisierung von Verantwortung orientieren soll.

Ob dies alles Folgen der Globalisierung sind oder nicht eher Phänomene, die von binnen- oder regionalstaatlichen Prozessen veranlasst werden, ist aber keineswegs eindeutig.

7.2 Globalisierung als Problem für den Sozialstaat?

In der politisch-ökonomischen Literatur vor allem seit den 1990er Jahren wird der Zusammenhang von Globalisierung und Wohlfahrtsstaat ganz unterschiedlich verarbeitet (Döring 1999). Philipp Genschel (2003, 2004) diskutiert drei Deutungstypen: die «Globalisierungstheoretiker», die davon ausgehen, dass der Wohlfahrtsstaat unter der Globalisierung leidet; die «Globalisierungsskeptiker», die kaum einen Einfluss der Globalisierung sehen, und die «Revisionisten», für die der Wohlfahrtsstaat vor allem an immanenten Problemen krankt, was durch die Globalisierung allenfalls noch deutlicher wird.[1] Die einleuchtende Rekonstruktion der Debatte durch Genschel soll kurz nachgezeichnet und um eine vierte Deutung ergänzt werden, die man als eine der «Wohlfahrtsglobalisierer» bezeichnen könnte: Diese Position versucht eine Art Synthese der drei anderen und vertritt die Ansicht, dass eine internationale Sozialpolitik erkennbar und notwendig ist, die zwar nicht zu einem Welt-Sozialstaat, aber doch zu einer «Weltgesellschaft» als «Wohlfahrtsgesellschaft» führen kann.

Diese vier Positionen lassen sich zudem mit den vier Typen des Wohlfahrtsregimes in Beziehung setzen, was gleichfalls über den Vorschlag von Genschel hinausführt: Die «Globalisierungstheoretiker» folgen eher den Annahmen der Vertreter des liberalen Wohlfahrtsregimes, wonach der «Markt» nicht nur das normativ, sondern auch empirisch wirkungsvollste Steuerungssystem bildet. Man könnte sie deshalb vielleicht präziser als «Ökonomisten» bezeichnen. Die «Globalisierungsskepti-

---

1 Genschel variiert (ohne näheren Hinweis) eine Dreiteilung, die von David Held und Anthony McGrew (dies. u. a. 1999, S. 2 ff.) vorgeschlagen wurde. Sie unterschieden «hyperglobalizers», «sceptics» und «transformationalists». Held und McGrew sind der Auffassung, dass diese drei «Denkschulen» zu Globalisierung völlig quer liegen zu den klassischen politischen Ideologien.

ker» sind deshalb skeptisch, weil sie dem Markt misstrauen und dem Staat normativ wie empirisch vertrauen. Das entspricht dem sozialdemokratisch-sozialistischen Regimetyp. Man könnte sie auch «Etatisten» nennen. Die «Revisionisten» sind, wie die Analyse zeigen wird, im Grunde Vertreter eines konservativen Regimetyps, die vor allem auf gemeinschaftliche Regulierungsformen setzen und gegenüber Markt und Staat gleichermaßen skeptisch bleiben: gegenüber dem Markt, weil er die gemeinschaftliche Selbststeuerung der Gesellschaft beschädige, gegenüber dem Staat, weil dieser die gemeinschaftliche Moral instrumentalisiere, aushöhle und schließlich an einer Anspruchsspirale scheitern müsse. Man kann die Genschel'schen «Revisionisten» deshalb auch als «Kommunitaristen» bezeichnen – auch wenn der Kommunitarismus als politische Philosophie weiter greift (Etzioni 1997, 2001). Es bleibt die vierte Position. Sie entspricht mit ihrem Blick auf Menschenrechte dem garantistischen Regimetyp. Der Einfachheit halber heißen sie hier «Garantisten».

Die Position der Globalisierungstheoretiker lässt sich folgendermaßen zusammenfassen: Zwar habe der Nationalstaat noch reale Macht, er sei aber durch das dichte Gewebe wirtschaftlicher Interdependenzen zunehmend ausgehöhlt (z. B. Held u. a. 1999). Beleg dafür seien die hohen Zuwachsraten grenzüberschreitender Finanztransaktionen in den 1990er Jahren sowohl auf den Finanzmärkten als auch bei den ausländischen Direktinvestitionen (ADI). Zudem habe sich der Welthandel aufgrund einer Reihe neuer Freihandelszonen sowie des Bedeutungszuwachses multinationaler Unternehmen wesentlich ausgeweitet. Die Globalisierung mache eine effektive makroökonomische (keynesianische) Steuerungspolitik unmöglich. Weder können die Regierungen angesichts international integrierter Kapitalmärkte geldpolitisch das nationale Zinsniveau unter die international üblichen Renditen drücken noch eine expansive Finanzpolitik mit hohen Defiziten vertreten, da dies mit hohen Risikoaufschlägen auf Zinsen verbunden sei (Scharpf 1987). Der internationale Wettbewerb setze die Regierungen zudem unter Druck, Kapitaleinkommen und Unternehmensgewinne zu entlasten («run to the bottom»), was wiederum die Einnahmebasis des Wohlfahrtsstaats erodiert. Auch erhöhe sich das Risiko der Arbeitslosigkeit, da einerseits konjunkturelle Schwankungen unmittelbar auf die nationalen Arbeitsmärkte durchschlagen – was die konjunkturelle Arbeitslosigkeit stets ansteigen (oder sinken) lässt –, andererseits wegen der Niedriglohnkonkurrenz aus den Schwellenländern Osteuropas und der Dritten Welt der Industriesektor zugunsten des vor dem internationalen Wettbewerb weitgehend geschützten Dienstleistungsbereichs abgebaut werden müsse, was wiederum zu struktureller Arbeitslosigkeit führt, wenn die Umschichtung nicht ausreichend gelingt (Scharpf 1997; Rodrik 2000; Rieger/Leibfried 2001). Die Globalisierungstheoretiker sind «Ökonomisten», weil sie davon ausgehen, dass die wirtschaftliche Globalisierung die gesellschaftliche Entwicklung determiniert. Liberale Ökonomisten begrüßen das, sie halten Globalisierung und Wohlfahrtsstaat für grundsätzlich unvereinbar (z. B. Sinn 2004). Eher linke Ökonomisten (Held u. a. 1999; v. a. Hardt/Negri 2002) bedauern den Verlust wohlfahrtsstaatlicher Gestaltungsoptionen.

Demgegenüber stellen die Globalisierungsskeptiker die meisten dieser Annahmen infrage. Zwar seien die hohen Wachstumsraten von Welthandel und anderen globalen Transaktionsflüssen nicht zu bestreiten. Für den Nationalstaat habe sich aber nicht viel geändert. Rund 80 Prozent aller Güter und Dienstleistungen würden nach wie vor im Inland produziert, 90 Prozent aller Produktionsstätten seien (im Schnitt) noch in nationalem Besitz, zudem war die Weltwirtschaft in früheren Zeiten (zu Beginn des 20. Jahrhunderts und nach dem Zweiten Weltkrieg) vermutlich noch stärker integriert (Garrett 1998; Rodrick 2000). Das «eigentlich Neue» (Genschel 2003, S. 436) sei jedoch der Wohlfahrtsstaat. Die Kernthese der Skeptiker lautet, dass die Globalisierung den Wohlfahrtsstaat gleichsam zur Voraussetzung habe (Rodrik 2000; Rieger/Leibfried 2001). Er verteilt heute nicht selten 40 oder gar 50 Prozent des Bruttoinlandsprodukts um. Die finanz- und geldpolitischen Spielräume nationaler Regierungen haben sogar zugenommen. Anders, als die Globalisierungstheoretiker meinen, mache die Globalisierung eine Defizitfinanzierung sogar billiger, weil das Kreditreservoir ansteigt und die Konkurrenz die Kreditkosten drückt (Garrett 1998). Zwar würden einige Regierungen sich wie einst Odysseus an den Mast binden, um ihre «Willensschwäche in der Geld- und Finanzpolitik zu bekämpfen» (Genschel 2003, S. 441). Dies habe aber weniger ökonomische als (innen)politische Gründe. Zudem hätten Länder wie Deutschland oder die USA keine

Probleme gehabt, zugleich Defizite zu produzieren und die Inflationsdynamik im Griff zu behalten. Auch den Einwand eines Steuerwettbewerbs nach unten lassen die Globalisierungsskeptiker nicht gelten. Vielmehr haben sich die Wohlfahrtsstaaten stets überwiegend über den Faktor Arbeit finanziert, ob nun durch Sozialversicherungsbeiträge oder durch Einkommenssteuern. Zwischen außenwirtschaftlicher Öffnung und Kapitalbesteuerung besteht sogar ein positiver Zusammenhang (Garrett 1998), ebenso zwischen Exportorientierung und Sozialausgaben (Rodrick 2000; Rieger/Leibfried 2001, S. 127f.). Schließlich habe auch die Arbeitslosigkeit wenig mit Globalisierung zu tun. So erschließt die Globalisierung neue Märkte und vermindert dadurch das Risiko kurzfristiger Nachfrageschwankungen. Der Strukturwandel zur Dienstleistungswirtschaft sei vor allem durch binnenwirtschaftliche Faktoren bedingt. Die Märkte für Industrieprodukte seien allmählich gesättigt, die für den Industriesektor typischen Produktivitätssprünge führten zu Beschäftigungsverlusten. Das Hauptproblem für die Beschäftigung seien die sinkenden Wachstumsraten (Blanchard/Illing 2004, S. 385ff.). Ansonsten gelte hinsichtlich des Wohlfahrtsstaats nach wie vor ein Primat der Politik. Für die Globalisierungsskeptiker ist der Auftrag eines viel zitierten modernen Klassikers der Politikwissenschaften – «Bringing the state back in» (Evans u. a. 1982) – erfüllt. Der Staat bleibt Motor der Sozialpolitik (Fligstein 2000).

Die dritte Deutung des Prozesses liefern, so Genschel, die Revisionisten. Der Wohlfahrtsstaat sei nicht das Opfer des wirtschaftlichen Strukturwandels, sondern er habe die Probleme erst verursacht, weil er dem Markt über hohe Steuern und Abgaben Mittel entziehe, die dieser für den Strukturwandel benötige. Zudem reduziere er durch Lohnersatzleistungen den Anreiz zur Arbeitsaufnahme und schaffe durch «Versorgungsklassen» neue Lebenslagen, die ihn teuer zu stehen kommen. Während neoliberale Globalisierungstheoretiker und Wohlfahrtsstaatskritiker dies natürlich auch so sehen, machen die eher konservativen Revisionisten in der Globalisierung einen Helfer aus, den Wohlfahrtsstaat umzubauen. Zu diesem Lager müsse man zumindest teilweise die «neue» Sozialdemokratie der 1990er Jahre rechnen, um, nicht selten im Verbund mit konservativen Parteien, korporatische, verbandlich-gemeinschaftliche Strategien einzusetzen («soziale Pakte»), eine Politik der «Aktivierung» durchzusetzen und so den Wohlfahrtsstaat wieder stärker an den (Arbeits-)Markt zu binden. Konservativ – oder gar kommunitaristisch – wird diese Position dann, wenn sie eine verbandliche, auf Gruppeninteressen aufbauende Steuerung der Sozialpolitik privilegiert und dies mit dem Verweis auf die Überlegenheit quasinatürlicher, primärer Wohlfahrtsstrukturen (Familie, Nation) legitimiert. Weniger ideologisch als nüchtern argumentieren Revisionisten, dass auch multinationale Unternehmen durchaus nicht nur an Kostenminimierung interessiert seien, sondern an einer Optimierung des gesamten Produktionsumfeldes. Hier bieten entwickelte Wohlfahrtsstaaten besser ausgebildete Arbeitnehmer, höhere Qualitätsstandards und langfristige Planungssicherheit. Neu hinzu kommt dabei eine zusätzliche Konfliktlinie, nämlich die zwischen verschiedenen wirtschaftlichen Sektoren. Zürn (2003) sieht so «New Politics of Intervention» aufkommen, die über den hergebrachten dyadischen Gegensatz von Kapital und Arbeit hinaus durch eine «triadische Konfliktkonstellation» (ebd., S. 1069) geprägt sind. Während einige Branchen an Subventionen und Marktabschottungen interessiert sind (wie Landwirtschaft oder Bergbau), verdanken andere der Globalisierung erhebliche Zuwachsraten. Volkswirtschaftlich entscheidend ist die Bilanz. Der Nationalstaat werde auch künftig eine zentrale Rolle spielen, doch müsse sie in der «postnationalen Konstellation» neu definiert werden: «Agendasetzung und Politikformulierung findet zunehmend außerhalb des Nationalstaates statt, während das nationale politische System einerseits als eine Form der territorial organisierten Interessenrepräsentation fungiert und zum anderen für die Umsetzung international formulierter Richtlinien verantwortlich zeichnet» (ebd., S. 1070). Diese analytischen Befunde können dann zur Begründung konservativ-korporativer Politikformen dienen, wenn die territorial-national verfassten Interessen von im jeweiligen Land gut verankerten Gruppen zum Bezugspunkt der Wohlfahrtsstaatlichkeit stilisiert werden.

Genschel resümiert die drei politisch-ökonomischen Deutungsmuster der Globalisierung dahin, dass sich die Positionen in der kontroversen Debatte nicht angeglichen haben. Obwohl die vergleichende Politikforschung in den 1990er Jahren einen erheblichen methodischen Modernisierungsschub verzeichnete und eine Vielzahl empirischer Arbeiten entstanden, blieb mit empirischen Ergebnissen keine der Deutungen

Globalisierung als Problem für den Sozialstaat?

siegreich. Keine der drei Globalisierungsschulen ist ganz richtig und «keine ganz falsch» (Genschel 2003, S. 454). Jede macht auf bestimmte Aspekte der Wirklichkeit aufmerksam. Jetzt sei man in der «post-heroischen Phase» der Globalisierungsdebatte angelangt, die Forschungsfragen werden «kleinteilig und speziell» (ebd., S. 457). In Abbildung 44 werden die Deutungen knapp zusammengefasst. Die Einbeziehung der vierten Dimension könnte im Licht der Überlegungen von Genschel als Neigung erscheinen, noch immer «heroisch» wirken zu wollen. Da ein garantistisches Wohlfahrtsregime erst in Ansätzen zu beobachten ist, hat die Systematik durchaus einen spekulativen oder auch programmatischen Aspekt. Doch existieren bereits Deutungen der Globalisierung, die sich diesem Ansatz zurechnen lassen.

garantistisch	Garantisten	geringe Wachstumsgewinne aus Liberalisierung der Kapitalmärkte unklare Wirkungen der Handelsliberalisierung	Steigerung von Einkommensungleichheit Anforderung an ethische Globalisierung wächst Demokratie als Gleichheitsmotor
konservativ	Revisionisten Kommunitaristen	freiwillige Selbstbindung der Regierungen Globalisierung als makroökonomische Steuerung	Wohlfahrtsstaat an Problemen selbst schuld (negative Eigendynamik) Globalisierung erleichtert Reformen Homogenisierung von Problem- und Interessenlagen
sozial-demokratisch	Globalisierungsskeptiker Etatisten	Geldpolitik bleibt konjunkturwirksam, expansive Finanzpolitik wird billiger	keine Schwächung der Einnahmenbasis wegen Primat der Innenpolitik; Globalisierung senkt den Druck auf Wohlfahrtsstaat; Probleme sind binnenwirtschaftlich
liberal	Globalisierungstheoretiker Ökonomisten	Verlust der «Zinssouveränität» Marktdisziplin	Wohlfahrtsstaat auf Einnahmenseite untergraben (Effizienzthese) Wohlfahrtsstaat auf Ausgabenseite überfordert (Kompensationsthese)
Wohlfahrtsregime	*Deutungen der Globalisierung*	*Wechselwirkungen zwischen Globalisierung und makroökonomischer Steuerungspolitik*	*Wechselwirkungen zwischen Globalisierung und sozialpolitischer Umverteilung*

Unter Verwendung der Übersichten in Genschel 2003, S. 445, 452

Abbildung 44: Deutungsmuster des Zusammenhangs von Globalisierung und Wohlfahrtsstaat

Diese finden sich vor allem in den Diskursen im Kontext internationaler Organisationen. So argumentiert die schon mehrfach zitierte «Weltkommission für die soziale Dimension der Globalisierung» (2004) unter Bezug auf Daten der ILO, dass die makroökonomischen Auswirkungen der Globalisierung auf Beschäftigung und Löhne selbst im Fertigungssektor völlig gegensätzlich seien, ein klares Muster nicht erkennbar wäre. Zudem wachse die Erkenntnis, dass die Liberalisierung der Kapitalmärkte auch künftig nur geringe Wachstumsgewinne erwarten lasse (ebd., S. 42f.). Für den Zusammenhang von Wohlfahrtsstaatlichkeit und Globalisierung können die Arbeiten von Amartya Sen, Nobelpreisträger für Ökonomie in 1998, als Beispiel für eine garantistische Deutung interpretiert werden. Ihm wird als Anwalt einer «Ökonomie für den Menschen» (Sen 2000) die Wechselwirkung von Globalisierung und Umverteilung in dieser Perspektive zu einem Indikator von Demokratie und Menschenrechten. Sen gilt als bedeutendster Vertreter der «welfare economics», die theoretisch auf einem rationalistischen Verständnis von «social choice» basiert, dabei aber nicht nur enge «ökonomistische» Präferenzen einbezieht, sondern die Präferenzskala der nicht nur wirtschaftlich interessierten Bürger. Deren gemeinschaftlichen Bindungen gelten für Sen als ebenso berücksichtigenswert wie ihre Werte und Normen (Sen 2003). Sen betont die Notwendigkeit, Teilhabefähigkeiten («capabilities») durch Bildung und andere produktive Sozialinvestitionen zu steigern. Um den «Standard of Living» (1987) zu bestimmen, genügen Einkommensindikatoren nicht. Indem Sen – insoweit Advokat eines garantistischen Teilhabe-Regimes – auf (sozialistische) Ergebnisgleichheit verzichtet, nähert er sich scheinbar der liberalen Position an. Man könnte gegen seine Zuordnung zu einer garantistischen Deutung der Globalisierung zudem einwenden, dass sich Sen eher als sozialdemokratisch definiert. Die Regimetypologie wurde freilich als analytische Typologie konzipiert, bei Esping-Andersen genauso wie in der in diesem Buch vorgeschlagenen Erweiterung um einen vierten, garantistischen Typus. In der Wirklichkeit existieren stets Mischformen und Undeutlichkeiten, eher Tendenzen als Gewissheiten.

Die Vierertypologie der Deutung des Zusammenhangs von Globalisierung und Sozialpolitik ist insoweit vollständiger als die Dreiertypologie, die Genschel (2003, 2004) oder auch Held u. a. (1999) vorschlugen.

Wie auch die damit parallelisierte Typologie der Wohlfahrtsregime kann sie verdeutlichen, dass die Wahrheit nur in der Kombinatorik der Deutungen zu finden ist, und zwar aus sozialtheoretischen Gründen: Jede der Deutungen konzentriert sich auf eine Dimension der gesellschaftlichen Wirklichkeit, auf ein Subsystem der Gesellschaft (Wirtschaft, Politik, Gemeinschaft, Legitimation) und auf ein Steuerungssystem (Markt, Staat, Moral, Ethik) (Opielka 2004). In einer systemisch-ganzheitlichen, makrosoziologischen Perspektive müssen alle Gesichtspunkte ihren Platz einnehmen.

Lassen sich aber auch empirische Anhaltspunkte in der jüngeren Entwicklung beispielsweise der europäischen Wohlfahrtsstaaten beobachten, die dieses komplexe Deutungsmuster bestätigen können? In Abbildung 45 untermauern Daten eine umfangslogische Hypothese, die in der vergleichenden Sozialpolitikforschung immer wieder vorgetragen wird. Demnach sind «kleinere» Wohlfahrtsstaaten gegenüber den Einflüssen der Globalisierung anpassungsfähiger und nicht selten in entscheidenden sozialpolitischen Indikatoren leistungsfähiger als «große» Wohlfahrtsstaaten. Man vermutet den Hauptgrund darin, dass größere Systeme schwerer zu steuern sind als kleine (Genschel 2004, S. 638f.). Wenn man aber die Länder anders gruppiert, etwa nach Typen des Wohlfahrtsregimes (so in Kapitel 1, Abbildung 7), dann tritt die Variable klein/groß zurück. Ohnedies kommt es immer auch auf die Frage der politisch-ethischen Gewichtung von Leistungskennziffern an. Trotz einem seit Jahren klagenden Kassandrachor der Sozialstaatskritik schneidet beispielsweise Deutschland in wichtigen Kennziffern (Armut, Ungleichheit, selbst Arbeitslosigkeit) keineswegs schlecht ab. Überdurchschnittliche Arbeitslosigkeit und Haushaltsdefizite lassen sich zudem wesentlich auf Übergangskosten der deutschen Einheit zurückführen und haben mit Globalisierungseinflüssen kaum zu tun.

Noch komplexer wird die Isolierung maßgeblicher Indikatoren im globalen Vergleich von Wohlfahrtsstaaten. Wie bereits in Kapitel 1 diskutiert wurde, war die Entwicklung der Regimetypologie ein Versuch, die Masse der seit den 1960er Jahren generierten Daten der vergleichenden Sozialpolitikforschung erkenntnisgeleitet zu strukturieren (Flora/Noll 1999). Eine rein auf quantitativen Daten basierende Analyse von Sozialpolitik vermittelt zudem kein Bild der institutionellen und kulturellen

234 Globalisierung und Sozialpolitik

	Bevöl-kerung[a]	Wachs-tum[b]	Arbeits-losigkeit[c]	Fiskalische Balance[d]	Ungleich-heit[e]	Armut[f]
kleine Länder						
Luxemburg	0,4	6,0	2,9	4,2	3,7	12
Finnland	5,1	3,8	10,5	2,4	3,3	9,3
Dänemark	5,2	2,3	5,1	1,8	3,1	10,7
Österreich	8,0	2,3	5,2	−1,3	3,6	12,7
Schweden	8,8	2,7	5,6	1,9	3,2	9,3
Belgien	10,2	2,6	8,1	−0,6	4,1	13,7
Niederlande	15,5	3,1	3,4	0,4	3,6	10,3
große Länder						
Italien	57,3	1,9	11,0	−1,7	5,1	18,3
Frankreich	57,8	2,6	10,4	−2,0	4,3	15,0
Großbritannien	58,6	2,6	5,7	0,4	5,0	18,7
Deutschland	81,7	1,6	8,3	−1,7	3,6	11,3
Durchschnitt						
kleine Länder	7,6	3,2	5,8	1,2	3,5	11,1
große Länder	63,9	2,2	8,9	−1,3	4,5	15,8

Quelle: Genschel 2004, S. 639 – Daten als Mittelwerte des Economic Outlook der OECD und der allgemeinen Statistik von Eurostat
[a] = in Millionen (1995); [b] = durchschnittliches Wachstum in Prozent des BIP 1997 bis 2002;
[c] = durchschnittliche Arbeitslosigkeit in Prozent der gesamten Beschäftigung 1997 bis 2002;
[d] = durchschnittlicher Haushaltsüberschuss (+) bzw. Haushaltsdefizit (−) 1997 bis 2002;
[e] = durchschnittliche Relation der Quintile S80/S20 1997 bis 2002. S80/S20 ist das Verhältnis des gesamten Einkommens, das 20 % der Bevölkerung mit dem höchsten Einkommen (oberstes Quintil/Fünftel) im Vergleich zu den 20 % der Bevölkerung mit dem niedrigsten Einkommen (unterstes Quintil) erhielt. Höhere Werte drücken eine größere Ungleichheit aus; [f] = Anteil der Personen mit Armutsrisiko 1997 bis 1999. Die Armutsrate bezieht sich auf den Anteil von Personen mit einem gewichteten verfügbaren Einkommen – nach Sozialtransfers – unterhalb der Armutsgrenze in Höhe von 60 % des nationalen verfügbaren Medianeinkommens.

Abbildung 45: Leistungskennzahlen europäischer Wohlfahrtsstaaten 1997 bis 2002

Zusammenhänge. Man versteht daraus nicht, warum die Sozialpolitik im einen Land beispielsweise die familiäre, im anderen die öffentliche Kinderbetreuung favorisiert. Gehaltvollere vergleichende Untersuchungen gehen deshalb in der Regel zwei Wege: Entweder man konzentriert sich auf eine Vielzahl von Einzelstudien zu den Ländern, die man vergleichen will, teils beschränkt auf einzelne Teilbereiche der Sozialpolitik, und hofft, dass der Leser den Vergleich selbst vollzieht (so Aspalter 2003) – ein methodisches Vorgehen, das bei fernen Kulturen überzeugen kann (Aspalter 2001, 2002), bei Studien im europäischen Kontext oft etwas zufällig wirkt (Kaufmann u. a. 1997, 2002). Der andere Weg versucht eine systematischere Durchdringung einer meist kleineren Zahl von Vergleichsländern. Solche Arbeiten gelangen unterdessen zunehmend zur Erkenntnis, dass die kulturelle Ebene der Sozialpolitik für die Analyse unverzichtbar ist (Pfau-Effinger 2000; Fix 2001; Rieger/Leibfried 2004).

Aus Sicht der Sozialpolitikforschung frappieren nach wie vor die höchst unterschiedlichen Reaktionen der nationalen verfassten Wohlfahrtsstaaten sowohl auf die globale als auch auf die jeweilige nationale Ökonomie. Sozialpolitik kann sich nicht von der Ökonomie entkoppeln. Sie bildet aber einen ausdifferenzierten gesellschaftlichen Zusammenhang mit eigener Logik. Die systemische Eigenlogik der Sozialpolitik wird durch jüngere Forschungsarbeiten bestätigt, die die Theorie des Wohlfahrtsregimes außerhalb des europäisch-nordamerikanischen Kontextes anwendeten. Die so genannten konfuzianischen Wohlfahrtsstaaten in Asien (Esping-Andersen 1996; Ka 1999) werden teilweise dem konservativen Regimemodell zugerechnet (Aspalter 2001). Andere Autoren bezweifeln zwar, ob man hier überhaupt von einem staatlichen Wohlfahrtsregime sprechen könne, da die gemeinschaftlichen Familiensysteme die Hauptverantwortung für den Sozialschutz tragen (so Gough/Wood 2004), wogegen man einwenden kann, dass genau dies das Kennzeichen des «konservativen» Regimes ist. Belege für den Satz «social policy matters» finden sich überall. Als ein Beispiel kann Indien angeführt werden. Der Bundesstaat Kerala im Südwesten, den Amartya Sen häufig als Beleg für eine gelingende Entwicklungspolitik anführte, gilt im innerindischen Vergleich in wesentlichen Sozialindikatoren als führend: die niedrigste Fertilitätsrate (1,8 – in Uttar Pradesh 4,8), eine der niedrigsten Armutsquoten und die höchste Alphabetisierungsrate unter Frauen (86,2 % – in Rajasthan 20,4 %), und das, obgleich es sich bei Kerala um einen relativ armen Teilstaat mit hoher Arbeitslosigkeit handelt (Stand 2000; Aspalter 2003a, S. 118f.). Das hat einerseits mit einer jahrzehntelangen sozialistisch-kommunistischen Staatsregierung zu tun – wobei Indien zumindest bis in die 1980er Jahre insgesamt einem sozialistischen Regimemodell zuneigte –, mindestens ebenso wichtig ist aber die christlich-kulturelle Tradition in Kerala, der seit dem 19. Jahrhundert lebendige und mit Personen wie Rabindranath Tagore verbundene Versuch, die christliche und die Hindu-Kultur aufeinander zu beziehen (Sen 2001).

Nachdem die Rekonstruktion der politisch-ökonomischen Wechselwirkungen zwischen Globalisierung und Wohlfahrtsstaat zu einem mehrstufigen Bild gelangt ist, das bei allen an den Regimemodellen orientierten Deutungsmustern einen analytischen Ertrag erkennt, wird abschließend der Blick auf einige konkretere sozialpolitische Aspekte gerichtet: (1) das Problem der weltweiten Armut, (2) die Rolle der Menschenrechte in der internationalen Sozialpolitik, (3) die Frage nach globaler Regierung, (4) das Phänomen der Migration und (5) die Bedeutung einer europäischen Sozialpolitik.

7.3 Aspekte der globalen sozialpolitischen Agenda

Während sich die internationalen Organisationen der sozialen Sicherung, allen voran die bei der Internationalen Arbeitsorganisation (ILO) in Genf angesiedelte «Internationale Vereinigung für soziale Sicherheit (ISSA)» mit ihrer seit 1947 erscheinenden Fachzeitschrift «Internationale Revue für soziale Sicherheit», auf juristische und ökonomische Fragen des Institutionenvergleichs und insbesondere der Koordinierung nationaler Sozialpolitiken durch Sozialrechtsabkommen konzentrierten, entwickelte sich seit den 1980er Jahren auch in der Blickerweiterung auf die «Dritte Welt» das Feld einer komparativen und internationalen Sozialpolitik, deren Augenmerk den transnationalen Prozessen gilt (MacPherson/Midgley 1987; Midgley 1997; Hall/Midgley 2004; Kennett 2004). Forschungsnetzwerke entstanden, sozialpolitische Akteure organisierten sich auf interstaatlicher (Welthandelsorganisation usf.) wie auf verbandlicher Ebene neu, seit 2001 existiert beispielsweise die einschlägige Fachzeitschrift «Global Social Policy» (Alcock/Craig 2001; Deacon 2003).

1. Das älteste Thema einer globalen Sozialpolitik ist Armut. Der Forschungsstand ist mittlerweile hoch elaboriert (Townsend 1993; Townsend/Gordon 2002), wenngleich die methodischen Probleme der Armutsdefinition und -messung im internationalen Kontext noch er-

heblich größer sind als beispielsweise im europäischen oder nordamerikanischen, wo das Problem der «absoluten», lebensbedrohenden Armut als gelöst gelten kann (siehe Kapitel 2). Während bei einer Armutsgrenze von einem Dollar pro Tag (in Kaufkraftparitäten) im Jahr 2000 1,1 Mrd. Menschen weltweit als arm galten (Weltkommission 2004, S. 48), sind es bei einer Grenze von zwei Dollar bereits annähernd drei Mrd. Menschen (Weltbank 2003, S. ix; zu den Messproblemen ebd., S. 298ff.). Die sozialpolitische Bearbeitung des Armutsproblems wurde in den 1990er Jahren zu einem der Konfliktthemen des Globalisierungsdiskurses. Die Vertreter des so genannten Washington Consensus, der in Washington angesiedelten internationalen Finanzagenturen, vor allem Internationaler Währungsfonds (IWF) und Weltbank, argumentierten für eine Begrenzung wohlfahrtsstaatlicher Ausgabenprogramme (Williamson 2000) und wurden nicht zuletzt dafür als «neoliberal» kritisiert (Held 2004), auch aus den eigenen Reihen, beispielsweise von Joseph Stiglitz (2002), Ökonomie-Nobelpreisträger von 2002 und früherer Chefvolkswirt der Weltbank. Eine «Globalisierung mit menschlichem Antlitz» (ebd., S. 283) erfordert sozialpolitische Interventionen, deren konkrete Ausgestaltung von den jeweiligen nationalen, auch institutionellen Traditionen abhängt. Einige Armutsforscher fordern demgegenüber einen «Internationalen Wohlfahrtsstaat» (Townsend/Gordon 2002). Peter Townsend formulierte ein Manifest für eine internationale Aktion zur Bekämpfung der Armut mit 18 Punkten, unter anderem die globale Verpflichtung, einen angemessenen Lebensstandard zu gewährleisten, die Verpflichtung aller Industriestaaten, ein Prozent ihres BIP für entsprechende Programme in den armen Ländern zu reservieren, oder die Einführung neuer international geltender Mitbestimmungsrechte. Solch weit reichende Forderungen machten transnationale Institutionen und Umverteilungssysteme in einem Umfang erforderlich, der alle bisherigen Fonds bei weitem übertrifft (dazu Sigg/Behrendt 2003). Die weiter oben diskutierte Position der Globalisierungsskeptiker (wie diejenige der «Revisionisten» bzw. Kommunitaristen) bezweifelt überhaupt die Möglichkeit derartiger Institutionen, da der Wohlfahrtsstaat noch auf absehbare Zeit an nationale Grenzen gebunden sei (Rieger/Leibfried 2001). Globalisierungstheoretiker betrachten wohlfahrtsstaatliche Institutionen ohnehin gegenüber dem Markt als nachrangig.

2. Eine garantistische Position knüpft zunächst an der Frage sozialer Menschenrechte an, ohne bereits ausgearbeitete Lösungen für ihre globale institutionelle Garantie vorzuhalten, außer in Form sozialer Mindeststandards. Die Allgemeine Erklärung der Menschenrechte von 1948 beinhaltet in den Artikeln 22 bis 29 umfassende soziale Rechte (unter anderem auf soziale Sicherheit, Arbeit, Bildung und kulturelle Teilhabe). Hinzu kommen weitere international ratifizierte Dokumente wie der «Internationale Pakt über wirtschaftliche, soziale und kulturelle Rechte» (Sozialpakt) von 1966, zur «Beseitigung jeder Form der Diskriminierung der Frau» von 1979, über die «Rechte des Kindes» von 1989 sowie – mit der Begrenzung auf Europa – beispielsweise die «Europäische Sozialcharta» von 1961 und die «Charta der Grundrechte der Europäischen Union» von Nizza 2000 (Köhler 1987; Kühnhardt 1987; Fritzsche 2004). Die Funktion und politische Bedeutung der sozialen Grundrechte wird in der einschlägigen Diskussion zunächst in ihrer Bindungswirkung auf die nationalen Verfassungen und Politiken gesehen (Coicaud u. a. 2003). Zugleich dienen sie internationalen Institutionen als Legaldefinition ihrer Handlungs- und auch Interventionsmöglichkeiten, global agierenden Organisationen wiederum als legitimativer Horizont für die Entwicklung einer internationalen sozialpolitischen Ordnung. Man kann in Bezug auf die Urkunden, Verträge und Aktivitäten der Vereinten Nationen deshalb durchaus von einer «wohlfahrtsstaatlichen Programmatik» (Kaufmann 2003, S. 40) sprechen. Eine garantistische Programmatik lässt sich darin unschwer über den globalen Kompromisscharakter identifizieren, der unterschiedliche gesellschaftliche Systeme, wohlfahrtsstaatliche Regimeformen und kulturelle Traditionen berücksichtigen muss – und sich in diesem, in den Texten der UN (und manchmal der EU) oft pathetisch anmutenden Duktus auf das Wesentliche sozialer Menschenrechte konzentriert: die Garantie der Teilhabe, des Zugangs zu allen relevanten Bereichen der modernen Gesellschaft, die Talcott Parsons (1975, 1979) und Niklas Luhmann (1981) mit dem Begriff der «Inklusion» aller in alle Funktionssysteme ausdifferenzierter Gesellschaften bezeichnet haben. Ähnlich den Verfassungsprinzipien von Nationalstaaten gilt auch für die «Weltverfassung» der Menschenrechtserklärung und ihrer Zusatzdokumente, dass sie erst durch institutionelle Ausgestaltung und politisch-soziale Bewegung mit Leben erfüllt werden.

Aspekte der globalen sozialpolitischen Agenda

3. Es ist dieses Problem einer «global social governance», einer regulativen globalen Sozialpolitik, dem in den letzten Jahren zunehmend Aufmerksamkeit entgegengebracht wird. Bob Deacon (2003) hat den erheblichen Handlungsbedarf in zwei Übersichten zusammengefasst, die als Abbildung 46 und 47 wiedergegeben werden.

Funktion / Politikfeld	Nationale Regierung	EU Regionale Regierung	Gegenwärtige globale Arrangements
ökonomische Stabilität	Zentralbanken	EU-Zentralbank	Internationaler Währungsfonds (IMF), Weltbank
Mittelaufbringung	nationale Steuern	EU-Zölle plus Beiträge der nationalen Regierungen (im Gespräch: Steuerharmonisierung und regionale Steuern)	keine Steuern, sondern nur Einlagen und UNO-Beiträge, globale Ad-hoc-Fonds, bi- und multilaterale Arrangements
Umverteilung	Steuern und Einkommenstransferpolitik plus regionale Fonds	Strukturfonds nach sozialen Kriterien	keine Umverteilung, nur humanitäre Hilfen, spezielle globale Fonds, Schuldenerlasse und differenzierte Preise (für Medikamente)
sozialpolitische Regulierung	staatliche Gesetze und Verordnungen	EU-Gesetze und -Verordnungen	weiche ILO-, WHO- u. a. Konventionen, UN-Konventionen, freiwillige Vereinbarungen
soziale Rechte (citizenship empowerment)	Rechtswege, Konsumentenschutz, korporatistische (tripartite) Regulierung	Rechtsweg vor dem Europäischen Gerichtshof, korporatistische (tripartite) Regulierung	UN-Kommission für Menschenrechte, aber kein Rechtsweg, Beobachtung durch die Zivilgesellschaft (NGOs)

Quelle: Deacon 2003, S. 22

Abbildung 46: Sozialpolitische Regierungsfunktionen auf nationaler, EU- und globaler Ebene

Abbildung 46 verdeutlicht, wie weit die globale Ebene von Regierungsfunktionen entfernt ist, die auf nationaler Ebene existieren und auf der Ebene der EU in Entstehung sind. In Abbildung 47 werden Reformen skizziert, die jenen Regierungsfunktionen entsprechen würden.

240 Globalisierung und Sozialpolitik

Konstituierende Interessen	Nationale Institutionen	EU Regionale Institutionen	Optionen reformierter globaler Institutionen
Wahlvolk	Parlament	EU-Parlament (mit geringerem Einfluss)	Weltversammlung?
Minister/ Kabinett	Kabinett etc.	Ministerrat	reformiertes UN-ECOSOC?
Beamtenschaft	Beamte	EU-Kommission	Kombination und Vereinheitlichung bislang überlappender sektoraler Funktionen von UNDESA, UNDP, ILO, WHO, UNESCO, Weltbank, WTO, OECD und einer neuen Steuerbehörde
Rechtswesen	Gerichte	Europäischer Gerichtshof Luxemburg (sowie die Kammern C und E des Europäischen Menschenrechtsgerichtshofs EGMR)	neuer Internationaler Gerichtshof mit Mandat für Menschenrechte
Kapitalmarkt	Zentralbank	EU-Zentralbank	Weltbank
Arbeitsmarkt, Zivilgesellschaft	Gewerkschaften und Anhörungsrechte, Tarifautonomie	Gewerkschaften im ökonomischen und sozialen Komitee, Anhörungsrechte	erweiterte Mechanismen zur Anhörung von Gewerkschaften und Nichtregierungsorganisationen (NGOs)

Quelle: Deacon 2003, S. 23 (korrigiert)

Abbildung 47: Gegenwärtige Institutionen sozialpolitischer Regierungen auf nationaler und EU-Ebene und institutionelle Reformvorschläge auf globaler Ebene

Deacon erkennt, dass derart weit reichenden Reformen zahlreiche Hindernisse entgegenstehen, angefangen bei dem Problem, dass zu vielen UN-Treffen nationale Vertreter entsandt werden, deren fachliche Kompetenz zu wünschen übrig lässt, dass die UN-interne Kooperation oft fehlt, vor allem aber, dass es bei sozialpolitischen Reforminitiativen nachhaltige Widerstände des «Südens» gegen den «Norden» gibt, die nicht nur auf die jeweiligen Regierungen beschränkt sind, sondern auch die NGOs umfassen. Der Widerstand beispielsweise gegen erweiterte Arbeitsschutzregeln und sozialpolitische Mindestsicherungen wird damit begründet, dass man sich deren Implementation ohne finanzielle Hilfen der reichen Industriestaaten nicht leisten könne. Dabei entstand in den 1990er Jahren eine «neoliberale Allianz» (ebd., S. 26) zwischen den «nördlichen» Vertretern eines freien Welthandels und dem «südlichen» Widerstand gegen die Einmischung der Industriestaaten, die sich gegen die Etablierung sozialpolitischer Verbesserungen und effektiver globaler Institutionen zu ihrer Sicherung richtet. Schließlich wirkt sich auch das Problem nationaler Souveränität, vor allem bei Staaten, die diese erst in den letzten Jahrzehnten erlangt haben, für globale Reformen hinderlich aus. Dieser Konservativismus wird noch durch die nationalstaatliche Verfassung der Demokratie genährt. Ulrich Beck (1998) hat das Dilemma zwischen sozialpolitischem Ausgleich und der Dynamisierung durch Globalisierung summiert: «Wie *starke* demokratische Institutionen jenseits der nationalstaatlichen Demokratie möglich werden, bleibt eine offene Frage, die dringend einer öffentlichen Diskussion bedarf» (ebd., S. 8). Die von Deacon angedeuteten Reformen tendieren durchaus in Richtung einer Weltstaatlichkeit. Ob diese wünschenswert ist, erscheint den meisten Beobachtern fraglich. Ein «Weltsozialstaat» würde – sofern er dem Modell nationaler Wohlfahrtsstaaten folgt – vor allem auch über eigenständige Finanzressourcen verfügen müssen. Mit Ausnahme der Idee der «Tobin-Steuer» auf internationale Finanzmarkttransaktionen (Spahn 2002) sind einschlägige, ernsthafte Vorschläge kaum bekannt, auch Deacon umgeht dieses Thema. Pragmatischer und teils differenzierter sind die Überlegungen zu einer «New World Order», die in einem von David Held und Anthony McGrew (2002) herausgegebenen Band vorliegen. Hier wird ein «kosmopolitischer» Mehr-Ebenen-Ansatz sichtbar, der quer zu den noch immer gültigen nationalstaatlichen Strukturen ein differenziertes Netz von Beteiligungsformen spannt.

4. Zu den Folgen der Globalisierung gehört die Migration. Sie ist kein neues Phänomen. Ihre sozialpolitischen Folgen sind ambivalent. Zwei Argumentationsfiguren kehren in der Diskussion wieder: Die demographische Argumentation verweist auf die Tatsache, dass die meisten Industrieländer seit Jahrzehnten Einwanderungsländer sind – besonders auch Deutschland – und Zuwanderung sowohl zur quantitativen wie qualifikatorischen Entwicklung dieser Gesellschaften unverzichtbar ist. Die zweite Argumentation problematisiert die Integrationsanforderungen, die auch in Deutschland bislang nur mangelhaft bewältigt wurden. In Abbildung 48 werden auf der Grundlage der Da-

ten des Statistischen Büros der Vereinten Nationen die Netto-Zuwanderungsraten seit 1950 für einige ausgewählte Industriegesellschaften dargestellt. Die mit Abstand höchsten Zuwanderungsraten verzeichnen die USA sowohl absolut als auch im Verhältnis zur (hier nicht ausgewiesenen) Wohnbevölkerung, Australien und Kanada folgen. Die höchste Zuwanderung in absoluten Zahlen in Europa fand in Deutschland statt. Ein Blick auf den Anteil der ausländischen Bevölkerung an der Wohnbevölkerung und damit (indirekt) auf die relativen Zuwanderungsraten in Europa ergibt allerdings ein differenziertes Bild. Nach Berechnungen von John Salt (2003) für den Europarat beträgt der Ausländeranteil im Jahr 2002 beispielsweise in Deutschland 8,9 Prozent, in Österreich 8,7 Prozent, in der Schweiz aber 20 Prozent und in Luxemburg 37,7 Prozent (Dänemark: 5%, Finnland: 2%, Niederlande und Norwegen: 4,4%, Italien: 2,6%, Schweden: 5,3%, Großbritannien: 4,5%, Spanien: 3,3%, Frankreich – für 1999: 5,6%) (ebd., S. 54).

Angesichts der niedrigen Geburtenraten in den meisten europäischen Ländern (siehe Kapitel 3) argumentieren Sozialpolitikforscher seit längerem für eine kontinuierliche, wenn nicht sogar steigende Zuwanderung. Franz-Xaver Kaufmann (1997) weist darauf hin, dass unter Berücksichtigung eines Wegzugs von durchschnittlich einer halben Million Menschen im Jahr in den vergangenen Jahrzehnten Deutschland zum Erhalt des Bevölkerungsstandes auf eine jährliche Zuwanderung von 700 000 bis eine Millionen Menschen angewiesen sei: «Nur unter der Voraussetzung einer massiven und kontinuierlichen Zuwanderung kann der (…) sich beschleunigende Rückgang der erwerbstätigen Bevölkerung so weit gebremst werden, dass das Verhältnis zwischen Erwerbspersonen und Rentnern nicht völlig aus dem Gleichgewicht gerät» (ebd., S. 74). Diese Auffassung findet sich auch im Bericht der «Unabhängigen Kommission Zuwanderung» der Bundesregierung wieder. Sowohl der Arbeitskräftebedarf als auch die Finanzierung der Alterssicherung werden als Hauptmotive einer – auf deutlich geringere Werte wie Kaufmann – begrenzten Zuwanderung namhaft gemacht (BMI 2001, S. 70ff.). Im Jahr 2002 betrug nach Angaben des Statistischen Bundesamts die Nettozuwanderung von Ausländern allerdings nur noch 153 069 Personen, weit entfernt von den Forderungen Kaufmanns.

Insgesamt ist die Situation der Zuwanderung in Deutschland weitaus

	1950–1955	1955–1960	1960–1965	1965–1970	1970–1975
Australien	388	405	403	490	637
Kanada	596	524	182	905	492
Frankreich	165	790	1466	516	481
Deutschland	275	721	899	803	889
Italien	−496	−513	−397	−430	−121
Niederlande	−123	−31	36	55	152
Norwegen	−15	−10	−3	5	16
Schweden	43	39	74	130	19
Großbritannien	−486	−54	245	−259	−146
USA	1087	1822	1335	1446	3065

	1975–1980	1980–1985	1985–1990	1990–1995	1995–2000
Australien	80	447	607	504	474
Kanada	400	330	889	694	720
Frankreich	184	261	272	361	194
Deutschland	329	−108	1956	2667	924
Italien	87	−146	10	573	588
Niederlande	168	55	151	190	161
Norwegen	20	25	34	42	44
Schweden	83	27	132	151	44
Großbritannien	−35	−7	287	389	475
USA	3025	3750	3269	5255	6250

Quelle: United Nations, Population Division, Department of Economic and Social Affairs (2001), World Population Prospects: The 2000 Revision (POP/DB/WPP/Rev. 2000/1/f10); Angaben in Tausend

Abbildung 48: Schätzung der Netto-Immigration 1950 bis 2000 in ausgewählten Ländern

komplexer, als diese knappen Zahlen andeuten (Bade/Münz 2000; Currle 2004). Ein beträchtlicher Teil der Zuwanderer seit den 1980er Jahren waren beispielsweise keine Ausländer, sondern als Deutsche anerkannte Spätaussiedler, zwischen 1988 und 2000 insgesamt 2,7 Millionen (BMI 2001, S. 178). Zudem hat sich der Anteil der Asylbewerber aufgrund verschiedener Rechtsverschärfungen sowie des Schengener Abkommens der EU seit Mitte der 1990er Jahre deutlich verringert, von 438 191 Personen im Jahr 1992 auf 78 564 im Jahr 2000 (ebd., S. 15). Mit der Verabschiedung des zwischen 2002 und 2004 hängenden Zuwanderungsgesetzes wurde zumindest die rechtliche Situation geklärt.

Die sozialpolitische Problematik ist allerdings nicht gelöst. So liegt die Arbeitslosigkeit bei Ausländern in Deutschland seit Jahren fast doppelt so hoch wie diejenige der Deutschen, mit Ausnahme der Spätaussiedler, die noch häufiger arbeitslos sind als Ausländer (ebd., S. 218ff.). Die «Exklusion» von Ausländern auf dem Arbeitsmarkt dürfte dabei weniger auf informelle Diskriminierung oder gar eine «gezielte Schlechterstellung» (Santel/Hunger 1997) zurückzuführen sein als vielmehr auf qualifikatorische Defizite, die sich auch in der zweiten und dritten Generation zu verfestigen scheinen. Für sie wirkt sich der zunehmend enge Arbeitsmarkt für Niedrigqualifizierte besonders negativ aus. Wenn man «Handeln durch Unterlassen» allerdings auch zur Sozialpolitik rechnet, dann kann man das eklatante Fehlen nachhaltiger Integrationsbemühungen als soziale Exklusion von Ausländern interpretieren. Verwunderlich ist zudem, dass die in der Arbeitsmarkt- und Sozialpolitik reüssierende Konzeption der «Aktivierung», eines «Fordern und Fördern», im Bereich der Ausländerintegration kaum eine Rolle spielt, ob aus (falsch verstandener) Liberalität oder aus Desinteresse. Die beklagte Bildung einer muslimischen «Parallelgesellschaft», der überproportionale Anteil von Ausländern bei der Gewaltkriminalität (Reich 2003) oder die für eine Wissensgesellschaft problematische Bildungsbenachteiligung bei Kindern mit Migrationshintergrund zeigen jedenfalls, dass die Globalisierung in Deutschland, aber auch in einigen anderen europäischen Ländern mit ihren problematischen Effekten angekommen ist.

Sozialpolitiktheoretisch stellt Migration das Konzept der Staatsbürgerschaft als zentralen Inklusionsmodus in den Wohlfahrtsstaat infrage (Bommes 1999). Migranten befinden sich immer in einer prekären Beziehung zu nationalen Wohlfahrtsstaaten, sodass ihr Status zu anderen Faktoren sozialer Ungleichheit (Geschlecht, Bildung, Vermögen, Behinderung usf.) nicht nur einfach hinzutritt, sondern eine eigenständige Qualität besitzt. Sozialpolitische Reformvorschläge, die beispielsweise die gruppenbezogene Statussicherung eines konservativen Wohlfahrtsregimes durch am Bürgerstatus anknüpfende Sicherungsansprüche ersetzen wollen, müssen auch daran gemessen werden, ob sie den Status der jeweiligen Nicht-Bürger gefährden.

5. Wie bereits weiter oben erörtert, bildet die Europäische Union eine mittlere Ebene zwischen den (europäischen) Nationalstaaten und der globalen Ebene einer, wie immer genauer zu beschreibenden, Weltgesellschaft. Als supranationales Gebilde binden ihre Rechtsakte ihre seit 2004 25 Mitgliedsstaaten. Stephan Leibfried und Paul Pierson (1998) sprechen von «halbsouveränen» Wohlfahrtsstaaten in einer europäischen «Mehr-Ebenen-Politik», die aufgrund einer Art Teilsouveränität der EU den Begriff einer eigenständigen «europäischen Sozialpolitik» berechtigt erscheinen lässt. Umstritten ist, ob man von einem «europäischen Sozialmodell» ausgehen kann, das auf eine Konvergenz der Pluralität nationaler Wohlfahrtsregime hinwirkt. Aufgrund der Genese der EU als einheitlichen Wirtschaftsraums mit entsprechender Freizügigkeit auf den Arbeitsmärkten, aber unter möglichst weit gehender Beibehaltung nationaler Souveränität, setzte die Legitimität sozialpolitischer Sachverhalte bislang eine erwerbsarbeitszentrierte Logik voraus (Schulz-Nieswandt 2003, S. 4). Allerdings dürfte die neue EU-Verfassung hier zu eigenständigen, eher an sozialen Grundrechten orientierten Begründungsformen der Sozialpolitik beitragen. Dies zeichnete sich ohnedies schon seit längerer Zeit als Tendenz der europäischen Sozialrechtssprechung ab (Butt u. a. 1999): zum einen im Bereich der Sicherung des Existenzminimums dadurch, dass in einigen Mitgliedsstaaten der EU universalistische, nicht am Sozialhilfeprinzip orientierte Leistungssysteme existieren, vor allem im Alter (Schulte 2004). Zum Zweiten sorgten die Europäische Menschenrechtskommission wie der Europäische Gerichtshof in Bezug auf die Gleichberechtigung der Geschlechter für vielfältige Auflagen (Ostner/Lewis 1998).

Noch verfügen die nationalen Wohlfahrtsstaaten innerhalb der EU vor allem deshalb über eine weit reichende Autonomie, weil sie den überwiegenden Teil ihres Funktionszusammenhangs und ihrer Legitimität einem nationalstaatlich verfassten Umverteilungsmechanismus über Steuern und Beiträge verdanken. Dies könnte sich allerdings dann erheblich ändern, wenn beispielsweise durch globale Abkommen wie das GATS (General Agreement on Trade in Services) der Welthandelsorganisation WTO die Kernbereiche sozialstaatlicher Dienstleistungen – Bildungs- und Gesundheitswesen, soziale Arbeit, Kultursektor – dem europäischen oder gar dem globalen Wettbewerb geöffnet und Subventionen an die Leistungsanbieter nicht mehr zugelassen werden. Entwicklungen in diese Richtung sind dort zu beobachten, wo etwa aufgrund der Subventionen der EU (z. B. bei Maßnahmen gegen die Jugendarbeitslosigkeit oder aus Strukturfonds) europaweite Ausschreibungen erforderlich sind. Möglicherweise würde ein Freihandel im Bereich bislang sozialstaatlicher Dienstleistungen dazu führen, dass aufgrund des dann internationalen Wettbewerbs, der Anbietersubventionen nicht mehr erlaubt, die Förderung von Sachleistungen auf Geldleistungen bzw. Gutscheinsysteme umgestellt wird.

Derartige personen- statt institutionengebundene Subventionen setzen natürlich voraus, dass es bei einer weiteren Europäisierung der Sozialpolitik auch künftig noch Geldleistungen gibt. Das ist aber kaum zu bezweifeln. Bisher sind keine Anhaltspunkte erkennbar, die nationalen Sozialversicherungen oder gar die Steuersysteme zu harmonisieren und sie den europäischen Institutionen zu unterstellen. Angesichts der erheblichen Wohlstandsdifferenzen zwischen großen und wohlhabenden Ländern eines «Kerneuropa» und den neuen Beitrittsländern bzw. Kandidaten, einschließlich der Türkei, erscheint dies völlig abwegig und würde die Möglichkeiten sozialpolitischer Umverteilung radikal minimalisieren.

Mag die sozialpolitische Entwicklung der EU von den Prozessen der Globalisierung zunächst wenig beeindruckt erscheinen, so ist sie selbst durchaus von globalem Interesse. Auch in anderen regionalen Wirtschaftsbünden wie in Asien, Lateinamerika, der arabischen Welt oder in Afrika blicken nicht nur die Sozialpolitikexperten mit einer gewissen Neugier darauf, ob und wie die Mutterregion der Sozialpolitik, Europa, mit den internen und externen Anpassungsprozessen an soziale Veränderungen umgeht (Alesina / Glaeser 2004). Dass darin dem Vaterland der Sozialpolitik, nämlich Deutschland, nochmals gesteigerte Aufmerksamkeit zukommt, darf man berechtigterweise vermuten.

8 SOZIALPOLITISCHE REFORMEN

Die Geschichte der Sozialpolitik ist eine Geschichte sozialpolitischer Reformen. Trotz einer beachtlichen Pfadabhängigkeit der vier Typen des Wohlfahrtsregimes bestehen sowohl innerhalb der Regimetypen erhebliche Variationen und sind, wie in Kapitel 1 gezeigt wurde, immer wieder auch Pfadwechsel möglich gewesen. Die Sozialpolitikwissenschaft hat zu sozialpolitischen Reformen stets erheblich beigetragen. Dabei war zumindest ihren Klassikern wie Max Weber die Spannung zwischen um Objektivität bemühter Wissenschaft und normativ-interessierter Politik bewusst (Weber 1988). Dieses Wissen mag sich in der Folge verflüchtigt haben, wie Franz-Xaver Kaufmann (2003) treffend beobachtet: «Ein Großteil der sozialwissenschaftlichen Literatur über Sozialpolitik ist selbst *sozialpolitisch*, d. h., sie bezieht ihre impliziten Kriterien aus normativen Vorstellungen, die im Objektbereich geläufig oder aber dem Geläufigen gerade kritisch entgegengesetzt sind» (ebd., S. 30). Eine methodische Option, der Gefahr der Unwissenschaftlichkeit zu entkommen, besteht in der mitlaufenden und abschließenden Reflexion über die Werte, die der Analyse vorfindlicher Verhältnisse selbst unterliegen, besonders aber der Werte, die bei eigenen Vorschlägen im Spiel sind.

Wenn im Folgenden einige sozialpolitische Reformen vorgeschlagen werden, geschieht dies mit den genannten Skrupeln und zugleich dem Risiko, dass die methodischen Mahnungen vielleicht doch nicht immer einzulösen sind. Die Reformvorschläge konzentrieren sich dabei auf die Situation in Deutschland. Gleichwohl sind sie in sozialpolitische Diskussionen eingebettet, wie sie derzeit in den meisten Wohlfahrtsstaaten geführt werden. Es geht dabei um zwei konkrete Modelle, die den quantitativ und ordnungspolitisch gewichtigsten Bereich moderner Wohlfahrtsstaatlichkeit abdecken: zum einen die Reform der Finanzierung des Gesundheitswesens, zum Zweiten die Reform der Geldleistungssysteme. Beide Vorschläge lassen sich einem eher garantistischen Wohlfahrtsregime zuordnen. Wie am Ende des Kapitels resümiert wird, greifen sie jedoch Leitideen auch der drei anderen Regimetypen systematisch mit auf.

8.1 Bürgerversicherung in Deutschland: Allgemeine Krankenversicherung (AKV)

Die «Herzog-Kommission» der CDU (2003) und die «Rürup-Kommission» der rot-grünen Bundesregierung (BMGS 2003) forderten im Jahr 2003 für die Krankenversicherung eine Abkehr vom Bismarck'schen lohnarbeitszentrierten Sozialstaatsmodell. Mit diesen Vorschlägen trat die Idee einer Bürgerversicherung erstmals auf die allgemeine politische Agenda in Deutschland. Während die FDP für eine Abschaffung der gesetzlichen Krankenversicherung zugunsten einer Versicherungspflicht auf einem privaten Versicherungsmarkt plädiert (auch Gethmann u.a. 2004; Breyer u.a. 2004), treten SPD, Grüne und PDS für eine einkommensbezogene Bürgerversicherung ein, die sich weitgehend an der Praxis in Österreich orientiert, und plädiert die CDU für eine «Kopfpauschale», die ihr Vorbild in der Schweiz hat (siehe Kapitel 5). Allerdings sind sich weder die Befürworter der einkommensbezogenen noch diejenigen der pauschalen Beitragszahlung einig, ob sie alle Bürger einbeziehen sollen oder ob Beamte, Freiberufler und Selbständige wie bisher in Sondersystemen verbleiben. Im CDU-Vorschlag soll die Kopfpauschale «zunächst» nur für die Mitglieder der gesetzlichen Krankenversicherung (GKV) gelten, nicht für Privatversicherte.[1] Damit wäre der CDU-Vorschlag nur ein anderes Finanzierungsmodell für die GKV und keine Bürgerversicherung. Es spricht aber viel dafür, dass auch die Kopfpauschale

---

1 So heißt es im Beschluss «Deutschland fair ändern» (17. Parteitag der CDU, 30. 11.–2. 12. 2003, Leipzig): «Die CDU tritt dafür ein, dass die heute in der gesetzlichen Krankenversicherung Versicherten zunächst dort versichert bleiben» (S. 23).

faktisch – wie es in der Schweiz der Fall ist – auf eine Bürgerversicherung hinausläuft: Weil in den bisherigen deutschen Vorschlägen die Umverteilungsleistungen (Prämiensubvention, Übernahme der Beiträge für Kinder) weitgehend in das Steuersystem verlagert werden, dürfte sich ein Rutschbahneffekt auch für die Privatversicherten ergeben.

Gemeinsam ist beiden Modellen, dass alle Bürger (oder besser: alle Einwohner, also auch in Deutschland dauerhaft lebende Ausländer) zu gleichen Bedingungen einbezogen werden. Das ist der entscheidende Unterschied zum Bismarck'schen Modell, das sich am Berufsstatus orientiert und dessen Ungleichheit in das soziale Sicherungssystem verlängert – weshalb es im internationalen Vergleich als «konservativ» gilt. Gemeinsam ist beiden Modellen auch, dass die Krankenversicherung teils mehr, teils weniger vom Lohnarbeitsverhältnis entkoppelt wird. Aus Lohnnebenkosten werden faktisch Sozialsteuern. Was beide Modelle trennt, ist die «sozialpolitische» solidarische Seite. Während in der einkommensbezogenen Bürgerversicherung die Beiträge von der Leistungsfähigkeit der Versicherten abhängen, werden bei der Kopfpauschale Arme und Reiche identisch behandelt. Der soziale Ausgleich soll hier über das Steuersystem hergestellt werden, das die Kopfpauschalen subventioniert.

Die einkommensbezogene Bürgerversicherung, wie sie in Deutschland in den Parteien diskutiert wurde, verändert ökonomisch nicht viel. Im Auftrag der Bundestagsfraktion der Grünen wurde beispielsweise für ein Basismodell – Ausweitung auf alle Bevölkerungsgruppen und Einkommensarten ohne Erhöhung der Beitragsbemessungsgrenze – errechnet, dass der durchschnittliche Beitragssatz von 14,1 Prozent (Anfang 2004) auf 12,7 Prozent sinken würde (Sehlen u. a. 2004). Zu einem ähnlichen Ergebnis kam auch eine Arbeitsgruppe des SPD-Parteivorstandes (Absenkung auf 12,3 %; SPD 2004, S. 29f.). Demgegenüber sind die Beitragssätze der einkommensbezogenen Bürger-Krankenversicherung in Österreich, die 97,6 Prozent der Bevölkerung einbezieht, mit durchschnittlich 7,4 Prozent (Stand 2004) deutlich geringer.[2] Positiv zu werten ist gleichwohl, dass die einkommensbezogene Bürgerversicherung auch

---

2 Quelle: www.sozialversicherung.at. Zu den Gründen für den vergleichsweise sehr niedrigen Beitragssatz in Österreich siehe Kapitel 5.

250 Sozialpolitische Reformen

in der bisher diskutierten «schwachen» deutschen Variante einen Einstieg in eine universalistische Krankenversicherung bedeutet, die nicht mehr nach dem sozialen Status differenziert.

Gegen das Modell der Kopfpauschalen wiederum spricht unter anderem, dass die Finanzierung der unverzichtbaren Prämiensubvention aus Steuermitteln ein Dauerproblem werden dürfte, zumal alle Steuerreformkonzepte eher einen Subventionsabbau vorschlagen. Die Befürworter einer Kopfpauschale erarbeiteten deshalb modifizierte Modelle. Bert Rürup und Eberhard Wille (2004) untersuchten zur Prämiensubvention drei Varianten: die Erhöhung des Solidaritätszuschlags zur Einkommensteuer von 5,5 auf 17,4 Prozent, die Anhebung der Umsatzsteuer von 16 auf 18,5 Prozent oder die Einführung eines Bruttolohnzuschlags von 2,9 Prozent («GKV-interne Lösung»).[3] Die CSU diskutierte einen Stufentarif mit zehn Beitragsklassen von 50 bis 500 Euro im Monat (Der Spiegel 26/2004, S. 17). Aus der CDU wiederum kam der Vorschlag eines steuerähnlichen Zuschlags auf alle Einkommen in Höhe von 1,7 Prozent, um den Sozialausgleich zu finanzieren (Süddeutsche Zeitung v. 29. 7. 2004). Die beiden letztgenannten Vorschläge könnten eine Brücke zur einkommensbezogenen Bürgerversicherung schlagen.

Wie ließen sich die Vorteile beider Bürgerversicherungsvarianten – der einkommensbezogenen (österreichischen) und der Kopfpauschale (Schweiz) – kombinieren? Unter Berücksichtigung der in beiden Varianten beobachtbaren praktischen Erfahrungen (Kapitel 5) liegt folgendes

---

3 Die Kopfpauschale («Gesundheitspauschale») soll dabei kassendurchschnittlich 169 Euro im Monat betragen und – wie in der Schweiz – auch für Kinder fällig sein, Rürup schlägt hier 78 Euro monatlich vor, die aus einer steuerfinanzierten «Familienkasse» bezahlt werden sollen. Rürup bevorzugt erwerbseinkommensbezogene Beitragszuschläge, womit wie bisher die hohen Einkommen nicht herangezogen werden. Bei einer Umsatzsteuerlösung würden die Niedrigeinkommen mehr belastet, bei einer Finanzierung über einen Einkommensteuerzuschlag Einkommen ab 80 000 Euro p. a. Vgl. Financial Times Deutschland v. 16. 7. 2004, S. 10. Der Vorschlag von Rürup/Wille führt zu einem hoch komplizierten Umverteilungssystem (Kopfpauschale für alle plus Zuschlag – nur – auf Arbeitseinkommen; 15,8 Mrd. Euro Steuermittel sind für die Kinderpauschalen notwendig und weitere 22,5 Mrd. Euro für die Prämiensubvention). Der einzige Vorteil wäre die – auch nur teilweise – Entkopplung vom Arbeitslohn. Die PKV soll als «substitutive Vollversicherung» (Rürup/Wille 2004, S. 11) erhalten bleiben. Der Vorschlag ist insoweit keine Bürgerversicherung.

Bürgerversicherung in Deutschland: AKV 251

Reformmodell für die Finanzierung der Krankenkassen nahe: eine *Allgemeine Krankenversicherung (AKV)* mit einem Beitragssatz von nur noch etwa 7,5 Prozent auf alle Primäreinkommen, aber (wie die Schweizer Rentenversicherung AHV) ohne Beitragsbemessungsgrenze und mit einem Mindestbeitrag für alle Erwachsenen (beispielsweise dem Mindestbeitrag für freiwillig Versicherte in der GKV von ca. 90 Euro mtl., dieser Betrag fällt bislang – Beitragssatz 14,2 %, Stand 2004 – bei einem Bruttoerwerbseinkommen von ca. 634 Euro an). Kinder sind beitragsfrei. Der Beitragseinzug erfolgt über die Finanzämter, die Krankenversicherungen können (wie in der Schweiz) privat organisiert sein, öffentlich-rechtlich oder gemeinnützig. Kostengünstiger wäre der Verzicht auf private Anbieter, wie in Österreich zu sehen ist. Ein wirksamer Risikostrukturausgleich und eine Selbstverwaltung allein durch die Versicherten gehören dazu, da die paritätische Finanzierung durch Arbeitgeber und Arbeitnehmer bei einer Bürgerversicherung konsequenterweise entfällt.

Der gegenüber der geltenden Regelung extrem niedrige Beitragssatz von 7,5 Prozent wäre möglich, wenn als Bezugsgröße der Beitragsbemessung das Primäreinkommen der privaten Haushalte («Volkseinkommen») der volkswirtschaftlichen Gesamtrechnung von 1572 Mrd. Euro im Jahr 2003 [4] zugrunde gelegt wird: Um mit 135 Mrd. Euro den Betrag der

---

4 Bezugsgröße der Beitragsbemessung ist das Primäreinkommen der privaten Haushalte (Volkseinkommen) der volkswirtschaftlichen Gesamtrechnung von 1572 Mrd. Euro im Jahr 2003. Das Primäreinkommen der privaten Haushalte (einschließlich privater Organisationen ohne Erwerbszweck) enthält die Einkommen aus Erwerbstätigkeit und Vermögen, die den inländischen privaten Haushalten zugeflossen sind. Zu diesen Einkommen gehören die Einkommen der Einzelunternehmen und Selbständigen, die auch eine Vergütung für die mithelfenden Familienangehörigen enthalten, der Betriebsüberschuss aus der Produktion von Dienstleistungen aus selbst genutztem Wohneigentum sowie das Arbeitnehmerentgelt und die netto empfangenen Vermögenseinkommen. Der im Weiteren vorgeschlagene Beitrag wird nicht auf monetäre Transferleistungen bzw. Leistungen der GEV erhoben (außer ggf. der Mindestbeitrag, siehe oben). In Opielka 2004a und 2004c wurde irrtümlich das Primäreinkommen (Nettonationaleinkommen) zugrunde gelegt, das im Jahr 2002 1791 Mrd. Euro betrug. Das Primäreinkommen der privaten Haushalte (Volkseinkommen) wird in der VGR durch Abzug der Produktions- und Importabgaben und Addition der Subventionen ermittelt. Quelle: Statistisches Bundesamt 2004 (www.destatis.de). Die Werte des Arbeitskreises «Volkswirtschaftliche Gesamtrechnungen der Länder» liegen geringfügig höher (vgl. www.statistik-bw.de / Arbeitskreis_VGR).

Sachleistungsausgaben bei einer Einbeziehung von 10,6 Mio. (zumeist) privat Versicherten zu den 71,6 Mio. bisher GKV-Versicherten in die Bürgerversicherung zu erzielen (Sehlen u. a. 2004, S. 36; die Einbeziehung der PKV-Mitglieder erfolgt zu den Leistungen der GKV), wäre ein Beitrag von 8,5 Prozent erforderlich, mit Einführung eines Mindestbeitrages dürfte ein Satz von 7,5 Prozent erreichbar sein.

Eine konsequente Bürgerversicherung würde die Beiträge für das Gesundheitssystem in Richtung einer «Sozialsteuer» entwickeln. Steuern kennen in der Regel keine Obergrenze. Der Unterschied zur Einkommensteuer liegt bei der allgemeinen Krankenversicherung im Mindestbeitrag und im proportionalen, also nicht progressiven Beitragssatz. Ein «Bürgerbeitrag» ist weitaus ergiebiger als ein Aufschlag auf die Lohn- und Einkommensteuer, der mehr als 50 Prozent betragen müsste, um die bisherigen Ausgaben der GKV aufzubringen (Opielka 2004b). In der auch in der Bürgerversicherungsdiskussion strittigen Frage, ob Umverteilungsaufgaben auf das Steuersystem beschränkt bleiben sollen, weil sie nicht in die Sozialversicherungen gehörten, nimmt das hier vorgestellte Konzept des *Bürgerbeitrags* als eine Art Sozialsteuer eine vermittelnde Position ein.

Die Beitragserhebung wäre zentral, am besten durch die Finanzbehörden sicherzustellen. Damit wird ermöglicht, dass ganz unterschiedliche Rechtsträger – also auch private Krankenversicherungen (PKV) – für die Leistungsverwaltung der allgemeinen Krankenversicherung zuständig sind. Die Versicherten optieren für einen der Träger, der einen Pauschalbetrag pro Versicherten erhält, worin zugleich ein morbiditäts-, also am Krankheitsrisiko orientierter Risikostrukturausgleich berücksichtigt wird. Die Versicherungsträger können sich durch spezifische Leistungen oder Beitragserstattungen (etwa bei Selbstbehalten oder der Beteiligung an Präventionsprogrammen) unterscheiden. Ein solches Modell würde das wettbewerbliche Moment der Kopfpauschalen, vor allem eine (entsprechend der Schweizer Praxis) mögliche Anbieterrolle der PKV, mit dem Solidarmoment der einkommensbezogenen Beiträge verknüpfen, und dies auf einem gegenüber heute deutlich geringeren Beitragsniveau. Zudem wäre die Beitragshöhe rechtlich und politisch völlig vom Arbeitslohn entkoppelt. Der AKV-Beitrag gehört dann nicht mehr zu den Lohnnebenkosten.

Im Jahr 2004 beträgt der Pflegeversicherungsbeitrag mit 1,7 Prozent etwa zwölf Prozent des durchschnittlichen GKV-Beitrages von 14,2 Prozent. Würden die Kosten des Gesundheitswesens durch einen Professionalisierungsschub (siehe Kapitel 5) um 10 bis 20 Prozent sinken, so könnten die gegenwärtigen Leistungen der Pflegeversicherung von der AKV übernommen werden. Damit würde sich der Bürgerbeitrag für den gesamten Bereich des Gesundheits- und Pflegesektors auf 7,5 Prozent des je verfügbaren Primäreinkommens der privaten Haushalte begrenzen. Man kann einwenden, dass der Beitrag infolge neuer Leistungsangebote des Gesundheitswesens oder der Alterung der Bevölkerung künftig erhöht werden müsste. Dies gilt für andere Finanzierungsformen allerdings gleichermaßen. Ein weiterer Einwand könnte lauten, dass eine solch universalistische, alle Bürger einschließende Krankenversicherung – ähnlich wie im steuerfinanzierten Gesundheitswesen Großbritanniens (National Health Service) – zu einer Basisversorgung verkümmere und sich schließlich doch zu einer Zwei-Klassen-Medizin entwickele (so kritisch Rürup 2004). Dagegen steht nur ein gewisses Vertrauen in die Demokratie und in die Transparenz des neuen Finanzierungssystems, vor allem in die zentrale Werte-Botschaft der hier skizzierten Krankenversicherung: dass nämlich alle Bürger ein Recht auf die bestmögliche Versorgung haben, weil sie nach besten Kräften zur Finanzierung beitragen.

8.2 Die Idee einer «Grundeinkommensversicherung»

Zum Schritt von Bismarck zum Bürger gehört auch eine Gesamtreform der Einkommensleistungen. Hierfür wurde das Modell einer *Grundeinkommensversicherung (GEV)* entwickelt, das sämtliche Geldleistungen des deutschen Sozialstaats – angelehnt an das Modell der Schweizer AHV – in einem System vereinigt: Renten (ab 67), Arbeitslosengeld, Kindergeld, Erziehungsgeld, Krankengeld, Ausbildungsgeld und statt Sozialhilfe bzw. dem seit Januar 2005 geltenden «Arbeitslosengeld II» die erwerbsunabhängige, aber einkommensbezogene Garantie einer Grundsicherung in Form eines «BAFöG für alle»; d. h., erwerbsfähige, aber nicht vermittlungsbereite Grundeinkommensbezieher erhalten 50 Prozent des Grundeinkommens als Darlehen (Opielka 2004a, 2004c). Diese

254 Sozialpolitische Reformen

durchaus revolutionär wirkende Sozialreform soll im weiteren Fortgang erörtert und exemplarisch reflektiert werden.

Die Idee der «Grundeinkommensversicherung» basiert auf dem Gedanken der Sozialversicherung, wonach ein jeder nach seiner Leistungsfähigkeit Beiträge leistet und im Bedarfsfall mit eigentumsrechtlich garantierten Zahlungen rechnen kann. Sie löst diese Sicherung jedoch weitestgehend von der Erwerbsarbeit. Damit wird – in Verbindung mit der vorgeschlagenen «Allgemeinen Krankenversicherung» – der Faktor Arbeit von Sozialversicherungsbeiträgen befreit. Indem alle Bürger einbezogen werden, sind die steuerähnlichen Beiträge merklich geringer als gegenwärtig. Der Grundgedanke ist die Sicherung sozialer Bürgerrechte und die Belastung nach Leistungsfähigkeit. Die Leistungen der Grundeinkommensversicherung sichern nicht den bisherigen Lebensstandard. Die Grundeinkommensversicherung ist aber mehr als eine reine Grundsicherung oder ein «Bürgergeld», da in Abhängigkeit von Dauer und Höhe der Beitragsleistung – aber unabhängig von der Zugehörigkeit zu Berufsgruppen – höhere und bessere Leistungen beansprucht werden können. Die deutliche Reduzierung der Steuer- und Abgabenbelastung ermöglicht mehr private, zumeist marktvermittelte Vorsorge und eröffnet insbesondere Möglichkeiten wie auch Notwendigkeiten für gemeinschaftliche Regelungen (Familiensolidarität, betriebliche Zusatzversorgungen usf.).

Sofern im Folgenden Daten und Beträge genannt werden, handelt es sich um Schätzwerte. Als Modell und Leitidee für die Gesamtreform der Geldleistungssysteme in Deutschland hin zu einer «Grundeinkommensversicherung (GEV)» dient das System der Schweizer Alterssicherung AHV und die darin zentrale Grundrente (siehe Kapitel 4). Eine Grundeinkommensversicherung unterscheidet sich wesentlich von den bisher diskutierten Modellen eines «garantierten Grundeinkommens» oder «Bürgergeldes», die steuerfinanziert werden und in der Regel dem Strukturmodell einer «negativen Einkommenssteuer» folgen (Mitschke 2000, S. 53). Diese Modelle setzen nicht an der Alterssicherung, sondern zunächst an einer «Entkopplung von Arbeit und Einkommen» in der Erwerbsphase an (Opielka/Vobruba 1986; Opielka 1991). Am Ende dieses Kapitels wird darauf eingegangen.

Vor dem Hintergrund des deutschen, eher auf Sozialbeiträge setzenden konservativen Wohlfahrtsregimes dürfte eine auf Beiträge setzende Grundeinkommens-Konzeption chancenreicher sein. Denn der Betrachtungswinkel verlagert sich von der Erwerbsphase auf die Altersphase: Eine beitragsfinanzierte Grundeinkommensversicherung macht deutlich, dass der weitaus größte Teil der staatlichen Geldleistungen zugunsten der älteren Bürger aufgebracht werden muss.

Beitragsfinanzierung («Sozialsteuer»)
Jeder in Deutschland zur Lohn- bzw. Einkommensteuer veranlagte Bürger ab dem 18. Lebensjahr (bzw. ab dem 20. Lebensjahr bei Ausbildung) zahlt entsprechend seinem gesamten Brutto-Einkommen (nach Abschreibungen) einen Beitrag zur Grundeinkommensversicherung (einschließlich Selbständigen, Beamten, Nichterwerbstätigen). Der bisherige Arbeitgeberanteil wird als Bruttolohn ausgezahlt, wobei die steuerliche Freistellung der Sozialversicherungsbeiträge wohl auch für die Beiträge zur GEV beizubehalten wäre. Künftige Beitragsänderungen wirken sich nicht mehr unmittelbar auf die Lohnkosten aus. Die paritätische Mitfinanzierung durch die Arbeitgeber entfällt. Eine Beitragsbemessungsgrenze existiert nicht. Eine Verrechnung mit sonstigen Ausgaben (Werbungskosten) ist nicht möglich. Die Leistungen der GEV selbst sind beitragsfrei. Der Beitrag hat insoweit teilweise den Charakter einer «Sozialsteuer». Er ist jedoch trotz der Steuerähnlichkeit ein Beitrag, da er ohne Freibeträge auf die gesamten Primäreinkommen (siehe oben) erhoben wird, nicht mit anderen Einkommen verrechnet werden kann, zweckgebunden für die Einkommenssicherung verwendet und durch eine von den Versicherten selbst verwalteten Körperschaft des öffentlichen Rechts verwaltet wird. Das Prinzip der «Leistungsgerechtigkeit» wird durch eine eingeschränkte Teilhabeäquivalenz verwirklicht: Dem Modell der Schweizer Alters- und Hinterlassenenversicherung (AHV) folgend, führen Beiträge auf Einkommen bis etwa zur fünffachen Höhe des Grundeinkommensbetrags zu Ansprüchen bis zur doppelten Höhe dieses Betrags. Höhere Beiträge führen nicht zu einer Erhöhung der Leistungsansprüche. Personen, die kein Einkommen erzielen, jedoch über Vermögen oberhalb eines Freibetrags verfügen, zahlen wie im Modell der AHV pauschalierte Beiträge. Gleichfalls wie im Modell der AHV wird ein Mindestbeitrag erhoben. Ohne Beitragszahlung bestehen – außer für

Kindergeld und die Grundsicherung – keine Ansprüche auf Leistungen der GEV. Da die Beiträge pro Person erhoben werden, entstehen individuelle Leistungsansprüche in einem voll eigenständigen Sicherungssystem für Frauen und Männer.

Der Mindestbeitrag in der GEV muss höher sein als in einem rein der Alterssicherung dienenden System wie der AHV, zumal die Beitragszahler bereits während ihrer aktiven Erwerbsphase im Risikofall auf Leistungen rechnen können. Sinnvoll erscheint, dass sich der Mindestbeitrag am Grundeinkommensniveau orientiert. Da das Grundeinkommen dem Existenzminimum entspricht und insoweit steuer- und beitragsfrei ist, müsste der Mindestbeitrag etwa 130 Euro im Monat betragen (Parameter: Grundeinkommensniveau 640 Euro, Beitragssatz 17,5%, das Primäreinkommensniveau für die Berechnung des Mindestbeitrages beträgt ca. 775 Euro; alles Werte für 2004). Aus systematischen Gründen müssten die Bezieher eines Grundeinkommens (Grundrente, Erziehungsgeld, Grundsicherung usf.) den Mindestbeitrag gleichfalls zahlen, auch wenn dieser Beitrag eher fiktiv wäre, da er aus den Leistungen der GEV aufgebracht wird. Andererseits sollen die Leistungen der GEV – gleichfalls aus systematischen Gründen – nicht beitragspflichtig sein. Eine pragmatische Lösung wäre, wie in der Schweiz den Mindestbeitrag sehr niedrig anzusetzen und ihn auch den Grundeinkommensbeziehern aufzuerlegen. Eine über den Mindestbeitrag hinausreichende Beitragsverpflichtung entsteht dann nur für zusätzliche, nicht aus der GEV stammende Einkommen. Bei Ehepaaren werden die Beitragspflichten gesplittet.

Aufgrund der umfassenden Beitragsgrundlage ist eine Mitfinanzierung durch die öffentlichen Haushalte nicht notwendig. Denkbar wäre natürlich, zur Erleichterung der politischen Durchsetzbarkeit beispielsweise den bisherigen Bundeszuschuss zur gesetzlichen Rentenversicherung der GEV zuzuordnen. Dies würde den Beitrag von 17,5 Prozent um etwa ein Fünftel auf etwa 14 Prozent senken. Die verteilungspolitischen Wirkungen wären komplex – angesichts des steigenden Anteils indirekter und dabei vor allem von Verbrauchssteuern würden die unteren Einkommensgruppen relativ stärker belastet. Dafür spräche ein populistisches Motiv – die GEV wird «billiger» – und ein taktisches Motiv – die Widerstände der Wohlhabenden wären vermutlich geringer. So werden

Die Idee einer «Grundeinkommensversicherung» 257

auch in der Schweiz etwa 20 Prozent der Ausgaben der AHV aus dem Haushalt des Bundes und der Kantone getragen.

Da der bisherige Arbeitgeberanteil für die Renten-, Arbeitslosen- und Krankenversicherung entfällt, die Verantwortung der Arbeitgeber für die Bereitstellung von Arbeitsplätzen – als Teilhabe der Bürger an der gesellschaftlichen Arbeit – jedoch gestützt werden sollte, erscheint es sinnvoll, wenn der Leistungsbereich Arbeitslosenversicherung innerhalb der GEV zur Hälfte durch die Arbeitgeber finanziert wird. Denkbar wäre entweder eine Lohnsummensteuer oder vorzugsweise eine Bruttowertschöpfungssteuer, womit hoch produktive Betriebe entsprechend ihrer Leistungsfähigkeit berücksichtigt werden.

In einer Übergangszeit sind noch Ansprüche auf Rentenleistungen oberhalb des Faktors 2 des Grundeinkommensbetrages zu bedienen, wofür ein Beitragsanteil in Höhe von ein bis zwei Prozent veranschlagt wird. Zumindest für Rentenansprüche aus der (bisherigen) gesetzlichen Rentenversicherung könnte dieser Zuschlag genügen. Für die Überleitung von Ansprüchen aus sonstigen Alterssicherungssystemen (Versorgungswerke von Freiberuflern, Beamtenversorgung), deren Leistungsniveaus in der Regel deutlich über denjenigen der GRV liegen, werden die bisherigen Leistungsträger gesondert herangezogen werden müssen.

Der Beitrag zur Grundeinkommensversicherung setzt sich im Interesse einer Transparenz der Leistungsbereiche aus Teilbeiträgen zusammen, die insgesamt erhoben werden. Unter Berücksichtigung der Erfahrungen der Schweiz (Alterssicherung AHV), der Daten des Sozialbudgets 2001 (Statistisches Bundesamt 2003, 2004) und von Schätzungen aufgrund der weiter unten näher ausgeführten Leistungsänderungen gegenüber dem gegenwärtigen Rechtsstand ist mit einem Beitrag in Höhe von 17,5 Prozent des steuerlichen Einkommens zu rechnen (Abbildung 49).

Bei einem Beitrag von 17,5 Prozent betragen die Einnahmen der Grundeinkommensversicherung aus dem GEV-Beitrag rechnerisch 275,5 Mrd. Euro (Stand 2003), wobei die Mindestbeiträge diese Summe in einem hier mangels entsprechender Daten nur vage zu schätzenden Umfang erhöhen. Hinzu kommen Einnahmen aus dem Arbeitgeberanteil für die Arbeitslosenversicherung sowie die Pauschalbeiträge für einkommenslose Vermögende, sodass mit Gesamteinnahmen in Höhe von ca. 320 bis 350 Mrd. Euro zu rechnen ist. Hinsichtlich der Bezugszeiten

258 Sozialpolitische Reformen

Leistungsbereich	Leistung	Beitrag in Prozent (auf alle Einkommen)
Renten	768–1536 €	10
Übergangszuschlag Renten		2
Arbeitslosengeld	640–1280 €	1,5
Erziehungsgeld	640–1280 €	0,5
Kindergeld	je Kind 160 € (zusätzl. bis 160 € Zuschlag)	2
Krankengeld	640–1280 €	0,2
Ausbildungsgeld	640 € *(davon 50 % Darlehen)*	0,3
Grundsicherung	640 € *(davon 50 % Darlehen)*	1
Beitrag GEV insgesamt		**17,5**

Abbildung 49: Modell Grundeinkommensversicherung (GEV) – Leistungen und Beiträge (Stand 2004)

kann nicht einheitlich vorgegangen werden, da einige Daten (z. B. aus der VGR) immer erst mit einer gewissen Verzögerung zur Verfügung stehen, sozialrechtliche Werte (z. B. Beitragsbemessungsgrenzen) aber aktuell und auch prospektiv. Die damit einhergehende Unklarheit wird hier durch Schätzungen aufgelöst, letztlich bleibt ihre Auflösung Simulationsrechnungen vorbehalten.

Der Gesamtbeitrag zur GEV liegt unter den gegenwärtigen Beiträgen allein zur gesetzlichen Rentenversicherung, die zudem knapp ein Drittel ihres Haushalts aus dem Bundeshaushalt bestreitet («Bundeszuschuss») und dafür allgemeine Steuermittel in Anspruch nimmt.

Leistungen der Grundeinkommensversicherung

Der Grundgedanke der Sicherung sozialer Bürgerrechte wird in einer Grundeinkommensversicherung mit der bürgerlichen Pflicht zur Beitragsleistung entsprechend der persönlichen Leistungsfähigkeit kombiniert. Der Leistungsanspruch folgt dem Prinzip der Teilhabeäquivalenz. Je nach Dauer und Höhe der Beitragsleistung verbessern sich die Leistungsansprüche. Die Sicherung des sozialen Bürgerrechts wird durch einen Grundeinkommensbetrag in Höhe von 50 Prozent des durchschnittlichen gewichteten Pro-Kopf-Einkommens garantiert. Dieser hätte im Jahr 2004 annäherungsweise jährlich 7400 Euro, monatlich ca.

Die Idee einer «Grundeinkommensversicherung» 259

610 Euro betragen.[5] Das entspricht in etwa dem Grundfreibetrag im Einkommensteuerrecht (2004: 7664 Euro). Da der Grundeinkommensbetrag nicht unter dem steuerlichen Grundfreibetrag liegen kann, wird im Folgenden von 640 Euro monatlich ausgegangen.[6] Hinzu kommen im Bedarfsfall Ansprüche auf Wohngeld.

Ob der Betrag von 640 Euro unter dem Gesichtspunkt einer Sicherung der soziokulturellen Teilhabe zu gering ist, hängt auch davon ab, wie und

---

5 Zur Berechnung: verfügbares Einkommen der privaten Haushalte pro Kopf (altersungewichtet) im Jahr 2003 nach Angaben des Statistischen Bundesamtes 16 800 Euro (Angaben vom August 2004); Einwohner in Deutschland Stand 3. Quartal 2003: 82,5 Mio., davon Personen unter 20 Jahren ca. 17,5 Mio., die mit dem Faktor 0,5 gewichtet werden. Daraus ergibt sich ein gewichtetes Pro-Kopf-Einkommen nach folgender Formel: 65 Mio. x 1 plus 17,5 Mio. x 0,5 = 73,75 / 82,5 (ungewichtet) x 16 600 Euro = ca. 14 800 Euro – 50 Prozent davon sind 7400 Euro (gewichtet). Das durchschnittliche gewichtete Pro-Kopf-Einkommen würde sich bei einer höheren Gewichtung von Jugendlichen als mit 0,5 demnach verringern. Andererseits wird üblicherweise auch das Pro-Kopf-Einkommen weiterer erwachsener Haushaltsmitglieder mit einem geringeren Faktor als 1 gewichtet, so das Nettoäquivalenzeinkommen, d. h. das nach Haushaltsmitgliedern gewichtete Pro-Kopf-Einkommen nach der so genannten älteren OECD-Skala: erste erwachsene Person Faktor 1,0, jede weitere Person ab 15 Jahren Faktor 0,7, Kinder bis 14 Faktor 0,5. Es lag in Deutschland in 2002 bei 1324 Euro monatlich (Ostdeutschland: 1118 Euro), im untersten Zehntel nur bei 556, im obersten bei 2907 Euro (Kaltenborn 2003, S. 121f.). 50 Prozent von 1324 Euro wären demnach 662 Euro. Der Wert von 610 Euro stellt insoweit einen relativ niedrigen Näherungswert dar, gleichwohl höher als die tatsächlichen Einkommen im untersten Dezil.

6 Der Europäische Rat hat sich im Dezember 2001 für die Armutsberichterstattung auf EU-Ebene für eine Grenze von 60 Prozent des Medianeinkommens entschieden, bei der entsprechend der neueren OECD-Skala zusätzliche Erwachsene mit 0,5 und Kinder mit 0,3 gewichtet werden (Atkinson u. a. 2002). Die resultierende so genannte Armutsrisikogrenze beträgt für einen Alleinstehenden etwa 700 Euro, also knapp 10 Prozent mehr als die genannten 640 Euro. Zum Vergleich: Das ab 2005 geltende «Arbeitslosengeld II» – als Folge des so genannten Hartz-IV-Gesetzes (SGB II) – beträgt monatlich 345 Euro (Ostdeutschland: 331 Euro), ebenso der Regelsatz der Sozialhilfe (SGB XII ab 2005). Hinzu kommen Zulagen für Miete und Heizkosten nach individuellem Bedarf (sowie weitere Zuschläge für Alleinerziehende usf. und in den ersten beiden Jahren nach Bezug des Arbeitslosengeldes). Für einen Alleinstehenden rechnet man mit durchschnittlichen Kosten für Miete und Heizung in Höhe von 306 Euro. Die Gesamtleistung würde für einen Alleinstehenden in etwa dem Vorschlag des Grundeinkommens bzw. der Grundsicherung in der Grundeinkommensversicherung entsprechen. Dabei muss jedoch berücksichtigt werden, dass in Letzterer zusätzliche Wohngeldansprüche bestehen und die Leistungen – aufgrund der Beitragszahlungen – bis maximal das Doppelte des Grundeinkommens betragen.

in welchem Umfang weitere öffentliche Güter privatisiert werden und dann aus dem Grundeinkommensbetrag finanziert werden müssten (z. B. Nahverkehr, Kinderbetreuung, Lernmittel für Schüler oder öffentliche Kulturangebote sowie vor allem die Frage der Krankenversicherung: Seit 2004 wird beispielsweise für Sozialhilfeempfänger der Beitrag zur gesetzlichen Krankenversicherung übernommen; dies müsste auch für diejenigen gelten, die nur über das Grundeinkommen verfügen).

Rentenversicherung

Die in der deutschen gesetzlichen Rentenversicherung eingebauten Grundsätze der Teilhabeäquivalenz und des Umlageverfahrens korrespondieren mit den sozialen Wertvorstellungen der Mehrheit der Bundesbürger (Ullrich 2000). Die Sorge für die wirtschaftliche Existenz der Rentner kann im Interesse der alten und der jungen Generation nur über kollektive Sicherungssysteme freiheitlich und verlässlich organisiert werden. Fast alle deutschen Bürger (Alterssicherungsbericht 2001, BT-Drs. 14/7640, S. 13ff.) sind in entsprechende Alterssicherungssysteme integriert, im Wesentlichen in drei Systeme: in die gesetzliche Rentenversicherung sowie in die berufsständischen Versorgungswerke (für freie Berufe) und in die Beamtenversorgung (siehe Kapitel 4). Alle drei Systeme basieren auf den Grundsätzen Teilhabeäquivalenz und Umlageverfahren, allerdings mit gewissen Modifikationen: Die gesetzliche Rentenversicherung wird vollständig umlagefinanziert, annähernd einem Drittel der Leistungen stehen jedoch keine Beiträge gegenüber; sie werden durch einen in den letzten Jahren kontinuierlich steigenden Bundeszuschuss finanziert.[7]

Die berufsständischen Versorgungswerke werden überwiegend umlagefinanziert, nur ein Teil der Einnahmen wird zur Bildung von Altersrückstellungen verwendet. Die Teilhabeäquivalenz gilt weitgehend. Die Beamtenversorgung wiederum wird vollständig nach dem Umlageverfahren – und zwar aus dem laufenden Steueraufkommen – finanziert,

---

7 Nach Angaben des Bundesfinanzministeriums stieg der Bundeszuschuss von 41,2 Mrd. Euro im Jahr 1996 auf ca. 77,3 Mrd. Euro im Jahr 2003. Die Leistungen für die Anerkennung der Kindererziehungszeiten («Babyjahre») umfassen mit 11,9 Mrd. Euro (2003) nur etwa 1/7 der nicht durch Beiträge gedeckten Leistungen.

Die Idee einer «Grundeinkommensversicherung» 261

ein Kapitalstock existiert bisher nicht. Von Teilhabeäquivalenz kann man insoweit sprechen, als sich die Pensionsansprüche nach den dienstrechtlichen Einkommenspositionen richten. Insgesamt sind alle genannten Alterssicherungssysteme mehr oder weniger intransparent und damit für eine demokratische Willensbildung kaum geeignet. Die Tatsache, dass die als zentral geltenden Grundsätze Teilhabeäquivalenz und Umlageverfahren in allen Systemen Beachtung finden, erlaubt eine daran anknüpfende Strukturreform.

Der Begriff «Teilhabeäquivalenz» erfordert dabei eine Präzisierung: In der deutschen rentenpolitischen Literatur wurde bislang in der Regel der Begriff «Beitragsäquivalenz» verwendet, der eine eigentumsähnliche Bindung von Beitragsleistung und Rentenanspruch beschreibt (oder besser postuliert). Neuerdings wird – so zuletzt im Bericht der «Rürup-Kommission» (vgl. BMGS 2003) – häufiger der Begriff «Teilhabeäquivalenz» gebraucht, wohl um darauf aufmerksam zu machen, dass eine unmittelbare Kopplung von Beitrag und Leistung im Umlageverfahren nicht existieren kann, sondern mit der Rentenzahlung (via Rentenformel) nur eine Position in der Hierarchie der Beitragszahler erworben wird, die dann im Rentenalter die Position innerhalb der Rentenzahlungshierarchie bestimmt. In welcher Spreizung sich diese Teilhabe bewegt, ob beispielsweise bei der Beitragszahlung ein erheblich breiterer Korridor als bei den späteren Rentenzahlungen existiert, wird mit dem Begriff der «Teilhabe» offener gehalten.

Die Grundeinkommensversicherung trägt im Bereich der Alterssicherung folgende, stark an das Modell der Schweizer AHV angelehnte Züge:

- Es existieren eine *Grundrente* und eine *Maximalrente*, Letztere in Höhe von 200 Prozent der Grundrente;
- die Höhe der Grundrente entspricht dem Grundeinkommensbetrag plus einem Alterszuschlag in Höhe von 20 Prozent (d. h. im Jahr 2004 ca. 768 Euro monatlich), die Maximalrente demnach 1536 Euro. Dies liegt über den Werten der Schweizer AHV.
- Die Höhe der Rentenleistung im Korridor zwischen Grund- und Maximalrente bemisst sich nach dem Prinzip der Teilhabeäquivalenz entsprechend der Beitragsleistung im Lebenslauf. Die Maximalrente wird dann erreicht, wenn durchgängig Beiträge auf ein Einkommen in Höhe des Fünffachen des Einkommens entrichtet wurden, das für einen An-

spruch in Höhe der Grundrente ausreicht. Bei einem Grundeinkommensbetrag von 640 Euro und einem Beitragssatz von 17,5 Prozent wird bei einem Primäreinkommen von 775 Euro der Mindestbeitrag erreicht. Das Fünffache von 775 Euro sind 3875 Euro. Dieser Betrag liegt unter der Beitragsbemessungsgrenze in der gesetzlichen Rentenversicherung (2004: 5150 Euro, Westdeutschland). Sinnvoll erscheint die Möglichkeit, Beitragsleistungen oberhalb des Fünffachen über einen bestimmten Zeitraum (etwa 5 bis 10 Jahre) mit darunter liegenden Leistungen ausgleichen zu können. Damit wird dem möglichen Einwand einer Nichtberücksichtigung hoher Beiträge entgegengewirkt.

- Der Rentenanspruch ist individuell für Männer und Frauen. Bei zusammenlebenden Paaren (unabhängig vom Familienstatus) beträgt – entsprechend der Schweizer Regelung – der Rentenanspruch 150 Prozent des gemittelten individuellen Rentenanspruchs. Eine Hinterbliebenenrente existiert nicht. Nach Ableben des Partners (oder nach Trennung) lebt der eigene Rentenanspruch in voller Höhe auf. Da die Ansprüche nur im Fall der gemeinsamen Haushaltsführung begrenzt werden, handelt es sich um eine «voll eigenständige» Alterssicherung. Dies berücksichtigt die Haushaltsersparnis und die tatsächlichen Unterhaltsleistungen, von der eine Garantie sozialer Grundrechte nicht abstrahieren sollte. Sinnvoll ist ein Beitragssplitting in der Ehe.

- Das Rentenzugangsalter beträgt geschlechtsunabhängig 67 Jahre. Diese Altersgrenze wurde bereits in den USA, Norwegen und Dänemark fixiert. Ein früherer oder späterer Renteneintritt ist mit versicherungsmathematischen Ab- und Zuschlägen (ca. 6% pro Jahr) möglich.[8]

---

[8] Bis Ende 1991 waren in Deutschland für den vorzeitigen Rentenbezug keine Abschläge vorgesehen. Erst mit dem Rentenreformgesetz 1992 und der stufenweisen Anhebung aller Altersgrenzen auf 65 Jahre (schwer behinderte Arbeitnehmer 63 Jahre) wurden versicherungsmathematische Abschläge in Höhe von 0,3 Prozent für jeden vorzeitig in Anspruch genommenen Monat eingeführt (bei 1 Jahr also 3,6%, bei 5 Jahren 18%). Bei späterem Rentenzugang beträgt der Rentenzuschlag 0,5 Prozent pro Monat, also sechs Prozent pro Jahr (Stand 2003). Bereits die Tatsache, dass der Rentenzuschlag für späteren Rentenzugang fast doppelt so hoch ist wie der Abschlag für den vorzeitigen, deutet darauf hin, dass die Rentenabschläge viel zu gering kalkuliert sind. Das gegenteilige Argument der «Rürup-Kommission» (BMGS 2003, S. 86) ist irreführend, da sich bei früherem Rentenzugang auch die Rentenlaufzeit erhöht.

Die Idee einer «Grundeinkommensversicherung» 263

- Eine Übergangslösung zur Erhöhung des Rentenzugangsalters (von derzeit 65 Jahren) für Personen in rentennahen Jahrgängen ist aufgrund der Sicherung von Lebensplanungen erforderlich. Vielfach wird eingewendet, die hohe Erwerbslosigkeit wie die «erfolgreiche» Verdrängung älterer Mitarbeiter aus der Arbeitswelt als angebliche Voraussetzung von Produktivitätssteigerungen erlaube keine höhere Altersgrenze. Zudem sei aus demographischen Gründen – derzeit steht die «Babyboom»-Generation noch im Erwerbsleben – erst ab 2020 eine höhere Altersgrenze erforderlich. Wenn aus sozialpolitischen Gründen das Rentenzugangsalter jedoch zeitnäher eingeführt würde, dann werden sich sowohl die Individuen als auch die Arbeitgeber anpassen. Die Erhöhung des Rentenzugangsalters ist neben der Verbreiterung der Beitragsgrundlage und der Einführung eines Rentenkorridors die entscheidende Voraussetzung für eine Anpassung der Rentenversicherung an die demographische Entwicklung.
- Neben der Beitragszahlung werden Ansprüche auf Rentenleistungen auch durch die Leistung der Kindererziehung erworben. Entsprechend der seit 1992[9] in der gesetzlichen Rentenversicherung geltenden Regelung (ähnlich auch in der Schweizer AHV) sollen drei Jahre der Kindererziehung mit dem bei einem durchschnittlichen Vollzeit-Erwerbseinkommen erzielten Beitrag bewertet werden. Ein Zuschuss aus dem Staatshaushalt ist nicht erforderlich, da die gesamte Bevölkerung in der Grundeinkommensversicherung erfasst wird. Eine Ausweitung der Kindererziehungszeiten auf mehr als drei Jahre wäre angemessen, wenn und solange die Chancen auf Erzielung eines Erwerbseinkommens durch Frauen als für die Familienarbeit (bislang) Hauptzuständige geringer sind.
- Der volle Betrag der Grundrente wird erreicht, wenn der Mindestbeitrag entsprechend der durchschnittlichen Versicherungszeit aller Versicherten des jeweiligen Jahrgangs im Rentenzugang entrichtet wurde. In der Schweizer AHV wird dies beispielsweise nach 44 Beitragsjahren

---

9 Die Kindererziehungszeiten wurden 1986 eingeführt (zunächst schrittweise für vor 1921 geborene Mütter ein Jahr in Höhe von 0,75 Entgeltpunkten, d. h. entsprechend 75 Prozent des Durchschnittseinkommens; 1992 wurde der Anspruch für Geburten nach 1991 auf 3 Jahre mit 1 Entgeltpunkt pro Jahr ausgeweitet).

(Stand 2003) erreicht. Aufgrund der drei Kindererziehungsjahre und des Rentensplittings zwischen Ehegatten erhalten Frauen in der Regel diesen Anspruch. Eine Nachentrichtung von GEV-Beiträgen (Teilbetrag der RV) sollte in einer angemessenen Frist vor Rentenzugang möglich sein, um einen Grundrentenanspruch zu erwerben. Die dadurch entstehenden Beitragseinnahmen werden zudem in der Übergangszeit, in der eine Bedienung von Altrentenansprüchen höhere Ausgaben erfordert, entlastend wirken.

- Dauerhaft erwerbsunfähige Versicherte werden wie Altersrentner behandelt, wobei hinsichtlich der notwendigen Beitragszeiten wie des Rentenniveaus spezifische Regeln erforderlich sind. Die Kriterien der Erwerbsunfähigkeit sind rein medizinisch-rehabilitativ zu fassen. Aufgrund der berufsunspezifischen, vom Erwerbsverhältnis entkoppelten Struktur der GEV sind Zumutbarkeitsregeln unabhängig von früheren Tätigkeiten. Die bisher insbesondere von der gesetzlichen Rentenversicherung erbrachten Rehabilitationsleistungen wären auf die Krankenversicherungen zu übertragen. Für weitere Ansprüche (z. B. Berufsunfähigkeitsrenten) sind der private Versicherungsmarkt, betriebliche oder berufsständische Versorgungswerke zuständig.

Übergangsregelungen sind für alle bisherigen Alterssicherungssysteme erforderlich und möglich, wobei deren Laufzeit im Interesse von Transparenz und Verwaltungsvereinfachung deutlich begrenzt werden muss. Sofern die bisherigen Systeme zu höheren Leistungsansprüchen führen als in der Grundeinkommensversicherung, sind unterschiedliche Regelungen sinnvoll: Für die bisherigen Mitglieder der gesetzlichen Rentenversicherung sind abschmelzende Zuschläge möglich, hierfür wird ein Übergangszuschlag auf den Beitrag zur GEV erhoben; die Systeme der berufsständischen Versorgungswerke sollten als private Zusatzversorgungssysteme fortbestehen können, für die auch in Zukunft Beiträge erhoben werden;[10] die öffentlichen Dienstgeber werden Ansprüche ober-

---

10 Dies gilt auch für die gegenüber der gesetzlichen Rentenversicherung deutlich höheren Leistungen der Knappschafts-RV (Bergleute) (Beitrag 25,9 % gegenüber 19,5 % der GRV, davon 16,15 % Arbeitgeberanteil), die nur durch erhebliche Zuwendungen aus dem Bundeshaushalt möglich sind (2003: 7,3 Mrd. Euro). Diese wären als Zusatzversorgungs-

halb der Leistungen der GEV gleichfalls in Form einer Zusatzversorgung sicherstellen; ob hierfür Beiträge erhoben würden, ist für eine GEV nicht erheblich. Eine steuerliche Subventionierung von privater Vorsorge erscheint unter den Bedingungen einer GEV nicht erforderlich, da bereits die Grundrente innerhalb der GEV in etwa der durchschnittlichen Rente in der Arbeiterrentenversicherung entspricht. Da die Einkommenssteuer mit Einführung einer GEV deutlich abgesenkt werden könnte, worauf weiter unten noch eingegangen wird, verfügen die privaten Haushalte auch im unteren und mittleren Einkommensbereich über höhere Vorsorgemöglichkeiten. Falls die Subventionierung privater Vorsorge sozialpolitisch dennoch gewünscht wird – wie in der Schweiz und um die Lobby der Lebensversicherungen zu bedienen –, kann man es natürlich tun. Die Ein- und Fortführung sowie die Weiterentwicklung betrieblicher Zusatzversorgungssysteme ist Aufgabe der Tarifparteien.

Die Erhöhung der Altersgrenzen, das Auslaufen der Hinterbliebenenrenten aufgrund der voll eigenständigen Alterssicherung und die Verbreiterung der Beitragsbasis werden die Finanzierung von Übergangsregelungen wesentlich erleichtern.

Arbeitslosenversicherung

Die deutsche Arbeitslosenversicherung sichert historisch nur Arbeitnehmer, da andere Berufsgruppen (Beamte, Freiberufler, Selbständige) entweder unkündbar sind oder aufgrund ihres Status nicht als «vermittelbar» gelten. Diese Differenzierungen erweisen sich allerdings zunehmend als wenig hilfreich, worauf die Einstellung von Beamten «auf Zeit» und besonders wechselnde Berufsbiographien zwischen Angestellten- und freiberuflicher bzw. selbständiger Arbeit verweisen, auch als Folge neuerer Arbeitsmarktinnovationen (z. B. «Ich-AG»). Hinzu kommt, dass mit der «Agenda 2010» der rot-grünen Bundesregierung ab 2005 die Arbeitslosen- und die Sozialhilfe (für Erwerbsfähige) zu einem «Arbeitslosengeld II» zusammengelegt wurden, womit die Grenzen zwischen Arbeits-

---

leistung zu behandeln. Ähnliches gilt für weitere Sondersysteme wie die Kriegsopferversorgung, die Künstlersozialkasse und die Altershilfe für Landwirte, wobei deren Leistungen in der Regel nicht höher sind als diejenigen der GEV.

losenversicherung und der nur auf den Einwohnerstatus abhebenden Sozialhilfe verschwimmen.

Die Arbeitslosenversicherung ist deshalb Bestandteil der Grundeinkommensversicherung (GEV). Die Einbeziehung von Selbständigen/Freiberuflern und Beamten begründet sich aus ihrer Verantwortung für einen nationalen Arbeitsmarkt, von dessen Funktionieren auch Bevölkerungsgruppen profitieren, deren Arbeitslosigkeitsrisiko nicht besteht oder gering erscheint. Während in der Rentenversicherung das Missbrauchsrisiko aufgrund eindeutiger Zugangskriterien (Alter, ggf. Erwerbsunfähigkeit) ausgeschlossen werden kann, ist dies im Bereich der Arbeitslosenversicherung nicht immer problemlos möglich. In einer GEV empfehlen sich deshalb möglichst eindeutige Anspruchsregeln:

- Der Anspruch auf Arbeitslosengeld wird teilhabeäquivalent festgesetzt, es gilt auch hier das Prinzip von Grundbetrag und Maximalbetrag im Verhältnis von 1:2 auf der Grundlage eines Beitragskorridors von 1:5 (siehe Rentenversicherung). Der Grundeinkommensbetrag in der Arbeitslosenversicherung beträgt 640 Euro. Sonstige eigene Erwerbseinkommen werden vollständig angerechnet, nicht jedoch Einkommen unterhaltsverpflichteter Personen. Zusätzliche Einkommen aus Vermögen sind zu versteuern und mit dem GEV-Beitrag zu belasten.

- Für den Anspruch auf ein Grundeinkommen als Arbeitslosengeld ist eine Mindestbeitragszeit sinnvoll, in Höhe von beispielsweise drei Jahren. Erziehungszeiten gelten als Beitragszeiten. Bei geringeren Beitragszeiten vor Eintritt der Arbeitslosigkeit besteht kein Anspruch auf Leistungen der Arbeitslosenversicherung. Diese Versicherten – in der Regel handelt es sich dabei um jüngere Personen – sind auf private Vorsorge und Unterstützung, auf die Übernahme auch gering bezahlter Arbeiten und vorzugsweise auf Bildungsgänge zu verweisen, für die ein Grundeinkommensanspruch besteht (Ausbildungsgeld, s. u.).[11]

---

11 Ein Problem könnte sein, dass – zumindest theoretisch – junge Mütter vor der ersten Beitragszahlung bereits Kinder bekommen und aufgrund der Anrechnung der Kindererziehungszeiten als Beitragszeiten einen lebenslangen Anspruch auf Arbeitslosengeld erwerben. Das Risiko so genannter «welfare mothers», also von Frauen, für die die Erzie-

Die Idee einer «Grundeinkommensversicherung» 267

- Es gibt – ähnlich wie bislang in Dänemark[12] – keine zeitliche Begrenzung für den Bezug des Arbeitslosengeldes als Grundeinkommen. Der Anspruch auf das Arbeitslosengeld entfällt jedoch vollständig, wenn ein durch die Arbeitsverwaltung – die insoweit an die für die GEV zuständige Körperschaft mitteilungspflichtig ist – erfolgtes Arbeitsplatzangebot, dessen Nettoeinkommen höher ist als das jeweilige Grundeinkommen des Versicherten, unbegründet abgelehnt wird. Die Einführung eines gesetzlichen Mindestlohnes, wie er in vielen OECD-Staaten existiert (auch in den USA und Großbritannien; Burgess/Usher 2003), könnte dazu beitragen, das Zumutbarkeitsproblem zu entschärfen. Das Arbeitslosengeld in der GEV dient damit nicht primär der Lohnsubvention. Entgegen früherer Hoffnungen zeigten die seit Ende der 1990er durchgeführten Experimente mit «Kombilöhnen» mehr Mitnahme- als Beschäftigungseffekte (Kaltenborn 2003a). Die Übernahme von unterdurchschnittlich bezahlten Arbeitsplätzen mit Nettoeinkommen oberhalb des Grundeinkommens wird jedoch wesentlich erleichtert, da die Übernahme von Erwerbsverhältnissen, die die Mindestbeitragspflicht erfüllen, die künftigen Ansprüche auf Arbeitslosengeld usf. nur unwesentlich reduziert. Ob weitere arbeitsmarktpolitische Maßnahmen (wie ABM) sinnvoll sind, muss politisch entschieden werden. Ohnehin würden diese Maßnahmen nicht mehr aus der Bürgerversicherung GEV finanziert, sondern aus dem Staatshaushalt.
- Zur Verwaltungsvereinfachung, zur Stärkung der Motivation für Ersparnisbildung und zur Unterstützung allgemeiner Reziprozitätserwartungen erscheint eine Karenzzeit vor Inanspruchnahme des

---

hung von Kindern zum Existenzsicherungspfad wird, muss jedoch wohl eingegangen werden, wenn man die Kindererziehung als leistungsäquivalent gegenüber der Erwerbsarbeit anerkennt. Man kann das «Problem» durch eine restriktive und durch eine fördernde Maßnahme minimieren: Restriktiv könnte man sagen, dass Kindererziehungszeiten nur dann mit dem Wert des Durchschnittseinkommens anerkannt werden, wenn zuvor bereits (mindestens drei Jahre) originäre Beiträge geleistet wurden, ansonsten werden sie nur mit dem Mindestbeitrag angerechnet. Der fördernde Aspekt besteht darin, dass sich die «Bundesagentur für Arbeit» um Angebote für Eltern bemüht, während und nach der Erziehungszeit durch Fortbildungen, Studienförderung usf. Erwerbsanschluss zu finden.

12 Die Bezugsdauer für das Arbeitslosengeld wurde dort Ende der 1990er Jahre von sieben bis neun Jahren (in manchen Fällen unbegrenzt) auf vier Jahre reduziert.

Grundeinkommens aus der Arbeitslosenversicherung im Umfang zwischen einem und drei Monaten sinnvoll. Damit würde das System der Grundeinkommensversicherung nicht genutzt, um kurzfristige Arbeitsplatzwechsel abzufedern (allerdings wird dies bisweilen als arbeitsmarktpolitisch nützlich betrachtet).

Die Arbeitslosenversicherung innerhalb der GEV ist – ähnlich wie das Problem der Erwerbsunfähigkeit in der Rentenversicherung und das Krankengeld – auf der Leistungsseite notwendig mit dem Arbeitsmarkt verknüpft, auch wenn die Beitragsseite vom Arbeitsverhältnis entkoppelt wird. Die hier vorgeschlagene Regelung verknüpft Effektivitätskriterien – insbesondere zur Vermeidung von Missbrauch und zur Dynamisierung des Arbeitsmarkts – mit der Garantie sozialer Grundrechte und der Sicherung der Würde auch derjenigen, deren wesentliche wirtschaftliche Ressource im Verkauf ihrer Arbeitskraft besteht. Indem die Arbeitslosenversicherung in der GEV von allen Bürgern finanziert wird und die Arbeitgeber weitgehend den diesen Beitragseinnahmen entsprechenden Anteil aufbringen müssen, bleibt das Problem der Arbeitslosigkeit nicht mehr, wie bisher, nur ein Problem der Arbeitnehmer und verschwindet damit aus dem Fokus der gesellschaftlichen Eliten. Der Zugang zur Erwerbsarbeit als einem zentralen Bereich der Verteilung von Lebenschancen wird mit diesem Vorschlag als politisches, jedoch nicht individuell einklagbares Recht auf Arbeit verstanden. Er bildet eine der Voraussetzungen einer demokratischen Gesellschaft, die einen Ausschluss (Exklusion) von Bevölkerungsgruppen aus zentralen Funktionsbereichen nicht zulassen kann, ohne sich selbst zu gefährden.

Erziehungsgeld

Erziehungsleistungen gelten in der Grundeinkommensversicherung als gegenüber Beitragsleistungen aus Erwerbs- und sonstigen Einkommen gleichwertig. Diese Gleichwertigkeit kann sich jedoch nicht nur auf Leistungsansprüche im Alter – wie dies seit 1992 in Deutschland ansatzweise der Fall ist – oder bei Arbeitslosigkeit beschränken. Sinnvollerweise werden deshalb auch die Ansprüche auf ein Erziehungsgeld als Grundeinkommen für Erziehende in das System der GEV integriert. Die Regelungen des Arbeitslosengeldes werden dabei mit einigen Modifikationen auf das Erziehungsgeld übertragen:

Die Idee einer «Grundeinkommensversicherung» 269

- Das Erziehungsgeld wird beitragsäquivalent festgesetzt. Der Mindestbetrag entspricht dem Grundeinkommen (640 Euro p. M.), der Maximalbetrag bei entsprechenden Beitragszeiten dem Doppelten des Grundeinkommens. Ein Wechsel des Anspruchs zwischen Vater und Mutter sowie die Teilung des Anspruchs sind (wie seit 2000) während der Laufzeit auch mehrfach möglich. Der Anspruch auf Erziehungsgeld ist mit Freistellungs- und Rückkehrrechten auf den Arbeitsplatz zu verbinden.
- Der Anspruch auf das Erziehungsgeld besteht für drei Jahre. Ab dem vierten Lebensjahr des Kindes sollte entsprechend den Regelungen in anderen europäischen Ländern eine Vorschul- oder Kindergartenpflicht eingeführt werden, sodass die weitere Zahlung eines Erziehungsgeldes entbehrlich erscheint. Zusätzliches Einkommen, vor allem Erwerbseinkommen, wird nicht angerechnet (jedoch versteuert und mit GEV-Beitrag belegt), da bei der Aufnahme von Erwerbsarbeit vor Ende des 3. Lebensjahrs des Kindes das Erziehungsgeld zur Finanzierung von familienergänzender oder -externer Kinderbetreuung zur Verfügung stehen soll. Darin entspricht die hier vorgeschlagene Lösung eher dem Modell eines «Erziehungsgehalts» (Opielka 2000a) bzw. dem seitens der CDU/CSU im Bundestagswahlkampf 2002 geforderten «Familiengeld» (Opielka 2002) als dem bisherigen Erziehungsgeld (siehe auch Kapitel 3). Die Orientierung der Höhe des Erziehungsgeldes am vorherigen Einkommen – als eine Art Lohnersatzleistung – wiederum ähnelt den Regelungen in einigen skandinavischen Ländern, die in der SPD und in Gewerkschaftskreisen diskutiert werden. Ein additiver Bezug von Erziehungsgeld bei mehreren Kindern ist nicht möglich, jedoch der sukzessive Bezug.

Kindergeld

Das Kindergeld als von den Eltern treuhänderisch verwaltetes Grundeinkommen für Kinder gehört gleichfalls in die Grundeinkommensversicherung. Ein Grundeinkommen für Kinder (und Jugendliche) müsste sich etwa auf Höhe der Hälfte des Grundeinkommens für Erwachsene bewegen. In einer bedarfsbezogenen Betrachtung (z. B. in den gegenwärtigen Regelungen der Sozialhilfe) würde das Grundeinkommen für Kinder zudem altersabhängig steigen. Derartige Regelungen sind für ein allgemeines Kindergeld jedoch nicht ratsam und werden im bisherigen Recht auch nicht angelegt (so besteht trotz geringerer materieller Bedarfe des Kleinkindes selbst in den ersten Lebensjahren gewöhnlich ein höherer Grundausstattungsbedarf, sind die Elterneinkommen geringer als bei älteren Kindern usf.). Ein Kindergeld in Höhe des halben Grundeinkommens würde mit ca. 320 Euro pro Monat gut doppelt so hoch sein wie der gegenwärtige Anspruch (154 Euro p. M., für das 1. und 2. Kind, Stand 2004). Damit würde zwar der Grundbedarf eines Kindes auf dem Niveau des Existenzminimums abgedeckt. Eine solche Erhöhung wird von vielen Familienverbänden mit dem Verweis auf einen «Familienleistungsausgleich» auch gefordert. Dagegen spricht jedoch die Elternverantwortung, die insoweit in einer Spannung zu sozialen Grundrechten des Kindes steht.

Denkbar wäre, auch für das Kindergeld das Prinzip der Teilhabeäquivalenz anzulegen, also ein höheres Kindergeld bei entsprechenden Beitragsvorleistungen der Eltern auszuzahlen. Angesichts der langen Laufzeit des Kindergeldes erscheint ein von Beitragsleistungen der Eltern abhängiges Kindergeld jedoch problematisch. Zusammenfassend betrachtet wirkt das derzeitige Kindergeldniveau insoweit als ein geeigneter Kompromiss zwischen elterlicher und gesellschaftlicher Verantwortung, allerdings unter einer – heute durchaus strittigen – Voraussetzung: dass die Gesellschaft über die öffentlichen Haushalte (und damit aus Steuern finanziert) umfassende Dienstleistungsangebote zur Bildung von Kindern und Jugendlichen (Kindertageseinrichtungen / Vorschulen, Schulen, Hochschulen) und zur Unterstützung von Eltern in Notlagen (Erziehungsberatung, Elternbildung usf.) vorhält. Anstelle einer weiteren Ausweitung des Kindergeldes sollte deshalb auf die Sicherung und den Ausbau (v. a. Ganztageseinrichtungen) des kostenfreien und qualitativ hochwertigen Bildungsangebots geachtet werden. Aufgrund der Reform in Richtung einer Grundeinkommensversicherung werden die Haushalte der Gebietskörperschaften weit reichend entlastet, sodass die erforderlichen Mittel aufgebracht werden können.

Hinsichtlich des Kindergeldes in der GEV genügen vor diesem Hintergrund folgende Regelungen:

Die Idee einer «Grundeinkommensversicherung» 271

- Das Kindergeld beträgt 25 Prozent des Grundeinkommensbetrages für Erwachsene, also 160 Euro. Es wird ein Kindergeldzuschlag bis in Höhe von maximal 50 Prozent dieses Grundeinkommensbetrages (= 320 Euro) aus Mitteln der GEV bezahlt. Der Kindergeldzuschlag wird auf Antrag und nur dann gezahlt, wenn und solange das verfügbare Haushaltseinkommen geringer ist als das Grundeinkommen (addiert für erwachsene Haushaltsmitglieder und Kinder, die mit dem Faktor 50 Prozent gewichtet werden). Denkbar wäre, dass Einkommen der Eltern oberhalb des Grundeinkommens nur etwa zur Hälfte auf den Kindergeldzuschlag angerechnet wird. Der Nachteil einer solchen, zusätzliches Einkommen geringer belastenden Lösung ist allerdings, dass vor allem bei mehreren Kindern eine recht breite Zone der Anspruchsberechtigung für den Kindergeldzuschlag entsteht.
- Der Anspruch auf das Kindergeld wird auf das 18. Lebensjahr (bzw. 20. Lebensjahr bei Ausbildung) begrenzt, also auf den Beginn der Versicherungspflicht in der GEV.

Krankengeld

Auch das Krankengeld ist Bestandteil der Grundeinkommensversicherung. Es wird aus dem Leistungsbereich der Krankenversicherungen gelöst, dabei jedoch im Interesse von Transparenz und sozialem Ausgleich nicht in eine Privatversicherung übertragen. Folgende Regelungen sind sinnvoll:

- Für das Krankengeld gilt das Prinzip der Teilhabeäquivalenz und der Mindestbeitragszeit von drei Jahren. Berufsanfänger müssten eine private Tagegeldversicherung abschließen oder sich mit der Grundsicherung (s. u.) begnügen. Die Höhe entspricht den Leistungen der Arbeitslosenversicherung.
- Da die Arbeitgeber durch den Fortfall der Arbeitgeberanteile drastisch entlastet werden, ist eine Verlängerung der Lohnfortzahlung im Krankheitsfall auf drei Monate sinnvoll (derzeit sechs Wochen). Dies reduziert den Verwaltungsaufwand der Grundeinkommensversicherung und erhöht die Motivation der Arbeitgeber, die Arbeitsbedingungen gesundheitsgerecht zu gestalten. Im Gegenzug erscheint nach dem Vorbild u. a. der Regelung in Schweden die Einführung von drei bis fünf Karenztagen angemessen. Diese können mit Urlaubstagen verrechnet werden.

- Der Anspruch auf Krankengeld wird zeitlich nicht begrenzt, um eine Aussteuerung chronisch Kranker aus dem Arbeitsmarkt zu vermeiden. Erst bei festgestellter dauerhafter Erwerbsunfähigkeit entfällt der Anspruch auf Krankengeld und entsteht ein Rentenanspruch.

Ausbildungsgeld

Das bisherige BAFöG (einschließlich Meister-BAFöG) wird Bestandteil der Grundeinkommensversicherung. Ziel der Neuregelung als Ausbildungsgeld ist die Förderung des lebenslangen Lernens. Hierfür erscheinen folgende Regelungen förderlich:

- Die Höhe des Ausbildungsgeldes entspricht dem Grundeinkommen (640 Euro monatlich). Da für die Erstausbildung in der Regel keine Beitragsvorleistungen erbracht werden können, zugleich mit der Ausbildung die Erwerbschancen verbessert werden («Humankapitalinvestition»), erscheint die geltende Regelung, die Hälfte des BAFöG als Darlehen auszuzahlen, sozial ausgewogen. Die Rückzahlung erfolgt an die GEV. Eine niedrige Verzinsung ist angemessen, um einen Anreiz zu vorzeitiger Rückzahlung zu geben. Wie in den BAFöG-Regelungen sollte die Rückzahlungspflicht an eine angemessene Einkommenserzielung geknüpft werden, um für Studenten aus unteren Einkommensgruppen nicht abschreckend zu wirken.

- Zusätzliche Einkommen, auch Erwerbseinkommen, werden in voller Höhe auf den Teil des Ausbildungsgeldes angerechnet, der nicht rückzahlbar ist.

- Das Einkommen der Eltern wird nur bis zum Ende einer Erstausbildung angerechnet und auch nur für den nicht rückzahlbaren Anteil des Ausbildungsgeldes. Dabei sind die Einkommensgrenzen gegenüber den Regelungen des BAFöG deutlich höher anzusetzen.

- Die Dauer des Anspruchs auf ein Ausbildungsgeld wird für die Erstausbildung auf die Regelstudienzeit des gewählten Studiums bzw. die Zeit eines Meisterlehrganges begrenzt. Ob als «Erstausbildung» auch schon die vermehrt eingeführten Kurzstudiengänge (Bachelor) gelten, soll hier nicht bestimmt werden. Generell empfiehlt es sich, das Ausbildungsgeld so großzügig wie möglich zu implementieren, was angesichts der Teildarlehenskonstruktion auch nicht problematisch wäre.

- Nach Abschluss der Erstausbildung könnte für weitere Ausbildungszeiten das Ausbildungsgeld als niedrig verzinsliches Volldarlehen gewährt werden, um lebenslanges Lernen zu fördern (so noch Opielka 2004c). Ein solcher Vorschlag steht jedoch in gewisser Spannung zur im nächsten Abschnitt diskutierten «Grundsicherung», die als partielles Grundeinkommen auch Ausbildungszeiten in späteren Lebensphasen fördern sollte.

Grundsicherung

Für Versicherte, die entweder die Mindestbeitragszeiten für den Bezug der genannten Grundeinkommensansprüche nicht vorweisen können oder die trotz Erwerbsfähigkeit die von der Arbeitsverwaltung (Bundesagentur für Arbeit) angebotenen Angebote ablehnen, wird von der Grundeinkommensversicherung ein bedarfsbezogenes Grundeinkommen (Grundsicherung) gezahlt. Dabei erscheinen folgende Regelungen sinnvoll:

- Die Grundsicherung wird zur Hälfte als Darlehen gezahlt (zu diesem Vorschlag einer Art «BAFöG für alle» erstmals Opielka 2003a). Die Verzinsung richtet sich beispielsweise nach dem Leitzins der Bundesbank bzw. der EZB. Die Rückzahlungsverpflichtung erfolgt entsprechend den Regeln des Ausbildungsgeldes, sie wird also gestundet, solange kein ausreichendes Einkommen vorliegt. Die Rückzahlungsansprüche der GEV gehen auch im Fall eines Privatkonkurses nicht unter. Der Darlehensanteil entfällt bei Nicht-Erwerbsfähigen.
- Der Grundsicherungsbetrag entspricht dem Grundeinkommen (640 Euro monatlich). Er wird in einen Unterhaltsbetrag und in einen (pauschalierten) Wohnkostenanteil gesplittet. Die Wohnkosten sind nachzuweisen. Bei einer GEV wäre nach wie vor eine Wohngeldlösung erforderlich, da die Wohnkosten regional erheblich streuen und in vielen Fällen aus dem Grundeinkommen / der Grundsicherung nicht aufgebracht werden können. Die kommunale Verantwortung (entsprechend SGB II und XII ab 2005) erscheint zwar theoretisch sinnvoll, da die Kommunen auf dem Gebiet der Wohnungspolitik aktive und steuernde Funktionen einnehmen können. Möglicherweise wäre es jedoch auch aufgrund des gesunkenen kommunalen und sozial gebundenen Wohnungsbestandes sachgerechter, innerhalb der Grundeinkom-

mensversicherung – analog den Ergänzungsleistungen der Schweizer AHV – eine Wohnkostenzulage vorzusehen.

- Erwerbs- und sonstiges Einkommen sowie die Ansprüche gegen unterhaltsverpflichtete Personen werden vollständig auf den nicht rückzahlbaren Anteil der Grundsicherung angerechnet. Erwägenswert wäre – angesichts der Darlehensregelung – allerdings auch, auf die Anrechnung der Ansprüche unterhaltsverpflichteter Personen vollständig zu verzichten. Damit würde die Grundsicherung konsequent individualisiert. Der durch eigene Erwerbseinkommen reduzierte Darlehensanteil wirkt wie eine Freibetragsregelung und ermöglicht eine Mischung von Erwerbs- und Grundeinkommen.

- Anders als in den ersten Vorschlägen zu einer Grundeinkommensversicherung (Opielka 2004c) wäre jedoch aufgrund der hälftigen Darlehenszahlung – die die Leistungen der Grundsicherung ausreichend von den teilhabeäquivalenten Grundeinkommen unterscheidet – auf die Anrechnung von Vermögen möglichst vollständig zu verzichten. Sofern nämlich hinreichende Vermögen vorliegen, werden die Personen, die die Grundsicherung beanspruchen, ohnedies an einer Rückführung des Darlehensanteils interessiert sein. Eine solche Regelung wäre weit weniger restriktiv, als sie im Rahmen von «Hartz IV» für das «Arbeitslosengeld II» vorgesehen ist.[13]

- Der Anteil der Rentner, die die für einen Anspruch auf eine Grundrente erforderlichen Beitragszeiten nicht nachweisen können, wird – dafür sprechen auch die Schweizer Erfahrungen der AHV – sehr gering sein. Zudem besteht die Möglichkeit der Beitragsnachentrichtung. Die Grundsicherung ersetzt damit die zum 1. 1. 2003 eingeführte «Grundsicherung im Alter und bei Erwerbsminderung» bzw. führt die entsprechenden Leistungen fort. Auf den Darlehensanteil ist bei Rentnern deshalb zu verzichten.

Die Grundsicherung stellt insoweit ein *bedarfsbezogenes partielles Grundeinkommen* dar. Anders als in der gegenwärtigen Sozialhilfe und dem seit

---

13 200 Euro anrechnungsfreies Vermögen pro Lebensjahr, je nach Alter 4100 bis 13 000 Euro; zusätzlich geldwerte Altersvorsorgeansprüche bis zu 13 000 Euro; so genannte Riester-Renten sollen nicht aufgelöst werden, vgl. SGB II § 12.

dem 1.1.2005 existierenden «Arbeitslosengeld II» setzt der Anspruch auf die Grundsicherung *keine* Verpflichtung zur Aufnahme von Erwerbsarbeit voraus. Ob in Abgrenzung zu den teilhabeäquivalenten Versicherungsleistungen die Einkommen unterhaltsverpflichteter Personen angerechnet werden sollten, ist offen. Die liberale Gewährleistung wird durch die hälftige Darlehensgewährung ergänzt. Es wäre sinnvoll, dass bei der Übernahme gemeinnütziger Tätigkeiten, beispielsweise von freiwilligem Engagement in Form eines «Bürgerjahrs», oder der von Ulrich Beck (1999) in die Diskussion gebrachten «Bürgerarbeit» der Darlehensanteil der Grundsicherung reduziert wird oder ganz entfällt. Mittelfristig könnte der Darlehensanteil generell entfallen, wenn die Bevölkerung die Grundeinkommensregelungen angenommen hat und der Arbeitsmarkt sich als wieder funktionstüchtig erweist. Die Grundsicherung würde damit zu einem Grundeinkommen.

Gegen diesen Vorschlag kann der Einwand vorgebracht werden, dass die bisherige Sozialhilfe für außergewöhnliche Notfälle beibehalten werden sollte, insbesondere dort, wo die pauschalierten Beträge nicht ausreichen. Zur Lösung sind verschiedene Varianten denkbar: entweder eine Ausnahmeklausel innerhalb der GEV, die den Trägern entsprechende Ermessensspielräume für besondere Lebenslagen ermöglicht bzw. hier Fonds einrichtet (wie die österreichische Sozialversicherung bei extrem aufwendigen Maßnahmen), oder ergänzende Leistungen auf kommunaler Ebene (da die GEV eine nationale Lösung bildet). Ein manchen kommunitaristischen Intentionen entsprechender Verweis auf freie Wohlfahrtseinrichtungen ist unrealistisch. Die Darlehenslösung gilt ohnedies nur für erwerbsfähige Personen. Klärungsbedürftig wären die Fälle, in denen solche Personen später – durch Krankheit o. Ä. – die Erwerbsfähigkeit verlieren: Entfällt dann auch die Rückzahlungspflicht der Darlehensschuld? Man kann die Beantwortung derartiger Fragen dem Gesetzgeber auftragen, den Verwaltungsgerichten oder auch der Selbstverwaltung der GEV.

Der Vorschlag des bedarfsbezogenen partiellen Grundeinkommens innerhalb der GEV stellt insoweit einen Mittelweg dar zwischen der nicht nur auf liberale und konservative Vertreter beschränkten Position, eine Grundsicherung so eng wie möglich an die Bereitschaft zur Aufnahme von Erwerbsarbeit zu knüpfen, und auf der anderen Seite der Forderung nach einem «garantierten Grundeinkommen», beispielsweise in Form einer «negativen Einkommenssteuer». Entgegen den Hoffnungen der Befürworter von «Aktivierung» und «workfare» dürften Formen eines Grundeinkommens und damit einer Rekombination von Erwerbsarbeit und Transferbezug im Lebenslauf künftig unerlässlich sein (Vobruba 2000). Die Wirkung der hier diskutierten Vorschläge geht jedoch über die Existenzsicherung und damit die ökonomischen Aspekte hinaus. Vielmehr erscheint die These von Carole Pateman (2004) berechtigt, dass ein Grundeinkommen den Bürgerstatus «demokratisieren» würde.

Entlastung des Faktors Arbeit und Entlastung der öffentlichen Haushalte

Die Einführung der hier vorgeschlagenen Grundeinkommensversicherung würde den Faktor Arbeit vollständig[14] von Sozialversicherungsabgaben, d. h. den so genannten Lohnnebenkosten, entlasten (sofern auch die Kranken- und Pflegeversicherung wie vorgeschlagen umstrukturiert würden). Die Beschäftigten müssen die Vorsorgekosten nun vollständig selbst übernehmen. Die zu erwartende Beitragsbelastung ist dabei deutlich geringer als im bisherigen System. Addiert man – einschließlich Arbeitgeberanteil – die Rentenversicherungsbeiträge (2004: 19,5%), die Beiträge zur Arbeitslosenversicherung (6,5%, davon ca. 50% für das Arbeitslosengeld, d. h. ca. 3,3%), den Anteil des Krankengeldes am Beitrag zur gesetzlichen Krankenversicherung (ca. 5% von durchschnittlich 14,3%, d. h. ca. 0,7%), so müssen Beschäftigte allein für diese von der Grundeinkommensversicherung abgedeckten Leistungen einen Beitrag von ca. 23,5 Prozent aufwenden. Der Beitrag zur Grundeinkommensversicherung in Höhe von 17,5 Prozent stellt damit für Arbeitnehmer eine wirksame Entlastung dar, da der bisherige Arbeitgeberanteil zum Zeitpunkt der Umstellung auf das neue System (mit Ausnahme des Anteils für die Arbeitslosenversicherung) vollständig an die Arbeitnehmer ausgezahlt werden muss.

---

14 Vollständig wäre die Entlastung dann, wenn der Arbeitgeberanteil zur Arbeitslosenversicherung nicht durch eine Lohnsummensteuer, sondern durch eine Bruttowertschöpfungssteuer aufgebracht würde.

Die Idee einer «Grundeinkommensversicherung» 277

Hinzu kommt jedoch ein erheblicher Anteil von steuerfinanzierten Leistungen, die künftig im Rahmen der GEV beitragsfinanziert werden: der Bundeszuschuss zur gesetzlichen Rentenversicherung (2003: 77,3 Mrd. Euro[15]), die Ausgaben für die Arbeitslosenhilfe (2003: 12,3 Mrd. Euro[16]), das Erziehungsgeld (2003: 3,3 Mrd. Euro[17]), das Kindergeld (2003: ca. 33 Mrd. Euro[18]), die Sozialhilfe (Hilfe zum Lebensunterhalt, 2002: 8,8 Mrd. Euro[19]), das BAFöG (2003: ca. 1,3 Mrd. Euro[20]) sowie der Bereich der Beamtenpensionen bis zur Maximalrente (2003: geschätzt etwa 17 Mrd. Euro[21]), insgesamt ein Betrag in Höhe von etwa 153 Mrd. Euro jährlich. Wenn man bedenkt, dass sich die Einkommenssteuereinnahmen des Bundes (im Jahr 2002) auf 148,2 Mrd. Euro beliefen,[22] und unter der Annahme, dass seitens des Bundeshaushaltes kein Bundeszuschuss an die GEV gezahlt wird, könnte die Einkommensteuer komplett gestrichen werden.[23] Auch wenn eine so weit gehende Steuersenkung unrealistisch erscheint, zumal die Einkommensteuer aufgrund ihrer progressiven Wirkung das Prinzip der Leistungsfähigkeit innerhalb des

---

15 Bundesfinanzministerium, Monatsbericht, 5, 2003, S. 36.
16 Bundeshaushaltsplan 2003, 09 12, 681 01.
17 BMF (Fn. 15).
18 Statistisches Bundesamt, Sozialbudget (7. 10. 2003). Die Ausgaben betrugen für das Kindergeld («Indirekte Leistungen, Familienlastenausgleich») in 2001 31,9 Mrd. Euro, für 2005 sind 35,4 Mrd. Euro geschätzt (Materialband, siehe Fn. 21), sodass für 2003 etwa 33 Mrd. Euro angenommen werden können.
19 Angaben des Statistischen Bundesamtes, Pressemitteilung v. 25. 9. 2003. Die Ausgaben fallen bei den kommunalen Haushalten an.
20 Angaben des Bundesministeriums für Bildung und Forschung, Pressemitteilung v. 2. 7. 2003, sowie die Broschüre «An unseren Hochschulen bewegt sich was» (2002). 2/3 des Betrags wird seit 2001 von der Deutschen Ausgleichsbank als Darlehen vergeben.
21 Sozialbudget 2001, Materialband, Tab. 1–4. Die Ausgaben für die Pensionen der Beamten in Bund, Länder und Kommunen beliefen sich im Jahr 2001 auf 34,6 Mrd. Euro, für 2005 werden 39,9 Mrd. Euro veranschlagt. Sofern die damit verbundenen Leistungsansprüche in der Überleitungsphase zur GEV nicht gekürzt werden sollen, kann man vorsichtig annehmen, dass der von der GEV abgedeckte Anteil etwa 17 Mrd. Euro betragen würde, also etwas weniger als die Hälfte der Gesamtausgaben.
22 Angaben Bundesfinanzministerium.
23 Ein Teil der aus Steuermitteln finanzierten Transferleistungen wird bei den kommunalen und Länderhaushalten verausgabt, was im Rahmen des Finanzausgleichs korrigiert werden müsste.

Steuerrechts besonders berücksichtigt, so wird doch deutlich, dass die Einführung der Grundeinkommensversicherung mit einer wirksamen Senkung der Einkommenssteuer und weiterer Steuern einhergehen kann. In jedem Fall ergeben sich erhebliche Verteilungsspielräume, sodass – aus pragmatischen Gründen – auch ein Zuschuss aus Steuermitteln an die GEV denkbar ist. Anders als bei den in der Öffentlichkeit diskutierten Steuerreformplänen («Einfachsteuer», «Merz-Modell» usf.) führt ein solches Steuersenkungsprogramm jedoch nicht zu einem Verzicht auf eine Beteiligung der Leistungsfähigen an der sozialen Sicherung der Bevölkerung. Die Bezieher höherer Einkommen, auf die ein Spitzensteuersatz von 42 Prozent (2005) erhoben wird, noch zusätzlich um den GEV-Beitrag von 17,5 Prozent (sowie einen Beitrag zur Bürger-Krankenversicherung AKV) zu belasten, wäre kaum durchsetzbar, nicht leistungsgerecht und auch nicht nötig. Wenn aber der GEV-Beitrag – mit den damit verbundenen Sicherungsansprüchen – mit einem reduzierten Spitzensteuersatz (und reduzierten Absetzmöglichkeiten) verknüpft wird, dann bleibt die Gesamtbelastung auch für Gutverdiener zumutbar und leistungsgerecht.

Wie kommt diese doch erhebliche Entlastung der privaten Haushalte um voraussichtlich mehr als ein Drittel der Steuer- und Sozialabgaben zustande? Im Kern durch eine sachgerechtere Zuordnung von sozialen Leistungen sowie durch eine erhebliche und dennoch sozial verträgliche Senkung des Ausgabenniveaus der sozialen Sicherungssysteme. Auch hier ist die Schweiz bemerkenswert: Die Beiträge zur AHV werden auf sämtliche Erwerbseinkommen (auch Selbständigeneinkommen) und pauschal auf Vermögenswerte erhoben. Sie sind – anders als Steuern – nicht mit Werbungskosten und sonstigen Verlusten verrechenbar. Hohe Beiträge führen aufgrund des Korridormodells nur zu einer limitierten Teilhabeäquivalenz. Auch Einkommensstarke können sich insoweit dem Solidarausgleich für die älteren Bürger nicht entziehen. Die Umverteilungsgewinner sind Einkommensschwache und – generell – Frauen, die überwiegend über geringere Primäreinkommen verfügen. Die Grundeinkommensversicherung weitet das Schweizer AHV-Modell auf sämtliche monetären Transferleistungen aus.

Die Verwaltung der Grundeinkommensversicherung

Die Schweizer AHV wird durch eine Vielzahl von regionalen und überregionalen Körperschaften administriert, die durch eine zentrale Einheit koordiniert werden. Vergleichbare, wenn auch bescheidenere, weil nicht die gesamte Bevölkerung abdeckende Erfahrungen hat der Verband Deutscher Rentenversicherungsträger (VDR) aufzuweisen, der zudem mit der Zusammenlegung von Angestellten- und Arbeiterrentenversicherungen (BfA, LVAen) einen wichtigen verwaltungstechnischen Schritt für eine Grundeinkommensversicherung begonnen hat. Rechtsangleichungen sowie die aufgrund der modernen Datentechnik erleichterte Kommunikation erlauben eine einheitliche Verwaltung auch durch verschiedene Verwaltungseinheiten.

Politisch beachtlich ist, dass mit dem Abschied vom lohnbezogenen «Bismarck'schen» System die Begründung der bisherigen paritätischen Selbstverwaltung durch Vertreter von Arbeitgebern, Arbeitnehmern und – zum Teil – dem Bund entfällt. Das muss nicht mit einer staatsunmittelbaren Verwaltung der Grundeinkommensversicherung einhergehen. Im Gegenteil bietet ihre Konstruktion als Bürger- bzw. Volksversicherung zukunftsweisende Formen der Selbstverwaltung durch die Versicherten. Als Körperschaft des öffentlichen Rechts wären ihre Selbstverwaltungsorgane durch regelmäßige Sozialwahlen zu bestimmen, die nicht mehr wie in den traditionellen deutschen Sozialversicherungen auf Arbeitgeber- und Arbeitnehmerperspektiven beschränkt bleiben. Da praktisch alle Bürger versichert sind, die Interessen der Bürger als Versicherte der Grundeinkommensversicherung jedoch nur zum Teil identisch sind mit den allgemeinen Parteipräferenzen, kann sich die Selbstverwaltung der GEV als ein eigenständiger sozialpolitischer Machtfaktor entwickeln. Man kann erwarten, dass neben den Gewerkschaften und parteiorientierten Gruppen auch ein breites Spektrum bürgerschaftlicher Organisationen die Arbeit der Selbstverwaltung politisch belebt. Die parlamentarische wie ministerielle Aufsicht und insbesondere der gesetzliche Regelungsbedarf wird zugunsten von Entscheidungen der Selbstverwaltung erheblich reduziert werden können. Darüber hinaus wird die Grundeinkommensversicherung – ähnlich wie bisher schon die Sozialversicherungen – geeigneten wissenschaftlichen Sachverstand akkumulieren und zu einer kontinuierlichen Sozialberichterstattung beitragen.

Sozialpolitische Reformen

Mit Ausnahme der (weitgehend pauschalierten) Grundsicherung sind in einer Grundeinkommensversicherung alle Leistungen nach unten *und* oben gedeckelt: Die existenzsichernde Mindestleistung liegt auf der Höhe des Grundeinkommensniveaus (Grundsicherung), die Höchstleistung beträgt 200 Prozent davon. Letztere erhält man, wenn man etwa das Fünffache dessen an Beiträgen bezahlt hat, die für die Grundsicherung genügen. In der GEV werden also die geringen Beitragsleistungen angehoben, die hohen abgesenkt. Damit entsteht ein Korridor begrenzter Äquivalenz von Beitrag und Leistung. Diesen Volks- oder Bürgerversicherungs-Sozialismus schätzen die Schweizer Bürger seit mehreren Jahrzehnten an ihrer Rentenversicherung AHV (Carigiet 2001). Deren Grundstruktur wurde in mittlerweile elf Volksabstimmungen bestätigt – natürlich auch, weil der Sozialismus nicht zu weit geht und sich beispielsweise in der Schweizer Rentenversicherung auf einen Beitrag von 10,1 Prozent beschränkt, deutlich weniger als die 19,5 Prozent (2004) der gesetzlichen Rentenversicherung (GRV) in Deutschland.

Am Ende zahlen alle Bürger einen Beitrag von etwa 25 Prozent für den Sozialstaat, für alle großen Risiken und für den sozialen Ausgleich – 7,5 Prozent für die Allgemeine Krankenversicherung (einschließlich Pflegerisiko) plus 17,5 Prozent für die Grundeinkommensversicherung. Sinnvollerweise wird die Einkommenssteuer in gewissem Umfang bleiben. Aber ihre Sätze könnten sehr viel geringer sein. Eine Maximalsteuer von 15 bis 25 Prozent wäre denkbar. Zusammen mit den Bürgerversicherungen für Krankheit und Einkommen hätte niemand mehr als 40 Prozent (oder 50 Prozent) Belastungen auf sein Einkommen, was genügenden Spielraum lässt für private Vorsorge. Ob diese durch den Staatshaushalt gefördert (wie die «Riester-Rente» in Deutschland) oder gar obligatorisch werden soll (wie die betriebliche Altersrente in der Schweiz oder in den Niederlanden), kann offen bleiben. Liberale Stimmen würden dem Bürger diese Entscheidung nicht abnehmen, ein Paternalismus wiederum befürchtet, dass der Bürger dann für sein Alter nicht vorsorgt. Wenn die Bürgerversicherung auskömmlich ist, jedem Bürger den Zugang zu den sozial notwendigen Gesundheits- und Pflegeleistungen sowie ein Grundeinkommen garantiert, das sich bei entsprechender Beitragsleistung bis zum Doppelten erhöht, dann können bescheidene Bürger, die in funktionierenden Familienverbänden leben oder anderweitig auf Freunde und Dritte vertrauen können, auch ohne zusätzliche monetäre Vorsorge auskommen. Das sollte man ihnen nicht verwehren.

Entscheiden über eine Bürgerversicherung sollten am Ende aber die Bürger, wie in der Schweiz: Die Einführung von *Plebisziten* auf Bundesebene wäre für diese Reform sachgerecht. Eine Bürgerversicherung, die von den Bürgern per Volksabstimmung selbst auf den Weg gebracht wurde, wird ihren Namen verdienen. Die Grundeinkommensversicherung ist zudem ein Sozialmodell, das mit der erweiterten Europäischen Union harmonisiert (Schulte 2004). Wer sich als Zuwanderer in die Gesellschaft integriert und seinen Beitrag leistet, dem stehen auch die sozialen Teilhaberechte aller Bürger zu.

8.3 Grundeinkommen und Wohlfahrtsregime

Das Modell einer Grundeinkommensversicherung knüpft begrifflich an die Idee eines «garantierten Grundeinkommens» an. Der systematische Zusammenhang soll in diesen abschließenden Überlegungen hergestellt werden. Die Idee des Grundeinkommens ist nicht neu; so unterschiedliche Persönlichkeiten wie Erich Fromm, Rudolf Steiner, Claus Offe oder André Gorz, aber auch umstrittene Ökonomen wie Milton Friedman haben sich für sie verwendet (Opielka/Vobruba 1986; Veen/Groot 2000).[24]

Grundsätzlich lassen sich zwei technische Varianten eines Grundeinkommens denken. Die eine Variante garantiert zwar jedem Bürger das Grundeinkommen, geht aber davon aus, dass es nur dann («ex post») ausgezahlt wird, wenn die «primären» Einkommen (Erwerbs- und Vermögenseinkommen sowie Unterhaltsansprüche) nicht existenzsichernd sind. Die andere Variante zahlt jedem Bürger vor allen sonstigen Einkommen («ex ante») ein Grundeinkommen. In der nun schon mehr als 50 Jahre währenden Debatte wird die erste Variante als «negative Ein-

---

24 Umfassende Hinweise bietet die Homepage des «Basic Income European Network (BIEN): www.basicincome.org, sowie: www.grundeinkommen.de für Deutschland und www.grundeinkommen.at für Österreich.

kommenssteuer» (in Deutschland als «Bürgergeld» bekannt), die zweite Variante als «Sozialdividende» bezeichnet.

Die klassische Organisationsform eines Grundeinkommens ist die negative Einkommenssteuer, sie «erweitert den Einkommen- (und Lohn)steuertarif um einen Negativbereich, in dem nach Maßgabe des erzielten eigenen Einkommens ein Grundsicherungsbetrag von der Finanzbehörde monatlich ausgezahlt wird. Wer über eigenes Einkommen nur unterhalb einer zu bestimmenden Grenze (Unterstützungsgrenze, kritisches Einkommen) verfügt, erhält eine Transferzahlung, wer mehr verdient, zahlt Einkommensteuer (Lohnsteuer) nach dem festgelegten Tarif. Die Unterstützungsgrenze markiert deshalb auch den Einkommensbetrag, bis zu dem keine Steuer geschuldet wird (‹break even level of income›, etwas Ähnliches wie ein Grundfreibetrag)» (Mitschke 2000, S. 53). Die negative Einkommenssteuer wurde umfänglich akademisch diskutiert und in den USA zwischen 1968 und 1980 in mehreren Feldexperimenten evaluiert (Levine u. a. 2004; Widerquist 2004). Sie zeigten, dass sich die Erwerbsneigung der Anspruchsberechtigten praktisch nicht verringerte.

Politisch wird die negative Einkommenssteuer meist im liberalen Feld vertreten (z. B. FDP 2004). Einen aktuellen Vorschlag legte Joachim Mitschke (2003) vor. In seinem stark vereinfachten, integrierten Einkommenssteuertarif sinkt die Grenzsteuerbelastung für «positive» Steuerzahler auf maximal 30 Prozent. Sein Modell will dreierlei: Bekämpfung der strukturellen Arbeitslosigkeit im Niedriglohnsektor, generelle Vorbeugung gegen Einkommensarmut und Verschlankung des Umverteilungsapparats (ebd., S. 115ff.). Das Bürgergeld soll alle steuerfinanzierten Sozialleistungen einschließen. Die beitragsfinanzierten Leistungen bestehen fort (was allerdings die Gesamtbelastung der mittleren Einkommen erheblich macht). Zusätzliche Erwerbs- und Vermögenseinkünfte kürzen die gestaffelten Bürgergeldbeträge nur zu 50 Prozent. Es erleichtert Arbeitszeitverkürzungen ohne Lohnausgleich, da der Nettoeinkommensverlust halbiert wird. Da es nicht am Arbeitslohn anknüpft, ist es insoweit keine Lohnsubvention. Zudem wird der Anreiz zu Schwarzarbeit verringert: «Man sollte Arbeitnehmern die gleiche Kalkulationsratio wie Arbeitgebern zugestehen» (ebd., S. 129). Mitschkes ordnungspolitische Idee lautet: «Verzicht auf Redistribution durch Objektförderung. Oder allgemeiner: Trennung des Systems der Umverteilung vom System der Märkte» (ebd., S. 134). Faktisch soll die negative Einkommenssteuer einen Niedriglohnsektor subventionieren (Mitschke 2000).

Die zweite Grundeinkommensvariante möchte jedem Bürger eine «Sozialdividende» als Anteil des gesellschaftlichen Wohlstands zahlen. Sie ist ein Grundeinkommen im eigentlichen Sinn: ein individueller Rechtsanspruch und unabhängig von sonstigem Einkommen. Jedes zusätzliche Einkommen muss dann versteuert und mit Sozialbeiträgen belastet werden. Wenn das Grundeinkommensniveau auf dem EU-Armutsniveau angesetzt wird, also bei 50 oder 60 Prozent des nationalen Pro-Kopf-Einkommens, ist der Umverteilungsbedarf erheblich. Alle Einkommensbezieher unterhalb des Durchschnittseinkommens verfügten bei dieser Lösung über einen Mix aus Grundeinkommen mit Einkommen aus Erwerbsarbeit und Vermögen. Technisch wirkt dieses Modell wie die negative Einkommenssteuer, erfordert also eine sehr hohe steuerliche Belastung der «Primär»-Einkommen. Die Staatsquote würde dadurch nicht sinken, der Arbeitsmarkt könnte jedoch vollständig dereguliert werden. Denn jedem Bürger wäre nicht nur stets und antragsfrei das existenzsichernde Grundeinkommen garantiert, sondern auch die Gewissheit, dass sich jedes auch noch so geringfügige Einkommen lohnt. Diese zweite Variante ist damit ein echtes, weil bedingungsloses Grundeinkommen, das im Bereich des Existenzminimums Arbeit und Einkommen vollständig entkoppelt.

Die Modelle der Grundeinkommenssicherung können analytisch nach den bekannten Typen des «Wohlfahrtsregimes» unterschieden werden: dem liberalen Regime mit Fokus auf das Steuerungssystem «Markt», dem sozialdemokratischen bzw. sozialistischen Regime, das auf staatliche Steuerung setzt, dem konservativen Regime, das gemeinschaftliche Steuerung bevorzugt, und schließlich dem garantistischen Regime, das auf soziale Grundrechte (als legitimierende Werte) abhebt. Dabei entsprechen die Grundeinkommensvarianten idealtypisch je einer Kombination von Regimetypen. In Abbildung 50 wird der Zusammenhang dargestellt.

Am wenigsten anspruchsvoll sind die Varianten einer «Grundsicherung» innerhalb der klassischen, lohnarbeitszentrierten Sozialversiche-

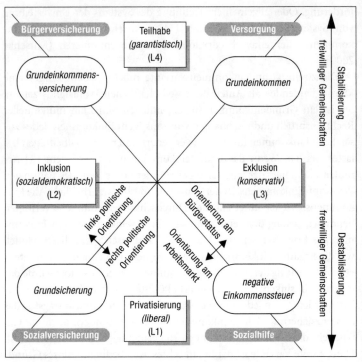

Abbildung 50: Grundeinkommenssicherung und Wohlfahrtsregime

rungssysteme. Zu ihnen zählen das «Arbeitslosengeld II» und das Modell des «Kombilohns». Dazu gehören auch die (mit einer Mindestlohngesetzgebung kombinierten) Zuschüsse an Erwerbstätige in den USA – Earned Income Tax Credit (EITC) – und für Erwerbstätige mit Kindern in Großbritannien – Working Families' Tax Credit (WFTC). Formal entsprechen sie einer negativen Einkommenssteuer und werden auch über die Finanzbehörden ausgezahlt. Da aber der Anspruch nur bei Erwerbstätigkeit besteht, ähneln sie dem deutschen «Arbeitslosengeld II». Sie lassen sich als Kombination des sozialdemokratischen mit einem liberalen (zu einem «sozialliberalen») Regime deuten und sind am stärksten von allen Grundeinkommensmodellen am Arbeitsmarkt orientiert.

Die negative Einkommenssteuer steht zwischen dem liberalen und dem konservativen Wohlfahrtsregime-Typ, was der historische Rückblick auf diese Idee bestätigt, die bis in die 1960er Jahre vor allem bei den englischen Konservativen beheimatet war.

Die Idee der Grundeinkommensversicherung könnte man als einen Versuch bezeichnen, das sozialdemokratisch-sozialistische Gesellschaftsdenken mit einem «garantistischen», im engeren Sinn «grünen» Regimeprinzip zu verbinden.

Ein Grundeinkommen als Sozialdividende schließlich mischt Garantismus und Konservativismus, weil ein unbedingtes Grundeinkommen stets eine Bedingung haben wird, nämlich den Bürgerstatus, also die Zugehörigkeit zu der Gemeinschaft der jeweiligen Volkswirtschaftsangehörigen. Dies macht besonders gut eine eigentümliche Variante des Grundeinkommens deutlich, die von Bruce Ackermann und Anne Alstott (1999) als «Stakeholder Society» propagiert wird: Jeder junge Bürger soll allein aufgrund seiner Bürgereigenschaft 80 000 Dollar erhalten («citizen's stake»), sonst jedoch keine Transfers mehr bis zu einer Grundrente im Alter. Das besondere Problem liegt hier im ausgesprochen statischen Charakter dieses Modells (Parijs 2005): Aufgrund der hohen einmaligen Ausschüttung würde der Sozialstaat seine Bürger jahrzehntelang auf diese verweisen.

Wie bei allen großen Reformentwürfen liegt die Frage nahe, ob es praktikable Zwischenschritte gibt, die auf das Ziel eines Grundeinkommens hinführen. Dabei gibt es eine Reihe von wichtigen technischen Fragen, die man für die vier hier vorgestellten Typen vergleichend beleuchten müsste und die im Detail erhebliche Auswirkungen vor allem auf das Grundeinkommensniveau haben: ob und wie im Grundeinkommen die Kranken-, Pflege- und Rentenversicherung ausgewiesen werden soll, ob man bei einem allen Bürgern gezahlten Grundeinkommen nicht sinnvollerweise die Wohnkosten unberücksichtigt lässt (und sie separat bezuschusst oder übernimmt), um nicht die Wohnungseigentümer unnötig zu subventionieren, oder schließlich die Frage, ob ein allgemeines Grundeinkommen nicht vollständig neutral sein sollte gegenüber der Haushaltsform. Denn warum sollte die Gesellschaft das Alleinleben prämieren oder den wirtschaftlichen Vorteil von Mehrpersonenhaushalten abschöpfen? Schon aus diesen drei Fragen ergibt sich, dass die Niveaufrage eines Grundeinkommens recht komplex ist.

286 Sozialpolitische Reformen

Unterstellt man eine möglichst neutrale sozialpolitische Gesamtlösung – die Herausnahme der Wohnkosten und die Haushaltsunabhängigkeit –, dann kommen zwei Einstiegsvarianten für ein Grundeinkommen infrage:

In der ersten Variante wird das Grundeinkommen jedem «dem Grunde nach» gezahlt, praktisch aber nur auf Antrag, den jeder ohne aktuellen Einkommensnachweis stellen kann. Am Ende einer Berechnungsperiode, dem Quartal oder dem Kalenderjahr, muss man, wenn das tatsächliche Gesamteinkommen über dem Grundeinkommen liegt, den «unberechtigt» erhaltenen Grundeinkommensbetrag mit banküblichen Dispo-Zinsen zurückzahlen. Das würde es für die überwiegende Mehrheit unattraktiv machen, das Grundeinkommen abzurufen. Die staatliche Grundeinkommenskasse würde für Gutverdiener zwar zu einer Art Hausbank werden, die Zinseinnahmen wären aber erklecklich. Das mag gewohnheitsbedürftig sein – die soziale Sicherungsfunktion des Grundeinkommens wird damit aber gut sichtbar. Man könnte diese Variante als «Grundeinkommenskredit» bezeichnen.[25]

Die zweite Variante wäre eine Grundeinkommensversicherung, wie sie hier vorgeschlagen wurde.

---

25 Eine Ähnlichkeit mit dem Begriff «Social Credit» des kanadischen Monetaristen Clifford Hugh Douglas (1879–1952) ist nicht beabsichtigt. Zum Zusammenhang von Grundeinkommens- und Geldtheorien siehe Huber 1998.

9 SOZIALPOLITISCHE KULTUR

Ob man Armut und Arbeitslosigkeit als naturgegeben oder die soziale Teilhabe aller Bürger als politisches Ziel verfolgt, hat viel mit Wertorientierungen zu tun. Die Wertebasierung der Sozialpolitik wurde von der Forschung lange Zeit vernachlässigt. Man konzentrierte sich in der Sozialpolitiktheorie vorrangig auf politisch-ökonomische und institutionelle Problembeschreibungen. Erst seit den 1990er Jahren – sicherlich mit bedingt durch das Ende der vorherrschenden Kapitalismus-Sozialismus-Kontroverse – erfahren Werte als eigenständiger Kulturfaktor der Sozialpolitik die erforderliche Beachtung (Rieger/Leibfried 2004). Scheinbar technische Fragen nach den Bedürftigkeitskriterien und dem Niveau der Sozialleistungen wurden seitdem als komplexe politisch-kulturelle Zusammenhänge entschlüsselt (Oorschot 2000). Zunehmend wird die «Moralökonomie» des Wohlfahrtsstaats zum Gegenstand vergleichender Untersuchungen (Mau 2003) und wird die Bedeutung der Sozialpolitik für die Entwicklung des «Sozialkapitals» (Rothstein 2001) gewürdigt.

Die Typologie der Wohlfahrtsregime ist ein Ausdruck dieses «cultural turn» in der Sozialpolitikforschung. Er fand in praktisch allen sozialwissenschaftlichen Disziplinen statt (Reckwitz 2000; Alexander/Smith 2002). Im Zentrum der Regimetypen stehen komplexe gesellschaftliche Ordnungsvorstellungen (Esping-Andersen 1990, S. 21ff.). Ihnen entsprechen institutionelle Muster und Interessenkonfigurationen. Die institutionellen Muster – beispielsweise das Verhältnis von privater und öffentlicher Altersvorsorge – beziehen den Sinngehalt aus der jeweiligen Wertematrix. Die Interessen sind ambivalent – so sind Arbeiter teils sozialistisch, teils konservativ orientiert – und oft schwer zu entschlüsseln, weil sich die wahren Absichten wirksam verbergen können – man redet beispielsweise allgemein von Marktfreiheit, meint aber nur die je eigene.

Dass die Theorie der Wohlfahrtsregime von manchen ihrer Vertreter dennoch nicht als Kulturanalyse verstanden wird (dazu Arts/Gelissen 2002), hat mit dem Status von Kultur in den Sozialwissenschaften zu tun. Für manche ist Kultur vor allem ein ästhetisches Projekt (Baecker 2003), das der Sozialpolitik allenfalls die subjektive, lebensweltliche Perspektive der Menschen näher bringt (Chamberlayne u. a. 1999). Demgegenüber wird in der makrosoziologischen Tradition vor allem von Talcott Parsons die relative Autonomie einer kulturellen Sphäre der Gesellschaft betont (Münch 1986; Münch/Smelser 1992; Archer 1996; Eisenstadt 2000; Pfau-Effinger 2000). Unklar ist in der sozialwissenschaftlichen Diskussion durchgängig das Verhältnis von Werten und Kultur im Allgemeinen, im Besonderen zwischen Kultur und Religion.

Ein Verständnis der die moderne Gesellschaftsgeschichte prägenden Bedeutung der wohlfahrtsstaatlichen Programmatik erfordert einen Zugang zur Tiefensoziologie. Hier bietet sich etwa die Religionssoziologie an, die sich schon immer mit der Wertebasis der modernen Gesellschaften beschäftigte. In einer vergleichenden Perspektive muss eine Definition von Religion alle auf «Letztwerte» zielenden Weltanschauungen umfassen. Dadurch geraten sowohl materialistische Deutungssysteme (z. B. der Marxismus) in den Blick als auch humanistische «Religionen», die im Menschen den letzten Wertbezug erkennen, schließlich auch die gerade im globalen Maßstab beeindruckende Vielzahl von «klassischen» Religionen (Opielka 2003d). Die Wohlfahrtsregime lassen sich über ihre religiöse Wertebasis besser verstehen. Elmar Rieger und Stephan Leibfried (2004) gehen sogar so weit, in der Kulturwirkung der Wohlfahrtsstaaten und darin vor allem ihrer «sozialpolitischen Theologie» (ebd., S. 201 ff.) eine Gegenkraft zu den Wirkungen der Globalisierung zu deuten und damit ihre (2001) «globalisierungsskeptische» Position (siehe Kapitel 7) noch zu bekräftigen.

Die «Ideenpolitik» (Schulz-Nieswandt 2003) des Wohlfahrtsstaats ist für die praktische Sozialpolitik folgenreich. Sie definiert die Grenzen der öffentlichen Güter. Ihre Konturen zu kennen, hilft dabei, sich angesichts einer schon länger anhaltenden «Neuen Unübersichtlichkeit» (Habermas 1985) besser zurechtzufinden.

9.1 Religiöse Grundlagen der Sozialpolitik

Lange Zeit schien die Bedeutung des Religiösen zurückzugehen, die der Säkularisierung in Moderne und Wohlfahrtsstaat zuzunehmen. Daran sind in letzter Zeit Zweifel aufgetaucht (Pollack 2003). Man spricht sogar von einer «Resakralisierung» (Hildebrandt u. a. 2001) der westlichen Gesellschaften und stellt gleichzeitig fest, dass die von Sozialwissenschaften und Philosophie mit der Moderne verbundene Säkularisierung vor allem ein europäisches Projekt ist (Casanova 1994; Eder 2002). In globaler Perspektive dagegen beobachtet man eher das Gegenteil eines Endes der Religionen (Inglehart 2003; Halman/Riis 2003).

Die theoretischen und empirischen Arbeiten zur «Wohlfahrtskultur» schenken zwar bislang der religiösen Begründung dieser Kultur wenig Beachtung (z. B. Dallinger 2001; Taylor-Gooby 2002; Pfau-Effinger 2004; eine Ausnahme bilden Pioch/Hartmann 2001). Religiösen Weltbildern bzw. Religionen kommt für die Entwicklung und Ausprägung von Wohlfahrtsstaaten jedoch eine zentrale Bedeutung zu. Dies unterstreichen einige empirische Arbeiten, die die sozialpolitische Rolle des Christentums in Europa (Kaufmann 1989; Kersbergen 1995; Manow 2002) und den USA (Adloff 2003) wie auch des Konfuzianismus in Ostasien (Ka 1999; Rieger/Leibfried 2003, S. 241 ff.; dies. 2004) untersuchen.

Talcott Parsons (1978) betonte den dialektischen Prozess der Säkularisierung: einerseits eine Differenzierung des Religiösen und des Säkularen und damit zugleich eine «Verkleinerung» des religiösen Gehalts sozialer und kultureller Bestandteile; andererseits eine Reintegration jenes Gehalts in drei Schritten: «inclusion», «adaptive upgrading» und «value-generalization» (ebd., S. 241 f.). Parsons' Beobachtung erscheint ergiebig für die Beantwortung einer großen Frage: Lässt sich der moderne Wohlfahrtsstaat als eine Institutionalisierung religiöser Werte lesen?

In der politischen Soziologie stehen sich zwei Lager, «Strukturalisten» und «Kulturalisten», bis heute gegenüber (schon Almond/Verba 1963).

Strukturalisten machen politisch-ökonomische Bedingungen für die Bildung und Entwicklung sozialpolitischer Regime verantwortlich und nachgeordnet die subjektiven Präferenzen für entsprechende sozialpolitische Modelle. Kulturalisten verweisen unter dem Motto «culture matters» auf die Rolle gemeinsamer sozialisierter Werte und Traditionen, religiöser Doktrinen und historischer Erfahrungen, die für die Kongruenz zwischen der Struktur der Institutionen einer Gesellschaft und der je gültigen Werteordnung verantwortlich sind.

Die erste Position steht in einer religionskritischen, materialistischen Tradition. Gertrud Nunner-Winkler (2001) geht beispielsweise davon aus, dass Moral und Religion heute entkoppelt sind. Moral solle eine «gute Regelung sozialer Kooperationszusammenhänge» ermöglichen, Religion auf die Probleme beschränkt werden, die dem Menschen «prinzipiell entzogen bleiben», also Leiden und Tod (ebd., S. 48). Die zweite Position ist in der Religionssoziologie wohl dominant. Sie steht in der Tradition der Klassiker, der von Max Weber als Kern des Religiösen betrachteten «Sinnfrage», die systematisch vor allem von Talcott Parsons behandelt worden ist. Man kann sie folgendermaßen zuspitzen (ausführlicher Opielka 2004): Moral ist eine kommunikativ erzeugte «generalisierte Institution» (des gesellschaftlichen Subsystems «Gemeinschaft»), ihr Medium sind Normen, aber auch Sitten und Gebräuche. Das Legitimationssystem wird als gesellschaftliches Subsystem demgegenüber metakommunikativ konstruiert, d. h. durch Sinn-Kommunikation – Parsons spricht etwa von «legitimation» bzw. «latent pattern maintenance». Ein wesentliches Medium des Legitimationssystems sind Werte. Das Religionssystem ist wiederum das komplexeste, reflexiv höchste Subsystem des Legitimationssystems. Insoweit ist es für die Letztwerte zuständig (Kippenberg/Stuckradt 2003).

Die neuere Religionssoziologie geht von einer zunehmend individualisierten Ethik aus (Knoblauch 2002), auch innerhalb der kirchlich verfassten Religionen (Kaufmann 1999). Diese subjektive Absicherung kollektiver Werte wird als ein wesentlicher Erfolg der Aufklärung gedeutet, hinter den nicht zurückgefallen werden soll. Damit stellt sich die Frage, inwieweit auch in anderen religiös fundierten Kulturkreisen vergleichbare Individualisierungsprozesse zu erwarten sind. Shmuel N. Eisenstadt (2000, S. 238ff.) hat die Vielfalt der modernen Kulturen rekonstruiert und die wachsende Bedeutung ihrer religiösen Komponente betont. Die von zahlreichen Konflikten geprägte Geschichte der Universalisierung der Menschenrechte legt nahe, darin nicht einen politisch-religiösen Neokolonialismus des Westens zu lesen, sondern – gerade auch in der Durchsetzung sozialpolitischer Grundrechte (v. a. Art. 22 bis 29 der Allgemeinen Erklärung der Menschenrechte vom 10. 12. 1948) – eine komplexe Interaktion zwischen allen Religionsströmungen (Kühnhardt 1987; Ishay 2004).

Der demokratische Wohlfahrtsstaat fördert in spirituell religiös noch stärker geprägten Kulturkreisen den säkularen Humanismus – ähnlich wie dies im christlichen Kulturkreis (und in Israel) der Fall war (Opielka 2003d). Darin kann man einen Beleg für Parsons' dialektische Säkularisierungsthese sehen, wonach der Wohlfahrtsstaat als Ausdruck der Institutionalisierung religiöser Werte betrachtet werden kann.

9.2 Sozialpolitik als öffentliches Gut

Auch Claus Offe und Ulrich K. Preuß (2003) betonen die theologischen Grundlagen der modernen politischen Theorie, vor allem der Demokratie, und zwar nicht nur im christlichen Kulturkreis, sondern in allen religiösen Traditionen. Die Gesamtheit der öffentlichen Güter könne man als die säkularisierte Fassung einer «göttlichen Ordnung» verstehen. Weil sie damit «selbst eine religiöse Idee sind, können wir verstehen, warum das politische Prinzip, das ihnen am nächsten steht, das der Demokratie ist: Die Religion soll die Fülle des menschlichen Lebens verwirklichen, indem sie es mit der göttlichen Ordnung verknüpft; die Politik soll in ihrer anspruchsvollsten Form den Menschen zum Schöpfer seines Schicksals in dieser Welt machen. Die einzige Alternative zur demokratischen Legitimation von Macht ist deshalb die theokratische» (ebd., S. 185; Übers. M. O.). Was jeweils in einer Gesellschaft als öffentliches Gut zählt, wird so zum Kulturfaktor.

Erstaunlicherweise liegt eine Theorie öffentlicher Güter für den Sozialstaat bislang nur in Umrissen vor (Spahn/Kaiser 1988). Liberale Beiträge zur Diskussion um öffentliche Güter argumentieren eher zurückhaltend, machen allerdings auf die strukturelle Benachteiligung der

Unorganisierten aufmerksam (Olson 1985, S. 164). Die Verfassungsdogmatik beschränkt sich meist auf ein «Übermaßverbot», zu Recht stellt Christoph Engel (2002) zur «Sozialstaatlichkeit» fest: «Ohne die normative Grundentscheidung zwischen Markt- und Planwirtschaft kann man dazu im Grunde keine sinnvolle Aussage machen. (...) Man braucht also eine Verteilungstheorie» (ebd., S. 110). Was aber als «öffentliche Güter» aus «privaten» Einkommen umverteilt werden soll, ist strittig.

Eine Leitlinie ist gewonnen, wenn über das von Avishai Margalit (1999) postulierte Recht auf «Würde» Einigkeit besteht. Den kranken und behinderten Menschen in einer wohlhabenden Gesellschaft nicht durch Leistungsbeschränkungen zu «demütigen», geht über eine «liberale» Minimalumverteilung sicher hinaus, aber wie weit? Ein anderer Begriff für «öffentliche Güter» ist «Gemeinwohl». Seine Grenzen werden politisch bestimmt (Offe 2002; Schuppert 2002). Hier entsteht die zweite Leitlinie. Auf gesamtgesellschaftlicher Ebene ist eine beträchtliche («kommunitaristische») Menge an «Gemeinschaft» erforderlich, um den Wohlfahrtsstaat zu verwirklichen. Der Appell an «Solidarität» genügt nicht mehr, sie ist vielleicht ein «zum Aussterben verurteiltes Phänomen» (Kaufmann 2002, S. 46). Doch Franz-Xaver Kaufmann rechnet damit, dass «individuelle Bedürfnisse nach Anerkennung und identitätsfördernde Selbstwertgefühle eine neuartige motivationale Voraussetzung solidarischen Handelns bilden» (ebd.).

In Abbildung 51 werden die sozialwissenschaftlichen Deutungen öffentlicher Güter in der Diskussion nach dem Zweiten Weltkrieg zusammengefasst. Die meisten der Positionen wurden in den früheren Kapiteln bereits vorgestellt und diskutiert.[1] Die Unterscheidung einerseits nach den Wohlfahrtsregime, andererseits nach einer eher pessimistischen und einer eher optimistischen Interpretation öffentlicher Güter kann einen Beitrag zum Verständnis der Ambivalenzen gegenüber der Sozialpolitik leisten, die vor allem bei Vertretern des liberalen und des konservativen Wohlfahrtsregimes existieren.

---

[1] Noch nicht gefallen sind die Namen von Helmut Schelsky (1979) und Paul Kirchhof (2001) als Repräsentanten eines eher kulturpessimistischen und eines eher gestaltungsoptimistischen Konservativismus in der Sozialpolitik.

Wohlfahrtsregime Deutung	Pessimistisch	Optimistisch
Liberalismus	Informationsillusion (F. Hayek)	Freiheitssicherung (R. Dahrendorf)
Sozialismus	–	Gleichheitsproduktion (T. H. Marshall)
Konservatismus	Kulissensubvention (H. Schelsky)	Gemeinschaftsförderung (P. Kirchhof)
Garantismus	–	Ethisierung (C. Offe)

Abbildung 51: Öffentliche Güter in sozialwissenschaftlichen Deutungen nach 1945

Wie in diesem Buch zu zeigen versucht wurde, stehen hinter technisch anmutenden Regulierungsformen im Wohlfahrtsstaat fast durchweg komplexe Wertemuster. Sie können mit der Theorie der Wohlfahrtsregime systematisiert werden (siehe Kapitel 1). In Abbildung 52 werden am Beispiel von zwei Sektoren der Sozialpolitik, Bildungsfinanzierung und finanzielle Grundsicherung, diese Zusammenhänge skizziert.

Im liberalen Wohlfahrtsregime gilt der freie Marktzugang aller als höchstes sozialpolitisches Gut, dem durch Privatisierung und marktliche Steuerung Rechnung getragen werden soll. Wem der Marktzugang misslingt, der soll auf bedürftigkeitsgeprüfte Fürsorgeleistungen setzen können, allerdings nur, wenn er sich bemüht und seine eigenen Ressourcen und die seiner Familie einsetzt. In der Bildungsfinanzierung werden hier Gebührenmodelle für sachgerecht gehalten, im Gesundheitswesen private Krankenversicherungen und Selbstbeteiligungen, im Bereich der Einkommensgrundsicherung die Sozialhilfe – nicht wenige Vertreter des liberalen Modells setzen sich aber auch für eine negative Einkommensteuer ein, die mehr oder weniger alle Sozialleistungen ersetzen soll. Milton Friedman (1984) ist der wohl bekannteste Vertreter des liberalen Wohlfahrtsregimes.

Im sozialistischen bzw. sozialdemokratischen Wohlfahrtsregime ist die Gleichheit der Bürger das höchste sozialpolitische Gut. Das Solidaritätsprinzip soll, vor allem vermittelt durch staatliches Handeln, die sozialpolitisch relevanten Handlungen leiten (Stjerno 2005). In der Bildungsfinanzierung, aber auch in anderen sozialpolitischen Sektoren

(Gesundheitswesen, Alterssicherung) setzt man auf Steuern, um eine möglichst hohe, als solidarisch betrachtete Umverteilung zu gewährleisten. Die Einkommensgrundsicherung soll vor allem durch Erwerbsarbeit gewährleistet werden. Das sozialistisch-sozialdemokratische Regime strebt deshalb Vollbeschäftigung an, teilweise in Verbindung mit einem Recht auf Arbeit. Grundsicherungen sollen innerhalb aller Geldleistungssysteme eingeführt werden. Ein – allerdings etwas widersprüchlicher – Repräsentant dieses Regimetyps war der Ökonom und Sozialarbeiter Lord William Henry Beveridge, zwar selbst kein Sozialist (sondern Abgeordneter und Minister der liberalen Partei), dessen Report aus dem Kriegsjahr 1942 (Beveridge 1943) aber die Grundlage der Labour-Sozialreformen unmittelbar nach dem Zweiten Weltkrieg bildete.

Das konservative Wohlfahrtsregime konzentriert sich auf die Sicherung der Zustände, die in den gemeinschaftlichen Zusammenhängen tradiert werden: der Familie und den Berufsgruppen. In der sozialpolitischen Praxis setzt man zumeist auf Versicherungslösungen (hier besteht eine enge Verwandtschaft zum marktlichen Regime). Die Sozialversicherung gehört zu den konservativen sozialpolitischen Errungenschaften (auch wenn sie später, v. a. in Deutschland, von Sozialdemokraten als ihr Regimeprojekt betrachtet wurden). Zur Finanzierung des Bildungswesens werden beispielsweise Bildungsgutscheine gefordert (diese Forderung wird bisweilen aber auch in den anderen Regimetypen erhoben). Die Grundsicherung soll auch hier durch Erwerbsarbeit erfolgen. Das Konzept des «workfare», der sozialpolitischen Verpflichtung zur Arbeit, wird hier weniger ökonomisch als moralisch begründet. Daneben soll die Familie – vor allem für Frauen – die Grundsicherung gewährleisten. Fürst Otto von Bismarck gilt als Begründer des konservativen Sozialstaatsmodells.

Im garantistischen Wohlfahrtsregime stehen soziale Grundrechte im Zentrum der sozialpolitischen Güter, mit dem Ziel, allen Menschen die Teilhabe an der Gesellschaft zu sichern. Das entspricht einem universalistischen Gerechtigkeitskonzept. Für die Finanzierung werden hier beispielsweise Bildungsfonds vertreten, die unabhängig von den Bildungsanbietern (ähnlich wie bei Bildungsgutscheinen) jedem den Zugang zu Bildungsangeboten nach Wahl garantieren sollen. Für die Sicherung des Existenzminimums vertreten Garantisten das Modell eines Grundein-

Sozialpolitik als öffentliches Gut   295

Wohlfahrts-regime	Sozialstaats-modell	Sozialpolitisches Gut	Bildungs-finanzierung	Grundsicherung
Liberalismus	Friedman	Marktzugang *(Fürsorge)*	Gebührenmodelle	Sozialhilfe / negative Einkommenssteuer
Sozial-demokratie	Beveridge	Bürgergleichheit *(Solidarität)*	Steuern	Recht auf Arbeit / Grundsicherung
Konservatismus	Bismarck	Statussicherung *(Versicherung)*	Bildungs-gutscheine	workfare / Familienunterhalt Sozialhilfe
Garantismus	Paine	Menschenrechte *(Gerechtigkeit)*	Bildungsfonds	Grundeinkommen

Abbildung 52: Regimetypen und exemplarische sozialpolitische Güter

kommens, unabhängig vom Arbeitsmarkt. Als Repräsentant für das garantistische Modell wird – beispielsweise von Philippe van Parijs (1999) – Thomas Paine (1999) genannt, einer der Väter der modernen Idee der Menschenrechte (siehe Einleitung).

Die knappe Zusammenfassung der Idee sozialpolitischer Güter in den vier Grundtypen des Wohlfahrtsregimes ergibt, dass es mannigfaltige Mischformen gibt. In diesem Buch wird die These vertreten, dass diese keine Notlösung sind, sondern zum Wesen des modernen Wohlfahrtsstaats gehören. So können (garantistische) Elemente eines Grundeinkommens durchaus mit bedarfsbezogenen Leistungen und Selbstbeteiligungen an Gesundheitskosten (z. B. Kuren) kombiniert werden. Das Wie dieser Kombinationen hängt von der sozialpolitischen Kultur ab, von Traditionen und politischen Mobilisierungen.

Öffentliche Güter sind in der Moderne – der Zeit des entfalteten Kapitalismus, der allgemeinen Lohnarbeit, der globalen Arbeitsteilung – die seit der Antike bekannten «res publica», die öffentlichen Dinge, die alle angehen. Über diese Güter entscheiden in einer Demokratie prinzipiell alle. Wie aber kann und soll dies geschehen? Die modernen Demokratien einigen sich überwiegend auf das Prinzip der Repräsentativität. Komplexe Systeme sollen durch Delegation und politische Arbeitsteilung in ihrer Komplexität reduziert werden und damit organisierbar bleiben. Ob die repräsentative Demokratie als Erfolgsgeschichte betrachtet werden kann, ist durchaus strittig. Unter dem Gesichtspunkt der sozialpolitischen Herstellung und Garantie öffentlicher Güter sind Zweifel berechtigt.

Drei Mängel der repräsentativen Demokratie geraten in Bezug auf die Sozialpolitik besonders in den Blick. Die ersten beiden werden in der einschlägigen politiktheoretischen und politisch-soziologischen Literatur auch behandelt (Gutmann 1988), der dritte kaum.

Als ersten Mangel kann man das Problem der organisierten Interessen festhalten, auf das Mancur Olson (1985) in seiner «Theorie des kollektiven Handelns» hinwies. Marginalisierte Gruppen organisieren sich in der Regel unzureichend. Ihre Interessen werden damit im öffentlichen Raum erneut marginalisiert. In der neueren Diskussion wird diese Beobachtung in zwei Theoriefiguren zugespitzt: zum einen in der Beobachtung eines «Korporatismus» bzw. «Neokorporatismus», einer körperschaftlichen Verfestigung ohnedies schon privilegierter Interessen zuungunsten der in den jeweiligen Verhandlungsarenen deplatzierten Gruppen. Olsons Theorie wie auch die Autoren des Neo-/Korporatismus betonen, dass dem Wohlfahrtsstaat eine zentrale Rolle bei der Aushandlung dieser Interessen zukommt. Die zweite neuere Theoriefigur ist «Exklusion», der systematische Ausschluss einer neuen Unterklasse des Wohlfahrtsstaats aus der Teilhabe an Arbeitsmarkt und Einkommen (Kronauer 2002). Die Exklusionstheorien kümmern sich zwar nicht sehr ausgeprägt um die demokratietheoretische und organisationssoziologische Seite ihres Gegenstandes. Doch dort, wo sie dies tun, greifen sie auf die Erkenntnisse von Olson oder der Neo-/Korporatisten zurück.

Für die Beurteilung des sozialpolitischen Erfolgs der repräsentativen Demokratie sind die Befunde dieses ersten Forschungsstrangs zumindest ambivalent, wenn nicht beunruhigend (Offe 2003). Positiv kann man sehen, dass die Organisationsdemokratie im günstigen Fall die Organisation auch von kleinen und marginalisierten Interessen ermöglicht, vor allem durch so genannte NGOs (non-governmental organizations), von Nichtregierungsorganisationen, die unterdessen vielfach Beobachter-, teils auch Mitentscheiderstatus in den Institutionen der repräsentativen Demokratie einklagen konnten. In Bezug auf die Sozialpolitik freilich erscheint ein optimistischer Befund bislang wenig berechtigt. Im Gegenteil, die gerade für den kontinentaleuropäischen Sozialstaat, für das konservative Wohlfahrtsregime typische Form des Korporatismus setzt an erwerbsbezogenen Interessengruppen an und versucht bislang weitgehend erfolgreich, die im Erwerbssystem Marginalisierten aus Tarifverhandlungen, Selbstverwaltungsgremien usf. auszuschließen.

Der zweite Mangel der repräsentativen Demokratie findet sich im Blick auf die Nutzerperspektive, der Perspektive von «unten». Hier lässt sich ein durchaus problematisches Phänomen beobachten, nämlich eine Kombination aus kollektiver Kostenverschiebung auf Schwächere und «Trittbrettfahrertum» («free-riding»). Das Phänomen der Kostenverschiebung hat mit dem genannten Dilemma kollektiven Handelns zu tun, etwa wenn durch formal demokratisch prozessierte Entscheidungen die Belastungen für gegenwärtigen Genuss auf künftige Generationen verschoben werden (z. B. Staatsverschuldung, fehlende Nachhaltigkeit in der Rentenpolitik, der Umweltpolitik), wenn Sozialkosten auf schlecht organisierte Inländer gedrückt werden (z. B. von den Befürwortern eines Niedriglohnsektors) oder auf andere Teile der Weltbevölkerung (z. B. durch Dumping-Löhne, Kinderarbeit oder gesundheitsschädliche Arbeitsbedingungen). Aus Sicht der westlichen Industriegesellschaften gehören diese Externalisierungen von Sozialkosten durchaus in den kritischen Blick «von unten nach oben»: Die jeweiligen Eliten spielen stets und bewusst mit diesen Interessenkonkurrenzen. Sobald sie freilich an Grenzen kommen – wenn beispielsweise eine weitere Staatsverschuldung nicht mehr durch die Kürzung öffentlicher Güter möglich ist, sondern auch die ökonomischen Eliten herangezogen werden müssten –, wird gewöhnlich das zweite Phänomen der repräsentativdemokratischen Nutzerperspektive aktiviert: der Trittbrettfahrer. Er findet sich in allen kollektiven Arrangements, vor allen in Versicherungen. Für die sozialpolitische Instrumentalisierung des Trittbrettfahrers gibt es unzählige Beispiele.

So wurde im Sommer 2003, kurz nach Veröffentlichung der «Agenda 2010» der rot-grünen deutschen Bundesregierung, eines umfassenden Plans zur Reduzierung der Sozialausgaben, durch die Boulevardpresse der Fall des «Florida-Rolf» skandalisiert, einer der (mit weniger als 1000 Fällen p. a.) seltenen Empfänger von Sozialhilfe im Ausland. Die Geschichte eines durchaus würdevoll Gescheiterten (Firmenkonkurs, Scheidung, Depression) wurde als Freeriding-Fall inszeniert, die Eliten griffen ihn dankbar auf und verschärften die Rechtslage – Anfang 2004 kehrte er aus Florida nach Deutschland zurück und beantragte Erwerbsunfähigkeitsrente, eine Ersparnis für den Sozialstaat bleibt kaum ersichtlich. Doch die symbolische Verhandlung des sozialpolitischen Trittbrettfahrens erhebt die Volksseele, sie findet kleine Opfer und übersieht, dass die Demontage derartiger, teils mühsam erkämpfter Rechtspositionen eher gegen die Interessen der ohnedies unterprivilegierten Sozial- und Steuerstaatsklasse gerichtet ist.

Der dritte und in der bisherigen Literatur weniger beachtete Mangel setzt an der legitimativen Seite der Sozialpolitik an, an ihrer Kultur- und Wertebasis und deren Übersetzung in demokratische Verfahren.

Genügt angesichts der komplexen Wirkungsstrukturen im modernen Wohlfahrtsstaat das Instrument der repräsentativen Demokratie? Womöglich eignen sich direktdemokratische Verfahren weitaus besser, um die komplexen Restrukturierungen der Sozialpolitik zu legitimieren. Wie Herbert Obinger und Uwe Wagschal (2001) am Beispiel der Auswirkungen der direkten Demokratie in der Schweiz und in Kalifornien zeigen, folgen deren Entscheidungsprozesse einer für die Kulturdeutung des Wohlfahrtsstaats interessanten Logik: Programme, die Mehrausgaben und damit auch höhere Steuer- und Abgabenbelastungen zur Folge haben, werden in der Bevölkerung skeptisch aufgenommen und häufig erst nach mehreren Anläufen in den Referenden angenommen. Doch was einmal beschlossen worden ist, gilt, wie am Beispiel der Schweizer Sozialpolitik gut zu sehen ist. Hier «ist das Referendum zugleich eine mächtige Waffe zur Verteidigung des Sozialstaates gegenüber Konsolidierungsbestrebungen. Sämtliche Referenden gegen restriktive sozialpolitische Vorlagen waren erfolgreich» (ebd., S. 111).

Von dieser moralischen Selbstermächtigung der Bevölkerung sind die meisten Wohlfahrtsstaaten weit entfernt. Insoweit hört die Geschichte der Sozialpolitik nicht auf.

LITERATUR

Achinger, Hans, 1979, *Sozialpolitik als Gesellschaftspolitik. Von der Arbeiterfrage zum Wohlfahrtsstaat*, 3. Aufl., Frankfurt: Eigenverlag des Deutschen Vereins
Ackerman, Bruce / Alstott, Anne, 1999, *The Stakeholder Society*, New Haven / London: Yale University Press
Adler, Ulrike, 2001, *Wie sicher sind unsere Renten? Zur aktuellen Debatte um die Rentenreform in Deutschland*, Bonn: Informationszentrum Sozialwissenschaften
Adloff, Frank, 2003, *Im Dienste der Armen. Katholische Kirche und amerikanische Sozialpolitik im 20. Jahrhundert*, Frankfurt / New York: Campus
Alber, Jens, 1982, *Vom Armenhaus zum Wohlfahrtsstaat. Analysen zur Entwicklung der Sozialversicherung in Westeuropa*, Frankfurt / New York: Campus
ders., 1995, *Soziale Dienstleistung. Die vernachlässigte Dimension der vergleichenden Wohlfahrtsstaat-Forschung*, in: Bentele, Karlheinz u. a. (Hg.), *Die Reformfähigkeit von Industriegesellschaften*, Frankfurt / New York: Campus, S. 277–293
ders., 2001, *Hat sich der Wohlfahrtsstaat als soziale Ordnung bewährt?*, in: Allmendinger 2001, S. 1148–1209
Alcock, Pete, 2003, *Social Policy in Britain*, 2nd ed., London: Palgrave Macmillan
ders. / Craig, Gary (eds.), 2001, *International Social Policy. Welfare Regimes in the Developed World*, London: Palgrave Macmillan
Alesina, Alberto / Glaeser, Edward L., 2004, *Fighting Poverty in the US and Europe. A World of Difference*, Oxford u. a.: Oxford University Press
Alexander, Jeffrey C., 2000, *Theorizing the Good Society: Hermeneutic, Normative and Empirical Discourses*, in: *Canadian Journal of Sociology*, Vol. 25, 3, S. 271–309
ders. / Smith, Philip, 2002, *The Strong Program in Cultural Theory. Elements of a Structural Hermeneutics*, in: Turner, Jonathan H. (ed.), *Handbook of Sociological Theory*, New York: Kluwer / Plenum, S. 135
Allmendinger, Jutta, 1994, *Lebensverlauf und Sozialpolitik. Die Ungleichheit zwischen Mann und Frau und ihr öffentlicher Ertrag*, Frankfurt / New York: Campus
dies., 1999, *Bildungsarmut: Zur Verschränkung von Bildungs- und Sozialpolitik*, in: *Soziale Welt*, 50. Jg., 1, S. 35–50
dies. (Hg.), 2001, *Gute Gesellschaft? Verhandlungen des 30. Kongresses der Deutschen Gesellschaft für Soziologie in Köln 2000*, Opladen: Leske + Budrich
dies. (Hg.), 2003, *Entstaatlichung und soziale Sicherheit. Verhandlungen des 31. Kongres-

ses der Deutschen Gesellschaft für Soziologie in Leipzig 2002, Opladen: Leske + Budrich

dies./Aisenbrey, Silke, 2002, *Soziologische Bildungsforschung*, in: Tippelt, Rudolf (Hg.), *Handbuch Bildungsforschung*, Opladen: Leske + Budrich, S. 41–60

dies./Ludwig-Mayerhofer, Wolfgang (Hg.), 2000, *Soziologie des Sozialstaats. Gesellschaftliche Grundlagen, historische Zusammenhänge und aktuelle Entwicklungstendenzen*, Weinheim/München: Juventa

Almond, Gabriel A./Verba, Sidney, 1963, *The Civic Culture. Political Attitudes and Democracy in Five Nations*, Princeton: Princeton University Press

Alstott, Anne L., 2004, *What Parents Owe Their Children and What Society Owes Parents*, Oxford u. a.: Oxford University Press

Andreß, Hans-Jürgen/Heien, Thorsten, 2001, *Four Worlds of Welfare State Attitudes? A Comparison of Germany, Norway, and the United States*, in: *European Sociological Review*, Vol. 17, 4, S. 337–356

Anheier, Helmut K./Toepler, Stefan, 2002, *Bürgerschaftliches Engagement in Europa*, in: *Aus Politik und Zeitgeschichte*, B 9–2002, S. 31–38

Anheier, Helmut K./Hollerweger, Eva/Badelt, Christoph/Kendall, Jeremy, 2003, *Work in the Non-Profit Sector: Forms, Patterns and Methodologies*, Geneva: International Labour Office

Arbeitsgruppe Alternative Wirtschaftspolitik, 2004, *Memorandum 2004. Beschäftigung, Solidarität und Gerechtigkeit – Reform statt Gegenreform*, Köln: PapyRossa

Archer, Margaret, 1996, *Culture and Agency. The Place of Culture in Social Theory*, 2nd ed., Cambridge: Cambridge University Press

Arts, Wil/Gelissen, John, 2002, *Three worlds of welfare capitalism or more? A state-of-the-art report*, in: *Journal of European Social Policy*, 2, Vol. 12, S. 137–158

Arts, Wil/Hagenaars, Jacques/Halman, Loek (eds.), 2003, *The Cultural Diversity of European Unity. Findings, Explanations and Reflections from the European Values Studies*, Leiden/Boston: Brill

Arts, Wil/Halman, Loek/Oorschot, Wim van, 2003,*The Welfare State: Villain or Hero of the Piece?*, in: Arts u. a. 2003, S. 275–310

Aspalter, Christian, 2001, *Conservative Welfare State Systems in East Asia*, Westport, Ct./London: Praeger

ders. (ed.), 2002, *Discovering the Welfare State in East Asia*, Westport, Ct./London: Praeger

ders. (ed.), 2003, *Welfare Capitalism Around the World*, Hongkong u. a.: Casa Verde

ders., 2003a, *The Welfare State System in India*, in: ders. (ed.), *The Welfare State in Emerging-Market Economies*, Hongkong u. a.: Casa Verde, S. 109–127

ders./Opielka, Michael, 2005, *A New Orientation for the Welfare State. The Defense and Development of Human Capital*, Berlin u. a.: Springer (i. E.)

Atkinson, Tony/Cantillon, Bea/Marlier, Eric/Nolan, Brian, 2002, *Social Indicators. The EU and Social Inclusion*, Oxford: Oxford University Press

Auerbach, Walter u. a., 1957, *Sozialplan für Deutschland. Auf Anregung des Vorstandes der Sozialdemokratischen Partei Deutschlands*, Berlin/Hannover: Dietz

Avenarius, Hermann u. a., 2003, *Bildungsbericht für Deutschland. Erste Befunde*, Opladen: Leske + Budrich

Literatur 301

Bäcker, Gerhard u. a., 2000, *Sozialpolitik und soziale Lage in Deutschland, 2 Bände*, 3. Aufl., Opladen: Westdeutscher Verlag

Backhaus-Maul, Holger (Hg.), 1999, *Von der Sozialhilfe in die Erwerbsarbeit. Die Welfare Reform in den USA als Vorbild?*, Frankfurt: Eigenverlag des Deutschen Vereins

Bade, Klaus J. / Münz, Rainer (Hg.), 2000, *Migrationsreport 2000. Fakten – Analysen – Perspektiven*, Frankfurt / New York: Campus

Baecker, Dirk, 1994, *Soziale Hilfe als Funktionssystem der Gesellschaft*, in: Zeitschrift für Soziologie, Jg. 23, H. 2, S. 93–110

ders., 2003, *Wozu Kultur?*, 3. Aufl., Berlin: Kulturverlag Kadmos

Bahle, Thomas / Pfenning, Astrid, 2001, *Angebotsformen und Trägerstrukturen sozialer Dienste im europäischen Vergleich. MZES-Arbeitspapiere Nr. 34*, Mannheim: Mannheimer Zentrum für Europäische Sozialforschung

Baldock, John / Manning, Nick / Vickerstaff, Sarah (eds.), 2003, *Social Policy*, 2nd ed., Oxford u. a.: Oxford University Press

Barber, Benjamin R., 1990, *Service, Citizenship, and Democracy: Civic Duty as an Entailment of Civil Right*, in: Evers, Williamson E. (Hg.), *National Service. Pro & Con*, Stanford, Ca.: Hoover Institution Press, S. 27–43

Bartelmus, Peter u. a., 2002, *Von nichts zu viel. Suffizienz gehört zur Zukunftsfähigkeit. Wuppertal-Papers Nr. 125*, Wuppertal: Wuppertal Institut

Barr, Nicholas, 1998, *The Economics of the Welfare State*, 3rd ed., Oxford: Oxford University Press

Bast, Kerstin / Ostner, Ilona, 1992, *Ehe und Familie in der Sozialpolitik der DDR und BRD – ein Vergleich*, in: Schmähl, Winfried (Hg.), *Sozialpolitik im Prozeß der deutschen Vereinigung*, Frankfurt / New York: Campus, S. 228–270

Bauer, Axel, 1986, *Leitlinien des Hippokratischen Arztes*, in: Ärzteblatt Baden-Württemberg, 41, S. 676–688

Baumert, Jürgen u. a. (Hrsg) / Deutsches PISA-Konsortium, 2001, *PISA 2000. Basiskompetenzen von Schülerinnen und Schülern im internationalen Vergleich*, Opladen: Leske + Budrich

Baumert, Jürgen u. a., 2003, *Grundlegende Entwicklungen und Strukturprobleme im allgemeinen bildenden Schulwesen*, in: Cortina u. a. 2003, S. 52–147

Beaglehole, Robert (ed.), 2003, *Global Public Health*, Oxford u. a.: Oxford University Press

Beck, Ulrich, 1997, *Was ist Globalisierung? Irrtümer der Globalisierung – Antworten auf Globalisierung*, Frankfurt: Suhrkamp

ders. (Hg.), 1998, *Politik der Globalisierung*, Frankfurt: Suhrkamp

ders., 1999, *Schöne neue Arbeitswelt*, Frankfurt / New York: Campus

Behrendt, Christina, 2003, *Löcher im sozialen Netz? Soziale Sicherheit und Linderung von Armut in vergleichender Perspektive*, in: Sigg, Roland / dies. (Hg.), *Soziale Sicherheit im globalen Dorf*, Bern u. a.: Peter Lang, S. 507–540

Bell, Daniel, 1985 (1973), *Die nachindustrielle Gesellschaft*, 2. Aufl., Frankfurt / New York: Campus

Bellah, Robert N. / Madsen, Richard / Sullivan, William M. / Swidler, Ann / Tipton, Steven M., 1991, *The Good Society*, New York: Alfred Knopf

Bellermann, Martin, 2001, *Sozialpolitik. Eine Einführung für soziale Berufe*, 4. Aufl., Freiburg: Lambertus

Literatur

Berg, Christa u. a. (Hg.), 1987ff., *Handbuch der deutschen Bildungsgeschichte. 6 Bde.*, München: Beck

Berger, Johannes, 1996, *Was behauptet die Modernisierungstheorie wirklich – und was wird ihr bloß unterstellt?*, in: Leviathan, 1, 24. Jg., S. 45–62

ders., 1996a, *Vollbeschäftigung als Staatsaufgabe? Der Aufstieg und Niedergang des Vollbeschäftigungsversprechens*, in: Grimm, Dieter (Hg.), *Staatsaufgaben*, Frankfurt: Suhrkamp, S. 317–352

Bergmann, Frithjof, 2004, *Neue Arbeit, Neue Kultur*, Freiamt: Arbor

Bertram, Hans, 1997, *Die Familie: Solidarität oder Individualität?*, in: Vaskovics, Laszlo A. (Hg.), *Familienleitbilder und Familienrealitäten*, Opladen: Leske + Budrich, S. 370–381

Beske, Fritz/Drabinski, Thomas/Zöllner, Herbert, 2004, *Das Gesundheitswesen in Deutschland im internationalen Vergleich. Eine Antwort auf die Kritik*, Kiel: Fritz Beske Institut

Beveridge, Sir William, 1943, *Der Beveridge-Plan. Sozialversicherung und verwandte Leistungen (Dem Britischen Parlament überreicht im November 1942)*, Zürich/New York: Europa Verlag

Bieber, Ulrich/Henzel, Karin, 1999, *Niederlande*, in: VDR 1999, S. 131–157

Birg, Herwig, 2001, *Die demografische Zeitenwende. Der Bevölkerungsrückgang in Deutschland und Europa*, München: Beck

Blanchard, Olivier/Illing, Gerhard, 2004, *Makroökonomie*, 3. Aufl., München: Pearson

Blank, Rebecca M./Haskins, Ron (eds.), 2001, *The New World of Welfare*, Washington, D.C.: Brookings Institution Press

Böcken, Jan/Butzlaff, Martin/Esche, Andreas (Hg.), 2003, *Reformen im Gesundheitswesen. Ergebnisse der internationalen Recherche Carl Bertelsmann-Preis 2000*, 3. Aufl., Gütersloh: Verlag Bertelsmann Stiftung

Böhm, Stefan/Pott, Arno, 1992, *Verteilungspolitische Aspekte der Rentenüberleitung. Eine Analyse ausgewählter Verteilungswirkungen der Übertragung des bundesdeutschen Rentenrechts auf die neuen Bundesländer*, in: Schmähl, Winfried (Hg.), *Sozialpolitik im Prozeß der deutschen Vereinigung*, Frankfurt/New York: Campus, S. 166–227

Bommes, Michael, 1999, *Migration und nationaler Wohlfahrtsstaat*, Opladen: Westdeutscher Verlag

Bonoli, Giuliano, 2000, *The Politics of Pension Reform. Institutions and Policy Change in Western Europe*, Cambridge u. a.: Cambridge University Press

ders./George, Vic/Taylor-Gooby, Peter, 2000, *European Welfare Futures. Towards a Theory of Retrenchment*, Cambridge: Polity

Borchert, Jens, 1998, *Ausgetretene Pfade? Zur Statik und Dynamik wohlfahrtsstaatlicher Regime*, in: Lessenich/Ostner 1998, S. 137–176

Borchert, Jürgen, 1993, *Renten vor dem Absturz. Ist der Sozialstaat am Ende?*, Frankfurt: Fischer

Borgetto, Bernhard, 2002, *Gesundheitsbezogene Selbsthilfe in Deutschland. Stand der Forschung*, in: Österreichische Zeitschrift für Soziologie, 4, 27. Jg., S. 115–125

Bos, Wilfried u. a., 2003, *Erste Ergebnisse aus IGLU. Schülerleistungen am Ende der vierten Jahrgangsstufe im internationalen Vergleich*, Münster: Waxmann

Bosbach, Gerd, 2004, *Die modernen Kaffeesatzleser*, in: *Frankfurter Rundschau*, 23. 2. 2004

Bosch, Gerhard/Wagner, Alexandra, 2003, *Dienstleistungsgesellschaften in Europa und Ursachen für das Wachstum der Dienstleistungsbeschäftigung*, in: *Kölner Zeitschrift für Soziologie und Sozialpsychologie*, Jg. 55, 3, S. 475–499

Breyer, Friedrich/Schultheiss, Carlo, 2001, *«Alter» als Kriterium bei der Rationierung von Gesundheitsdienstleistungen – eine ethisch-ökonomische Analyse*, in: Gutmann, Thomas/Schmidt, Volker H. (Hg.), *Rationierung und Allokation im Gesundheitswesen*, Weilerswist: Velbrück, S. 121–153.

Breyer, Friedrich u. a., 2004, *Reform der sozialen Sicherung*, Heidelberg u. a.: Springer

Brockmann, Hilde, 2000, *Why is health treatment for the elderly less expensive than for the rest of the population? Health care rationing in Germany. MPIDR Working Paper WP 2000-2001*, Rostock: Max-Planck-Institut für demografische Forschung

Buchanan, James M./Tullock, Gordon, 1962, *The Calculus of Consent. Logical Foundations of Constitutional Democracy*, Ann Arbor: University of Michigan Press

Bueb, Eberhard/Opielka, Michael/Schreyer, Michaele, 1985, *Umverteilung für die Alten*, in: *Die Zeit*, 17. 5. 1985

Bundesamt für Sozialversicherung (BSV), 2003, *Nationale Armutskonferenz. Wege und Handlungsstrategien gegen Armut und soziale Ausgrenzung von Kindern und Jugendlichen*, Bern: BSV

Bundesministerium der Finanzen (BMF), 2002, *Belastung von Gering- und Normalverdienern mit Steuern und Sozialabgaben im internationalen Vergleich*. Monatsbericht 9, Bonn

Bundesministerium des Innern (BMI), 2001, *Zuwanderung gestalten – Integration fördern. Bericht der Unabhängigen Kommission «Zuwanderung»*, Berlin: BMI

Bundesministerium für Arbeit und Sozialordnung (BMAS) (Hg.), 2001, *Lebenslagen in Deutschland. Der erste Armuts- und Reichtumsbericht der Bundesregierung (Berichtsband und Datenband)*, Bonn

dass. (Hg.), 2002, *Bericht der Kommission «Moderne Dienstleistungen am Arbeitsmarkt»*, o. O. (o. J.)

Bundesministerium für Bildung und Forschung (BMBF) (Hg.), 2004, *Die wirtschaftliche und soziale Lage der Studierenden in der Bundesrepublik Deutschland 2003. 17. Sozialerhebung*, Bonn/Berlin

Bundesministerium für Familie und Senioren (BMFuS) (Hg.), 1994, *Familien und Familienpolitik im geeinten Deutschland. Zukunft des Humanvermögens. Fünfter Familienbericht*, Bonn

Bundesministerium für Familie, Senioren, Frauen und Jugend (BMFSFJ) (Hg.), 1998, *Übersicht über die gesetzlichen Maßnahmen in den EU-Ländern bei der Erziehung von Kleinkindern*, Stuttgart u. a.: Kohlhammer

dass., 2000, *Freiwilliges Engagement in Deutschland – Freiwilligensurvey 1999. Schriftenreihe des Bundesministeriums für Familie, Senioren, Frauen und Jugend Band 194.1–3*, Stuttgart u. a.: Kohlhammer

Bundesministerium für Gesundheit und Soziale Sicherung (BMGS), 2003, *Nachhaltigkeit in der Finanzierung der Sozialen Sicherungssysteme. Bericht der Kommission*, Berlin

Bundesverband der Katholischen Arbeitnehmer-Bewegung (Hg.), 2003, *Solidarische Al-*

terssicherung. Beitrag der KAB zur Reform der gesetzlichen Rentenversicherung, Köln: KAB

Burgess, Pete / Usher, Alastair, 2003, *Allgemeinverbindlichkeit und Mindestlohnregelungen in Mitgliedsstaaten der EU. Ein Überblick*, Düsseldorf: WSI / Hans-Böckler-Stiftung

Butt, Marc Eric / Kübert, Julia / Schultz, Christiane Agnes, 1999, *Soziale Grundrechte in Europa. SOCI 104 DE*, Luxemburg: Europäisches Parlament, Generaldirektion Wissenschaft

Butterwegge, Christoph, 2001, *Wohlfahrtsstaat im Wandel*, 2. Aufl., Opladen: Leske + Budrich

Buttler, Günter / Jäger, Norbert / Rappl, Karl, 1987, Was *kostet die Einführung der Grundrente?*, in: *Deutsche Rentenversicherung*, 11–12, 58. Jg., S. 748–762

Cantillon, Bea / Bosch, Karel van den, 2003, *Zurück zu den Grundlagen: Sicherung eines angemessenen Mindesteinkommens im aktiven Wohlfahrtsstaat*, in: Sigg / Behrendt 2003, S. 541–566

Carigiet, Erwin, 2001, *Gesellschaftliche Solidarität. Prinzipien, Perspektiven und Weiterentwicklung der sozialen Sicherheit*, Basel: Helbing & Lichtenhahn

ders. / Mäder, Ueli / Bonvin, Jean-Michel (Hg.), 2003, *Wörterbuch der Sozialpolitik*, Zürich: Rotpunkt

Carling, Alan / Duncan, Simon / Edwards, Rosalind, 2002, *Analysing Families. Morality and Rationality in Policy and Practice*, London / New York: Routledge

Casanova, José, 1994, *Public Religions in the Modern World*, Chicago / London: University of Chicago Press

Casey, Bernard H. / Yamada, Atsuhiro, 2004, *The public-private mix of retirement income in nine OECD countries: some evidence from micro data and an exploration of its implications*, in: Rein / Schmähl 2004, S. 395–411

Castels, Francis G., 1995, *Welfare State Development in Southern Europe*, in: *West European Politics*, 2, Vol. 18, S. 291–313

ders., 2003, *The world turned upside down: below replacement fertility, changing preferences and family-friendly policy in 21 OECD countries*, in: *Journal of European Social Policy*, Vol. 13, 3, S. 209–227

Castells, Manuel, 2001, *Der Aufstieg der Netzwerkgesellschaft. Teil 1 der Trilogie Das Informationszeitalter*, Opladen: Leske + Budrich

CDU-Bundesvorstand, 2001, *Freie Menschen. Starkes Land. Antrag des Bundesvorstands an den Dresdner Parteitag im Dezember 2001*, Berlin

ders. (Hg.), 2003, *Bericht der Kommission «Soziale Sicherheit» zur Reform der sozialen Sicherungssysteme*, Berlin

CDU / CSU-Bundestagsfraktion, 2001, *Faire Politik für Familien. Eckpunkte einer neuen Politik für Familien, Eltern und Kinder*, Berlin

Chamberlayne, Prue et al. (eds.), 1999, *Welfare and Culture. Towards a New Paradigm in Social Policy*, London / Philadelphia: Jessica Kingsley

CHE, 2000, *Umverteilung von unten nach oben durch gebührenfreie Hochschulausbildung. Materialsammlung*, Gütersloh: Centrum für Hochschulentwicklung

dass., 2001, *Studiengebühren als Option für autonome Hochschulen. Ein Vorschlag für Eckpunkte einer Modellgestaltung*, Gütersloh: Centrum für Hochschulentwicklung / Hochschulrektorenkonferenz

Coicaud, Jean-Marc / Doyle, Michael W. / Gardner, Anne-Marie (eds.), 2003, *The globalization of human rights*, Tokyo u. a.: United Nations University Press

Cortina, Kai S. u. a. (Hg.), 2003, *Das Bildungswesen in der Bundesrepublik Deutschland. Strukturen und Entwicklungen im Überblick*, Reinbek: Rowohlt

CSU-Parteivorstand, 2003, *«Die Rente der Zukunft – familienfreundlich, generationengerecht und solidarisch.» Konzept der CSU zur Reform der gesetzlichen Rentenversicherung*, München

Currle, Edda, 2004, *Migration in Europa*, Stuttgart: Lucius & Lucius

Czarnowski, Gabriele, 1991, *Das kontrollierte Paar. Ehe und Sexualpolitik im Nationalsozialismus*, Weinheim / Basel: Beltz

Dahl, Espen, 2003, *Does 'workfare' work? The Norwegian experience*, in: International Journal of Social Welfare, Vol. 12, 4, S. 274–288

Dahrendorf, Ralf, 2001, *Über die Machbarkeit einer guten Gesellschaft*, in: Allmendinger 2001, S. 1330–1337

Dalai Lama, 2004 (1990), *Eine Politik der Güte*, Düsseldorf: Patmos

Dallinger, Ursula, 2001, *Organisierte Solidarität und Wohlfahrtskultur – Das Beispiel des Generationenvertrags*, in: Sociologia Internationalis, 1, S. 67–89

Daly, Mary (ed.), 2001, *Care Work. The quest for security*, Geneva: International Labour Office

Danziger, Sheldon A. / Weinberg, Daniel H. (eds.), 1986, *Fighting Poverty. What Works and What Doesn't*, Cambridge, Ms. / London: Harvard University Press

Deacon, Bob, 2003, *Global Social Governance Reform: From Institutions and Policies to Networks, Projects and Partnerships*, in: ders. et al., Global Social Governance. Themes and Prospects, Helsinki: Ministry of Foreign Affairs of Finland, S. 11–35

Deutscher Bundestag, 1985, *Antrag des Abgeordneten Bueb und der Fraktion DIE GRÜNEN «Grundrente statt Altersarmut»*, BT-Drucksache 10 / 3496 v. 18. 6. 1985

Deutscher Bundestag, 2002, *Bericht der Enquete-Kommission «Zukunft des Bürgerschaftlichen Engagements»*, BT- Drucksache 14 / 8900, Berlin: Deutscher Bundestag

ders. (Hg.), 2002a, *Schlussbericht der Enquete-Kommission Globalisierung der Weltwirtschaft*, Opladen: Leske + Budrich

Deutsches Institut für Wirtschaftsforschung / DIW (Bearb.: Oskar de la Chevallerie / Ellen Kirner), 1985, *Quantitative Analysen für ein alternatives Rentenmodell der Alterssicherung im Rahmen der volkswirtschaftlichen Gesamtrechnung. Gutachten im Auftrage der Fraktion der Grünen im Bundestag*, Berlin: DIW

dass., 2002, *Berechnungen zum Reformvorschlag «Arbeit für viele»*, Berlin: DIW (über: www.spiegel.de; sowie in: DER SPIEGEL 11, 2003, S. 80–87)

Deutschmann, Christoph, 2003, *Ende und Wiederkehr des Keynesianismus*, in: Leviathan, 31. Jg., 3, S. 291–303

Dierkes, Meinolf / Merkens, Hans, 2002, *Zur Wettbewerbsfähigkeit des Hochschulsystems in Deutschland*, Berlin: WZB

Döring, Diether (Hg.), 1999, *Sozialstaat in der Globalisierung*, Frankfurt: Suhrkamp

ders., 2002, *Die Zukunft der Alterssicherung. Europäische Strategien und der deutsche Weg*, Frankfurt: Suhrkamp

Dörner, Klaus, 2003, *Die Gesundheitsfalle. Woran unsere Medizin krankt – Zwölf Thesen zu ihrer Heilung*, München: Econ

Literatur

Dohmen, Dieter, 2004, *Finanzierung lebenslangen Lernens von der Kita bis zur Weiterbildung*. FiBS-Forum Nr. 22, Köln: FiBS

ders. / Hoi, Michael, 2004, *Bildungsausgaben in Deutschland – eine erweiterte Konzeption des Bildungsbudgets*. FiBS-Forum Nr. 20, Köln: FiBS

Eckart, Karl / Scherf, Konrad (Hg.), 2004, *Deutschland auf dem Weg zur inneren Einheit*, Berlin: Duncker & Humblot

Eder, Klaus, 2002, *Europäische Säkularisierung – ein Sonderweg in die postsäkulare Gesellschaft?*, in: *Berliner Journal für Soziologie*, 3, S. 331–343

Eichenhofer, Eberhard, 1990, *Recht der sozialen Sicherheit in den USA*, Baden-Baden: Nomos

ders., 2003, *Reform des Sozialstaats – von der Arbeitnehmerversicherung zur Einwohnersicherung?*, in: *Recht der Arbeit*, 5, S. 264–269

Eichhorst, Werner / Profit, Stefan / Thode, Eric, 2001, *Benchmarking Deutschland: Arbeitsmarkt und Beschäftigung. Bericht der Arbeitsgruppe Benchmarking und der Bertelsmann Stiftung*, Berlin u. a.: Springer

Eichhorst, Werner / Thode, Eric / Winter, Frank, 2004, *Benchmarking Deutschland 2004. Arbeitsmarkt und Beschäftigung*, Berlin u. a.: Springer

Eidgenössisches Departement des Innern, 2002, *Soziale Krankenversicherung Analyse. Bundesratsklausur vom 22. Mai 2002*, Ms.

Eisen, Roland, 1988, *«Versicherungsprinzip» und Umverteilung. Einige theoretische Überlegungen zu den Grenzen des Versicherbaren*, in: Rolf, Gabriele / Spahn, P. Bernd / Wagner, Gert (Hg.), *Sozialvertrag und Sicherung. Zur ökonomischen Theorie staatlicher Versicherungs- und Umverteilungssysteme*, Frankfurt / New York: Campus, S. 117–127

Eisenstadt, Shmuel N., 2000, *Die Vielfalt der Moderne*, Weilerswist: Velbrück

Elixmann, Dieter u. a., 1985, *Der «Maschinenbeitrag» – Gesamtwirtschaftliche Auswirkungen alternativer Bemessungsgrundlagen für Arbeitgeberbeiträge zur Sozialversicherung*, Tübingen: Mohr

Engel, Christoph, 2002, *Das legitime Ziel als Element des Übermaßverbots. Gemeinwohl als Frage der Verfassungsdogmatik*, in: Brugger, Winfried u. a. (Hg.), *Gemeinwohl in Deutschland, Europa und der Welt*, Baden-Baden: Nomos, S. 103–172

Engelen-Kefer, Ursula (Hg.), 2004, *Reformoption Bürgerversicherung*, Hamburg: VSA

Engler, Wolfgang, 2002, *Die Ostdeutschen als Avantgarde*, Berlin: Aufbau

Enthoven, Alain / Tollen, Laura A. (eds.), 2004, *Toward a 21st Century Health System. The Contribution and Promise of Prepaid Group Practice*, San Francisco: Jossey-Bass

Esping-Andersen, Gøsta, 1990, *The Three Worlds of Welfare Capitalism*, Princeton, N.J.: Princeton University Press

ders. (ed.), 1996, *Welfare States in Transition. National Adaptions in Global Economies*, London u. a.: Sage

ders., 1998, *Die drei Welten des Wohlfahrtskapitalismus. Zur politischen Ökonomie des Wohlfahrtsstaates*, in: Lessenich / Ostner 1998, S. 19–56

ders., 1999, *Social Foundations of Postindustrial Economies*, Oxford u. a.: Oxford University Press

ders., 2002, *Why We Need a New Welfare State*, Oxford u. a.: Oxford University Press

Etzioni, Amitai, 1995, *Die Entdeckung des Gemeinwesens. Ansprüche, Verantwortlichkeiten und das Programm des Kommunitarismus*, Stuttgart: Schäffer-Poeschel ders., 1997, *Die Verantwortungsgesellschaft. Individualismus und Moral in der heutigen Demokratie*, Frankfurt / New York: Campus

ders., 2001, *The Monochrome Society*, Princeton: Princeton University Press

Europäische Kommission, 2004, *Beschäftigung in Europa 2003*, Brüssel: EU

Eurostat, 2002, *Der Sozialschutz: Bar- und Sachleistungen. Statistics in focus, 16 / 2002*, Luxemburg: Eurostat

dass., 2003, *Europäische Sozialstatistik – Einkommen, Armut und soziale Ausgrenzung: Zweiter Bericht (Daten 1994 – 1997)*, Luxemburg: Amt für amtliche Veröffentlichungen der Europäischen Gemeinschaften

dass., 2003a, *Öffentliche Bildungsausgaben in der EU (1999). Statistik kurz gefasst 22 / 2003*, Luxemburg: Eurostat

dass., 2004, *Social Protection in Europe. Statistics in Focus, Theme 3, 6 / 2004*, Luxemburg: Eurostat

dass. / Abramovici, Gérard, 2003, *Sozialschutz: Barleistungen für Familien in Europa. Statistik kurz gefasst 19 / 2003*, Luxemburg: Eurostat

Evans, Peter B. / Rueschemeyer, Dietrich / Skocpol, Theda (eds.), 1982, *Bringing the state back in*, Cambridge: Cambridge University Press

Evers, Adalbert, 2000, *Aktivierender Staat. Eine Agenda und ihre möglichen Bedeutungen*, in: Mezger / West 2000, S. 13 – 29

ders. (Hg.), 2004, *Eine neue Architektur der Sozialen Sicherung in Deutschland?*, in: *Zeitschrift für Sozialreform, Heft 1 – 2, 2004*, Wiesbaden: Chmielorz

ders. / Olk, Thomas (Hg.), 1996, *Wohlfahrtspluralismus. Vom Wohlfahrtsstaat zur Wohlfahrtsgesellschaft*, Opladen: Leske + Budrich

Fahey, Tony, 2002, *The Family Economy in the Development of Welfare Regimes: A Case Study*, in: *European Sociological Review*, Vol. 18, S. 51 – 64

FDP Bundesvorstand, 2004, *Für die freie und faire Gesellschaft. Positionsschrift der Freien Demokratischen Partei*, Ms. (22. 4. 2004)

Ferber, Christian / Kaufmann, Franz-Xaver (Hg.), 1977, *Soziologie und Sozialpolitik. Sonderheft 19 der Kölner Zeitschrift für Soziologie und Sozialpsychologie*, Opladen: Westdeutscher Verlag

Ferrera, Maurizio, 1998, *The Four ‹Social Europes›: Between Universalism and Selectivity*, in: Rhodes, Martin / Mény, Yves (eds.), *The Future of European Welfare. A New Social Contract?*, London / New York: Macmillan Press / St. Martin's Press, S. 79 – 96

Fertig, Michael / Schmidt, Christoph M., 2003, *Gerontocracy in Motion? European Cross-Country Evidence on the Labor Market Consequences of Population Aging. RWI-Discussion Papers No. 8*, Essen: RWI

Fitzpatrick, Tony, 2000, *The Implications of Ecological Thought for Social Welfare*, in: Pierson / Castles 2000, S. 343 – 354

Fix, Birgit, 2001, *Religion und Familienpolitik. Deutschland, Belgien, Österreich und die Niederlande im Vergleich*, Wiesbaden: Westdeutscher Verlag

Fligstein, Neil, 2000, *Verursacht Globalisierung die Krise des Wohlfahrtsstaates?*, in: *Berliner Journal für Soziologie*, 3, S. 349 – 378

Flora, Peter / Noll, Heinz-Herbert (Hg.), 1999, *Sozialberichterstattung und Sozialstaatsbeobachtung im Spiegel empirischer Analysen*, Frankfurt / New York: Campus

Fraser, Nancy / Honneth, Axel, 2003, *Umverteilung oder Anerkennung? Eine politisch-philosophische Kontroverse*, Frankfurt: Suhrkamp

Frerich, Johannes / Frey, Martin, 1993, *Handbuch der Geschichte der Sozialpolitik in Deutschland. Band 2: Sozialpolitik in der Deutschen Demokratischen Republik*, München: Oldenbourg

Frevel, Bernhard / Dietz, Berthold, 2004, *Sozialpolitik kompakt*, Wiesbaden: VS Verlag

Friedman, Milton, 1984 (1962), *Kapitalismus und Freiheit*, Frankfurt u. a.: Ullstein

Fritzsche, K. Peter, 2004, *Menschenrechte. Eine Einführung mit Dokumenten*, Paderborn u. a.: Schöning

Fthenakis, Wassilios E. / Kalicki, Bernhard / Peitz, Gabriele, 2002, *Paare werden Eltern. Die Ergebnisse der LBS-Familien-Studie*, Opladen: Leske + Budrich

Fux, Beat, 2002, *Which Models of the Family are Encouraged or Discouraged by Different Family Policies?*, in: Kaufmann u. a. 2002, S. 363–418

Gall, Lothar (Hg.), 2003, *Otto von Bismarck und die Parteien*, Paderborn: Schöningh

Garrett, Geoffrey, 1998, *Partisan Politics in the Global Economy*, Cambridge: Cambridge University Press

Gauthier, Anne Hélène, 1996, *The State and the Family. A Comparative Analysis of Family Policies in Industrialized Countries*, Oxford: Clarendon Press

Gebauer, Ronald / Petschauer, Hanna / Vobruba, Georg, 2002, *Wer sitzt in der Armutsfalle? Selbstbehauptung zwischen Sozialhilfe und Arbeitsmarkt*, Berlin: edition sigma

Genschel, Philipp, 2003, *Globalisierung als Problem, als Lösung und als Staffage*, in: Hellmann, Gunther / Wolf, Klaus Dieter / Zürn, Michael (Hg.), *Die neuen Internationalen Beziehungen. Forschungsstand und Perspektiven in Deutschland*, Baden-Baden: Nomos, S. 429–464

ders., 2004, *Globalization and the welfare state: a retrospective*, in: *Journal of European Public Policy*, Vol. 11, 4, S. 621–644

Geremek, Bronislaw, 1988, *Geschichte der Armut. Elend und Barmherzigkeit in Europa*, München / Zürich: Artemis

Gerhard, Ute, 1994, *Die staatlich institutionalisierte «Lösung» der Frauenfrage. Zur Geschichte der Geschlechterverhältnisse in der DDR*, in: Kaelble, Hartmut u. a. (Hg.), *Sozialgeschichte der DDR*, Stuttgart: Klett-Cotta, S. 383–403

Gethmann, Carl Friedrich u. a., 2004, *Gesundheit nach Maß? Eine transdisziplinäre Studie zu den Grundlagen eines dauerhaften Gesundheitssystems*, Berlin: Akademie Verlag

Geyer, Michael, 1983, *Ein Vorbote des Wohlfahrtsstaates. Die Kriegsopferversorgung in Frankreich, Deutschland und Großbritannien nach dem Ersten Weltkrieg*, in: *Geschichte und Gesellschaft*, 2, 9. Jg., S. 230ff.

Giddens, Anthony, 1999, *Der dritte Weg. Die Erneuerung der sozialen Demokratie*, Frankfurt: Suhrkamp

Gilbert, Neil, 2002, *Transformation of the Welfare State. The Silent Surrender of Public Responsibility*, Oxford / New York: Oxford University Press

ders. / Gilbert, Barbara, 1989, *The Enabling State. Modern Welfare Capitalism in America*, New York / Oxford: Oxford University Press

Glotz, Peter, 2004, *Neugründungspathos. Die Vierziger proben den Aufstand*, in: *Frankfurter Allgemeine Zeitung*, 5. 5. 2004, S. 39

Göpel, Eberhard (Hg.), 2004, *Gesundheit bewegt. Wie aus einem Krankheitswesen ein Gesundheitswesen entstehen kann*, Frankfurt: Mabuse

Gorz, André, 2000, *Arbeit zwischen Misere und Utopie*, Frankfurt: Suhrkamp

Gottfried, Heidi / O'Reilly, Jacqueline, 2002, *Reregulating Breadwinner Models in Socially Conservative Welfare Systems: Comparing Germany and Japan*, in: Social Politics, Vol. 9, 1, S. 29–59

Gottschall, Karin, 2003, *Von Picht zu PISA. Zur Dynamik von Bildungsstaatlichkeit, Individualisierung und Vermarktlichung in der Bundesrepublik*, in: Allmendinger 2003, S. 888–901

dies. / Hagemann, Karen, 2002, *Die Halbtagsschule in Deutschland: Ein Sonderfall in Europa?*, in: Aus Politik und Zeitgeschichte, B 41 / 2002, S. 12–22

dies. / Pfau-Effinger, Birgit (Hg.), 2002, *Zukunft der Arbeit und Geschlecht. Diskurse, Entwicklungspfade und Reformoptionen im internationalen Vergleich*, Opladen: Leske + Budrich

Gough, Ian / Wood, Geof (eds.), 2004, *Insecurity and Welfare Regimes in Asia, Africa and Latin America. Social Policy in Development Contexts*, Cambridge: Cambridge University Press

Greener, Ian, 2004, *The three moments of New Labour's health policy discourse*, in: Policy & Politics, Vol. 32, 3, S. 303–316

Gretschmann, Klaus / Heinze, Rolf G. / Hilbert, Josef / Schulz, Erika / Voelzkow, Helmut, 1989, *Neue Technologien und soziale Sicherung. Antworten auf Herausforderungen des Wohlfahrtsstaats: Maschinensteuer – Mindestsicherung – Sozialgutscheine*, Opladen: Westdeutscher Verlag

Gross, Peter, 1983, *Die Verheißungen der Dienstleistungsgesellschaft. Soziale Befreiung oder Sozialherrschaft?*, Wiesbaden: Westdeutscher Verlag

Gutmann, Amy (ed.), 1988, *Democracy and the Welfare State*, Princeton, NJ: Princeton University Press

Habermas, Jürgen, 1985, *Die Krise des Wohlfahrtsstaates und die Erschöpfung utopischer Energien*, in: ders., Die Neue Unübersichtlichkeit. Kleine Politische Schriften V, Frankfurt: Suhrkamp, S. 141–162

Hacket, Anne / Preißler, Josef / Ludwig-Mayerhofer, Wolfgang, 2001, *Am unteren Ende der Bildungsgesellschaft*, in: Barlösius, Eva / Ludwig-Mayerhofer, Wolfgang (Hg.), Die Armut der Gesellschaft, Opladen: Leske + Budrich, S. 97–130

Hall, Anthony L. / Midgley, James, 2004, *Social Policy for Development*, London: Sage

Halman, Loek / Riis, Ole (eds.), 2003, *Religion in Secularizing Society. The Europeans' Religion at the End of the 20th Century*, Leiden / Boston: Brill

Handler, Joel F., 2003, *Social citizenship and workfare in the US and Western Europe: from status to contract*, in: Journal of European Social Policy, Vol. 13, 3, S. 229–243

Hanesch, Walter u. a., 2000, *Armut und Ungleichheit in Deutschland. Der neue Armutsbericht der Hans-Böckler-Stiftung, des DGB und des Paritätischen Wohlfahrtsverbandes*, Reinbek: Rowohlt

ders. / Klein, Thomas, 1988, *Eine integrierte bedarfsorientierte Grundsicherung in AFG und BSHG*, in: Opielka / Zander 1988, S. 126–160

Hardt, Michael / Negri, Antonio, 2002, *Empire. Die neue Weltordnung*, Frankfurt / New York: Campus

Literatur

Hartwich, Hans-Hermann, 1978, *Sozialstaatspostulat und gesellschaftlicher status quo*, 3. Aufl., Wiesbaden: Westdeutscher Verlag

Hausen, Karin (Hg.), 1993, *Geschlechterhierarchie und Arbeitsteilung. Zur Geschichte ungleicher Erwerbschancen von Männern und Frauen*, Göttingen: Vandenhoeck

dies., 2000, *Arbeit und Geschlecht*, in: Kocka, Jürgen / Offe, Claus (Hg.), *Geschichte und Zukunft der Arbeit*, Frankfurt / New York: Campus, S. 343–361

Hauser, Richard, 1996, *Ziele und Möglichkeiten einer Sozialen Grundsicherung*, Baden-Baden: Nomos

Hayek, Friedrich August von, 2003 (1944), *Der Weg zur Knechtschaft (Neuausgabe. Vorwort v. Otto Graf Lambsdorff)*, München: Olzog

Heck, Alexander, 2003, *Auf der Suche nach Anerkennung. Deutung, Bedeutung, Ziele und Kontexte von Anerkennung im gesellschaftstheoretischen Diskurs*, Münster u. a.: LIT

Heese, Claudia, 1999, *Schweden*, in: VDR 1999, S. 159–181

Heide, Agnes van der u. a., 2003, *End-of-life decision making in six European countries: descriptive study*, in: *The Lancet*, 9381, 17. 6. 2003, S. 345–350

Heimann, Eduard, 1980 (1929), *Soziale Theorie des Kapitalismus. Theorie der Sozialpolitik*, Frankfurt: Suhrkamp

Hein, Eckhard u. a., 2004, *WSI-Standortbericht 2004: Demografische Entwicklung – Ein Standortproblem?*, in: *WSI-Mitteilungen*, 6, S. 291–305

Heinrichs, Johannes, 1976, *Reflexion als soziales System. Zu einer Reflexions-Systemtheorie der Gesellschaft*, Bonn: Bouvier

Heinze, Rolf G. / Olk, Thomas (Hg.), 2001, *Bürgerengagement in Deutschland*, Opladen: Leske + Budrich

Held, David, 2004, *Global Covenant. The Social Democratic Alternative to the Washington Consensus*, Cambridge: Polity

ders. / McGrew, Anthony, 2002, *Governing Globalization. Power, Authority and Global Governance*, Cambridge: Polity

dies. (Hg.), 2003, *The Global Transformations Reader. An Introduction to the Globalization Debate*. 2nd ed., Cambridge: Polity

dies. / Goldblatt, David / Perraton, Jonathan, 1999, *Global Transformations. Politics, Economics and Culture*, Cambridge: Polity

Helmert, Uwe / Bammann, Karin / Voges, Wolfgang / Müller, Rainer (Hg.), 2000, *Müssen Arme früher sterben? Soziale Ungleichheit und Gesundheit in Deutschland*, Weinheim / München: Juventa

Helmert, Uwe u. a., 1993, *Soziale Ungleichheit bei Herzinfarkt und Schlaganfall in West-Deutschland*, in: *Sozial- und Präventivmedizin*, 38. Jg., S. 123–132

Henningsen, Bernd, 1986, *Der Wohlfahrtsstaat Schweden*, Baden-Baden: Nomos

Hentschel, Volker, 1983, *Geschichte der deutschen Sozialpolitik (1880–1980). Soziale Sicherung und kollektives Arbeitsrecht*, Frankfurt: Suhrkamp

Herbert, Bob, 2004, *An Emerging Catastrophe*, in: *New York Times*, 19. 7. 2004

Hessische Staatskanzlei (Hg.), 2003, *Die Familienpolitik muss neue Wege gehen! Der «Wiesbadener Entwurf» zur Familienpolitik*, Wiesbaden: Westdeutscher Verlag

Hicks, Alexander / Misra, Joya / Ng, Tang Nah, 1995, *The Programmatic Emergence of the Social Security State*, in: *American Sociological Review*, 3, Vol. 60, S. 329–349

Hiilamo, Heikki / Kangas, Olli, 2003, *Trap for women or freedom to choose? Child home care allowance in Finnish and Swedish political rhetoric. Paper presented at the ESPAnet conference, Copenhagen, 13.–15. 11. 2003,* Ms.

Hildebrandt, Mathias/Brocker, Manfred/Behr, Hartmut (Hg.), 2001, *Säkularisierung und Resakralisierung in westlichen Gesellschaften,* Wiesbaden: Westdeutscher Verlag

Hinrichs, Karl, 2001, *Armutsfeste Grundsicherung im Alter. Ausländische Modelle und die jüngste Rentenreform in Deutschland,* in: *Zeitschrift für Sozialreform,* 3, S. 223–254

Hockerts, Hans Günter, 1980, *Sozialpolitische Entscheidungen im Nachkriegsdeutschland,* Stuttgart: Klett-Cotta

ders., 1983, *Sicherung im Alter. Kontinuität und Wandel der gesetzlichen Rentenversicherung 1889–1979,* in: Conze, Werner/Lepsius, M. Rainer (Hg.), *Sozialgeschichte der Bundesrepublik Deutschland. Beiträge zum Kontinuitätsproblem,* Stuttgart: Klett-Cotta, S. 296–323

Hochman, Harold M./Rogers, James D., 1969, *Pareto Optimal Redistribution,* in: *American Economic Review,* 3, Vol. 59, S. 542–557

Hoffritz, Jutta, 2003, *Pest, Cholera und Schwindsucht,* in: *Die Zeit,* 13. 11. 2003

Honneth, Axel, 1992, *Kampf um Anerkennung. Zur moralischen Grammatik sozialer Konflikte,* Frankfurt: Suhrkamp

Hort, Sven E. O., 2004, *Renten in Schweden – auf dem Weg zurück zur Grundrente?,* in: Opielka 2004a, S. 167–188

Huber, Ellis/Langbein, Kurt, 2004, *Die Gesundheitsrevolution. Radikale Wege aus der Krise – was Patienten wissen müssen,* 2. Aufl., Berlin: Aufbau-Verlag

Huber, Joseph, 1998, *Vollgeld. Beschäftigung, Grundsicherung und weniger Staatsquote durch eine modernisierte Geldordnung,* Berlin: Duncker & Humblot

Huf, Stefan, 1998, *Sozialstaat und Moderne – Modernisierungseffekte staatlicher Sozialpolitik,* Berlin: Duncker & Humblot

Huntington, Samuel P., 1997, *Der Kampf der Kulturen. Die Neugestaltung der Weltpolitik im 21. Jahrhundert,* 5. Aufl., München/Wien: Europa

Hurrelmann, Klaus/Laaser, Ulrich (Hg.), 2003, *Handbuch Gesundheitswissenschaften,* Weinheim/München: Juventa

Inglehart, Ronald, 2000, *Globalization and Postmodern Values,* in: *The Washington Quarterly,* Vol. 23, 1, S. 215–228

ders. (ed.), 2003, *Human Values and Social Change. Findings from the Values Surveys,* Leiden/Boston: Brill

Ishay, Micheline R., 2004, *The History of Human Rights. From Ancient History to the Globalization Era,* Berkeley u. a.: University of California Press

Juergensmeyer, Mark (ed.), 2003, *Global Religions,* Oxford: Oxford University Press

Ka, Lin, 1999, *Confucian Welfare Cluster. A Cultural Interpretation of Social Welfare.* Acta Universitatis Tamperensis 645, Tampere: TAJU

Kaltenborn, Bruno, 2002, *Soziale Sicherung für Angehörige von Niedriglohngruppen,* in: *Archiv für Wissenschaft und Praxis der sozialen Arbeit,* 1, 33. Jg., S. 14–21

ders., 2003, *Kombilöhne: Stand und Perspektiven,* in: *Vierteljahreshefte zur Wirtschaftsforschung,* 1, S. 124–132

ders., 2003a, *Abgaben und Sozialtransfers in Deutschland,* München/Mering: Rainer Hampp

Kamerman, Sheila B. / Kahn, Alfred J. (eds.), 1997, *Family Change and Family Policies in Great Britain, Canada, New Zealand and the United States*, Oxford: Clarendon Press

Kaufmann, Franz-Xaver, 1973, *Sicherheit als soziologisches und sozialpolitisches Problem*, Stuttgart: Enke

ders., 1989, *Christentum und Wohlfahrtsstaat*, in: ders., *Religion und Modernität*, Tübingen: Mohr, S. 89–119

ders., 1995, *Zukunft der Familie im vereinten Deutschland*, München: Beck

ders., 1997, *Herausforderungen des Sozialstaates*, Frankfurt: Suhrkamp

ders., 1999, *Wo liegt die Zukunft der Religion?*, in: Krüggeler, Michael u. a. (Hg.), *Institution, Organisation, Bewegung. Sozialformen der Religion im Wandel*, Opladen: Leske + Budrich, S. 71–97

ders., 2002, *Sozialpolitik und Sozialstaat: Soziologische Analysen*, Opladen: Leske + Budrich

ders., 2003, *Sozialpolitisches Denken. Die deutsche Tradition*, Frankfurt: Suhrkamp

ders., 2003a, *Varianten des Wohlfahrtsstaats. Der deutsche Sozialstaat im internationalen Vergleich*, Frankfurt: Suhrkamp

ders. u. a. (eds.), 1997, *Family Life and Family Policies in Europe. Volume. 1: Structures and Trends in the 1980s*, Oxford: Clarendon Press

dies. (eds.), 2002, *Family Life and Family Policies in Europe. Volume 2: Problems and Issues in Comparative Perspective*, Oxford / New York: Oxford University Press

Keane, John, 1998, *Thomas Paine. Ein Leben für die Menschenrechte*, Hildesheim: Claassen

Kennett, Patricia (ed.), 2004, *A Handbook Of Comparative Social Policy*, Cheltenham, UK / Northampton, MA: Edward Elgar

Kersbergen, Kees van, 1995, *Social Capitalism. A study of Christian democracy and the welfare state*, London / New York: Routledge

Kersting, Wolfgang (Hg.), 2000, *Politische Philosophie des Sozialstaats*, Weilerswist: Velbrück

ders., 2000 a, *Politische Solidarität statt Verteilungsgerechtigkeit. Eine Kritik egalitaristischer Sozialstaatsbegründung*, in: ders. 2000, S. 202–256

Kickbusch, Ilona, 2004, *Die Gesundheitsgesellschaft zwischen Staat und Markt*, in: Göpel 2004, S. 28–37

Kippenberg, Hans G. / Stuckrad, Kocku von, 2003, *Einführung in die Religionswissenschaft*, München: Beck

Kirchhof, Paul, 2001, *Strategies to Develop and to Defend Values*, in: Zacher, Hans F. (Hg.), *Democracy – Reality and Responsibility. Pontificae Acadamiae Scientiarum Socialum Acta*, Vatikanstadt, S. 65–94

Kirner, Ellen, 1988, *Keine Mindestrente für die Armen, weil sie nichts geleistet haben? Zur Forderung nach einer verbesserten Grundsicherung im Alter*, in: Opielka / Zander 1988, S. 104–115

dies., 2004, *Zu Fragen der Finanzierung einer Grundrente für das Alter*, in: Opielka 2004a, S. 61–97

Klanberg, Frank, 1986, *Eine neue soziale Grundsicherung? Zu einigen Implikationen der Grundrenten- und Grundeinkommensdiskussion*, in: *Nachrichtendienst des Deutschen Vereins*, 11, 66. Jg., S. 437–442

Klocke, Andreas / Hurrelmann, Klaus (Hg.), 2001, *Kinder und Jugendliche in Armut. Umfang, Auswirkungen und Konsequenzen*, Wiesbaden: Westdeutscher Verlag

Knijn, Trudie / Kremer, Monique, 1997, *Gender and the Caring Dimension of Welfare States*, in: *Social Politics*, Vol. 4, 3, S. 328–361

Knoblauch, Hubert, 2002, *Ganzheitliche Bewegungen, Transzendenzerfahrungen und die Entdifferenzierung von Kultur und Religion in Europa*, in: *Berliner Journal für Soziologie*, 3, S. 295–307

Kohl, Jürgen, 1999, *Leistungsprofile wohlfahrtsstaatlicher Regimetypen*, in: Flora / Noll 1999, S. 111–139

Köhler, Peter A., 1987, *Sozialpolitische und sozialrechtliche Aktivitäten der Vereinten Nationen*, Baden-Baden: Nomos

Kohli, Martin, 1997, *Beziehungen und Transfers zwischen den Generationen*, in: Vaskovics, Laszlo A. (Hg.), *Familienleitbilder und Familienrealitäten,* Opladen: Leske + Budrich, S. 278–288

Kolinsky, Eva, 1989, *Women in West Germany. Life, Work and Politics*, Oxford u. a.: Berg Publishers

Kommission für Zukunftsfragen der Freistaaten Bayern und Sachsen, 1996, *Erwerbstätigkeit und Arbeitslosigkeit in Deutschland. Entwicklung, Ursachen und Maßnahmen. Teil I: Entwicklung von Erwerbstätigkeit und Arbeitslosigkeit in Deutschland und anderen frühindustrialisierten Ländern*, Bonn

Koslowski, Peter, 1990, *Der soziale Staat der Postmoderne. Ethische Grundlagen der Sozialpolitik und Reform der Sozialversicherung*, in: Sachße / Engelhardt 1990, S. 28–70

Kranz, Nicolai, 1998, *Die Bundeszuschüsse zur Sozialversicherung*, Berlin: Duncker & Humblot

Kränzl-Nagl, Renate / Mierendorff, Johanna / Olk, Thomas (Hg.), 2003, *Kindheit im Wohlfahrtsstaat. Gesellschaftliche und politische Herausforderungen*, Frankfurt / New York: Campus

Krebs, Angelika, 2002, *Arbeit und Liebe. Die philosophischen Grundlagen sozialer Gerechtigkeit*, Frankfurt: Suhrkamp

Kreikebohm, Ralf, 1989, *Die Idee der Staatsbürgerversorgung. Systematische Darstellung verschiedener Modelle und Einwände*, in: *Zeitschrift für Sozialreform*, 3, 35. Jg., S. 129–160

Kronauer, Martin, 2002, *Exklusion. Die Gefährdung des Sozialen im hochentwickelten Kapitalismus*, Frankfurt / New York: Campus

Kruse, Andreas u. a., 2003, *Kostenentwicklung im Gesundheitswesen: Verursachen ältere Menschen höhere Gesundheitskosten?*, Heidelberg: AOK Baden-Württemberg

Kühnhardt, Ludger, 1987, *Die Universalität der Menschenrechte*, Bonn: Bundeszentrale für politische Bildung

Küng, Hans, 1997, *Weltethos für Weltpolitik und Weltwirtschaft*, München / Zürich: Piper

Künzi, Kilian / Schärrer, Markus, 2004, *Wer zahlt für die Soziale Sicherheit und wer profitiert davon?*, Zürich: Rüegger

Lafontaine, Oskar, 2004, *So rette ich Deutschland*, in: *Cicero*, 9

Lampert, Hans, 1996, *Priorität für die Familie. Plädoyer für eine rationale Familienpolitik*, Berlin: Duncker & Humblot

ders. / Althammer, Jörg, 2004, *Lehrbuch der Sozialpolitik*, 7. Aufl., Berlin u. a.: Springer

Lantzsch, Jana, 2003, *Die Abkehr vom politischen Ziel der Vollbeschäftigung*, in: *Zeitschrift für Soziologie*, 3, 32. Jg., S. 226–236

314 Literatur

Leibfried, Stephan u. a., 1995, *Zeit der Armut. Lebensläufe im Sozialstaat*, Frankfurt: Suhrkamp

ders./Pierson, Paul (Hg.), 1998, *Standort Europa. Europäische Sozialpolitik*, Frankfurt: Suhrkamp

ders./Wagschaal, Uwe (Hg.), 2000, *Der deutsche Sozialstaat. Bilanz – Reformen – Perspektiven*, Frankfurt/New York: Campus

Leipert, Christian (Hg.), 1999, *Aufwertung der Erziehungsarbeit. Europäische Perspektiven einer Strukturreform der Familien- und Gesellschaftspolitik*, Opladen: Leske + Budrich

ders. (Hg.), 2001, *Familie als Beruf: Arbeitsfeld der Zukunft*, Opladen: Leske + Budrich

ders./Opielka, Michael, 1998, *Erziehungsgehalt 2000. Ein Weg zur Aufwertung der Erziehungsarbeit*, Bonn/Freiburg: ISÖ

Leitner, Sigrid, 2003, *Varieties of familialism. The caring function of the family in comparative perspective*, in: European Societies, 4, Vol. 5, S. 353–375

dies./Ostner, Ilona/Schratzenstaller, Margit (Hg.), 2004, *Wohlfahrtsstaat und Geschlechterverhältnis im Umbruch. Was kommt nach dem Ernährermodell?*, Wiesbaden: VS Verlag für Sozialwissenschaften

Leon, David A./Walt, Gill (eds.), 2001, *Poverty, Inequality and Health*, Oxford u. a.: Oxford University Press

Lessenich, Stephan, 1995, *Wohlfahrtsstaat, Arbeitsmarkt und Sozialpolitik in Spanien. Eine exemplarische Analyse postautoritären Wandels*, Opladen: Leske + Budrich

ders., 2003, *Dynamischer Immobilismus. Kontinuität und Wandel im deutschen Sozialmodell*, Frankfurt/New York: Campus

ders., 2003a, *Soziale Subjektivität. Die neue Regierung der Gesellschaft*, in: Mittelweg 36, 12. Jg., Heft 4, 80–93

ders. (Hg.), 2003b, *Wohlfahrtsstaatliche Grundbegriffe. Historische und aktuelle Diskurse*, Frankfurt/New York: Campus

ders., 2003c, *Einleitung: Wohlfahrtsstaatliche Grundbegriffe – Semantiken des Wohlfahrtsstaates*, in: ders. 2003b, S. 9–19

ders./Ostner, Ilona (Hg.), 1998, *Welten des Wohlfahrtskapitalismus. Der Sozialstaat in vergleichender Perspektive*, Frankfurt/New York: Campus

Leyendecker, Wolfgang, 1986, *Grundrente – Rentenmodell für die Zukunft?*, in: Deutsche Rentenversicherung, 3–4, 57. Jg., S. 143–160

Levine, Robert A. u. a., 2004, *A Retrospective on the Negative Income Tax Experiments: Looking Back at the Most Innovative Field Studies in Social Policy*. USBIG Discussion Paper No. 86, June 2004, www.usbig.net.

Lewis, Jane, 2001, *The Decline of the Male Breadwinner Model. Implications for Work and Care*, in: Social Politics, Vol. 8, No. 2, S. 152–169

dies., 2002, *Individualisation, assumptions about the existence of an adult worker model and the shift towards contractualism*, in: Carling u. a. 2002, S. 51–56

Liegle, Ludwig, 1987, *Welten der Kindheit und Familie. Beiträge zu einer pädagogischen und kulturvergleichenden Sozialisationsforschung*, Weinheim/München: Juventa

List, Friedrich, 1928 (1841), *Das nationale System der Politischen Oekonomie*, 5. Aufl., Jena: Gustav Fischer

Lohoff, Ernst u. a., 2004, *Dead Men Working. Gebrauchsanweisungen zur Arbeits- und Sozialkritik in Zeiten kapitalistischen Amoklaufs*, Münster: Unrast

Literatur 315

Luchterhandt, Otto, 1988, *Grundpflichten als Verfassungsproblem in Deutschland. Geschichtliche Entwicklung und Grundpflichten unter dem Grundgesetz*, Berlin: Duncker & Humblot

Lüdemann, Jörn, 2004, *Edukatorischer Staat. Steuerungstheorie und Verfassungsrecht am Beispiel der staatlichen Förderung von Abfallmoral*, Baden-Baden: Nomos

Luhmann, Jochen, 2003, *2800 Euro monatlich je Kind*, in: FAZ v. 30. 12. 2003, S. 12

Luhmann, Niklas, 1973, *Formen des Helfens im Wandel gesellschaftlicher Bedingungen*, in: Otto, Hans-Uwe / Schneider, Siegfried (Hg.), *Gesellschaftliche Perspektiven der Sozialarbeit, Band 1*, Neuwied / Darmstadt: Luchterhand, S. 21 – 43

ders., 1981, *Politische Theorie im Wohlfahrtsstaat*, München / Wien: Olzog

Mackenroth, Gerhard, 1971 (1952), *Die Reform der Sozialpolitik durch einen deutschen Sozialplan*, in: Külp, Bernhard / Schreiber, Wilfried (Hg.), *Soziale Sicherheit*, Köln / Berlin: Kiepenheuer & Witsch, S. 265 – 275

MacPherson, Stewart / Midgley, James, 1987, *Comparative Social Policy and the Third World*, Sussex: Wheatsheaf

Manow, Philip, 2002, ‹ *The Good, the Bad, and the Ugly* ›. *Esping-Andersens Sozialstaats-Typologie und die konfessionellen Wurzeln des westlichen Wohlfahrtsstaates*, in: *Kölner Zeitschrift für Soziologie und Sozialpsychologie*, 2, S. 203 – 225

Manz, Günter / Winkler, Gunnar (Hg.), 1988, *Sozialpolitik*, 2. Aufl., Berlin: Verlag Die Wirtschaft

Mappes-Niediek, Norbert, 2003, *Ein Volk von Versicherten*, in: *Süddeutsche Zeitung*, 4. 8. 2003

Margalit, Avishai, 1999, *Politik der Würde. Über Achtung und Verachtung*, Frankfurt: Fischer

Marshall, Thomas H., 1992 (1964), *Bürgerrechte und soziale Klassen. Zur Soziologie des Wohlfahrtsstaates*, Frankfurt / New York: Campus

Marx, Karl / Engels, Friedrich, 1983, *Werke Band 25, «Das Kapital»*, Bd. III, Berlin / DDR: Dietz

Mathes, Joachim, 1993, *Was ist anders an anderen Religionen? Anmerkungen zur zentristischen Organisation des religionssoziologischen Denkens*, in: Bergmann u. a. 1993, S. 16 – 30

Mau, Steffen, 2003, *The Moral Economy of Welfare States. Britain and Germany compared*, London / New York: Routledge

Mayer, Karl Ulrich / Baltes, Paul B. (Hg.), 1999, *Die Berliner Altersstudie*, 2. Aufl., Berlin: Akademie Verlag

Meinhardt, Volker / Kirner, Ellen / Grabka, Markus / Lohmann, Ulrich / Schulz, Erika, 2002, *Finanzielle Konsequenzen eines universellen Systems der gesetzlichen Alterssicherung*, Düsseldorf: edition der Hans-Böckler-Stiftung

Meinhardt, Volker / Svindland, Dagmar / Teichmann, Dieter / Wagner, Gert, 1996, *Fiskalische Auswirkungen der Einführung eines Bürgergeldes. Gutachten im Auftrag des Bundesministers der Finanzen*, Berlin: Deutsches Institut für Wirtschaftsforschung

Merkel, Wolfgang, 2001, *Soziale Gerechtigkeit und die drei Welten des Wohlfahrtskapitalismus*, in: *Berliner Journal für Soziologie*, 2, S. 135 – 157

ders., 2003, *Die unverzichtbare Verantwortung des Einzelnen*, in: *Frankfurter Rundschau*, 4. 6. 2003

Merrill Lynch / Cap Gemini Ernst & Young, 2003, *World Wealth Report 2003*, New York

Meyer, Traute, 2002, *Mehr einfache Dienstleistungen durch Senkung der Arbeitskosten? Warum der Zusammenhang im Wohlfahrtsektor nicht gilt*, in: Gottschall / Pfau-Effinger 2002, S. 231–247

Mezger, Erika / West, Klaus-W. (Hg.), 2000, *Aktivierender Sozialstaat und politisches Handeln*, Marburg: Metropolis

Midgley, James, 1997, *Social Welfare in Global Context*, London: Sage

Mieg, Harald / Pfadenhauer, Michaela (Hg.), 2003, *Professionelle Leistung – Professional Performance. Positionen der Professionssoziologie*, Konstanz: UVK

Miegel, Meinhard, 1981, *Sicherheit im Alter. Plädoyer für die Weiterentwicklung des Rentensystems*, Stuttgart: Bonn Aktuell

ders., 1988, *Grundsicherung und private Vorsorge als ordnungspolitisches Gebot*, in: Aktionsgemeinschaft Soziale Marktwirtschaft u. a. (Hg.), *Die Zukunft der Alterssicherung: Grundsicherung und private Vorsorge*, Heidelberg u. a.: ASM u. a., S. 18–25

ders. / Wahl, Stefanie, 1985, *Gesetzliche Grundsicherung – Private Vorsorge. Der Weg aus der Rentenkrise*, Stuttgart: Bonn Aktuell

dies., 1996, *Das Ende des Individualismus. Die Kultur des Westens zerstört sich selbst*, 3. Aufl., München / Landsberg: Aktuell

dies., 1999, *Solidarische Grundsicherung – Private Vorsorge. Der Weg aus der Rentenkrise*, München: Aktuell im Olzog Verlag

dies., 2002, *Arbeitsmarkt und Arbeitslosigkeit. Probleme und Perspektiven*, München: Olzog

Mitschke, Joachim, 2000, *Grundsicherungsmodelle – Ziele, Gestaltung, Wirkungen und Finanzbedarf. Eine Fundamentalanalyse mit besonderem Bezug auf die Steuer- und Sozialordnung sowie den Arbeitsmarkt der Republik Österreich*, Baden-Baden: Nomos

ders., 2003, *Erneuerung des deutschen Einkommensteuerrechts*, Ms., Saarbrücken

Moebius, Isabella / Szyszcak, Erika, 1998, *Of Raising Pigs and Children*, in: *Yearbook of European Law*, 18, S. 125–156

Mohr, Katrin, 2004, *Pfadabhängige Restrukturierung oder Konvergenz? Reformen in der Arbeitslosensicherung und der Sozialhilfe in Großbritannien und Deutschland*, in: *Zeitschrift für Sozialreform*, Jg. 50, 3, S. 283–312

Mossialos, Elias / Dixon, Anna, 2002, *Funding health care: an introduction*, in: dies. u. a. (eds.), *Funding health care. Options for Europe*, Buckingham / Philadelphia: Open University Press, S. 1–30

Mühlfeld, Claus / Schönweiss, Friedrich, 1989, *Nationalsozialistische Familienpolitik*, Stuttgart: Enke

Müller, Albrecht, 2004, *Die Reformlüge. 40 Denkfehler, Mythen und Legenden, mit denen Politik und Wirtschaft Deutschland ruinieren*, München: Droemer

Münch, Richard, 1986, *Die Kultur der Moderne. 2 Bde.*, Frankfurt: Suhrkamp

ders. / Smelser, Neil J. (eds.), 1992, *Theory of Culture*, Berkeley u. a.: University of California Press

Munsch, Chantal (Hg.), 2003, *Sozial Benachteiligte engagieren sich doch. Über lokales Engagement und soziale Ausgrenzung und die Schwierigkeiten der Gemeinwesenarbeit*, Weinheim / München: Juventa

Murray, Charles, 1984, *Losing Ground. American Social Policy 1950–1980*, New York: Basic Books

Nauck, Bernhard, 1999, *Migration, Globalisierung und der Sozialstaat*, in: Berliner Journal für Soziologie, 4, S. 479–493

Nell-Breuning, Oswald von, 1979, *Soziale Sicherheit. Zu Grundfragen der Sozialordnung aus christlicher Verantwortung*, Freiburg u. a.: Herder

Netzler, Andreas / Opielka, Michael (Hg.), 1998, *Neubewertung der Familienarbeit in der Sozialpolitik*, Opladen: Leske + Budrich

Newman, Janet, 2001, *Modernising Governance. New Labour, Policy and Society*, London u. a.: SAGE

Neyer, Gerda, 2003, *Family Policies and Low Fertility in Western Europe. Working Paper 2003–021*, Rostock: Max-Planck-Institut für demografische Forschung

Nolte, Paul, 2003, *Das große Fressen. Nicht Armut ist das Hauptproblem der Unterschicht – Sondern der massenhafte Konsum von Fastfood und TV*, in: Die Zeit, 17. 12. 2003

ders., 2004, *Generation Reform. Jenseits der blockierten Republik*, München: Beck

Nullmeier, Frank, 2000, *Politische Theorie des Sozialstaats*, Frankfurt / New York: Campus

ders. / Rüb, Friedbert W., 1993, *Die Transformation der Sozialpolitik. Vom Sozialstaat zum Sicherungsstaat*, Frankfurt / New York: Campus

Nunner-Winkler, Gertrud, 2001, *Metaphysische Liaison zwischen Religion und Moral? Ein Kommentar zu Armin Nassehi*, in: Pickel, Gert / Krüggeler, Michael (Hg.), Religion und Moral. Entkoppelt oder Verknüpft?, Opladen: Leske + Budrich, S. 39–50

Oberender, Peter O. / Hebborn, Ansgar / Zerth, Jürgen, 2002, *Wachstumsmarkt Gesundheit*, Stuttgart: Lucius & Lucius

Obinger, Herbert / Wagschal, Uwe, 2001, *Zwischen Reform und Blockade: Plebiszite und der Steuer- und Wohlfahrtsstaat*, in: Schmidt 2001, S. 90–123

OECD (Hg.), 1997, *Family, Market and Community. Equity and Efficiency in Social Policy*, Paris: OECD

dies., 2003, *Health at a Glance. OECD Indicators 2003*, Paris: OECD

dies., 2003a, *Education at a Glance*, Paris: OECD

dies., 2004, *Employment Outlook*, Paris: OECD

dies., 2004a, *Health Data 2004*, Paris: OECD

Offe, Claus, 1998, *Der deutsche Wohlfahrtsstaat: Prinzipien, Leistungen, Zukunftsaussichten*, in: Berliner Journal für Soziologie, 3, S. 359–380

ders., 2000, *Anmerkungen zur Gegenwart der Arbeit*, in: Kocka, Jürgen / ders. (Hg.), Geschichte und Zukunft der Arbeit, Frankfurt / New York: Campus, S. 493–501

ders., 2002, *Wessen Wohl ist das Gemeinwohl?*, in: Münkler, Herfried / Fischer, Karsten (Hg.), Gemeinwohl und Gemeinsinn. Rhetoriken und Perspektiven sozial-moralischer Orientierung, Berlin: Akademie, S. 55–76

ders., 2003, *Herausforderungen der Demokratie. Zur Integrations- und Leistungsfähigkeit politischer Institutionen*, Frankfurt / New York: Campus

ders. / Fuchs, Susanne, 2001, *Schwund des Sozialkapitals? Der Fall Deutschland*, in: Putnam 2001, S. 417–514

ders. / Heinze, Rolf G., 1990, *Organisierte Eigenarbeit. Das Modell Kooperationsring*, Frankfurt / New York: Campus

ders. / Preuß, Ulrich K., 2003, *Democratic Institutions and Moral Ressources*, in: Offe 2003, S. 182–209

318 Literatur

Olk, Thomas, 2000, *Weder Rund-Um-Versorgung noch «pure» Eigenverantwortung. Aktivierende Strategien in der Politik für Familien, alte Menschen, Frauen, Kinder und Jugendliche*, in: Mezger/West 2000, S. 105–124

ders., 2001, *Sozialstaat und Bürgergesellschaft*, in: Heinze/ders. 2001, S. 29–68

ders./Otto, Hans-Uwe (Hg.), 2003, *Soziale Arbeit als Dienstleistung. Grundlegung, Entwürfe und Modelle*, Neuwied: Luchterhand

Olson, Mancur, 1985 (1965), *Die Logik des kollektiven Handelns. Kollektivgüter und die Theorie der Gruppen*, 2. Aufl., Tübingen: Mohr

Onnen-Isemann, Corinna, 2003, *Familienpolitik und Fertilitätsunterschiede in Europa, Frankreich und Deutschland*, in: Aus Politik und Zeitgeschichte, B 44/2003, S. 31–38

Oorschot, Wim van, 2000, *Who should get what, and why? On deservingness criteria and the conditionality of solidarity among the public*, in: Policy and Politics, Vol. 28, 1, S. 33–49

ders., 2002, *Miracle or Nightmare? A critical review of Dutch activation policies and their outcomes*, in: Journal of Social Policy, 3, Vol. 31, S. 339–420

ders., 2002a, *Targeting welfare: on the functions and dysfunctions of means testing in social policy*, in: Townsend/Gordon 2002, S. 171–193

ders./Opielka, Michael/Pfau-Effinger, Birgit (eds.), 2005, *Culture and Welfare State. The Values of Social Policy*, Cheltenham: Edward Elgar (i.V.)

Opielka, Michael (Hg.), 1985, *Die ökosoziale Frage. Alternativen zum Sozialstaat*, Frankfurt: Fischer

ders. (Red., Mitautoren: Jürgen Borchert u. a.), 1986, *Grundrente statt Altersarmut. Die GRÜNEN und die «Grauen Panther» fordern Rentenreform*, 2. Aufl., Essen: Klartext

ders., 1991, *Zur Logik von ‹Grundsicherung› und ‹garantiertem Grundeinkommen›. Fürsorge, Sozialversicherung und Versorgung in evolutiver Perspektive*, in: Zeitschrift für Sozialreform, 2, 37. Jg., S. 80–115

ders., 1997, *Leitlinien einer sozialpolitischen Reform*, in: Aus Politik und Zeitgeschichte, B. 48–49/97, S. 21–30

ders., 1997a, *Familienpolitik im Wohlfahrtsstaat*, in: Zeitschrift für Sozialreform, 5, 43. Jg., S. 337–364

ders., 1997b, *Gemeinschaft und Vertrauen in der Familie: Soziologische und pädagogische Aspekte*, in: Schweer, Martin K. (Hg.), Vertrauen und soziales Handeln. Facetten eines alltäglichen Phänomens, Neuwied: Luchterhand, S. 149–162

ders., 1997c, *Bezahlte Elternschaft*, in: Zeitschrift für Sozialreform, 11–12, 43. Jg., S. 891–924

ders., 1999, *Politik im Wohlfahrtsstaat*, in: Sozialer Fortschritt, 12, 48. Jg., S. 313–317

ders., 2000, *Grundeinkommenspolitik. Pragmatische Schritte einer evolutionären Reform*, in: Zeitschrift für Gemeinwirtschaft, 38. Jg., N. F., 3–4, S. 43–59

ders., 2000a, *Das Konzept «Erziehungsgehalt 2000»*, in: Aus Politik und Zeitgeschichte, B. 3–4, S. 13–20

ders., 2001, *Stichwort «Freiwilliges Engagement»*, in: Otto, Hans-Uwe/Thiersch, Hans (Hg.), Handbuch Sozialarbeit/Sozialpädagogik, 2. Aufl., Neuwied/Darmstadt: Luchterhand, S. 600–609

ders., 2001a, *Familie und Familienpolitik*, in: Konrad, Franz-Michael (Hg.), Kindheit und Familie. Beiträge aus interdisziplinärer und kulturvergleichender Sicht, Münster: Waxmann, S. 227–247

ders., 2002, *Familie und Beruf. Eine deutsche Geschichte*, in: *Aus Politik und Zeitgeschichte*, B. 22–23, S. 20–30

ders., 2002a, *Zur sozialpolitischen Theorie der Bürgergesellschaft*, in: *Zeitschrift für Sozialreform*, 5, 48. Jg., S. 563–585

ders., 2003, *Nachhaltigkeit und soziale Sicherung. Risiken und Chancen grüner Sozialpolitik*, in: *Gewerkschaftliche Monatshefte*, 2, 54. Jg., S. 74–82

ders., 2003a, *Agenda 2006. Optionen der Sozialreform*, in: *Sozialer Fortschritt*, 52. Jg., 9, S. 215–221

ders., 2003b, *Die groben Unterschiede. Der Wohlfahrtsstaat nach Parsons und Luhmann*, in: Hellmann, Kai-Uwe/Fischer, Karsten/Bluhm, Harald (Hg.), *Das System der Politik. Niklas Luhmanns politische Theorie*, Opladen: Westdeutscher Verlag, S. 239–254

ders., 2003c, *Was spricht gegen die Idee eines aktivierenden Sozialstaats? Zur Neubestimmung von Sozialpädagogik und Sozialpolitik*, in: *Neue Praxis*, 6, S. 556–570

ders., 2003d, *Religiöse Werte im Wohlfahrtsstaat*, in: Allmendinger 2003 (CD-ROM)

ders., 2003e, *Aktivierung durch Verpflichtung? Von der Pflicht zur Erwerbsarbeit zur Idee eines Sozialdienstes*, in: *vorgänge* 164, 4, S. 113–120

ders., 2004, *Gemeinschaft in Gesellschaft. Soziologie nach Hegel und Parsons*, Wiesbaden: VS Verlag für Sozialwissenschaften

ders. (Hg.), 2004a, *Grundrente in Deutschland. Sozialpolitische Analysen*, Wiesbaden: VS Verlag für Sozialwissenschaften

ders., 2004b, *Sozialpolitische Entscheidungen in der Gesundheitspolitik. Reflexionen zu Bürgerversicherung und Gesundheitsprämie*, in: *WSI-Mitteilungen*, 1, S. 3–10

ders., 2004c, *Grundeinkommensversicherung. Schweizer Erfahrungen, deutsche Perspektiven?*, in: *Sozialer Fortschritt*, 5, 53. Jg., S. 114–126

ders. (Hg.), 2004d, *Bildungsreform als Sozialreform?*, Münster u. a.: LIT

ders./Ostner, Ilona (Hg.), 1987, *Umbau des Sozialstaats*, Essen: Klartext

ders./Stalb, Heidrun, 1986, *Das garantierte Grundeinkommen ist unabdingbar, aber es genügt nicht*, in: Opielka/Vobruba 1986, S. 73–97

ders./Vobruba, Georg (Hg.), 1986, *Das garantierte Grundeinkommen. Entwicklung und Perspektiven einer Forderung*, Frankfurt: Fischer

ders./Zander, Margherita (Hg.), 1988, *Freiheit von Armut. Das grüne Grundsicherungsmodell in der Diskussion*, Essen: Klartext

Ostner, Ilona, 1998, *Quadraturen im Wohlfahrtsdreieck. Die USA, Schweden und die Bundesrepublik im Vergleich*, in: Lessenich/dies. 1998, S. 225–252

dies./Lewis, Jane, 1998, *Geschlechterpolitik zwischen europäischer und nationalstaatlicher Regelung*, in: Leibfried/Pierson 1998, S. 196–239

Otto, Hans-Uwe/Schnurr, Stefan (Hg.), 2001, *Privatisierung und Wettbewerb in der Jugendhilfe. Marktorientierte Modernisierungsstrategien in internationaler Perspektive*, Neuwied: Luchterhand

Paine, Thomas, 1999 (1791/2), *Rights of Man*, Mineola, N. Y.: Dover Publications (dt.: 1973, *Die Rechte des Menschen*, Frankfurt: Suhrkamp)

ders./Jefferson, Thomas, 1988, *Paine and Jefferson on liberty*, New York: Continuum

Palacios Lleras, Miguel, 2004, *Investing in Human Capital. A Capital Market Approach to Student Funding*, Cambridge: Cambridge University Press

320 Literatur

Pankoke, Eckart, 2002, *Sinn und Form freien Engagements. Soziales Kapital, politisches Potential und reflexive Kultur im Dritten Sektor*, in: Münkler/Fuchs 2002, S. 265–287

Parijs, Philippe van, 1999, *Jenseits der Solidarität. Die ethischen Grundlagen des Sozialstaats und seiner Aufhebung*, in: Althaler, Karl S. (Hg.), *Primat der Ökonomie? Über Handlungsspielräume sozialer Politik im Zeichen der Globalisierung*, Marburg: Metropolis, S. 31–55

ders., 2005, *Basic Income versus Stakeholder Grants. Some afterthoughts on how best to reinvent distribution*, in: Ackerman, Bruce/Alstott, Annet/ders. (eds.), *Redesigning Distribution. Basic Income and Stakeholder Grants as Designs for a more Egalitarian Capitalism*, London/New York (i. E.)

Parsons, Talcott, 1968, *Stichwort ‹Professions›*, in: Sills, David L. (ed.), *International Encyclopedia of the Social Sciences. Vol. 12*, New York: Macmillan/Free Press, S. 536–547

ders., 1970, *The Normal American Family*, in: Barash, M./Scourby, A. (eds.), *Marriage and the Family. A Comparative Analysis of Contemporary Problems*, New York: Random House, S. 193–211

ders., 1975, *Gesellschaften. Evolutionäre und komparative Perspektiven*, Frankfurt: Suhrkamp

ders., 1978, *Action Theory and the Human Condition*, New York/London: The Free Press

ders., 1979, *The American Societal Community, unpublished Manuscript,* Harvard University Archives HUG (FP) 42.45.1, Box 1–2

Pateman, Carole, 2004, *Democratizing Citizenship: Some Advantages of a Basic Income*, in: *Politics Society*, 1, Vol. 32, S. 89–105

Paxton, Will/Dixon, Mike, 2004, *The State of Nation. An Audit of Injustice in the UK,* London: IPPR

Pechar, Hans/Keber, Christian, 1996, *Abschied vom Nulltarif. Argumente für sozialverträgliche Studiengebühren*, Wien: Passagen

Penna, Sue, 2003, *Policy Contexts of Social Work in Britain: the wider implications of 'New' Labour policy and the 'New Legal Regime'*, in: *Social Work & Society*, Vol. 1, 1, S. 37–52

Perlas, Nicanor, 2000, *Shaping Globalization. Civil Society, Cultural Power and Threefolding. With a Message by Dr. Ernst Ulrich von Weizsäcker*, Quezon City (Philippinen): CADI

Pfaff, Anita u. a., 2003, *Kopfpauschalen zur Finanzierung der Krankenversicherungsleistungen in Deutschland*, Volkswirtschaftliche Diskussionsreihe, Beitrag Nr. 246, Augsburg: Universität

Pfau-Effinger, Birgit, 1999, *Change of Family Policies in the Socio-cultural Context of European Communities*, in: *Comparative Social Research*, Vol. 18, S. 135–159

dies., 2000, *Kultur und Frauenerwerbstätigkeit in Europa. Theorie und Empirie des internationalen Vergleichs,* Opladen: Leske + Budrich

dies., 2001, *Soziokulturelle Bedingungen staatlicher Geschlechterbedingungen*, in: Heinze, Bettina (Hg.), *Geschlechtersoziologie. Sonderband der KZfSS*, Opladen: Westdeutscher Verlag, S. 487–511

dies., 2004, *Culture and Welfare State Policies: Reflections on a Complex Relation*, in: *Journal of Social Policy* (i. E.)

dies./Geissler, Birgit, 2002, *Cultural change and family policies in East and West Germany*, in: Carling u. a. 2002, S. 77–128

Pichler, Eva / Walter, Evelyn, 2002, *Finanzierung des österreichischen Gesundheitswesens*, IWI-Studien Bd. 99, Wien

Pichler, Johannes W. (Hg.), 2001, *Pflichtversicherung oder Versicherungspflicht in der Krankenversicherung*, Wien: Verlag Österreich

Picht, Georg, 1964, *Die deutsche Bildungskatastrophe*, Olten / Freiburg: Walter

Pieper, Annemarie, 2001, *Glückssache. Die Kunst, gut zu leben*, Hamburg: Hoffmann und Campe

Pierson, Christopher / Castles, Francis G. (eds.), 2000, *The Welfare State Reader*, Cambridge: Polity

Pimpertz, Jürgen, 2003, *Solidarische Finanzierung der gesetzlichen Krankenversicherung. Vom lohnbezogenen Beitrag zur risikounabhängigen Versicherungsprämie*, IW-Positionen 2, Köln

Pioch, Roswitha, 2000, *Soziale Gerechtigkeit in der Politik. Orientierungen von Politikern in Deutschland und den Niederlanden*, Frankfurt / New York: Campus

dies. / Hartmann, Klaus, 2001, *Gerechtigkeit und Religion in Deutschland und den Niederlanden*, in: Pickel, Gert / Krüggeler, Michael (Hg.), *Religion und Moral. Entkoppelt oder Verknüpft?*, Opladen: Leske + Budrich, S. 213–230

Piven, Frances Fox / Cloward, Richard A., 1986 (1977), *Aufstand der Armen*, Frankfurt: Suhrkamp

Pollack, Detlef, 2003, *Säkularisierung – ein moderner Mythos? Studien zum religiösen Wandel in Deutschland*, Tübingen: Mohr

Polster, Andreas, 1990, *Grundzüge des Rentenversicherungssystems der Deutschen Demokratischen Republik*, in: *Deutsche Rentenversicherung*, 3, S. 154–168

Postlethwaite, T. Neville (ed.), 1995, *International encyclopedia of national systems of education*, 2nd ed., Oxford: Pergamon

Psacharopoulos, George, 1995, *The Profitability of Investment in Education. Concepts and Methods*, Washington, D. C.: Worldbank

Putnam, Robert D., 2000, *Bowling Alone. The Collapse and Revival of American Community*, New York et al.: Simon & Schuster

ders. (Hg.), 2001, *Gesellschaft und Gemeinsinn. Sozialkapital im internationalen Vergleich*, Gütersloh: Verlag Bertelsmann Stiftung

Raffelhüschen, Bernd, 2002, *Soziale Grundsicherung in der Zukunft. Eine Blaupause*, in: Genser, Bernd (Hg.), *Finanzpolitik und Arbeitsmärkte*, Berlin: Duncker & Humblot, S. 83–118

Rawls, John, 1979, *Eine Theorie der Gerechtigkeit*, Frankfurt: Suhrkamp

ders., 2002, *Geschichte der Moralphilosophie. Hume – Leibniz – Kant – Hegel*, Frankfurt: Suhrkamp

Reckwitz, Andreas, 2000, *Die Transformation der Kulturtheorien. Zur Entwicklung eines Theorieprogramms*, Weilerswist: Velbrück

Reich, Kerstin, 2003, *Kriminalität von Jugendlichen mit Migrationshintergrund*, in: *Der Bürger im Staat*, 53. Jg., 1, S. 45–52

Rein, Martin / Schmähl, Winfried (eds.), 2004, *Rethinking the Welfare State. The Political Economy of Pension Reform*, Cheltenham, UK / Northampton, MA: Edward Elgar

Rieger, Elmar / Leibfried, Stephan, 1998, *Wohlfahrtsstaat und Sozialpolitik in Ostasien. Der*

Einfluß von Religion im Kulturvergleich, in: Schmidt, Gert/Trinczek, Rainer (Hg.), *Globalisierung. Ökonomische und soziale Herausforderungen am Ende des 20. Jahrhunderts*, Sonderband 13: *Soziale Welt*, Baden-Baden: Nomos, S. 415–499

dies., 2001, *Grundlagen der Globalisierung. Perspektiven des Wohlfahrtsstaates*, Frankfurt: Suhrkamp

dies., 2003, *Limits to Globalization. Welfare States and the World Economy*, Cambridge: Polity

dies., 2004, *Kultur versus Globalisierung. Sozialpolitische Theologie in Konfuzianismus und Christentum*, Frankfurt: Suhrkamp

Rifkin, Jeremy, 2004 (1995), *Das Ende der Arbeit und ihre Zukunft. Neue Konzepte für das 21. Jahrhundert*, Frankfurt/New York: Campus

Ringen, Stein, 1997, *Citizens, Families and Reform*, Oxford: Clarendon Press

Ritter, Gerhard A., 1989, *Der Sozialstaat. Entstehung und Entwicklung im internationalen Vergleich*, München: Oldenbourg

Rodrik, Dani, 2000, *Grenzen der Globalisierung. Ökonomische Integration und soziale Desintegration*, Frankfurt/New York: Campus

Roebroek, Joop/Nelissen, Jan H. M., 2004, *Die ‹heimliche Revolution›. Struktur, Entwicklung und Zukunft des holländischen Rentensystems*, in: Opielka 2004a, S. 189–216

Rokkan, Stein, 2000, *Staat, Nation und Demokratie in Europa*, Frankfurt: Suhrkamp

Roller, Edeltraud, 2002, *Erosion des sozialstaatlichen Konsenses und die Entstehung einer neuen Konfliktlinie in Deutschland?*, in: *Aus Politik und Zeitgeschichte*, B 29–30, S. 13–19

Rosenberg, Peter, 1985, Die *Freiheit, unter den Brücken zu schlafen ... oder?*, in: *Sozialer Fortschritt*, 9, 34. Jg., S. 204–210

Rosenbrock, Rolf/Gerlinger, Thomas, 2004, *Gesundheitspolitik. Eine systematische Einführung*, Bern u. a.: Hans Huber

Rothstein, Bo, 2001, *Sozialkapital im sozialdemokratischen Staat – das schwedische Modell und die Bürgergesellschaft*, in: Putnam 2001, S. 115–197

Ruland, Franz, 1987, *Sozial- und rechtspolitische Bedenken gegen eine Grundrente*, in: *Zeitschrift für Rechtspolitik*, 10, 20. Jg., S. 354–359

ders., 2003, *Rentenversicherung*, in: Maydell, Bernd Baron von/Ruland, Franz (Hg.), *Sozialrechtshandbuch (SRH)*, 3. Aufl., Baden-Baden: Nomos, S. 958–1060

Rürup, Bert, 2004, *Gesundheitspolitik: Befunde und Perspektiven*, in: *Sozialer Fortschritt*, 6, 53. Jg., S. 159–163

ders./Gruescu, Sandra, 2004, *Nachhaltige Familienpolitik im Interesse einer aktiven Bevölkerungsentwicklung*, Berlin: Bundesministerium für Familie, Senioren, Frauen und Jugend

ders./Wille, Eberhard, 2004, *Finanzierungsreform in der Krankenversicherung. Gutachten*, Ms.

Rüstow, Alexander, 2001, *Die Religion der Marktwirtschaft*, Münster u. a.: LIT

RWI Essen (Hg.), 2003, *Bürgerversicherung und Pauschalprämie. Stellungnahme zu den gesundheitspolitischen Empfehlungen der «Rürup-Kommission»*, RWI-Materialien, Heft 5, Essen

Sachße, Christoph/Engelhardt, H. Tristram (Hg.), 1990, *Sicherheit und Freiheit. Zur Ethik des Wohlfahrtsstaates*, Frankfurt: Suhrkamp

Sachße, Christoph / Tennstedt, Florian (Hg.), 1986, *Soziale Sicherheit und soziale Disziplinierung. Beiträge zu einer historischen Theorie der Sozialpolitik*, Frankfurt: Suhrkamp
dies., 1998, *Geschichte der Armenfürsorge in Deutschland, Bd. 1, Vom Spätmittelalter bis zum 1. Weltkrieg*, Stuttgart u. a.: Kohlhammer
Salt, John, 2003, *Current Trends in International Migration in Europe. CDMG (2003) 39*, Strassbourge: Council of Europe
Santel, Bernhard / Hunger, Uwe, 1997, *Gespaltener Sozialstaat, gespaltener Arbeitsmarkt. Die Etablierung postwohlfahrtsstaatlicher Einwanderungspolitiken in Deutschland und den Vereinigten Staaten*, in: Soziale Welt, Jg. 49, 4, S. 379–396
Schäfer, Dieter / Schwarz, Norbert, 1996, *Der Wert der unbezahlten Arbeit der privaten Haushalte. Das Satellitensystem Haushaltsproduktion*, in: Blanke, Karen u. a., *Zeit im Blickfeld. Ergebnisse einer repräsentativen Zeitbudgeterhebung. Schriftenreihe des BMFSFJ Bd. 121*, Stuttgart u. a.: Kohlhammer, S. 15–69
Schäfgen, Katrin, 2000, *Die Verdopplung der Ungleichheit. Sozialstruktur und Geschlechterverhältnisse in der Bundesrepublik und in der DDR*, Opladen: Leske + Budrich
Scharpf, Fritz W., 1987, *Sozialdemokratische Krisenpolitik in Europa*, 2. Aufl., Frankfurt / New York: Campus
ders., 1997, *Employment and the Welfare State: A Continental Dilemma*, MPIfG Working Paper 97 / 7, Köln
ders., 2003, *Globalisierung und Wohlfahrtsstaat: Zwänge, Herausforderungen und Schwachstellen*, in: Sigg / Behrendt 2003, S. 133–179
ders., 2004, *Steuerfinanzierte Grundrente als Instrument der Beschäftigungspolitik – eine Ideenskizze*, in: Friedrich-Ebert-Stiftung (Hg.), *Die neue SPD. Menschen stärken – Wege öffnen*, Bonn: Dietz, S. 218–232
ders. / Schmidt, Vivien A. (eds.), 2000, *Welfare and Work in the Open Economy. 2 Vols.*, Oxford et al.: Oxford University Press
Schelsky, Helmut, 1979, *Auf der Suche nach Wirklichkeit. Gesammelte Aufsätze zur Soziologie der Bundesrepublik*, München: Goldmann
Schermann, Karl Gustav, 1998, *Die Rentenreform in Schweden*, in: Deutsche Rentenversicherung, 6–7–8, S. 413–431
ders., 1999, *The Swedish pension reform. Issues in Social Protection, Discussion paper 7*, Geneva: International Labour Office
Schirrmacher, Frank, 2004, *Das Methusalem-Komplott*, 17. Aufl., München: Karl Blessing
Schmähl, Winfried, 1974, *Systemänderung in der Altersvorsorge – Von der einkommensabhängigen Altersrente zur Staatsbürger-Grundrente. Eine theoretische und empirische Untersuchung ökonomischer Probleme im Übergangszeitraum*, Opladen: Westdeutscher Verlag
ders., 1991, *Alterssicherung in der DDR und ihre Umgestaltung im Zuge des deutschen Einigungsprozesses*, in: Kleinhenz, Gerhard (Hg.), *Sozialpolitik im vereinten Deutschland I*, Berlin: Duncker & Humblot, S. 49–95
ders., 2000, *Alterssicherung in Deutschland: Weichenstellungen für die Zukunft – Konzeptionen, Maßnahmen und Wirkungen*, in: Leibfried, Stephan / Wagschal, Uwe (Hg.), *Der deutsche Sozialstaat. Bilanzen – Reformen – Perspektiven*, Frankfurt / New York: Campus, S. 381–417

324 Literatur

ders., 2004, *Übergang zu einem Grundrentensystem: Vom radikalen Systemwechsel zur schleichenden Systemtransformation*, in: Opielka 2004a, S. 119–146

ders. / Henke, Klaus-Dirk / Schellhaaß, Horst M., 1984, *Änderung der Beitragsfinanzierung in der Rentenversicherung? Ökonomische Wirkungen des «Maschinenbeitrags»*, Baden-Baden: Nomos

ders. / Himmelreicher, Ralf / Viebrok, Holger, 2003, *Private Altersvorsorge statt gesetzlicher Rente: Wer gewinnt, wer verliert?*, Bremen: Zentrum für Sozialpolitik

Schmid, Josef, 2002, *Wohlfahrtsstaaten im Vergleich. Soziale Sicherung in Europa: Organisation, Finanzierung, Leistungen und Probleme*, 2. Aufl., Opladen: Leske + Budrich

Schmidt, Manfred G., 1998, *Sozialpolitik in Deutschland. Historische Entwicklung und internationaler Vergleich*, 2. Aufl., Opladen: Leske + Budrich

ders., 1998a, *Wohlfahrtsstaatliche Regime: Politische Grundlagen und politisch-ökonomisches Leistungsvermögen*, in: Lessenich / Ostner 1998, S. 179–200

ders. (Hg.), 2001, *Wohlfahrtsstaatliche Politik. Institutionen, politischer Prozess und Leistungsprofil*, Opladen: Leske + Budrich

Schmidt, Volker H., 1996, *Veralltäglichung der Triage*, in: *Zeitschrift für Soziologie*, Jg. 24, 4, S. 419–437

ders., 2001, *Gerechtigkeit im Gesundheitswesen angesichts neuartiger Problemlagen*, in: Koller, Peter (Hg.), *Gerechtigkeit im politischen Diskurs der Gegenwart*, Wien: Passagen, S. 287–302

Schulte, Bernd, 2004, *Auswirkungen eines Grundrentensystems auf die Internationale Sozialpolitik. Die Grundrente als Beitrag zur Harmonisierung des Europäischen Sozialrechts?*, in: Opielka 2004a, S. 227–265

Schulz-Nieswandt, Frank, 2003, *Eine EU-Verfassung mit sozialen Grundrechten. Zur Einschätzung der Rückwirkungen auf die Bundesrepublik und auf die Ideenpolitik eines europäischen Sozialmodells*. Arbeitspapier Nr. 10, Frankfurt: Observatorium für die Entwicklung der sozialen Dienste in Europa

Schupp, Jürgen / Künemund, Harald, 2004, *Private Versorgung und Betreuung von Pflegebedürftigen in Deutschland*, in: *DIW-Wochenbericht*, 20, 71. Jg., S. 289–294

Schuppert, Gunnar Folke, 2002, *Gemeinwohl, das. Oder: Über die Schwierigkeiten, dem Gemeinwohlbegriff Konturen zu verleihen*, in: ders. / Neidhardt, Friedrich (Hg.), *Gemeinwohl – Auf der Suche nach Substanz*, Berlin: edition sigma, S. 19–64

Seel, Barbara, 2000, *Legitimizing unpaid household work by monetization – achievements and problems*. Paper presented at the BIEN-Congress 2000. Ms., Universität Hohenheim

Seeleib-Kaiser, Martin, 2001, *Globalisierung und Sozialpolitik. Ein Vergleich der Diskurse und Wohlfahrtssysteme in Deutschland, Japan und den USA*, Frankfurt / New York: Campus

Sehlen, Stephanie / Schräder, Wilhelm F. / Schiffhorst, Guido, 2004, *Bürgerversicherung Gesundheit – Grünes Modell. Simulationsrechnungen zu Ausgestaltungsmöglichkeiten*, Berlin: IGES

Sell, Stefan, 2002, *Armutsforschung und Armutsberichterstattung aus Sicht einer lebenslagenorientierten Sozialpolitik*, in: ders. (Hg.), *Armut als Herausforderung. Bestandsaufnahme und Perspektiven der Armutsforschung und Armutsberichterstattung*, Berlin: Duncker & Humblot, S. 11–42

Sen, Armartya, 1987, *The Standard of Living*, Cambridge et al.: Cambridge University Press ders., 2000, *Ökonomie für den Menschen. Wege zu Gerechtigkeit und Solidarität in der Marktwirtschaft*, München: Hanser

ders., 2001, *Tagore and His India*, in: www.nobel.se

ders., 2003, *The Possibility of Social Choice. Nobel Lecture, December 8, 1998*, in: Persson, Torsten (ed.), *Nobel Lectures, Economics 1996–2000*, Singapore: World Scientific, S. 178–215

Shavit, Yossi / Blossfeld, Hans-Peter (eds.), 1993, *Persistent Inequality. Changing Educational Attainment in Thirteen Countries*, Boulder: Westview

Siegel, Nico A., 2002, *Baustelle Sozialpolitik. Konsolidierung und Rückbau im internationalen Vergleich*, Frankfurt / New York: Campus

Sigg, Roland / Behrendt, Christina (Hg.), 2003, *Soziale Sicherheit im globalen Dorf*, Bern u. a.: Peter Lang

Singelmann, Joachim, 1978, *The Transformation of Industry: from Agriculture to Service Employment*, Beverly Hills, CA: Sage

Singer, Peter, 1979, *Practical ethics*, Cambridge u. a.: Cambridge University Press

Sinn, Hans-Werner, 2004, *Ist Deutschland noch zu retten?*, 5. Aufl., München: Econ

Sipilä, Jorma, 1997, *Social Care Services. The Key to the Scandinavian Welfare Model*, Aldershot: Ashgate

Spahn, Peter Bernd, 2002, *Zur Durchführbarkeit einer Devisentransaktionssteuer. Gutachten im Auftrag des Bundesministeriums für Wirtschaftliche Zusammenarbeit und Entwicklung*, Frankfurt: Universität Frankfurt

ders. / Kaiser, H., 1988, *Soziale Sicherheit als öffentliches Gut? Zur Problematik der Steuerfinanzierung sozialer Sicherung*, in: Wolf, Gabriele / Spahn, Peter B. / Wagner, Gert (Hg.), *Sozialvertrag und Sicherung. Zur ökonomischen Theorie staatlicher Versicherungs- und Umverteilungssysteme*, Frankfurt / New York: Campus, S. 195–218

SPD, 2004, *Modell einer solidarischen Bürgerversicherung. Bericht der Projektgruppe Bürgerversicherung des SPD-Parteivorstandes*, Berlin: SPD

SPD-Parteivorstand, 2001, *Kinder – Familie – Zukunft. Antrag F1*, SPD-Bundesparteitag Nürnberg, November 2001, Berlin

SPD-Projektgruppe «Zukunft der Familie und sozialer Zusammenhalt» / Mackroth, Petra (Red.), 2000, *Zukunft Familie*, Berlin

Spickard, James V., 1999, *Human Rights, Religious Conflict, and Globalization. Ultimate Values in a New World Order*, in: *MOST. Journal of Multicultural Societies*, 1, S. 1–20

Spieß, C. Katharina, 2004, *Parafiskalische Modelle zur Finanzierung familienpolitischer Leistungen. Materialien 36*, Berlin: DIW

Stahmer, Carsten / Mecke, Ingo / Herrchen, Inge, 2003, *Zeit für Kinder. Betreuung und Ausbildung von Kindern und Jugendlichen*, Wiesbaden: Statistisches Bundesamt / Metzler-Poeschel

Standing, Guy, 1999, *Global Labour Flexibility. Seeking Distributive Justice*, Houndmills / London: Macmillan

ders. (ed.), 2003, *Minimum Income Schemes in Europe*, Geneva: ILO

Statistik Austria (Hg.), 2004, *Jahrbuch der Gesundheitsstatistik 2002*, Wien: Statistik Austria

Statistisches Bundesamt (Hg.), 2003, *Bevölkerung Deutschlands bis 2050. 10. koordinierte Bevölkerungsvorausberechnung. Presseexemplar*, Wiesbaden: Statistisches Bundesamt dass., 2004, *Datenreport 2004*, Bonn: Bundeszentrale für politische Bildung

dass., 2004a, *Leben und Arbeiten in Deutschland. Ergebnisse des Mikrozensus 2003*, Wiesbaden: Statistisches Bundesamt

Stecker, Christina, 2002, *Vergütete Solidarität und solidarische Vergütung. Zur Förderung von Ehrenamt und Engagement durch den Sozialstaat*, Opladen: Leske + Budrich

Steingart, Gabor, 2004, *Deutschland. Der Abstieg eines Superstars*, München: Piper

Stiglitz, Joseph, 2002, *Die Schatten der Globalisierung*, Berlin: Siedler

Stjernø, Steinar, 2005, *Solidarity in Europe. The History of an Idea*, Cambridge et al.: Cambridge University Press

Strengmann-Kuhn, Wolfgang, 2003, *Armut trotz Erwerbstätigkeit. Analysen und sozialpolitische Konsequenzen*, Frankfurt / New York: Campus

Strohmeier, Klaus Peter, 2002, *Family Policy – How Does it work?*, in: Kaufmann u. a. 2002, S. 321 – 362

Svallfors, Stefan, 1997, *Worlds of Welfare and Attitudes to Redistribution. A Comparison of Eight Western Nations*, in: *European Sociological Review*, 3, Vol. 13, S. 283 – 304

Taylor-Gooby, Peter, 2002, *Open Markets and Welfare Values. Welfare Values, Inequality and Social Change in the Silver Age of the Welfare Age. Paper prepared for the Social Policy Research Network conference on «Social Values, Social Policies*, Tilburg, August 2002, Ms.

ders. / Larsen, Trine / Kananen, Johannes, 2004, *The New Context of Welfare: State of the Art Paper. WRAMSOC project*, Ms., University of Kent

Thaler, Richard H. / Sunstein, Cass R., 2003, *Libertarian Paternalism*, in: *American Economic Review*, 93, No. 2, S. 175 – 179

Tomandl, Theodor, 2002, *Grundriß des österreichischen Sozialrechts*, 5. Aufl., Wien: Manzsche Verlags- und Universitätsbuchhandlung

Townsend, Peter, 1993, *The International Analysis of Poverty*, New York u. a.: Harvester Wheatsheaf

ders. / Gordon, Dave (eds.), 2002, *World poverty. New policies to defeat an old enemy*, Bristol: Policy Press

Trojan, Alf, 2003, *Der Patient im Versorgungsgeschehen: Laienpotenzial und Gesundheitsselbsthilfe*, in: Schwartz, Friedrich Wilhelm u. a. (Hg.), *Das Public Health Buch. Gesundheit und Gesundheitswesen*, 2. Aufl., München / Jena: Urban & Fischer, S. 321 – 333

Tünnemann, Margit, 2002, *Der verfassungsrechtliche Schutz der Familie und die Förderung der Kindererziehung im Rahmen des staatlichen Kinderleistungsausgleichs*, Berlin: Duncker & Humblot

Ullrich, Carsten G., 1999, *Reziprozität und die soziale Akzeptanz des «Sozialversicherungsstaates»*, in: *Soziale Welt*, 50. Jg., 1, S. 7 – 34

ders., 2000, *Die soziale Akzeptanz des Wohlfahrtsstaates. Anmerkungen zum Forschungsstand. Working Papers 22*, Mannheim: Mannheimer Zentrum für Europäische Sozialforschung

ders., 2002, *Sozialpolitische Verteilungskonflikte und ihre Wahrnehmung durch wohlfahrtsstaatliche Adressaten. Das Beispiel der Gesetzlichen Krankenversicherung*, in: *Arbeit und Sozialpolitik*, 3 – 4, S. 16 – 21

Unabhängige Kommission «Zuwanderung», 2001, *Zuwanderung gestalten. Integration fördern*, Berlin: Bundesministerium des Innern

UNDP, 2003, *Bericht über die menschliche Entwicklung 2003*, Bonn: UNO-Verlag
UNDP, 2004, *Bericht über die menschliche Entwicklung 2004*, Bonn: UNO-Verlag
Vallgårda, Signild, 2002, *The Danish health care system: A commentary*, in: *Euro Observer*, Vol. 4, No. 2, S. 1 f.
Vaskovics, Laszlo A. / Rost, Harald, 1999, *Väter und Erziehungsurlaub*, Stuttgart u. a.: Kohlhammer
Veen, Robert van der / Groot, Loek (eds.), 2000, *Basic Income on the Agenda. Policy Objectives and Political Chances*, Amsterdam: Amsterdam University Press
Verband Deutscher Rentenversicherungsträger / VDR (Hg.), 1999, *Rentenversicherung im internationalen Vergleich*, DRV-Schriften Band 15, Frankfurt: VDR
Viebrock, Holger / Himmelreicher, Ralf K., 2001, *Verteilungspolitische Aspekte vermehrter privater Altersvorsorge*. ZeS-Arbeitspapier 17/2001, Bremen: Zentrum für Sozialpolitik
Vittas, Dimitri, 2002, *Policies to Promote Saving for Retirement: A Synthetic Overview*, New York: World Bank
Vobruba, Georg (Hg.), 1989, *Der wirtschaftliche Wert der Sozialpolitik*, Berlin: Duncker & Humblot
ders., 2000, *Alternativen zur Vollbeschäftigung. Die Transformation von Arbeit und Einkommen*, Frankfurt: Suhrkamp
Wagner, Antonin, 1999, *Teilen statt Umverteilen. Sozialpolitik im kommunitarischen Wohlfahrtsstaat*, Bern u. a.: Paul Haupt
Wagner, Gert / Meinhardt, Volker / Leinert, Johannes / Kirner, Ellen, 1998, *Kapitaldeckung: Kein Wundermittel für die Altersvorsorge*, in: *DIW-Wochenbericht*, 46/98
Waldfogel, Jane, 2001, *International Policies Toward Parental Leave and Child Care*, in: *The Future of Children*, Vol. 11, No. 1, S. 99–111
Weber, Max, 1988 (1904), *Die ‹Objektivität› sozialwissenschaftlicher und sozialpolitischer Erkenntnis*, in: ders., *Gesammelte Aufsätze. Band 7*, 7. Aufl., Tübingen: Mohr, S. 146–214
Wechsler, Martin, 2004, *Grundrenten in der Schweiz. Die eidgenössische Alters- und Hinterlassenenversicherung (AHV)*, in: Opielka 2004a, S. 217–226
Weinmann, Julia / Zifonoun, Natalia, 2003, *Gesundheitsausgaben und Gesundheitspersonal 2001*, in: *Wirtschaft und Statistik*, 6, S. 519–530
Weir, Margaret / Orloff, Shola / Skocpol, Theda (eds.), 1988, *The Politics of Social Policy in the United States*, Princeton, NJ: Princeton University Press
Weltbank, 2003, *Weltentwicklungsbericht 2003. Nachhaltige Entwicklung in einer dynamischen Welt*, Bonn: UNO-Verlag
dies., 2004, *Weltentwicklungsbericht 2004. Funktionierende Dienstleistungen für arme Menschen*, Bonn: UNO-Verlag
Weltkommission für die soziale Dimension der Globalisierung, 2004, *Eine faire Globalisierung. Chancen für alle schaffen*, Genf: ILO
Welzel, Chris / Inglehart, Ronald / Klingemann, Hans-Dieter, 2003, *The theory of human development: A cross-cultural analysis*, in: *European Journal of Political Research*, Vol. 42, 3, S. 341–379
Wendt, Claus, 2003, *Krankenversicherung oder Gesundheitsversorgung? Gesundheitssysteme im Vergleich*, Wiesbaden: Westdeutscher Verlag
Wendt, Hartmut, 1997, *The Former German Democratic Republic: the Standardized Family*,

in: Kaufmann, Franz-Xaver u. a. (Hg.), *Family Life and Family Policies in Europe. Vol. I*, Oxford: Clarendon Press, S. 114–154

Werding, Martin, 2001, *Das «Familiengeld»-Konzept der CDU/CSU-Bundestagsfraktion. Ergebnisse einer ifo-Studie zu Wirkungen der Reformpläne der Opposition*, Ms., Berlin: CDU-Bundestagsfraktion

WHO (World Health Organization), 1999, *Health 21. The health for all policy framework for the WHO European Region*, Copenhagen: WHO

dies., 2000, *The World Health Report 2000. Health Systems: Improving Performance*, Geneva: WHO

Widerquist, Karl, 2004, *A Failure to Communicate: What (if Anything) Can we Learn From the Negative Income Tax Experiments?*, in: *Journal of Socio-Economics* (i. E.)

Widmaier, Hans Peter, 1976, *Sozialpolitik im Wohlfahrtsstaat*, Reinbek: Rowohlt

Wilke, Ralf A., 2004, *Eine empirische Analyse von Sanktionen für Arbeitslose in Westdeutschland während der 1980er und 1990er Jahre*, in: *Zeitschrift für Arbeitsmarktforschung*, Jg. 37, 1, S. 45–62

Williamson, John, 2000, *What Should the World Bank Think about the Washington Consensus?*, in: *The World Bank Research Observer*, Vol. 15, 2, S. 251–264

Windhoff-Héritier, Adrienne, 1996, *Die Veränderung von Staatsaufgaben aus politikwissenschaftlich-institutioneller Sicht*, in: Grimm, Dieter (Hg.), *Staatsaufgaben*, Frankfurt: Suhrkamp, S. 75–91

Wingen, Max, 2000, *Aufwertung der elterlichen Erziehungsarbeit in der Einkommensverteilung. Möglichkeiten und Grenzen eines «Erziehungseinkommens»*, in: *Aus Politik und Zeitgeschichte*, B 3–4, S. 3–12

Winkler, Michael, 2004, *Bildungspolitik nach PISA*, in: Opielka 2004d (i. E.)

Wirth, Heike/Dümmler, Kerstin, 2004, *Zunehmende Tendenz zu späteren Geburten und Kinderlosigkeit bei Akademikerinnen. Eine Kohortenanalyse auf der Basis von Mikrozensusdaten*, in: *Informationsdienst Soziale Indikatoren*, 32, S. 1–6

Wissenschaftlicher Beirat für Familienfragen, 1998, *Kinder und ihre Kindheit in Deutschland. Eine Politik für Kinder im Kontext von Familienpolitik (Schriftenreihe des Bundesministeriums für Familie, Senioren, Frauen und Jugend, Bd. 154)*, Stuttgart u. a.: Kohlhammer

Witterstätter, Kurt, 2000, *Soziale Sicherung. Eine Einführung für Sozialarbeiter/Sozialpädagogen mit Fallbeispielen*, 5. Aufl., Neuwied/Kriftel: Luchterhand

Wolf, Alison, 2002, *Does Education Matter? Myths about Education and Economic Growth*, London: Penguin

Wolter, Stefan C., 2002, *Nachfrageorientierte Hochschulfinanzierung – eine internationale Perspektive*. Diskussionspapier No. 4, Bern: Universität Bern, Forschungsstelle für Bildungsökonomie

ders./Weber, B. A., 1999, *On the Measurement of Private Rates of Return to Education*, in: *Jahrbücher für Nationalökonomie und Statistik*, 5–6, 218. Jg., S. 605–618

World Bank, 1994, *Averting the Old Age Crisis – Policies to Protect the Old and Promote Growth. A World Bank Policy Research Report*, Oxford u. a.: Oxford University Press

Wuthnow, Robert, 1994, *Sharing the Journey. Support Groups and America's New Quest for Community*, New York u. a.: Free Press

Zacher, Hans F., 1985, *Verrechtlichung im Bereich des Sozialrechts*, in: Kübler, Friedrich (Hg.), *Verrechtlichung von Wirtschaft, Arbeit und sozialer Solidarität. Vergleichende Analysen*, Frankfurt: Suhrkamp, S. 11–72

Zentrum für Europa- und Nordamerika-Studien / ZENS (Hg.), 1997, *Standortrisiko Wohlfahrtsstaat?, Jahrbuch für Europa- und Nordamerika-Studien 1*, Opladen: Leske + Budrich

Zimmer, Annette / Nährlich, Stefan (Hg.), 2000, *Engagierte Bürgerschaft. Traditionen und Perspektiven*, Opladen: Leske + Budrich

Zipperer, Manfred, 2003, *Gutachten (im Auftrag des Verbandes der privaten Krankenversicherung e.V.)*, in: www.pkv.de / buergerversicherung

Zuboff, Shoshana / Maxmin, James, 2002, *The Support Economy. Why Corporations are Failing Individuals and the Next Episode of Capitalism*, New York: Penguin

Zürn, Michael, 2003, *Wohlfahrtspolitik im Zeitalter der Globalisierung – The New Politics of Intervention*, in: Allmendinger 2003, S. 1065–1072

Abbildungsverzeichnis

1: Sozialpolitische Funktionen und Wertprinzipien
2: Vier Typen sozialpolitischer Systeme
3: Sozialpolitische Systeme und Reformoptionen in Deutschland
4: Belastung eines Alleinstehenden ohne Kinder mit Steuern und Sozialabgaben
5: Belastung eines Ehepaars mit zwei Kindern, Steuern und Sozialabgaben
6: Merkmale von Wohlfahrtsregimen (nach Esping-Andersen)
7: Ausgaben für soziale Sicherung in Europa 1992 bis 2001
8: Gründungsjahre der Sozialpolitik und Stand der politischen Entwicklung im Vergleich
9: Exportquoten und Sozialausgaben in OECD-Ländern (1990–1997)
10: Indikatoren des sozialen Dienstleistungsangebots in Europa
11: Regulative Leitideen sozialer Gerechtigkeit im Wohlfahrtsstaat
12: Entwicklung von Wohlfahrtsregimen: Pfadabhängigkeit und Pfadwechsel in drei Phasen
13: Einstellungen zu wohlfahrtsstaatlichen Politikbereichen in Deutschland, Schweden und den USA
14: Erwerbs-, Erwerbslosen- und Teilzeitquoten im internationalen Vergleich (1990–2003)
15: Erwerbstätige nach Wirtschaftsbereichen im Vergleich 1882 bis 2002 (Deutschland)
16: Konzepte zur Armutsmessung
17: Relative Armut in Industrieländern
18: Armutsquoten von Personen in Europa
19: Leistungsniveaus allgemeiner Mindestsicherungssysteme in Europa
20: Wirksamkeit wohlfahrtsstaatlicher Umverteilung für Haushalte im Erwerbsalter
21: Welfare-regime-Typen und Konzeptionen der Aktivierung
22: Familienfunktionen und wohlfahrtsstaatliche Interventionsfelder
23: Barleistungen für Familien und demographische Daten in Europa

Abbildungsverzeichnis

24: Hypothesen zum Einfluss der Familienpolitik auf den Familienwandel
25: Väter und Mütter nach Vollzeit-/Teilzeittätigkeit im Vergleich alte und neue Bundesländer (1996–2003)
26: Typologie familienpolitischer Leitbilder in Deutschland
27: Altersaufbau der Bevölkerung in Deutschland 1991 bis 2050
28: Einkommensersatzraten für Ältere im Zeitverlauf
29: Zusammensetzung der Bruttoeinkommen für Personen über 65 Jahre im internationalen Vergleich im Zeitverlauf
30: Alterssicherung für verschiedene Gruppen von Erwerbstätigen in Deutschland
31: Welfare-regime-Typen und Grundsicherungskonzepte in der Rentenpolitik
32: Gesundheitsausgaben in Prozent des Bruttoinlandsprodukts 1960 bis 2002 (OECD)
33: Finanzierungsströme im deutschen Gesundheitswesen 2001 (in Mrd. Euro)
34: Das System der ambulanten und stationären Gesundheitsversorgung in Deutschland
35: Anteil der Finanzierung der Gesundheitsausgaben durch Sozialversicherungen und Steuern
36: Gesundheitssicherung und Wohlfahrtsregime
37: Steigerung des sozialen Gradienten der Lesekompetenz nach Staaten
38: Mögliche Einflussfaktoren auf die besuchte Schule in der Sekundarstufe
39: Verortung von Erziehung und Bildung im deutschen Sozialmodell
40: Relatives Niveau des Erwerbseinkommens nach Bildungsabschlüssen im internationalen Vergleich
41: Öffentliche Gesamtausgaben für Bildung in Prozent des Bruttoinlandsprodukts nach Transaktionsarten
42: Öffentliche und private Ausgaben pro Schüler/Studierenden in öffentlichen Bildungseinrichtungen
43: Entwicklung der Hochschulausbildung 1991 bis 2001 im Vergleich
44: Deutungsmuster des Zusammenhangs von Globalisierung und Wohlfahrtsstaat
45: Leistungskennzahlen europäischer Wohlfahrtsstaaten 1997 bis 2002
46: Sozialpolitische Regierungsfunktionen auf nationaler, EU- und globaler Ebene
47: Gegenwärtige Institutionen sozialpolitischer Regierungen auf nationaler und EU-Ebene und institutionelle Reformvorschläge auf globaler Ebene
48: Schätzung der Netto-Immigration 1950 bis 2000 in ausgewählten Ländern
49: Modell Grundeinkommensversicherung (GEV) – Leistungen und Beiträge (Stand 2004)
50: Grundeinkommenssicherung und Wohlfahrtsregime
51: Öffentliche Güter in sozialwissenschaftlichen Deutungen nach 1945
52: Regimetypen und exemplarische sozialpolitische Güter

INDEX

Agenda 2010 49, 75, 86, 265, 297
AHV (Schweiz) 163, 253, 255ff., 261, 263f., 278ff.
Aktive Vaterschaft 125
Aktivierung 19, 59f., 66, 85f., 88f., 91f., 93ff., 219, 229, 244, 276
Allgemeine Krankenversicherung (AKV) 248, 251, 280
Altenpflege 136
Alterseinkommen 143
Alterssicherungssystem 144, 157
Anerkennung 11f., 85, 94, 101, 118, 122, 136f., 292
Äquivalenzprinzip 107, 150, 156,
Arbeitgeberanteil 174, 255, 257, 271, 276
Arbeitsethik 95
Arbeitsgesellschaft 69
Arbeitslosengeld 32, 253, 258, 265ff., 276, 284
Arbeitslosengeld II 253, 259, 265, 274f.
Arbeitslosenversicherung 39ff., 257, 265f., 268, 271, 276, 284
Aristoteles 10, 48
Armenpolitik 25, 75f., 191
Armut 8, 19, 44, 59, 73ff., 81, 83f., 90f., 93f., 96, 147, 165, 188, 222f., 233, 236, 287
Armutsbericht 76
Armutsfalle 84f.
Armutsforschung 76, 84f.
Armutsgrenze 77, 83, 189, 234, 237
Armutskonzepte 76, 90
Armutsquote 16, 77, 79ff., 83

attac 225
Ausbildungsgeld 253, 258, 266, 272f.
Ausdifferenzierung 9, 104
Ausländeranteil 242

Babyjahr 119
BAFöG 272f.
Barmherzigkeit 9, 74
Beamtenversorgung 26, 35, 145, 257, 260
Bedarfsgerechtigkeit 48f., 90, 156
Behandlungsbeitrag 193
behavioral economics 17
Beitragsäquivalenz 261
Beitragsbemessungsgrenze 154, 249, 251, 255, 262
Beitragssplitting 262
Benchmarking 16, 205
Beschäftigungsquote 71
Beveridge, Lord 25, 52, 149, 153, 187, 190, 201, 294f.
Bildungsarmut 207
Bildungsausgaben 212, 214f., 217
Bildungsbenachteiligung 244
Bildungsforschung 207f.
Bildungsgutscheine 219, 294f.
Bildungskatastrophe 202f., 205
Bildungskonten 219
Bildungspolitik 16, 20, 201, 205, 207
Bildungsreform 202
Bismarck 7, 25, 32, 146, 148, 187, 253, 294f.
Bruttorentenniveau 146
Bruttowertschöpfungssteuer 151, 257, 276

332 Index

Bundesagentur für Arbeit 89, 267, 273
Bundessozialhilfegesetz 75
Bundeszuschuss 256, 258, 260, 277
Bürgerarbeit 275
Bürgergeld 254, 282
Bürgerversicherung 26f., 30f, 33, 161, 188, 191ff., 198, 248ff., 267, 280f.

Chancengleichheit 18, 20, 27, 92, 210
child tax credit 81
Christentum 289
citizen's stake 285
cultural turn 287

Dalai-Lama 10
DDR 20, 75, 101, 116, 118ff., 123f., 126, 152ff., 202
DDR-Sozialpolitik 119, 128
Dekommodifizierung 29, 34f, 59
Demographie 141
Dienstleistungsgesellschaft 70, 72
Dienstleistungssektor 44, 66, 72
Differenzprinzip 49
direkte Demokratie 298
Disease-Management-Programme 190
Dritter Weg 138
Dritt-Personen-Kriterium 106
duales System 202
Durkheim, Émile 9, 16, 138, 178

Ehre 75
Eigeninitiative 86, 88
Eigentum 10
Einkommensarmut 76f., 79f, 207f., 282
Einkommensteuer 26, 33, 153, 250, 252, 255, 265, 276f., 280ff., 295
Einwohnerversicherung 33
Elberfelder System 75
Elterngeld 26, 29, 128
Elternzeit 113, 125, 128, 135
Empowerment 87, 90f.
Erwerbstätigenversicherung 33
Erwerbsunfähigkeit 166, 264, 266, 268, 272
Erziehungsarbeit 108, 111, 129f., 137
Erziehungsgehalt 115, 130f., 133, 137, 269

Erziehungsgeld 29, 80, 82, 107, 115, 128f., 131, 253, 256, 258, 268f., 277
EU-Kommission 240
europäisches Sozialmodell 245
europäische Sozialpolitik 236, 245
Europäisierung 16, 20, 246
European Values Survey 114
Euthanasie 153, 167, 178, 184, 186f.
EU-Verfassung 245
evidenzbasierte Medizin 182
Existenzminimum 25, 76, 162, 164, 256
Exklusion 73ff., 85, 90f., 110, 135, 186, 244, 268, 296
Exportquoten 43

Familialismus 112f.
Familienarbeit 20, 69, 101, 105, 109f., 112f., 119, 128, 132, 134, 136, 263
Familienbericht 122, 126, 132
Familienernährermodell 115
Familiengeld 129ff., 269
Familienleistungsausgleich 129, 270
Familienmitgliederpolitik 17
Familienpolitik 17, 19, 49, 90f., 99ff., 108f., 112ff., 121, 126f., 129, 132, 136, 138f.
Familiensolidarität 101, 138, 254
Familienzeit 130
Fertilität 100, 111, 114f., 139
Fertilitätsrate 110, 235
Feudalismus 8, 12
Finanzvermögen 158
Franchise 197
Frauenerwerbstätigkeit 73, 81, 115, 117, 122, 126
Freiburger Schule 51
Freimaurer 10
freiwilliges Engagement 18, 275
Friedman, Milton 92, 281, 293, 295
Fromm, Erich 281
Fürsorge 25, 27, 107, 122, 169, 190, 295

Gandhi, Mahatma 7
garantiertes Grundeinkommen 20, 31, 70, 94, 254, 281

Garantismus 48f., 93, 285, 293, 295
garantistisch 27, 29, 90, 116, 156, 163, 191, 198f., 231
GATS 89, 178, 224, 245
Gebührengesellschaft 57, 93
Geburtenraten 100, 113, 141, 242
Gemeinschaft 8, 10, 13, 27, 48f., 87, 90, 108, 125, 178, 186, 199, 222f., 233, 285, 290, 292
Gemeinschaftssystem 16
Generationengerechtigkeit 157
Gentechnik 186
Geschlechterarrangement 117, 128, 136
Geschlechterforschung 112
Geschlechtergleichheit 118, 166
Geschlechtervertrag 112
gesetzliche Krankenversicherung 107, 192, 248, 260, 276
gesetzliche Rentenversicherung 80, 107, 144f., 150f., 155, 161, 257f., 260, 263f., 277
Gesundheitsausgaben 169, 171ff., 176f, 187, 189f., 194f., 197
Gesundheitsniveau 172, 174
Gesundheitsprämie 32, 197f.
Gesundheitswesen 9, 45, 88, 169ff., 174ff., 181ff., 190, 194ff., 245, 253, 293f.
Gewerkschaften 8, 24, 70, 74, 158, 225, 240, 279
Gleichberechtigung 100, 118, 123, 245
Glück 9f., 17, 23, 166
Gothaer Programm 48
große Rentenreform (1957) 149
Grundeinkommensversicherung 21, 94, 164, 253ff., 257ff., 261, 263f., 266ff., 276, 278ff., 285f.
Grundpflichten 33, 107
Grundrente 20, 26, 31, 141, 146ff., 155f., 158, 160ff., 256, 261ff., 265, 274, 285
Grundrentenreform 151
Grundsicherung 20, 29, 61, 80, 145f., 150f., 156, 158, 253, 256, 258f., 271ff., 280, 283, 293ff.
Grundversorgung 26, 185, 198

Hartz IV 75, 259, 274
Hartz-Kommission 61, 86
Haushaltsproduktion 132
Hayek, Friedrich August von 17, 49f., 293
Health Maintenance Organisations (HMO) 183
Hegel, Georg Wilhelm Friedrich 8, 12, 24, 26
Herzog-Kommission 89, 192, 198, 248
Hinterbliebenenrente 262
Human Development Index 225
Humankapital 99, 132, 165, 171, 212, 216
Humankapitalinvestition 216, 218f, 272

Idealtypen 27, 34
Illich, Ivan 72
ILO 95, 223, 225, 232, 236, 239f.
Individualismus 13, 138, 150
Inklusion 73, 76, 90f., 96, 221, 238
internationale Sozialpolitik 222f., 236
investive Sozialpolitik 92

Jefferson, Thomas 9f., 13
jobless growth 72

Kaiserliche Botschaft 25
Kant, Immanuel 12, 24
Kapitalbesteuerung 229
Kapitaleinkommen 227
Kapitalmärkte 227, 231f.
Karenzzeit 267
katholische Soziallehre 50, 76, 161
Kaufkraftstandard 38, 70
Kernbelegschaft 73
Kinderarmut 80f., 96
Kinderbetreuung 46f., 88, 106, 109, 112f., 115f., 120, 123f., 126, 129, 133, 234, 260, 269
Kindererziehungszeiten 107, 161, 260, 263, 266
Kindergartenpflicht 269
Kindergeld 29f., 80, 82, 115, 121, 129, 131, 135, 253, 256, 258, 269ff., 277
Kindergeldzuschlag 271
Kinderlosigkeit 100

Index

Klassenkompromiss 28, 74
Knappschaft 145
kollektives Handeln 157f., 296f.
Kombilohn 67, 267, 284
Kommunismus 7, 17
Kommunitarismus 18, 138, 227
Kommunitaristen 12, 227, 231, 237
kompensative Logik 11
Konfuzianismus 289
Konservativismus 241, 285, 292
Kontrahierungszwang 196
Kopfpauschale 31, 89, 188, 192f., 196ff., 249f., 252
Korporatismus 28, 35, 191, 239, 296f.
Kostendämpfung 176, 196
Krankenhausfinanzierung 174, 180, 197
Krankenversicherung der Rentner 174, 197f.
Kriegsopferversorgung 28f., 265
Kultur 21, 44

Landwirtschaft 70, 230
Lebenserwartung 16, 139, 141, 157, 174, 177, 185, 190
Lebenslagenansatz 76
Lebensstandardsicherung 29
Legitimationssystem 16, 26, 48, 222, 290
Leistungsgerechtigkeit 48f., 90, 156, 255
Letztwerte 288, 290
Liberalismus 12, 50, 129, 156
List, Friedrich 99
lohnarbeitszentriert 30, 70
lohnarbeitszentrierte Sozialpolitik 17
Lohnnebenkosten 32, 193, 249, 252, 276
Lohnsubvention 267, 282
Lohnsummensteuer 257, 276
Luhmann, Niklas 91, 178, 221, 238
Luxembourg Income Study 44, 77, 83

Managed-Care 190, 197
Marktprinzip 28, 156, 206
Marktsteuerung 17, 86, 89, 94, 181
Marshall, Thomas H. 12, 18, 148, 293
Marx, Karl 24, 48, 148
Maschinensteuer 151

Medicaid 188ff.
Medicare 189f.
Mehr-Ebenen-Ansatz 241
Menschenrechte 9, 11, 13, 27, 48, 75, 169, 222, 224, 227, 236, 238ff., 291, 295
Migration 222, 236, 241, 244
Mindestbeitrag 163, 251f., 255f., 262f., 267
Mindestbeitragszeit 266, 271
Mindestlohn 267
Moralökonomie 18, 287

Nachhaltigkeit 223, 297
National Health Service 36, 183, 191, 253
negative Einkommenssteuer 67, 84, 92, 107, 282ff., 293, 295
Nell-Breuning, Oswald von 161
Neokorporatismus 296
Neoliberalismus 88
Nettoäquivalenzeinkommen 259
Netzwerkgesellschaft 222
New Deal 52, 201
New Labour 49, 96
Nichtregierungsorganisationen (NGOs) 296
Niedriglohnkonkurrenz 228
Niedriglohnsektor 73, 282
Normalarbeitsverhältnis 63, 209
NS-Staat 178

OECD-Skala 79, 83, 259
öffentliche Güter 11f., 18, 21, 86, 90, 94, 110, 177, 199, 219, 289, 291ff., 295ff.
Opportunitätskosten 106, 134f.
Ordoliberalismus 51

Paine, Thomas 13, 295
paritätische Selbstverwaltung 28, 279
Parsons, Talcott 9, 91, 102ff., 170, 177, 221, 238, 288ff.
partielles Grundeinkommen 273f.
Patriarchat 126
Pfadabhängigkeit 25, 51, 53, 55, 57, 155, 247
Pfadwechsel 20, 50, 52ff., 57, 247

Pflegeversicherung 26, 32, 47, 174, 176, 253, 276
PISA-Studie 20, 203
Platon 10, 101
Plebiszit 11, 281
Polanyi, Karl 8
Poor Law 74
Präimplantationsdiagnostik 186
Prämienverbilligung 196
Prävention 191, 195
Primäreinkommen 130, 251, 255, 262, 278
private Zusatzversorgungssysteme 264
Produktivitätsentwicklung 69, 71
Professionalisierung, Professionalität 9, 72, 124, 177ff., 182, 184f.
Public Health 177, 184, 195

Qualitätsentwicklung 183

Rationierung 170, 178, 181, 184, 186f., 198, 219
Rawls, John 12, 49
Referendum 298
Regimetheorie 24, 36
Reichsversorgungsanstalt 148
Religionssoziologie 21, 288, 290
Rente nach Mindesteinkommen 155
Rentenformel 149, 261
Rentenlaufzeit 262
Rentenpolitik 20, 54, 147, 152, 155f., 159, 297
Rentenreformdebatte 147, 155
Rentenzugangsalter 262
Riester-Rente 89, 145, 152, 158f., 280
Rousseau, Jean-Jacques 101
Rückenschmerzen 171
Rürup-Kommission 33, 89, 146, 192, 196, 248, 261f.

säkularer Humanismus 9, 291
Säkularisierung 289
Schwarzarbeit 95, 282
Selbsthilfe 61, 76, 177
Selbstverwaltung 251, 275, 279
Sen, Amartya 232, 235

Sicherheit 16f., 21, 128, 147, 169, 236, 238
Sklaverei 12
Sockelrente 162
Solidarität 10, 18, 27, 35, 50, 101, 103, 105, 107f., 136ff., 148, 161, 292, 295
sowjetische Besatzungszone 153
Sozialausgaben 35, 37f., 42, 45, 66, 84, 139, 229, 297
Sozialbürger 90
Sozialdemokratie 7, 49, 70, 117, 160, 229
Sozialdienst 107
Sozialdividende 282f., 285
soziale Arbeit 94, 245
soziale Dienstleistungen 36, 45, 71, 137, 166
soziale Gerechtigkeit 48, 50, 172
soziale Marktwirtschaft 51
Sozialepidemiologie 176
Sozialhilfe 25ff, 62, 76, 84f., 91, 96, 131, 151, 191, 253, 259, 265, 269, 274f., 277, 293, 295, 297
Sozialhilfequote 80
Sozialintegration 68, 94
Sozialismus 7, 51, 92, 183, 280, 287, 293, 295
Sozialistengesetz 7, 25
Sozialkapital 18, 112, 132, 166, 287
Sozialkatholizismus 51
Sozialliberalismus 49
Sozialpädagogik 94
Sozialpartnerschaft 28
sozialpolitische Theologie 9, 288
Sozialquote 38
Sozialrechtsabkommen 236
Sozialsteuer 27, 156, 193, 249, 252, 255
Sozialumbau 86
Sozialversicherung 20, 25ff., 33, 144, 146, 153, 164, 192, 194, 254, 275, 294
Sozialwahlen 279
Soziologentag 147
Spitzensteuersatz 278
Statistik-Modell 80
Steiner, Rudolf 281
Sterbehilfe 185
Steuerfinanzierung 25, 32, 161, 187
Steuerungsprinzipien 27, 178, 206

Studiengebühren 88, 212, 216, 218f.
Subsidiaritätsprinzip 50f., 76
Subsistenzwirtschaft 223
support economy 72

tax credit 81, 284
Teilhabeäquivalenz 255, 258, 260f., 270f., 278
Teilhabegerechtigkeit 48ff., 90, 93f., 156
Teilzeitarbeit 63, 97, 114, 119, 121, 129, 131
Teilzeitquote 124f.
Tobin-Steuer 241
Tönnies, Ferdinand 8, 14, 24
Trittbrettfahrertum 297

Überflüssige 73f.
Umverteilung 30, 45, 48ff., 82f., 86, 93, 153, 156, 159, 161ff., 187, 195, 198, 216, 218, 231f., 239, 246, 283, 294
Unfallversicherung 32, 40f., 174
Ungleichheit 12, 29, 44, 77, 90, 122, 176, 192, 201, 203, 205, 207, 209f., 233f., 244, 249

Verlohnarbeiterung 59, 69
Verrechtlichung 75f., 92
Versichertenrenten 144, 154
Versicherungsprinzip 150
Versorgung 26f., 29, 74, 107, 131, 133, 163, 172, 176, 182, 186, 194, 253
Verteilungsgerechtigkeit 48f., 90, 156, 198
Viergliederung 102, 104, 170
Volkseinkommen 251
Volksversicherung 26, 62, 193, 279
Volkswirtschaftslehre 11
Vollbeschäftigung 23, 37, 62f., 68, 131, 134, 155, 294
Vorschulbereich 215, 219

Walzer, Michael 49
Warenkorb-Methode 80
Washington Consensus 237
Weber, Max 11, 14, 16, 24, 27, 218, 247, 290
welfare economics 232
welfare mothers 266
welfare regime 13, 24
Weltethos 224
Weltgesellschaft 223, 226, 245
Welthandel 227f.
Weltsozialforum 225
Wertewandelsforschung 224
WHO (Weltgesundheitsorganisation) 172, 177, 187, 190f., 194, 225, 239f.
Wissensbasierung 70
Wohlfahrtsgesellschaft 226
Wohlfahrtskapitalismus 26
Wohlfahrtspluralismus 87
Wohlfahrtsproduktion 34, 36, 99
Wohlfahrtsregime 13, 18, 24, 30, 33f., 36f., 44f., 48, 50ff., 55, 57, 69, 110, 134, 155, 160, 163ff., 186f., 192, 201, 214, 218, 222, 231, 235, 245, 248, 281, 284f., 287f., 292ff., 297
Wohnkosten 82, 162, 164, 273, 285f.
workfare 60, 84, 90f., 95f., 276, 294f.
World Values Survey 44
World Wealth Report 158

Zahnersatz 88
Zuwanderung 241f.
Zwei-Klassen-Medizin 253